U0949772

西方政治制度史

李艳丽　陈鹏　罗干　编著

WUHAN UNIVERSITY PRESS
武汉大学出版社

图书在版编目(CIP)数据

西方政治制度史/李艳丽,陈鹏,罗干编著.—武汉：武汉大学出版社,2023.11(2025.3 重印)

ISBN 978-7-307-23225-9

Ⅰ.西… Ⅱ.①李… ②陈… ③罗… Ⅲ.政治制度史—西方国家 Ⅳ.D59

中国国家版本馆 CIP 数据核字(2023)第 184096 号

责任编辑:黄金涛　　责任校对:汪欣怡　　版式设计:马　佳

出版发行：**武汉大学出版社**　(430072　武昌　珞珈山)

(电子邮箱：cbs22@ whu.edu.cn　网址：www.wdp. com.cn)

印刷:湖北云景数字印刷有限公司

开本:787×1092　1/16　印张:28.75　字数:572 千字　插页:1

版次:2023 年 11 月第 1 版　　2025 年 3 月第 3 次印刷

ISBN 978-7-307-23225-9　　定价:75.00 元

版权所有，不得翻印；凡购我社的图书，如有质量问题，请与当地图书销售部门联系调换。

序

李艳丽教授等编著的《西方政治制度史》是为政治学与行政学专业以及政治学、公共管理学科相关专业准备的教科书，该书即将出版，应邀作序，荣幸之至。其实，为他人的著述写序，我一向不大热衷，个中缘由，主要是担心对人家辛辛苦苦写出的作品学习不够，理解不透，写下不实之词，因此，敲击键盘时也十分忐忑。借此机会，写了点自己关于相关课程的思考，与将要使用这本教材的学生们谈谈为什么要学习这门课程。

在讨论大学本科政治学与行政学专业的课程设置时，有一种比较普遍接受的看法，即政治制度和政治思想是这个专业的课程体系中的两大支柱，也有人比喻为“两只翅膀”，无非是强调关于政治制度和政治思想的知识在政治学相关专业中的重要性、基础性，是政治学知识体系的重要构成。我是一直赞成这种看法的。相应地，关于政治制度和政治思想的知识又各自分为中国本土的和外国的，而在外国的政治制度和政治思想中，“西方”的政治制度和政治思想又是当今世界上具有重要影响的制度类型和思想发展源流。而关于西方的政治制度和政治思想的课程，又都可以从现实的观察和历史的梳理两个进路来组织，因此，“西方政治制度”或“西方政治制度史”都应归入大学政治学专业的入门课程，也是政治学专业课程体系中的支柱性课程。

政治学、公共管理学的专业是干什么的？不同的学校对这些专业的培养目标的表述可能不尽相同，但基本指向应该是一致的，简而言之，就是培养治国理政的人才，其中既包括治国理政的实践家，也包括治国理政的研究者即政治学家，当然，这并不意味着个个都能去当总理或者部长，而是不同层级的政治家、政务活动家和公共事务的管理人才。要成为治国理政的人才，首先要具有强烈的历史使命感和社会责任感。现代大学培养的人才，无论什么专业，不仅人文科学、社会科学，也有理工科、生命科学、医学科学，都应该具人文关怀。就政治学、公共管理学专业培养的人才而言，这种关怀既是通识性的，即对国家的统一和富强、社会的公平与和谐、人类的文明和命运的关怀，也是专业性的，这种关怀的专业性就表现在对理想的、优良的社会治理、国家治理的向往和追求。但是，这种向往和追求的养成，历史使命感和社会责任感的产生，不是靠空洞的说教或纪律的强制，而是基于政治学知识的掌握而产生的一种自觉。政治学知识是人类社会治理和国家治理经验的总结，体现了人类管理和控制自身的智慧和技巧，既有古今中外的先贤关于社会治理和国家治理的思考，也有他们为了实现良好的公共生活而创造的种种制度和治理模式。也就是说，我们的历史使命感和社会责任感应该是具有深厚的政治学知识基础的，这就是对政治现象的规律的认识和理解，要吸取人类历史上治国理政的种种正反经验，要认识国家治理的种种制度的成功的和失败，为什么成功，为什么失败。一旦养成了这种向往和追求，就会获得内心的充分自由，就会积极思考社会和国家的治理问题，思考在我们的社会和国家治理中有哪些应该坚持和发扬，哪些需要完善，还有哪些积弊需要革除；而古今中外的治国理政模式和政治制度，有哪些智慧可以学习，哪些经验可以借鉴，哪些教训应该汲取。

西方政治制度作为人类历史上产生的治理模式和政治制度的一种类型，在世界历史上产生过重要影响并且至今仍然在一些国家发挥作用。我们说的“西方”，既是一个地理概念，也是一个文化概念和政治概念。从地理上说，中国古代对欧洲的交往和了解甚少，对于中原王朝来说，出了玉门关以西的广大地域就通称为“西域”，虽然广义的“西域”也可抵达欧洲东部、非洲北部，但实际的比较频繁的交往大体上止于葱岭以西的区域即今天的中亚。到元明两朝，由于一些欧洲旅行家和传教士的到来，中国与欧洲之间才相互有了一些朦胧的了解。到了近代，随着鸦片战争的炮火打开了大清王朝的大门，中国人才睁开双眼看世界，相继知道了欧洲和美洲的存在，所以作为一个地理概念，“西方”指的就是欧美两大洲。但是，在当今的中国，“西方”更主要地是一个文化和政治的概念，也就是说，作为一个政治概念的“西方”，只限于欧美地区的资本主义世界。第二次世界大战后不久，世界进入冷战时期，形成东西方两大阵营，进一步强化了“西方”的政治内涵，“西方”所涵盖的地理区域就包括欧洲、北美和大洋洲以及其他地区实行资本主义类型的社会制度和政治制度的国家。其中，地理上属于东亚的日本，自明治维新以来所形成的经济制度、价值观念、教育体系等等，都大幅度地接受了欧美模式，随着二战战败，在盟军的占领下建立的政治制度则基本上移植了英、美两国的制度，因此也被认为是一个西方国家。正因为如此，政治学在研究政治制度时，自然地把西方国家作为一组“同一类型”的国家来进行比较研究。

当今世界上有两百余个国家，联合国193个成员国，没有任何两个国家的政治制度是完全相同的，因为各国都有各自独特的国情和历史、文化传统，所采用的政治制度都会有自己的特点。西方各国都是发达的资本主义国家，所实行的政治制度属于同一种历史类型。而且，西方国家的政治制度以及它们的政治思想和政治文化传统都可以追溯到古代希腊、罗马，然后经过了中世纪封建国家的演变发展而进入近代。西欧的三次思想解放文化运动，即14世纪兴起于意大利的文艺复兴、16世纪发端于德国的宗教改革、17—18世纪以法国为中心的启蒙运动，则为西欧各国资本主义的发展和资产阶级革命奠定了理论基础。有了这样的理论准备和思想启蒙，各国在资产阶级革命后建立的政治制度也都贯彻和体现了反对专制统治、保护天赋人权、保障自由平等、通过分权限制政府权力等资本主义的立国原则。尽管如此，一个国家的政治制度不仅为该国的社会性质所决定，同时还要受到这个国家的具体国情的影响，包括历史发展过程、文化传统、经济发展水平、国民构成甚至自然条件、地理环境等等，所以，西方国家普遍奉行的政治原理，到了各国落地后仍然呈现出各自不同的特色，形成了各自不同的具体制度安排。

我们学习《西方政治制度史》的这门课就要通过了解西方政治制度从其缘起到发展演变的丰富史实，深刻认识西方政治制度的特点以及产生、发展的时空背景，其存在的历史的和现实的条件，因而理解西方各国政治制度在创立中所体现的智慧、历史局限性和现实运行中暴露出来的弊端。在学习这门课程之前，学生都学过《政治学原理》的课程，与关注“为什么”的原理类课程相比，政治制度或政治制度史的课程具有更强的知识性，更多的涉及“是什么”和“何以成为什么”的问题，需要我们认识、理解并记住一系列的事实、事件和制度安排以及它们发生、形成的时间、过程、条件和背景。一旦我们掌握了这些，我们在原理类课程里所接受的理论和概念就会变得鲜活起来，从而丰富、深化对这些理论和概念的理解。

我注意到，政治学学科相关专业的学生，不少人对学习政治学专业缺乏足够的精神准备，虽然在进入大学时求知欲强烈，接受能力强，思想活跃，但对进入政治学专业却比较茫然。与此同时，由于我们的基础教育中对作为一门科学的政治学知识的传授比较缺失，而关于政治制度的知识（无论是中国的还是外国的）在中学的“政治”课中则是更加稀缺，因此导致不少学生缺乏学习政治学专业的知识准备，并由此产生对政治学的某种误解和怀疑。但是，我比较有信心的是，许多学生在学习了政治制度一类的课程后，终于体会到政治学与其他学科一样，有其自己的丰富和精彩。他们终于认识到政治也是一种社会现象，这种现象是可以研究的，对政治现象的研究也是一门科学；体会到政治学不仅也是一门学问，而且博大精深，从而深深爱上这个专业，并树立起用政治学知识致力于实现优良的国家治理的远大抱负。因此，我希望，也相信，这门课，这本书，将成为学生们在政治学专业求学过程中的一个重要转折。若干年后，他们无论是从政还是治学，都会时时想起，曾经因为从这门课、这本书中获益匪浅而踏上新途。

谭君久

2022 年 8 月于珞珈山

C O N T E N T S 目 录

绪论 /001
一、相关概念的澄清 /003
二、西方政治制度发展史简述 /006
三、研究现状 /009

第一章 政治制度的关键词 /013
第一节 君主制与共和制 /015
一、君主制 /015
二、共和制 /021
第二节 中央集权制与联邦制 /026
一、中央集权制 /026
二、联邦制 /027
第三节 民主制与独裁制 /030
一、民主制 /030
二、独裁制 /034
第四节 混合制与分权制 /037
一、混合制 /037
二、分权制 /037

第二章 古希腊雅典的城邦民主制度 /041
第一节 古希腊的历史概况与古希腊的城邦制度 /043

一、古希腊的历史概况 /043
二、古希腊的城邦制度 /046
第二节 雅典城邦民主制的建立 /048
一、雅典城邦民主制的基本概况 /048
二、梭伦改革 /050
三、克利斯梯尼改革 /057
四、伯里克利改革 /060
第三节 雅典城邦民主制的基本特征 /064
一、主权在民 /064
二、权力制约 /067
三、法律至上 /068
四、公民意识 /069
第四节 雅典城邦民主制的成因及其缺陷 /070
一、雅典奴隶主民主制度产生的原因 /070
二、雅典城邦民主制度的缺陷 /073

第三章 古代罗马共和国和罗马帝国时期的政治制度 /079
第一节 古代罗马国家的建立 /081
一、古代罗马早期概况 /081
二、罗马早期氏族民主制 /083
第二节 古代罗马的王制政体 /085
一、王政时期的军事民主制 /085
二、王政后期的阶级分化 /087
三、塞尔维·图里阿改革 /088
第三节 古代罗马共和国时期的政治制度 /092
一、罗马共和制的建立及其民主化历程 /092
二、罗马共和国的政治制度 /097
三、罗马对被征服地区的管理 /105
第四节 古代罗马帝国时期的政治制度 /109
一、罗马共和国向罗马帝国的转变 /109
二、罗马帝国奥古斯都元首制时期的政治制度 /116
三、罗马帝国君主制时期的政治制度 /119

第四章　西欧封建制国家的形成 /127
第一节　日耳曼人早期的社会政治状况 /129
一、凯撒时期：日耳曼人处于游牧阶段 /129
二、塔西佗时期：日耳曼人实行大家庭公社制 /130
第二节　西欧封建制国家的形成 /131
一、西欧封建国家建立的过程 /131
二、西欧封建制度的特点 /132
三、影响西欧封建制度形成的诸因素 /133
四、西欧封建化过程 /136
五、西欧封建制国家发展分期 /139

第五章　英国政治制度史 /143
第一节　英国政治制度发展沿革 /145
一、路径依赖与英国政制变迁 /145
二、英国政治制度史分期 /145
第二节　封建君主制 /148
一、5世纪中叶—1066年：贵族君主制 /148
二、1066—1485年：等级君主制 /150
三、专制君主制的过渡 /159
四、1485—1688年：专制君主制 /161
第三节　君主立宪制 /166
一、1689年《权利法案》及系列议会文件的历史意义 /166
二、英国内阁制 /167
三、1832年议会改革 /169
四、1867年迪斯雷利议会改革 /171
五、1884年格雷斯顿议会改革 /172
六、责任内阁制的确立 /172
七、英国现代文官制度的创建 /173
第四节　首相政府制 /174
一、1905年后的内阁制度发展 /174

二、普选制与英国现代政党制度 /178
三、文官制度与地方政府 /181
第五节 当代英国政治制度 /185
一、英国国王 /186
二、议会 /190
三、责任内阁制 /199
四、两党制 /204
五、司法制度 /207
第六节 英国政治制度发展的基本原则及原因 /209
一、基本原则 /209
二、重要原因 /212

第六章 法国政治制度史 /217
第一节 法国政治制度史概说 /219
一、法兰西民族性格与政治制度的演进特点 /220
二、法兰西政治制度史分期 /221
第二节 1789年前：从等级君主制到君主专制 /222
一、843—1302年：封建割据的君主制时期 /223
二、1302—1515年：封建等级君主制时期 /229
三、1515—1789年：绝对君主制时期 /236
第三节 1789—1875年：大革命后的政治困局与制度反复 /248
一、1789—1792年：君主立宪政体 /250
二、1792—1804年：法兰西第一共和国的共和制 /254
三、1804—1814年：法兰西第一帝国和百日王朝的政制 /261
四、1814—1848年：波旁王朝的复辟 /263
五、1848—1851年：法兰西第二共和国的共和制 /266
六、1852—1875年：法兰西第二帝国的帝制 /268
七、1871年：巴黎公社的共和制 /269
第四节 1870—1958年：议会共和制政体的探索与巩固 /270
一、1870—1940年代：第三共和国议会内阁制 /271

二、1940—1944 年：维希政府——法西斯政权 /275
三、1946—1958 年：第四共和国——多党议会制国家 /277
第五节 第五共和国的政府体制和权力结构 /280
一、总统及其职权 /281
二、议会 /287
三、中央行政系统 /296
四、司法系统 /299
五、政党和政党制度 /301
六、第五共和国政府体制和权力结构的总体特征 /307
第六节 小结 /309
一、如何看待法国政制史上的“绝对君主制” /309
二、大革命与法国政制 /310

第七章 德国政治制度史 /319
第一节 德国政治制度演进：概述与缘起 /321
一、德国早期政治制度演进概况 /321
二、早期日耳曼社会与封建国家 /325
第二节 9—12 世纪末：神圣罗马帝国 /327
第三节 神圣罗马帝国的衰落与君主专制制度的兴起 /328
一、13—17 世纪：神圣罗马帝国的发展和衰落 /328
二、18—19 世纪：君主专制的兴起与德意志统一的加速 /330
第四节 1871—1918 年：君主立宪制 /333
一、立法权 /333
二、行政权 /334
三、司法权 /335
四、德意志帝国政党体制 /335
第五节 议会共和制的初创与崩溃 /337
一、1918—1933 年：魏玛共和国 /337
二、1933—1945 年：法西斯统治 /345
第六节 议会共和制的巩固 /348
一、德意志联邦共和国的宪法与议会共和制 /348
二、德意志联邦共和国的州和地方政府 /364

第八章　美国政治制度史 /375
第一节　美国政治制度史分期 /377
一、1620—1803 年：美国政治制度的确立 /378
二、1804 年—19 世纪 80 年代：美国政治制度的巩固 /390
三、19 世纪 80 年代—1946 年：美国政治制度的变形 /396
四、二战后：美国政治制度在危机中的调整 /399
第二节　美国纵向权力结构——联邦制 /401
第三节　美国横向权力的运转及相关制度 /406
一、总统及行政制度 /406
二、国会与立法制度 /416
三、最高法院与司法制度 /425
四、选举制度 /429
五、政党制度 /436
第四节　21 世纪以来美国政治新变化 /441
一、“9·11”事件对美国政治的影响 /441
二、2008 年金融危机对美国政治的影响 /442
三、当今美国的“政治极化”趋势 /443

后记 /448

绪 论

制度不仅是“游戏规则”，它们也影响到一个社会应建立什么样的价值，也就是我们所谓的公正、集体认同、财产、信任和团结。①

——March and Olsen

① March, J. G., and Olsen, J. P. 1984. The new institutionalism: organizational factors in political life. *American Political Science Review*, 78: 734-749.

札记

制度是如何塑造政治行动的？为什么我们会有这么多政治制度？为什么它们在某个社会中以一种形式存在，在另一个社会中却呈现出另外截然不同的形式？它们是怎样发展演变的？制度形式为何变迁以及它们是何时改变的？我们在谈论政治制度时会不由自主地思考这些问题。然而，社会科学难以像自然科学那样通过实验的办法去寻找答案。要想回答这些问题，比较可能的办法是以一个国家或几个国家的政治制度发展的历史为对象，尽可能还原历史，以回答这些问题。近代以来，西方国家率先走上现代化之路，其政治制度成为许多国家争相研究的对象。同时，尽管同属西方国家，尽管在经济和文化外观上大体相同，但有的国家是总统制，有的国家是议会制，其制度的类型似乎同中有异。因此梳理西方主要国家的政治制度的发展历史是尝试寻找上述问题答案的可能路径。

在对西方政治制度发展史的梳理之前，有必要对相关概念进行澄清，其一为“政治制度”，其二为“西方”。

一、相关概念的澄清

（一）政治制度

关于政治制度这个概念，至今很难有统一的界定。中文在使用政治制度这个词时，大致指代英文中的 political institution 或者 political system，尽管学者们也经常将 political system 翻译为政治系统。查阅柯林斯英文词典，institution 在英文中主要指涉 organization（组织），building（建筑）以及 custom（风俗习惯）。从词本意而言，political institution 涵指政治组织以及其运行规则，包括非正式的政治惯习等。就 system 这个词而言，在英文中包括这几层含义：a way of working, organizing, or doing something which follows a fixed plan or set of rules，可以翻译为体制；the government or administration of a country，可以翻译为政府；a particular set of rules，翻译为体系等。从其词义而言，political system 不仅指涉政府的机构，还比较偏重各机构之间的关系。

国外学者在定义这个词时，也各有侧重。法国著名政治学家迪韦尔热说：政治制度是政府机构的总和①。迪韦尔热重点强调政治制度的内

① ［法］迪韦尔热．政治机构与宪法［M］．法国大学联合出版社，1970：49.

札记

在构成主体是各政府机构。迈克尔·罗斯金认为：政治制度(political institution)是政府得以运作的结构，诸如立法和行政部门。政党，如果是重要的和稳定的，也构成政治制度的一部分。① 罗斯金以列举的方式强调政治制度的构成及其功能。

《政治科学手册》(2006)通过分类列举了四类政治制度："要想寻求其集体利益，需要四类基本的政治制度。第一类制度用以做出关于如何规范共同利益的集体决议的制度(规则设定制度)。第二类制度用以规范这些决议实施的制度(规则应用制度)。第三类制度用以在处理特殊案例中关于如何解释第一项制度设定的总规则存在的个人争议(规则仲裁制度)。最后，第四类制度用以处理和惩罚违法制度者的制度，无论是内部的还是外部的(规则执行制度)"②。书中指出，关于现代西方工业国的民主政治，……尽管它们在经济层面和政治层面具有基本相同的制度框架，但在政治制度上确实存在着巨大的差别。

西方资本主义民主的制度变体③

政党制度	两党制与多党制
选举制度	比例代表制与多数选举制
立法会议	一院制与两院制
政府结构	单一制与联邦制
中央政府	议会制与总统制
法院系统	司法审查与司法预审
地方政府	弱自治与强自治
公务员	分肥制度与择优制度
军事力量	职业化与征召制
国家与经济关系	自由主义与法团主义

① 迈克尔罗斯金．政治科学(第九版)[M]．中国人民大学出版社，2009：267.

② [美]罗伯特·古丁，汉斯-迪特尔·克林格曼主编．政治科学手册(上册)[M]．三联书店：2006：198.

③ [美]罗伯特·古丁，汉斯-迪特尔·克林格曼主编．政治科学手册(上册)[M]．三联书店：2006：200.

札记

总体而言，西方学者一般把政府机构和宪法看作政治制度的核心，放在一起研究和讲授。

国内学者，比如张定河等人认为，政治制度是指国家组织社会和管理社会的政治体制。① 张鸣认为："政治制度是指人类社会发展到国家阶段以后，从事政治活动的组织、框架以及政治游戏规则和政治运行的内在机制。简单地说，政治制度就是人们从事政治活动的游戏规则。"②

通过对政治制度定义梳理可知，目前对政治制度尚没有统一的界定，我们认为：政治制度应该是与本国社会性质相适应的国家权力机构和基本制度。政治制度研究主要包括以下几个方面：第一，国家机构（尤其是中央机关的设制）；第二，国家机构之间的相互关系；第三，机构的产生程序；第四，国家机构的权力分配及其运行程序；第五，政治制度形成的政治文化。因此，我们研究西方的政治制度，不仅仅要研究其政体，还要研究其政党制度、选举制度、利益集团等等。

（二）西方

首先，我们惯常意义上所讲的"西方"只是一个不确定的相对的概念，并不仅仅指地域上的西方国家，还包括那些在近代更多接受了西方政治制度、西方政治学说的影响，并按照西方模式在自己国家内实行了类似的改造的国家，例如我们在研究西方政治制度时往往也将日本包含在内。因此，西方政治制度史，是指以古希腊文明为发展起点的欧洲、北美及其有关国家政治制度发展的历史。这些国家的制度既有各自的特点，又具有相同的"性格"以及相互之间的渊源关系。

其次，西方政治制度的历史，距今已有二千多年。这是从公元前8世纪古希腊荷马时代结束、城邦制度兴起时算起的。西方政治制度的历史大致和其文化的发展的历史相对应。因此，根据西方文化发展的历史，西方政治制度的发展历史大致也分为这么几个大阶段：古希腊、古罗马、中世纪和近现代。

---

① 张定河．西方政治制度史[M]．山东人民出版社，2003：导言 1.

② 张鸣．中国政治制度史导论[M]．中国人民大学出版社，2004：9.

札记

二、西方政治制度发展史简述

人类从远古的原始社会开始，经历了奴隶社会、封建社会和资本主义社会。疆域变迁，王朝更替，不知产生过多少个国家。每一个国家都有自己的政治制度。在政治制度史的历史长河中，政体的演变有没有一条规律可循？答案是肯定的。正如世界上一切发展着、运动着的事物一样，政体的演变也有着它的基本规律。如果把自国家产生以来的社会历史分成两个阶段。以奴隶社会、封建社会为第一阶段，近代资本主义产生以后的历史为第二阶段。那么，我们可以发现，在第一阶段中，君主政体是政体演变的主要趋势，所有其他形式的政体都逐步向它靠拢，最后发展到君主专制制度。在第二个阶段，民主共和制度是政体发展的主要趋势，经过各阶层人民的不断斗争，埋葬了君主专制制度，此后由大资产阶级掌握的政治逐渐向中小资产阶级开放。

原始民主制是一种社会组织形式，是一种社会制度，它是后来一切政治制度的母体。原始民主制也叫氏族民主制。氏族是原始社会最基本的细胞，它是以血缘关系联结在一起的群体组织。氏族中人人平等，由全体氏族成员组成的氏族大会决定氏族中所有重大问题，氏族酋长由氏族大会选出，管理氏族日常公共事物。若干血亲氏族组成胞族，若干胞族组成部落，若干部落组成部落联盟。

在原始社会末期，出现了阶级分化。这时在部落联盟中一般都实行军事民主制。军事民主制由军事首长、议事会和人民大会组成，是原始社会向阶级社会过渡的中间形式。它实际上已具备了某些国家的要素，是一种国家政权形式的雏形。如果要给它归归类的话，它带有较强的共和制色彩。因为它所有重大问题都要由议事会和人民大会裁定，这是原始民主制的惯性所决定的。但是军事民主制与原始民主制相比，已经有了重要的区别。第一，它开始形成军事首长的个人权力。军事首长虽然也由选举产生，但是如果他有了显著的军功，就容易成为终身的和专职的。特别是后来出现亲兵制度，亲兵完全效忠于军事首长个人。这样，军事首长的个人权力大大强化，有可能超越议事会和人民大会之上。第二，开始形成贵族。军事民主制时期，氏族酋长的政治地位、经济地位显著高于一般氏族成员。氏族酋长组成的部落议事会的重要性已经超过由氏族成员参与的人民大会，成为一个决策性机构。担任议事会成员逐步变成氏族酋长的固定资格。这样，氏族酋长已经带有贵族的性质。第三，人民大会作用逐步削弱。原始民主制时期，人民大会由氏族全体成员参加。到军事民主制时期，只有武装的战士，即打仗的男子才可以参加。一个人的权利开始与他的社会服务功能相联系而不再是绝对意义上的平等。人民大会依据惯例虽然仍具有对重大问题的最后决定权，但大会所有议题和议程都由议事会预先讨论安排，人民大会只成为单纯的表决机构。

在向奴隶制国家转化的过程中，军事民主制出现三种发展前途。一种是议事会的权力进一步强化，转变成元老院、贵族院一类的机构，成为国家最高权力机关。军事首长个人权力没有明显增强，有的反而削弱，成为议事会的执行人员，人民大会徒具形式，这样就产生了贵族共和政体。另一种是军事首长个人权力迅速膨胀，发展到至高无上，并逐渐世袭化。议事会和人民大会无法对其进行有效制约，这样就产生了君主政体。还有一种情况是人民大会在权力斗争的反复中转弱为强，发展为最高国家权力机关，这样便导致了民主共和政体。在古希腊众多的城邦中，上述三种情况都存在。但是以贵族共和政体和民主共和政体为主。雅典是古代奴隶主民主共和政体的典型，斯巴达则是古代奴隶主贵族共和政体的典型。

西方奴隶社会早期出现以共和政体为主的现象，一方面是由于原始民主制传统的强大惯性作用，另一方面是由于阶级分化、阶级矛盾尚未发展到十分激烈的程度。当时社会矛盾主要是旧氏族贵族与新兴工商业贵族、大贵族与中小贵族以及平民之间的矛盾，消除矛盾主要靠奴隶主阶级内部的斗争调节。到奴隶社会后期，社会主要矛盾发展成为整个奴隶主阶级与奴隶之间的矛盾，这时候就需要一种更强有力的统治机制，希腊的民主共和制和贵族共和制城邦逐渐衰亡。由共和转为帝制的罗马帝国成为囊括整个地中海地区的奴隶制大国，个人独裁成为占主导地位的政治体制。

公元5世纪前后，西罗马帝国在日耳曼蛮族入侵和奴隶、隶农起义的打击下崩溃，到公元6世纪，西欧等地分别建立了几个日耳曼国家。这些蛮族国家一方面仍保有浓厚的日耳曼原始民主制传统，另一方面受到当地较为先进的罗马化的政治、法律制度的影响。经过一段时间松散的中央向地方派遣行政官员制度的过渡，到公元7世纪发展为封建制国

札记

家，建立了封建君主制。但是西欧早期的封建君主制，是一种受到大贵族分权的有限君主政体，君主和贵族之间，存在着一种双向权利与义务的契约关系。贵族向国王提供一定的军事、财政服务，国王以土地作为酬谢，并对自己的附庸负有一定的保护责任。国家的重要问题要征询大贵族会议的意见，贵族自己封地上的事务和自己的附庸不受国王干涉。国家处于事实上的分裂割据状态。以后，随着经济和社会的发展，有限君主制逐步向专制君主制发展。这里面有三个重要的因素：第一是工商业的发展，使封建社会内部出现了新的阶层市民。市民代表着一种要求消除封建割据，实现国家统一的进步力量，他们往往成为王权的支持者。第二是国王通过赋税改善了自己的财政状况。封建国家早期一般没有固定的赋税，之后经过国王与贵族、市民的协商、斗争，逐步建立了固定的赋税制度。第三是国王拥有了自己的职业雇佣军，开始摆脱军事上对大贵族的依靠，并且反过来对大贵族具有威慑力量。这样，到封建社会中、后期，专制君主制就成为一种普遍的国家制度。比如路易十四时期的法国，便是西方封建专制君主政体的典型。有些国家，比如德国虽然在中央始终没有建立起专制君主制度，但是在大部分诸侯国里都建立了专制政体，即所谓“王公专制主义”。

所以从总体上说，在奴隶制和封建制时代，政体演变的基本规律是贵族共和政体、民主共和政体逐步被君主政体所取代；或者有限君主政体被专制君主政体所取代。尤其是封建社会，无论在西方还是东方，都是君主制度发展到登峰造极的时代。17 世纪英国资产阶级革命，标志着世界历史进入资本主义时代。资本主义时代政体演变的基本情况是君主政体逐步被立宪君主政体和民主共和政体所取代。英国 1688 年以后建立的资产阶级君主立宪制，国家最高权力从国王手中转移到议会手中。君主主权的原则被人民主权的原则所取代。君主仅成为国民团结和国家历史沿袭的象征。美国资产阶级革命后建立了典型的民主共和政体，实行三权分立的权力制衡体制。1789 年，法国爆发了大革命，专制君主路易十六被送上断头台。虽然法国在资产阶级革命后在建立民主共和制度的过程中经历了反复和震荡，政体的钟摆长期在共和制和独裁制之间大幅度摆动，并出现旧王朝的复辟。但是到 1875 年法兰西第三共和国建立，民主共和制度终于确立起来。英法美三国建立的资产阶级民主制度对整个世界产生了划时代的重大影响。

18、19 世纪，随着资本主义经济在世界范围内的发展，各国旧的封建君主制度遭受到前所未有的冲击。自上而下的政治改革逐渐形成潮流。改革的早期现象是 18 世纪俄国叶卡捷琳娜二世、普鲁士腓特烈大帝等国的开明君主建立开明君主专制。所谓开明君主专制就是封建君主接受了一些资产阶级政治思想，实行某些改良，采取奖励工商业发展和举办近代教育的政策。开明专制从实质上说并没有改变君主政体的实质，但是君主以比较开明达观的姿态出现，作一些顺应时代潮流的改革，容易唤起人民对君主制度的幻想，缓和阶级矛盾。19 世纪后半期，改革进一步深入。严重的生存危机迫使德国、俄国、日本、意大利等国的统治者仿照英国及西方其他先进国家的政治制度，在本国建立了君主立宪制度。这种君主立宪制度在改革旧的君主制的同时，尽最大可能保留君主的统治实权，是君主和国会共同掌握国家权力的一种制度。它不同于英国的虚君式君主立宪制，离近代民主政治也有相当大的距离。但是不管怎么说，这毕竟是这些国家民主化进程中的重要步骤。两次大战之后，这种以君主为主要权力实体的立宪制度基本被消灭，日本、德国、意大利等国都建立了现代意义上的资产阶级民主政体。

共和制和虚君式立宪君主制是近代西方最基本的政治体制。它们都是比较完全意义上的资产阶级民主共和制度。尽管历史的发展是不平衡的，但是政体演变的民主化趋势，已经毋庸置疑。而社会主义和共产主义社会，将实现的是更高层次上的真正的民主。

从西方政治制度发展史的简要叙述，大致可以发现西方政治制度演变的基本规律：原始民主制——军事民主制——有限的民主制——分权君主制——君主专制——民主共和。也就是说在第一阶段古希腊时期民主共和政体（希腊）、贵族共和政体（斯巴达）是主流；古罗马主要是帝制（但并非君主专制，有限君主制）；在第二阶段中世纪时期，是有限君主制向君主专制的发展；在第三阶段，民主共和政体是演变的主题。

三、研究现状

就政治制度在西方的研究来看，政治制度的建立和运行是古典政治理论研究的中心内容，然而在战后行为科学与团体理论等其他流派的政

札记

治科学中，政治制度研究大量地消失了。① 20 世纪 80 年代，许多原因导致了对政治制度重要性的关注增强。第一种原因在于政治学学科在理论上和方法上存在差异的不同流派，同时对各种制度给予了更多的关注。第二在于很多政治学的二级研究领域如比较历史分析的学者认为有必要“让国家回归”。20 世纪 60 年代，西方学界知识分子希望第三世界国家走一条类似西方的通往现代化之路，并期望(资本主义的民主会随着时间的流逝而整合)资本主义民主一举胜利。

在中国，对西方政治制度的研究经历了三个比较明显的阶段，新中国建立前主要是通过引介西方政治制度，以期达到救亡图存的目标。新中国建立后，对西方政治制度的研究遭遇了一些挫折。

(一)第一时期：19 世纪末到辛亥革命之前

这一时期，处于政治革命的前夜，革命的目标是变革中国中央集权的封建君主制。这一时期中国知识分子主要是通过翻译与介绍西方政治制度以达到启蒙与革命的目的。比如，在 1896—1897 年间，梁启超在上海集股创办了“大同译书局”，编译、印行国外有关书籍。1898 年戊戌变法期间，康有为向光绪皇帝专门奏上《日本明治变政考》、《俄罗斯大彼得变政记》。在整个戊戌维新运动中，君主立宪、议院、民权、参政议政等近代西方政治制度内容和政治思想强烈冲击了古老的中国王权思想。期间，严复也翻译了西方八大部哲学、政治经济学、伦理学和政治学方面的著作，对中国的思想界起了重大的启蒙作用。

(二)第二时期：辛亥革命后——中华人民共和国成立前

二十世纪二三十年代，以上海商务印书馆为主的上海出版界，出版了一批有关西方政治制度的著作。其中有《美国政府大纲》(赵蕴琦)，《英国政府大纲》(丁云孙)；《德国政府大纲》(杨朝杰)；《瑞士政府》(费巩)；《万国比较政府议院之权限》(吴昆吾、戴修骏译)；《欧洲各国政府》(许闻渊译)等等。这些著述概略地介绍了西方主要国家的现行制度及其渊源，并出现了一些比较政治制度方面的译作。

---

① [美]罗伯特·古丁，汉斯-迪特尔·克林格曼主编．政治科学手册(上册)[M]．三联书店：2006：205.

1947年，上海正中书局还集中出版了刘遒诚、楼邦彦等编著的介绍英、法、美等国地方自治制度的专著。此外，这一时期还有一些介绍日本、苏俄政治制度的撰译书籍。但是，这一时期以介绍西方现行国家的政治制度为主，甚少去研究西方各国国家政治制度发展的历史，对其制度进行文化分析的更是没有。

（三）第三个时期：中华人民共和国成立后

中华人民共和国成立后，由于认识上的局限性以及某些客观因素，很长时期内我国对西方政治制度和西方政治制度史的研究缺乏应有的学术氛围，对当时世界上的有关研究成果也了解甚少。这种情况一直到十一届三中全会以后才有了根本的改变。20世纪80年代以来，在全国各报刊上有大量的关于西方政治制度史的论文和译文发表，开阔了我们的眼界，提高了我国社会科学研究的覆盖面及研究水平。这一时期研究基本停留在传统的研究方法上，也就是说用中国人的眼光介绍西方政治制度，主要是传统的静态研究。传统的制度研究关注于法律、法律制度，聚焦于这些“规则”如何引导行为，以及这些规则如何以及为何会首先出现在某个国家的某个时代，无论这些规则是否作用于公共利益。① 当前有些学者则开始从文化分析的角度来研究西方政治制度，例如钱乘旦、高毅等，分析制度形成背后的文化动因。

制度不是被设计出来的，而是逐步演变发展出来的。我们试图通过对西方主要国家政治制度形成历史的梳理，探索制度演变发展的一般规律。请跟随我们一起进入西方政治制度演变的历史长河中探秘。

---

① R. A. W. Rhodes, Sarah A. Binder and Bert A. Rockman (eds.) *The Oxford Handbook of Political Institutions*, Oxford University Press, 2006: Preface Xii.

第一章　政治制度的关键词

无论权威源自人民或是政府，都必须作出与其组织和运用相关的选择。就像水电站发出的电通过传送线路的网络配送出去，政治权力也是从其源头导向出口，在出口处政府功能得到实现。其机制包括一整套精心设计的制度，这些制度的设计模式可能是多种多样的。

——莱斯利·里普森(《政治学的重大问题》)

札记

第一节 君主制与共和制

一般来说，国家权力源于世袭并控制在个人手里的政权体制被称为君主制。共和制是国家权力源于人民并掌握在由选举产生的国家元首和政府手里的政权体制。它们两者是依国家权力的来源与控制在个人或人民手里进行进行区分。

与共和制相比，君主制是一种比较复杂的政体，从两千多年的西方历史来看，其组织形式不是划一的，也不是一成不变的，很难用一句话明确界定下来。通常情况下，君主是世袭的，但在欧洲中世纪早期，如神圣罗马帝国等一些国家的君主则是选举的。君主的权力有大有小，专制君主的权力大，等级君主的权力则小。进入近代以后，西方大多数国家的专制君主制转化为立宪君主制，君主的权力受宪法或宪法性法律的限制，比如光荣革命后的英国国王的权力越来越小，到 19 世纪上期变成统而不治的“虚君”；而像法兰西第一帝国和第二帝国、德意志第二帝国的皇帝的权力与专制君主几乎没有多大的区别。

一、君主制

(一)君主制的内涵

君主制(monarchy)是指国家权力在实际上或名义上掌握在君主个人手中，君主终身任职并且实行世袭的政权组织形式。

欧洲的君主制脱胎于氏族社会末期的王政(tribal kingship)。自公元前约 8 世纪始，古代希腊进入王政时期。古希腊的王政时期较短，很快演变为城邦国家；古罗马的王政时期较长，大约持续了 250 多年。王政时期的国王，并非等同于罗马帝国和中世纪欧洲各国的君主，他实际上是部落首领，在部落大会上选举产生，主要掌握着军事权力和祭司权力。部落最高权力机关是公民大会。另外还有享有重大权力的元老院，国王的权力受到元老院和公民大会的极大限制。王政时期也是国家形成的时期，古希腊在王政时期结束后城邦国家形成，并进入共和制国家时期，古罗马则在王政时期的晚期时国家产生，而政治体制继续保持着王政。虽然王政没有直接演变为君主制度，但为后来君主制度的产生提供

札记

了一种制度雏形或萌芽。

古罗马帝国的君主制虽不是西欧实行最早的，但却是对西欧君主制发展影响最大的。罗马共和国末期，整个国家陷入长期的政治和社会经济危机中，被征服地的人民不断掀起反抗和暴乱，奴隶举行大规模起义，大量破产农民加剧了与统治者的矛盾，以农民为主体的军队难以组建和维持。面对危机，公元前 107 年当选为执政官的马略（公元前 157—前 86 年）对军制实行重大改革。他废除了罗马公民的义务兵役制，实行雇佣兵制，服役期为 16 年，入伍期间由国家提供给养，退伍后国家分配土地。马略的军事改革对罗马政治产生重大影响，职业化的军队长期追随军事统帅，成为军事统帅个人进行政治斗争的工具，为在罗马建立军事独裁铺平了道路。马略去世后不久，各地军事统帅拥兵自重，争夺权力，结果发生了长达数十年的大规模内战。在罗马政坛上，先后出现了庞培、克拉苏、恺撒（公元前 100—前 44 年）的“前三头同盟”和安东尼、雷比达、屋大维的“后三头同盟”。数十年的内战结果是屋大维（公元前 63—公元 14 年）独裁政权的建立和罗马共和国的灭亡，开始了罗马帝国时代。公元前 28 年，屋大维被元老院授予元首称号，次年在罗马建立元首制。屋大维虽未直接称帝，国家也披着共和制外衣，但元首掌握着国家的军政大权，实行军事独裁统治，成为事实上的专制君主。第五任元首尼禄（公元 54—68 年在位）是罗马史上有名的暴君，他废除元首制，公开称帝，罗马实行名副其实的君主专制。

476 年，西罗马帝国灭亡，日耳曼人在罗马帝国的废墟上建立起一系列封建国家，先后有法兰克王国、英吉利王国，以及法兰克王国于 843 年分裂后出现的法兰西王国、神圣罗马帝国等。

现在世界上还有十几个君主制的国家，如非洲的摩洛哥，亚洲的沙特阿拉伯、科威特、尼泊尔、文莱、泰国等。欧洲的英国和瑞典等虽然还有国王，但已经演变成了君主立宪国。

（二）君主制的类型

根据君主的权力大小，君主制可分为无限君主制（absolute monarchy）和有限君主制（limited monarchy）。有限君主制包括贵族君主制（aristocracy monarchy）、等级君主制（hierarchy monarchy）和君主立宪制（constitutional monarchy）。君主立宪制具体又分为二元制君主立宪制（dual monarchy）

札记

和议会制君主立宪制(parliamentary monarchy)。

1. 贵族君主制

公元5至12世纪是西欧封建制国家形成和完善时期，在政治上也是贵族君主制时期。西欧封建制国家没有经历过奴隶制历史阶段，是从氏族社会直接迈入中世纪的，因此，氏族社会的一些民主传统被保留下来了，它在政治统治形式上体现为贵族君主制。

所谓贵族君主制(aristocracy monarchy)，有时也译为黄金自由制或贵族自由制，就是君主权力受贵族限制和监督的政治体制。在这种体制下，君主在名义上是国家元首，但实际上只能在自己的直辖领地上行使权力。贵族在名义上隶属于国王，但他们实际上都是独立的，在自己的世袭领地上拥有立法、行政、司法、军事等权力，国王无权干涉他们领地内部的事务。凡遇有宣战、媾和及涉及王国的一切重大事务，国王都要召集贵族会议，由会议做出决定。

2. 等级君主制

等级君主制(hierarchical monarchy)，就是君主的权力受由社会各等级所组成的议会限制的政治体制。公元13至15世纪是等级君主制时期。

等级君主制的主要特征是：在国王之下设立由国王召集，由贵族、僧侣和市民代表参加的等级代表会议。等级代表会议是君主的立法咨询机构，是君主、贵族、市民上层分子的政治联盟形式，是反对封建割据和加强王权的工具。自13世纪起，西班牙、葡萄牙、德国、英国和法国等先后实行等级君主制。其中，法国是等级君主制的典型。

在这一时期，西欧主要国家的君主不断展开加强王权的斗争，并取得显著的成效，封臣封土制度名存实亡，封建割据逐渐削弱，国家统一进一步加强。中小贵族已完全依附于国王，大贵族为了维护自己的特权，继续与王权抗争。13世纪开始，国王沿用11世纪的神学理论，仍把臣民分为三个等级。随着商品经济和城市的发展，产生了一个新的市民阶级，他们也被列为劳动者等级。但经济地位雄厚的上层市民，亦成为除宗教贵族、世俗贵族之外的另一个王权的社会基础。国王为巩固和扩大自己的权力，需要市民阶级的财力，而大贵族也利用市民的政治地位低下争取他们的支持。在这种政治背景下，等级会议相继在各国出现。1265年英国召开了不仅有教士和贵族而且还有骑士和市民参加的

札记

议会，1302 年法国召开了三个等级参加的三级会议(腓力四世)。等级代表会议的召开，标志着西欧封建国家的政体发展到等级君主制阶段。中世纪西欧的等级会议全然不同于近代的代议机关，因为它受王权控制，是王国政府的一个组成部分。

3. 专制君主制

所谓君主专制，就是君主集权，由君主个人控制着国家的立法(legislative)、行政(executive)、军事、司法(judicial)等一切大权。公元16—18 世纪是君主专制时期(absolute monarchy)。

君主专制政体的主要特点是：君主拥有无限的权力，他的意志就是国家的法律，臣民必须绝对服从。君主依靠官僚军事机构，维护其专制统治，对人民进行残酷的剥削和压迫。

与东方各国在封建社会初期就建立封建君主专制不同，西欧国家的君主专制是在封建社会末期出现的，是封建经济向资本主义经济转化时期的一种政治形态。16 世纪，西欧的封建制度逐渐解体，资本主义生产关系日益发展，中世纪的市民阶级正在演化为近代资产阶级。与之同时，部分中小贵族参与资本主义经济，逐渐资产阶级化，他们与新兴资产阶级的利益日趋一致。但是，封建割据和贵族之间无休止的战争，不利于资本主义工商业的发展。因此，他们要求国家政治上的统一，积极运用财力支持君主扩大军队。在这种体制下，君主是国家最高统治者，鼓吹“君权神授”说，宣称“朕即国家”(The State, it is me)，依靠官僚机构和常备军队镇压反抗的大贵族，实行个人专权。例如，英国依靠枢密院控制最高行政权力，利用星法院、宗教裁判所镇压大贵族的反抗；法国路易十四主政时期(1661—1715 年)，常备军达 30 万人，是欧洲最庞大的军队。

虽然有新兴资产阶级的支持，但专制王权的本质是封建性的。国王是全国最大的封建主，是封建阶级利益的代表，利用他的权力竭力维护封建秩序和贵族的特权，他所打击的仅是那些与王权对抗的封建割据势力。所以，与新兴资产阶级一样，封建贵族也是君主专制制度的支柱之一。君主在这两个对立的阶级之中，充当着调停人(make-peace)和保护者(protector)的角色，使贵族和新兴资产阶级彼此保持平衡。这是西欧君主专制不同于东方君主专制的一个主要特点。随着资本主义的成长，资产阶级日益壮大，再也不满足于在专制王权的庇护下生存和发展，于是要求自己掌握政权，暂时的平衡被破坏，推翻君主专制制度的社会革命的时代就到来了。

4. 君主立宪制

君主立宪制(constitutional monarchy)是资产阶级国家以君主(国王、皇帝)为世袭元首，但君主权力受到宪法和议会不同程度的限制的政体形式，可以分为二元制君主立宪制和议会制君主立宪制。光荣革命后的英国是君主立宪制的典型代表。

(1)二元制君主立宪制

二元制君主立宪制又称二元君主制。在这种政体形式下，国家虽然也制定了宪法，设立了议会，但君主仍然保持封建专制时代的权威，集立法、行政、司法和军事大权于一身，是权力中心和最高的实际统治者。宪法往往是钦定的，是君主意志的反映；议会是君主的咨询机构，立法权是形式的，君主不仅拥有否决议会立法的权力，而且还通过任命或指定议员控制议会；内阁是君主行使行政权的机构，首相由君主任命。二元君主制产生于资本主义发展较晚、封建土地贵族长期拥有巨大势力的国家，是资产阶级与封建土地贵族联合专政的一种统治形式，较议会制君主制带有更多的封建专制君主制的色彩。1871—1918 年的德意志帝国和 1889—1945 年的日本是二元君主制的典型国家。20 世纪 80 年代，约旦、沙特阿拉伯、尼泊尔、摩洛哥等少数国家仍保留这种制度。

(2)议会制君主立宪制

议会制君主立宪制(parliamentary monarchy)又称议会君主制。它是以议会为国家最高立法机关和国家最高权力机关，君主不直接支配国家政权的政体形式。在这种政体形式下，内阁必须从议会中产生，通常由议会中的多数党或政党联盟组阁，并对议会负责，君主只履行任命手续。内阁如失去议会信任，则必须辞职或提请君主解散议会，君主也要例行公事表示同意。君主是“虚位元首”，按内阁的意志行使形式上的权力，主要代表国家进行礼仪活动。但君主仍保留显赫的地位和象征国家团结统一的尊严，仍是国家政治制度中不可或缺的组成部分。第二次世界大战后，实行这一政体的国家除英国外，还有西班牙、葡萄牙、荷兰、卢森堡、比利时、瑞典、挪威、加拿大、日本、泰国、马来西亚等。

札记

1640年，英国首先爆发资产阶级革命。在英国革命的影响下，两个世纪以来，欧洲许多国家相继掀起了推翻君主制的革命，法国、俄国、奥地利、德国等一些国家的君主专制在革命的冲击下土崩瓦解。但是，封建势力不愿从此退出历史舞台，与资产阶级及其同盟军进行反复较量，这在政治上表现为封建王朝的复辟与反复辟的斗争。然而，共和制还是最终取代了君主制，专制王权随之消亡。例如法国，经历了1789年、1830年、1848年和1870年四次资产阶级革命，才将君主专制抛进历史的垃圾堆。但在资产阶级与封建贵族势均力敌的国家，两大阶级达成妥协，用君主立宪制取代了君主专制，英国是这方面的典型。1688年，英国经过"光荣革命"推翻了力图建立君主专制的国王詹姆斯二世，邀请荷兰执政威廉入主英国。翌年，议会通过宪法性的《权利法案》(Bill of Rights)，用法律手段限制国王的权力。1694年，议会通过了《三年法案》(Triennial Act)，规定议会须3年定期召开，进一步巩固了议会的政治地位。1701年，议会又通过了《王位继承法》(Act of Settlement)，规定由王室新教后裔继承王位，同时还规定国王无权罢免由其任命的法官，这一规定实质上成为英国司法独立的开端。这些法律将国王的继承权等重大问题掌握在议会手里，这就确立了议会高于王权及司法权独立于王权的原则，奠定了君主立宪政体的基础。

英国君主立宪制确立之后，国王还控制着行政权。内阁是国王行使行政权的机构，内阁大臣由国王任命，对国王负责而不对议会负责。随着政党政治的兴起，内阁由议会多数党领袖组阁并转而对议会负责，议会通过不信任投票迫使内阁辞职，或解散议会，由新议会决定内阁的去留。这样到1837年维多利亚女王(1819—1901年)即位后，行政权也完全掌握到议会手中，英国国王从此真正成为统而不治的"虚君"了。

欧洲其他一些国家的封建君主专制虽逃过被资产阶级政治革命埋葬的历史命运，但却躲不过资本主义生产关系的侵入和渗透，封建经济逐渐转化为资本主义经济。为适应新的经济关系，封建王室自上而下地进行政治、司法改革，建立议会，举行选举，实行司法独立，君主专制演化为君主立宪制。到20世纪，特别是二战结束后，随着世界民主化浪潮的发展，除西班牙等个别国家外，欧洲其他残存的王室也与英国一样，仅剩下君主立宪制的外衣。今天欧洲各国的君主一般仍旧是国家元首，但不能干预政府的工作，仅承担礼仪上的职责，如主持集会，出席

札记

公众仪式等。有些国家通过的法律还需要君主签署，但只不过是起到“认证”的作用。君主虽然实际上已没有什么权力，但在政治上的影响依然巨大，他们是国家的象征，发挥着凝聚民族统一和维系社会团结的作用，这是现代君主制的基本特征。

二、共和制

（一）共和制的内涵

共和制（republic）是指国家最高权力掌握在由选举产生，并有一定任期的国家机关或公职人员手中的政权组织形式。

“共和”一词来源于拉丁语 respublica，意思是“公共事务”。共和政体区别于君主政体，而且是作为君主政体的相对面而存在的。

（二）共和制的类型

共和制可以分为贵族共和制与民主共和制，而民主共和制根据立法机关与行政机关之间的关系又可分为议会共和制和总统共和制。

1. 贵族共和制

顾名思义，贵族共和制（aristocracy republic）是指国家的最高权力掌握在由少数人才享有选举权和被选举权的机关手里。公元前 5 世纪的罗马共和国是贵族共和制的典型。公民大会形式上是最高权力机关，实际上受制于元老院。元老院拥有立法、行政、军事、财产、司法和宗教等实权，在管理国家方面起首要作用。而元老院就是实际上的贵族俱乐部。

在欧洲，共和制始于国家的产生。欧洲最早国家的雏形是古代希腊的城邦。公元前 8 世纪，希腊人氏族社会的公有土地分割成为私有财产，原来平等的氏族成员出现阶级分化，旧有的氏族制度已不适应社会的变更。希腊人氏族社会的瓦解过程，也是希腊城邦形成的过程。为适应新的社会发展，氏族政治发生重大变革，从而导致城邦国家的产生。

最早的氏族政治变革是雅典氏族社会末期的提秀斯改革。提秀斯是雅典的巴赛勒斯，即王政时期的王。他首先在雅典设立一个中央管理机关——雅典总议事会，统一管理原来由各部落独立处理的一部分事务。其次把全体氏族成员，不问氏族、胞族或部落，一律划分为贵族、农民

札记

和手工业者三个等级，并规定只有贵族才能担任公职。这两项措施，使原来彼此独立的四个部落真正融合为一个统一的城邦，确立了统一的民族法律，并用真正的国家机关取代了旧的氏族管理机关，国家产生了。提秀斯改革之后，王政时期的王，即巴赛勒斯，由世袭改为贵族会议选举，雅典成为一个共和政体的城邦。公元前8世纪中叶，雅典设置执政官，并取代巴赛勒斯担任城邦首脑，最初是终身任职，后来改为10年一任，到公元前7世纪初改为1年一任。执政官最初为3人，巴赛勒斯也是执政官，位居第二，后来又增加6名司法官，总称九执政，都由贵族选举产生。以前的氏族长老会议改为贵族会议——元老院，由担任过执政官的贵族组成，它有权推荐和制裁执政官。从氏族社会遗留下来的人民大会虽然存在，但是有名无实，没有什么权力。因此，雅典城邦早期的共和制是贵族共和制。

到公元前4世纪，古代希腊的共和制被异族入侵中断了，但它却成为西方共和制历史发展的源渊，也成为人民反对专制斗争的精神力量。

2. 民主共和制

在民主共和制(democratic republic)下，国家权力机关的组成人员和国家元首由选举产生并有一定的任期。因立法机关与行政机关关系的不同，这种制度又可分为议会共和制和总统共和制。

(1)议会共和制(parliamentary republic)

议会共和制的国家，立法权归议会，行政权归政府，政府以总理为首脑并对议会负责，所设总统的职责是礼仪性和象征性的。

在议会共和制国家中，议会拥有立法、组织和监督政府(内阁)等权力；政府(内阁)由占议会多数席位的政党或政党联盟来组织，政府对议会负责，当议会通过对政府不信任案时，政府就得辞职或呈请国家元首解散议会，重新选举；作为国家元首的总统只拥有虚位，没有实权。实行议会共和制的国家有法兰西第三共和国、意大利、德国、奥地利、印度等。

(2)总统共和制

在总统共和制(presidential republic)的国家，总统既是国家元首，又是政府首脑，集外交、内政大权于一身。总统定期选举产生，政府部长由总统任命。总统要向议会报告工作，但无权解散议会。对议会通过的法案总统可行使否决权。美、法等国实行的就是总统共和制。美国是历史上最早实行总统共和制的典型国家。墨西哥、巴西、阿根廷、埃及、印度尼西亚等国也实行总统共和制。

罗马共和国初期是贵族共和制，国家权力掌握在贵族手里。两名执政官是国家最高行政长官和军事统帅，虽然在公民大会上选举产生，但只有贵族才能担任，因为平民无权担任共和国公职。元老院在王政时期就掌握着实权，在共和国成立后更进一步发展为国家的最高权力机关，掌控着国家的内政、外交、财政、军事、祭祀等。平民虽能参加被称为“森都里亚”的民众大会，但大会亦被贵族所控制，经常通过不利于平民的决议。

贵族不仅在政治上控制着国家权力，而且还支配着绝大部分国有土地，这种状况引起平民的强烈不满。当时罗马经常进行对外扩张战争，平民又是军队的主力，于是平民就利用拒绝作战与贵族展开斗争。在斗争中平民获得重大胜利，取得一系列权利，从而推动了罗马共和制度的民主化。平民取得的第一项重大政治成果是公元前494年设立保民官和平民会议。保民官只能由平民担任，在平民会议上选举产生，可否决贵族通过的不利于平民的决议。不久，平民会议亦能通过决议，不过它通过的决议仅对平民有约束力。公元前287年以后，平民会议获得正式的立法权，它通过的决议具有国家法律的性质，贵族也必须遵守。经过平民不断的斗争，公元前367年平民又取得担任执政官和其他高级官职的权利，取消了不能与贵族通婚的限制。在经济方面，通过立法废除了债务奴隶制度，占有国有土地限定为500犹格(约合125公顷)。经过长期的斗争，平民获得了与贵族完全同等的权利，罗马的贵族共和制演变为民主共和制。到公元前27年，由国内外政治危机引发的内战，最终导致了共和制的覆亡和帝制的建立。从此，欧洲长期为君主制所笼罩。但是共和制并未完全泯灭，在意大利中北部地区产生了少数城市共和国。到公元11世纪，西欧生产力有了明显的提高，剩余农产品增多，手工业日益从农业中分离出来，商品的集散地逐渐形成工商业城市，罗马时代的一些旧城也因参与东西方贸易逐渐复苏。城市市民凭借强大的经济实力，通过武装斗争或金钱赎买取得自治权力，仿照旧时农村公社的组织形式建立起城市自治机关，选举产生市议会，组建法院、民兵、税收机构。而意大利中北部的城市则发展成独立的国家，可以单独宣战、媾和、铸造货币，如威尼斯、佛罗伦萨、热那亚等。但这些城市共和国的

札记

政权实际上控制在少数大家族手里，形成寡头统治。

共和制是在资产阶级革命的推动下发展起来的。启蒙思想家高举共和制旗帜来反对封建专制制度，认为君主制与专制相连，共和制与民主相连，所以共和制成为资产阶级革命的主要目标之一。但是，尽管在经济上资本主义比较容易地战胜了封建主义，但在政治上共和制的发展却异常曲折和艰难。在经历了3个世纪之后，共和制才在西方主要大国取得最终胜利。可最先通过革命建立共和国的荷兰和英国却都未能保持住共和制，最后又恢复了君主制。从这里我们也能看到，经济变革相对容易，政治变革则较困难。

荷英两国由共和国变成君主制国家，主要是实行共和制的历史条件不成熟。共和制是资本主义自由发展所需要的政体，但两国的资产阶级远未强大到能彻底建立共和制的程度。荷兰的革命与其说是资产阶级革命，不如说是民族独立革命。贵族是革命的领导者，革命后贵族势力强大，共和制也仅仅是形式，当时局发生重大变化时很容易接受君主制。英国革命的领导者是新贵族而非资产阶级，共和制不是新贵族的本意，而是小资产阶级平等派推动的结果。平等派运动失败之后，新贵族的代表人物克伦威尔就建立起性质与君主制相似的护国公政体，这就为在英国重建君主制铺平了道路。

近代第一个共和国是美利坚合众国。欧洲大国法国经过共和派与君主派近一个世纪的反复斗争，才最终确立起共和制。1789年法国大革命爆发，但因革命领导权最初掌握在大资产阶级手中，革命仅是将君主专制转变为君主立宪制。1792年，法国人民再次举行起义，废除了君主制，建立了法兰西第一共和国。但是法国革命遇到国内外敌人的疯狂反攻，在这种背景下，军事强人拿破仑(1769—1821年)于1799年发动政变上台，建立法兰西第二共和国。但共和制在五年之后，被拿破仑亲手埋葬，拿破仑通过修宪的方式当上皇帝，当上法兰西第一帝国。1848年底，波拿巴运用蛊惑人心的宣传当选共和国总统。但他上台后，玩弄政治手腕，利用拿破仑的影响当上皇帝，建立法兰西第二帝国。然而他的专制统治终将引发新的人民革命，1870年法国人民趁他在普法战争中战败被俘的时候发动革命，推翻了第二帝国，建立共和制的临时政府。到这时，尽管法国已是一个彻底的资本主义国家，但在政治上君主势力仍然十分强大，如1871年2月产生的国民会议中保皇派占多数席

札记

位。只是保皇派分为波旁派、奥尔良派和波拿巴派三派，始终处于分裂状态，才给共和派提供了发展的机会。1875 年由共和派起草的宪法获得仅高一票的多数票而得以通过，法兰西第三共和国建立。国家元首是总统，政府首脑是由总统提名任命的内阁总理，立法权归参议院和国民议会组成的立法机关。1884 年修改宪法时又做了补充规定：(1)共和制不能成为修改的对象，(2)曾经统治过法国的家族成员不得担任总统。这两条规定基本上堵死了君主制复辟的道路，从此，法国才彻底确立了共和制。1946 年通过的第四共和国宪法和 1958 年通过的第五共和国宪法，补充了公民享有的权利，进一步巩固了共和制。

德国、奥匈帝国和俄国的君主制，都是在第一次世界大战引发的人民革命中被推翻的。战争爆发之后，参战国社会矛盾加剧。特别到战争末期，俄、德、奥三国的经济衰败，伤亡重大，生活困苦，从而引起人民反战和反政府革命运动。1917 年春，俄国爆发的“二月革命”推翻了沙皇的专制统治，建立了共和国。1918 年 10 月，奥匈帝国因战败引发人民革命，哈布斯堡王朝末代皇帝逃亡国外，帝国解体，奥地利变成共和国。同年 11 月，德国也爆发革命，德皇威廉二世逃亡荷兰，德国从此结束长达 1000 余年的君主制，成立共和国。欧洲另一个实行君主制的大国意大利在二战中彻底失败，1946 年 6 月意大利对国家政体举行全民公决，结果多数选民赞成共和制，国王宣布退位，意大利宣布成立共和国。到这时为止，西方主要大国彻底走上共和制道路。

从西方国家共和制发展的历史来看，这种制度强调的是国家主权源于人民，而不是个人或一个家族。当然，一个共和制国家的主权到底能在多大程度上来源于人民，取决于这个国家的人民享有民主的广度和深度，换句话说，取决于这个国家民主制度发展完善的程度。因此，共和制与民主制密切相关，但共和制不等于民主制，它仅仅是与君主制相对而言的。或者宽泛地说，君主制之外的政体均可称之为共和制。君主制外在的形式是一样的，都是君主当政，不管是形式上的还是实质上的。但共和制的外在形式则不尽相同，例如，有些国家实行总统制，像美国；有些国家实行议会内阁制，像德国；也有些国家实行委员会制，像瑞士。尽管形式各异，但它们都有一定的任期，都由选举产生，行使着人民委托给他们的权力，至少从理论上说是如此。

札记

第二节 中央集权制与联邦制

中央政府与地方政府的权力关系如何确定，历来是一个国家人民面对的难题之一。赋予中央政府的权力太大，有利于国家和民族的统一，但又易于造成社会的僵化；赋予地方政府的权力过大，有利于发挥地方的积极主动性，但又易于引发地方主义，甚至分离或分裂倾向。因此，西方国家里的中央集权制下的地方自治和联邦制的历史发展轨迹，为我们提供了有意义的借鉴。

中央集权制和联邦制，是根据国家权力在中央政府与地方政府之间的分配而划分的。

一、中央集权制

(一)中央集权制的内涵

国家权力集中于中央政府的称之为中央集权制(centralism)。

(二)中央集权制的特点

在中央集权制下，地方政府隶属于中央，其设置与权限均由中央政府任意以普通法规定和变更，地方政府的权力不由宪法规定，也没有宪法保障。西方有些国家实行不同程度的地方自治，但中央政府通过行政、立法和财政手段控制地方政府的权力。

古希腊的城邦国家都是实行直接统治。因为这些城邦的特点之一就是小国寡民，在几万平方公里的希腊半岛上先后建立起200多个城邦国家。其中最大的城邦之一的雅典到伯里克利时代的繁荣时期，约有公民42000人，其国土虽然约为4100平方公里，但考虑到雅典处于沿海地区，内地又是山地与平原交互的自然环境，人民多居住和劳作在平原与沿海地带，人口相对集中，便于管理，这种规模的国家根本不需要建立多级政府，因此在希腊的城邦中没有出过中央集权制政体。

根据资料分析，中央集权制最早出现在罗马等大国。罗马共和国于公元前510年建立时，也是一个城邦小国，但经过数百年的扩张，先征服意大利，后又征服西欧、亚洲和北非的部分地区，变成地中海地区的

札记

最大国家。在征服意大利后，罗马并未建立统一的国家，而是将被征服的地区上的国家变成移民殖民地，分而治之。这些殖民地最初由罗马政府直接管理，后来成为享有不同自治权利的城市或公社。到公元前2世纪上期，随着征服地区的进一步扩大，罗马开始在其他被征服地区建立行省，由元老院派遣1名总督、1名财务官和1名副总督进行治理。总督任期1年，后根据需要延长数年。到帝国时期，罗马已成为横跨欧亚非的庞大国家。为加强统治，罗马中央政府又重划行省和行政区，全国划分为12个行政区，每区又分为10~12个行省，共101个行省。行省与行政区实行军政分治，行省由元老院委派的总督、副总督和财务官管理，行政区则由皇帝派遣的副近卫长官管辖。这种体制一直实行到罗马帝国灭亡。

（三）中央集权制的优点与缺点

中央集权制的优点是权力集中、政令统一、标准一致，能够统筹全局，让国家有足够的权力全面调动各方面资源，为经济发展创造条件；也有利于民族融合，为建立并维护国家的统一起到重要的作用。

中央集权制的缺点则是灵活性差，应变能力低，不容易顾及特殊情况，不易因时因地制宜，难以充分调动下级积极性、主动性和创造性，容易导致独断专行，也因权力集中及其官僚主义引发官僚机构臃肿及腐败丛生。

二、联邦制

（一）联邦制的定义

国家权力根据宪法在中央政府和地方政府之间分享的称之为联邦制（federalism）。

在联邦制下，地方政府享有部分法定权力，联邦政府与地方政府的权限由宪法明确划定，除非通过宪法修改，两级政府的权力不能随意变更。两级政府在宪法规定的权限内独立行使权力，不受对方干预。在双方法律发生冲突时，联邦宪法和法律高于地方宪法和法律。

（二）联邦制的特征

第一，国家整体与组成部分之间是一种联盟关系，联邦政府行使国

札记

家主权，是对外交往的主体。

第二，联邦设有国家最高立法机关和行政机关，行使国家最高权力，领导其联邦成员。

第三，实行联邦制的国家都认同于统一的联邦宪法，遵从代表国家利益的统一法律。

第四，联邦各成员有自己的立法和行政机关，有自己的宪法、法律，管理自己的财政、税收、文化、教育等公共行政事务。

第五，联邦和各成员的权限划分，由联邦宪法规定。如果联邦宪法与成员的宪法发生冲突，以联邦宪法和法律为准。

概而言之，联邦制是一种多中心的复合共和制，是关于自治、非集权、多样性的宪制安排。它有两个基本的建构原则。第一，制定一部有严格修改程序的宪法，在全国政府与各构成单位(州、省、邦)之间分割国家权力。全国政府管理国防、外交、统一大市场等与全国人民密切相关、需要集中管理的特殊事项，其他与各构成单位人民密切相关、能够分别管理的一般性事项，都由各构成单位政府管理。第二，各构成单位人民有自治或自组织权。各构成单位议会议员、政府首长，由当地人民选举产生。绝大多数联邦国家的构成单位并且有自己的宪法，规定自己的政府组织形式。此外，联邦制还有两个并非不重要的原则：联邦议会一般实行两院制，其中一院按人口比例选举产生，另一院由各构成单位选举或任命的代表组成。当联邦与各构成单位发生权力冲突时，由独立的司法机构——联邦最高法院或宪法法院依据宪法裁决。联邦制国家各构成单位政府，不同于单一制国家的地方政府，它们在国家中具有很高的、独立的地位。国内许多研究外国政府制度的学者往往将两者混为一谈，这实在是出于本土成见的一种严重误解。从性质和功能上说，单一制国家的地方政府是实现全国政府目标的手臂。联邦制国家各构成单位政府却并非如此。根据联邦制原则，全国政府与构成单位政府并不是核心与边缘、上级与下级的关系，而是具有不同权力、职能范围的政府之间的关系。它们彼此独立，权力都有限制。各构成单位也是国家主权的组成部分，因为它们与联邦在不同范围内分别行使统治权。当然，它们也不是国际法意义上的独立、主权国家。并且，联邦是全体人民建构的永久性共同体，是任何构成单位或群体无权随意取消的主权国家。

联邦制正是在吸取了过去邦联制的教训后，通过制度创新而形成的

札记

一种紧密的、现代的新型共同体。它的发明权属于美国。美国1787年宪法运用主权共和国组织政府的原则，来设计共同的政治组织，并明智地划分了共同体与构成单位的权力，赋予共同体足够的手段追求联合起来的好处，建立了一个直接对公民行使权力、三权鼎立的完备的共同政府，从而在历史上第一次将邦联改造成了联邦——联合而成的国家。

在美国实行联邦制的200余年期间，虽然联邦制的基本框架未发生根本性改变，但联邦政府与州政府的权力关系在不断发生变化，这种变化的总趋势是联邦政府的权力逐渐扩大。在内战以前，美国是一个农业社会国家，工商业不甚发展，还局限于州政府权限之内，需要联邦政府管理的跨州际贸易、交通运输很少，不需要联邦政府扩大权力。但在内战以后，工商业大规模发展，特别是垄断资本在经济领域里占据优势之后，美国的社会关系和经济关系发生剧烈变化，政治道德堕落、贫富鸿沟扩大、大批中小企业破产、自然资源遭到破坏等一系列社会弊端的不断涌现，引起广大人民的强烈不满。这种形势要求联邦政府扩大权限，加强对社会和经济方面关系的干预和控制，以保障社会秩序的稳定。在政治上，联邦政府运用宪法第十四条和第十五条修正案干预州政府侵犯公民权利的行为。在经济上，通过《州际商务法》《谢尔曼反托拉斯法》等法案，将原来由州政府管辖的工商业及金融活动纳入到联邦政府的管理权限之内。20世纪30年代初，联邦政府为挽救“经济大危机”给美国造成的巨大损失，对社会各个方面进行调整，从而出现联邦政府的集权化倾向——运用立法、行政、财政手段干预和监控州政府的政治和经济活动。不过，从20世纪70年代开始，联邦政府着手收缩权力，扩大州的权限，但效果并不明显。像美国一样，瑞士和德国也在晚些时候放弃邦联制，改行联邦制。

（三）联邦制的优缺点

就其优点而言，联邦制作为多中心（multi-centre）、自治（self-governance）、非集权（decentra-lization）的制度安排，是一种有着巨大包容性（comprehensive）的政治制度。它能够包容构成单位制度、文化等方面的多样性，能够给予次级单位更多的权力，充分调动其主动性和灵活性。

就其缺点而言，由于联邦制的联邦政府和各构成单位政府的关系是

札记

宪法框架内的权力与职能分工，从而在二者之间存在许多摩擦，难以调动治理资源，从而致治理低效甚至失效。

第三节 民主制与独裁制

民主制(democracy)与独裁制(autarchy)，是根据公民是否享有参政权而划分的。

一、民主制

(一)民主制的含义

民主从其字面上来看(源于希腊文 δημος demos，人民；κρατειν kratein，统治)，代表着由人民统治。至于民主的统治方法、以及其“人民”的构成范围则有许多不同的定义，但一般的原则是由多数进行统治(rule by majority)。

与民主制相较而言，寡头政治和独裁政治这两种制度下政治权力高度集中于少数人手上(rule by minority)，而没有如民主政治一般由广大人民控制。民主一词经常被使用于描述国家的政治，但民主的原则也适用于其他有着统治行为存在的领域。

(二)民主制的类型

民主制有两种形式：直接民主制和间接民主制。

所谓直接民主制，是指公民直接参与政府官员的任免和国家政策的制定，其形式有公民大会、创制、公决和罢免等。

所谓间接民主制，是指公民通过其代表参与政府官员的任免和国家政策的制定。

从民主制实施的历史来看，直接民主制适用于寡民小国和地方政府，间接民主制适用于广土众民的大国。但现在许多大国将两种民主制形式结合起来，即以代议制为主，而在一些诸如宪法的批准、国家元首的选举、签署国际条约等重大国策问题上采取直接民主制形式。近代以来，为了保障公民的参政权，实行代议制民主的国家还逐渐建立起一套与代议制相适应的其他体制，例如普选权、分权与制约、司法独立、公民权利保障等。

札记

西方的民主制度源于古希腊的雅典城邦。早期的雅典城邦虽然是共和制，城邦首脑执政官由选举产生，但城邦并未实行民主制，而是贵族寡头统治。9名执政官都从氏族贵族中选举，贵族会议由担任过执政官的贵族组成，有权推荐和制裁执政官，审判刑事案件。公民大会虽然存在，但是有名无实，直到公元前7世纪末才恢复在形式上选举执政官的权利。在贵族寡头的统治下，贵族不仅垄断政权，还占有大量财富和土地，交不起地租的平民就会沦为奴隶，从而导致平民与贵族的矛盾日趋尖锐。平民反对贵族寡头统治的斗争，推动着一系列政治变革的出现。公元前594年，贵族出身的梭伦被大多数人选举为“执政官和仲裁人”，开始了雅典城邦的第一次宪政改革。在社会经济上，他颁布“解负令”，废除债务，解除因负债而变成奴隶的制度，扩大了建立民主制度的社会阶级基础。在政治上，他按照财产多少把全体公民划分为四个等级，一、二等级的公民可担任政府领导官职，三等公民可担任低级官职，四等公民不能担任官职；设置四百人会议，由雅典的四个部落各选100人组成，把原来属于贵族会议的权力转移过来，但四等级公民不能参加；所有等级公民均可参加公民大会，都有权通过法律和选举官员。另外还设立陪审法庭，所有公民皆可被选为陪审员，打破了贵族对法庭的垄断。梭伦的改革仅仅是引领雅典政治走上民主道路，因为氏族贵族在部落中仍然保留着传统势力，并能利用它左右四百人会议的选举，民主政治并未建立起来。公元前509—前508年曾担任过首席执政官的克利斯提尼(约公元前570—前508年)在人民的大力支持下进一步推行政治改革。在克利斯提尼之后几代民主派领袖，尤其是伯里克利(约公元前495—前429年)的推动下，雅典的民主制度发展到更高的水平。

雅典民主制度的建立和发展，与发达的商品经济密切相关。雅典的工商业、航海业和海外贸易在整个古希腊世界是首屈一指的，甚至农业也卷入商品经济。发达的商品经济不仅为民主政治的实施提供了物质基础，同时也要求国家建立发展民主政治，为市场提供平等交易的政治保障。雅典的民主制度成为西方社会发展民主政治的典范，也成为人类文明的重要组成部分。但是，雅典的民主制毕竟是建立在奴隶制基础之上的，享有民主权利的仅限于雅典公民，外来移民及广大奴隶被排斥于民

札记

主制之外。

从国家制度这个层面上看，整个中世纪的西方社会弥漫着等级、特权与专制，没有民主可言。但在一些城市共和国及自治城市，或多或少地带有民主的成分和因素。9世纪以后，一些以手工业和商业为基础的城市在西欧逐渐崛起。为发展手工业和商业，城市居民联合起来与封建主进行斗争并获得重大胜利，建立起独立的城市国家或高度自治的自治市。在摆脱封建主的控制之后，城市居民建立起与封建国家不同的政府制度。不过，由于各城市中社会阶级关系的差异，从而出现了形式不同的城市政治体制。在商业发达的城市里，以大商人、高利贷者为主的城市贵族袭断了市政长官、市议会，形成贵族寡头统治。而在手工业比较发达的一些城市，由于手工业行会势力强大，城市贵族不得不与普通市民分享反封建主斗争的胜利果实，从而使民主制恢复和保持下来。意大利的佛罗伦萨共和国最具有代表性，它的民主制曾维持近两个世纪之久，成为当时最为民主的城市共和国。1293年佛罗伦萨颁布名为“正义法规”的新宪法。根据该法规，行业会议为最高权力机构，但实际上长老会议是最高权力机构，共9名成员，由7个称为“肥民”的大行会各选1名代表和14个称为“瘦民”的小行会共同选出的两名代表组成；长老会议的首脑称为“正义旗手”，同时兼任共和国军队的指挥官，由行业会议推选，任期两个月，可连选连任。该法规也规定，只有行会会员才能享有政治权利，参与政权，因而为数众多的非行会会员，如帮工、学徒等则不能享有民主权利。到15世纪上期，随着佛罗伦萨上层富有的市民与下层债务贫民矛盾的日益激化，民主制度被城市大贵族家族统治所取代。与佛罗伦萨政治相类似的，还有德意志的科伦、法国的马赛等城市。但从总体来看，实行民主政治的城市毕竟是少数，而且到15世纪下期，随着君主专制主义的日益发展，城市民主制度就完全衰落了。

西方近现代民主制度的建立，始于17、18世纪的欧美资产阶级革命。1640年，英国爆发反对封建专制制度的革命，到1649年，在人民群众的推动下，革命发展到民主政治的顶峰。他们废除了君主制和议会贵族院，建立了共和国，一院制的议会成为国家最高权力机构。但是，以一院制议会为形式的民主制徒有虚名，真正控制国家权力的是以克伦威尔为首的独立派高级军官。因此，民主制很快被颠覆，代之以护国公

札记

政体和复辟王朝就不足为怪了。1688年"光荣革命"建立了君主立宪政体后，英国的政体才稳定下来。英国的君主立宪制可以说已具有一定的民主性，因为它是国王与人民分享国家权力的一种新的政治体制。在这种体制下，君主的权力受到宪法的极大限制，仅保留了行政权，立法权归属两院制的议会，特别的是财政权属于选举产生的议会下院。1701年的《王位继承法》又将司法权从王权中分离出去，在近代史上第一个践行了司法独立，从而实现了法律面前人人平等的政治原则。到这时，初具刍型的民主制基本形成。当然，由于君主仍然控制着行政权，英国的民主制具有很大的局限性。英国之所以建立起这种形式与性质的民主制，主要是因为封建传统势力依然比较强大，新兴的资产阶级无力独享政权。

对英美来说，19世纪和20世纪是其民主制度进一步发展的历史时期。在英国，19世纪初内阁取代国王控制行政权，国王变成在其位不谋其政的"虚君"。议会又进行过三次改革，不断清除封建残余和扩大人民的政治权利，基本实现成年男子的选举权。20世纪上期，进一步扩大下院权力及赋予妇女选举权。在美国，19世纪60年代实现成年男子普选权。19世纪晚期，在英国的影响下，美国也进行文官制度改革，将政府大门向广大人民敞开。20世纪初，国会参议院选举由州议会选举改为选民直接选举，妇女也获得选举权。

西方国家的民主制度是在资本主义条件下建立和发展起来的，其性质是资产阶级的。由于这些革命和改革发生的历史条件不同，各国民主制的表现形式存在着明显的差异，但是它们的基本特点却是相同的。

第一，凡是实行民主制的国家，都用法律方式确认了自由、平等和民主等政治原则，以反对封建社会的特权与等级。

第二，普遍实行普选制，成年男子和妇女都有选举权。这是人民主权原则的具体体现。

第三，建立以代表议会为主要构成部分的政治体制，并通过定期选举产生。由议会代表民意，制定法律。

第四，实行司法独立。运用司法手段确保宪法和法律的最高地位，不允许任何政府机构和个人超越宪法和法律，以保障在法律面前人人平等。

札记

二、独裁制

(一)独裁制的定义

独裁制是将国家政治权力高度集中在个人手中的一种制度。

(二)独裁制的类型

自有国家以来，独裁制有三种形式，它们是君主专制、军事独裁和法西斯统治。

与民主制出现在国家形成初期不同，独裁制出现在国家形成后几个世纪。罗马帝国的君主专制是西方最早和最具有代表性的独裁制形式。罗马共和国末期，由于频繁的国外战争和激烈的国内阶级斗争，国家权力逐渐掌握在一些军事将领手中，开始出现军事独裁政治，例如苏拉独裁、恺撒独裁等。公元前30年，“后三头同盟”解体，大权落到屋大维的手中。公元前27年，屋大维被元老院授予“奥古斯都”称号，建立元首制的统治形式。不久，屋大维又担任终身保民官、国家大祭司长，这样他就成为了集国家最高军事统帅、终身执政官、终身保民官、大祭司长和国家元首于一身的最高独裁者，独揽军、政、司法和宗教大权，主宰着罗马的一切。屋大维的个人军事独裁，实质上是奴隶制社会专制君主制的一种形式。屋大维的继承者后来将这种形式的独裁转变为直接的专制君主制，并一直实行到帝国的灭亡。封建社会的独裁制形式是专制君主制，但是它出现的较晚，直到封建社会末期才在英法等国家形成(详情见本章“君主制”部分)。

近代社会的独裁制形式是在英法相继出现的军事独裁。1649年，英国革命虽然达到顶点，废除君主制和上院，建立了共和国，但是政局并不稳定。在国内，平等派准备举行新的起义；在国外，保王党人也重新集结力量准备发动叛乱。掌握革命领导权的独立派高级军官，在镇压了平等派起义之后，又在克伦威尔率领下出兵爱尔兰，进行征服爱尔兰的战争。征服战争加剧了权力向少数高级军官手中集中。同时，对爱尔兰土地的掠夺，也使大批英国新地主希望建立一种强有力的政权来保护他们的利益。在这种历史背景下，1653年，权力欲逐渐膨胀起来的克伦威尔在高级军官的拥戴下建立了护国公制，他自任终身护国公。护国

札记

公制是一种军事独裁制度，克伦威尔又任英格兰、苏格兰、威尔士陆海军总司令，他的权力凌驾于议会和国务会议之上。1655 年，为加强统治，他将全国划分为 11 个军区，每个军区设 1 名总督，由高级军官担任，军区的行政权和军权都集中在总督手里。克伦威尔的军事独裁制度实际上与专制君主制已无多大区别。

法国的军事独裁制度是由拿破仑建立起来的。1799 年，共和国执政府面临严重的政治危机。在国内，保王党人不断发动叛乱，民主派又酝酿夺取政权的起义；在国外，反法同盟的军队节节进逼到法国边境。在这种形势下，大资产阶级要求建立强有力的政权以稳定政局，而远在埃及的拿破仑清楚地意识到国内的需求。是年秋，他回到法国，在大资产阶级的金钱和军队武力的支持下发动政变，夺取了政权。拿破仑上台后，在法国强制实行军事独裁政治。他自任第一执政(1802 年又通过修改宪法规定第一执政为终身制)，其权力凌驾于法律之上。立法机关的元老院、参政院委员由第一执政指派，保民院、立法院的代表由第一执政指定提名，人民的投票成为形式。立法议案经他认可才能成为法律，根据需要他又可随时废止法律。政府部长、陆海军军官、地方行政长官、除最高法院法官之外的刑事和民事法官，均由第一执政直接任命，军队、警察和官僚机构是拿破仑独裁统治的支柱。拿破仑上台后建立的军事独裁统治，在建立起一套官僚机构后，到 1804 年直接演化为帝制。

现代社会的独裁制度表现为意大利和德国等国的法西斯统治。众所周知，法西斯主义最早出现在意大利。1870 年，意大利实现统一后效仿英国建立了君主立宪制度，组建了议会和内阁，但由于宗教、文化资格的限制，全国 2200 万人口中仅有 30 万享有选举权，因此意大利政治中的民主性十分有限。1915 年，意大利站在协约国一边参加一战，但战争带给意大利的却是经济凋敝，大批工人失业及物价暴涨，结果出现了剧烈的社会动荡。政治野心家墨索里尼利用人民及军队对政府的强烈不满，于 1919 年建立了法西斯党，并在 3 年后获取了总理职位。他上台后，立即明目张胆地将君主立宪制变为法西斯独裁统治。墨索里尼首先极力宣传法西斯主义，提出“信仰、服从、战斗”的口号，使法西斯全党服从一个意志和权力，即服从党的领袖。然后使法西斯党渗入到军队、警察、青年学生等社会各个阶层，并利用法西斯党徒向议会施加压力控制议会，再通过立法手段夺取高于议会的特别权力。他还唆使法西

札记

斯党徒使用恐怖手段，消灭反对派，解散一切反法西斯的党派和社团，控制舆论、教育、宗教及地方各级政府。这样，墨索里尼成为意大利全国的最高领袖，通过法西斯党，将整个社会控制在他个人手里。

希特勒在德国建立法西斯独裁统治走了一条与墨索里尼相似的道路。一战后，德国人民推翻了第二帝国，建立了民主的魏玛共和国。但是，由于德国是战败国，需要向战胜国进行战争赔偿，结果造成物资匮乏、通货膨胀，广大人民陷入沉重的灾难之中。1928 年，世界性的经济危机又席卷德国，使其经济濒临崩溃的边缘。极端民族主义者希特勒利用社会动荡和人民的不满情绪，重建了法西斯政党——纳粹党，并在党内确立领袖独裁制。他又通过极力宣传复仇主义、反犹太主义和极端民族主义的方式，使法西斯主义在全社会迅速蔓延。1933 年，纳粹党在议会选举中获胜，希特勒出任政府总理。他上台后，立即着手将魏玛共和国的民主政治改变为法西斯独裁统治。希特勒利用纳粹党控制的议会，授予政府总理制定法律的权力，然后运用这一权力清洗政府和军队，把所有国家机关和军队纳入纳粹党控制和监督之下。1934 年，总统兴登堡去世。希特勒利用纳粹党控制的政府机构、军队、社会团体，通过投票方式赞成他身兼总统和总理，并授予他“元首”称号。这样，希特勒既是纳粹党的领袖，又是国家元首、政府首脑和武装力量总司令。在控制国家最高权力之后，希特勒使用暴力取缔其他政党，实行纳粹党一党专政。为了镇压不满纳粹政权的个人和团体，他在正规军之外，又建立了党卫军和秘密警察，使其成为维护法西斯独裁统治的重要工具。这样，希特勒在短短数年之间，通过纳粹党建立起一套由他一人掌权的党、政、军一体化的独裁统治制度。意大利和德国的法西斯独裁统治，是随着反法西斯战争的胜利而被摧毁的。

古代和中世纪的君主专制、近代的军事独裁、现代的法西斯统治，由于它们出现的历史环境不同，其政治统治的方式亦有所区别。专制君主主要依赖官僚体制进行统治，军事独裁者主要依赖军队进行统治，而法西斯独裁者主要依赖一党独裁体制和极端意识形态进行统治。但从实质来看，都是政权掌握在个人手中的专制体制，个人自由及权利遭到限制和剥夺，而在专制程度上，法西斯统治远远超过前两者。虽然说这三种独裁体制都是各自特定历史条件的产物，但古代和中世纪的君主专制却还在历史上起到过一定稳定政局或推动经济发展的作用，近代的军事独裁也还发挥过维护资产阶级革命成果的意义，而现代的法西斯统治则是逆历史而行的。法西斯独裁者一上台，就对内镇压民主，对外发动战争，给本国人民和其他国家人民带来的全是沉重的灾难。

第四节　混合制与分权制

混合制(hybridregime)和分权制(decentralization)，是根据国家的立法、行政及司法权力是否分属于几个机构而划分的。

一、混合制

权力在几个政府机构之间交叉混合的体制称之为混合制。混合制仅存在于古代、中世纪及近代初期的西方部分国家，资本主义制度确立之后，这种制度在西方国家基本消亡。

混合制是一种古老的政治概念。在西方国家早期，相继出现过君主制、贵族制和民主制。根据古代思想家的政治理论，君主制是指国家权力集中在个人手里，贵族制是指国家权力集中在少数富人手里，民主制是指国家权力掌握在大多数人手里。这三种政体各有其优点和弊端，正因为如此，每种制度都不能历时久远，终将被另一种制度所代替。这种政体的不断更迭，导致政局的动荡和国家的衰落，也给敌国的入侵提供了契机。为保障国家的长盛不衰，就要建立一种稳定的政体。这种政体应是将君主制、贵族制和民主制三种政体因素和优点结合起来的混合体制。罗马共和国的政体，就是这种混合体制的具体体现。

在中世纪，实行混合制政体的主要是英国。英国的混合制政体并不是从英吉利王国建立之日起就有，而是在议会产生之后才实行的。在近代初期，混合制主要存在于英属北美殖民地。

二、分权制

权力在几个政府机构之间分立的体制称之为分权制。分权制是近代初期资产阶级反封建的产物，始于欧美国家，二战之后在西方国家普遍采用，并和制衡原则结合起来，成为维护民主的最有力的体制之一。

中世纪末期封建主义在政治上最突出的特征就是专制统治，君主利用高度集中的权力，滥施淫威，人民毫无自由和权利可言。所以，资产

札记

阶级革命的首要政治目标，就是削弱执政者的权力，以保障个人的自由。但是，当各国的资产阶级政治家构筑新政权时，他们都遇到一个几乎相同的政治难题，即如美国政治学学者梅里亚姆所总结的，“如果不给政府以充分的权力，国家的安全就处于危境。如果给了充分的权力，又很可能被滥用”。重温一下那段历史，我们就会看到，英国如此，美国如此，法国亦如此。在汲取了一个又一个教训之后，各国的政治家开始真正领悟到洛克、孟德斯鸠这些政治思想大师关于分权的理论真谛，于是根据本国的历史传统与客观条件，着手建设适合自己的分权政体。

率先确立分权体制的是英国。美国政体则是实施三权分立的典型。

这里需要强调的是，现代的西方国家，制约机制已不局限于权力机构之间，非国家权力的制约在维护民主方面起着不可替代的作用。非国家权力的制约表现为：人民大众在选举时对现任政府的制约，如果人民不投票，现任政府就要下台；新闻媒介的舆论监督(public voice)，它在防止政府部门滥用权力方面的作用昭彰显著；反对党(the Opposition)对执政党(Party in power)的监督制约，它使执政党不敢随意滥用权力，否则将被反对党取而代之。

名词与术语

君主制；共和制；中央集权制；联邦制；民主制；独裁制；贵族君主制；等级君主制；专制君主制；君主制立宪；二元君主立宪制；议会制君主立宪制；贵族共和制；民主共和制；混合制；分权制

思考题

1. 是否君主制就意味着独裁，共和制就等同于民主？并举例说明。
2. 中央集权制与联邦制各自的优缺点有哪些？
3. 哪些国家在什么时期易形成二元君主制？
4. 城邦民主制的优点与缺点分别是什么？
5. 中世纪封建政治制度的影响有哪些？
6. 代议制产生的历史条件是什么？

延伸阅读

札记

1. 曹沛霖:《比较政治制度》,高等教育出版社,2021 年版。

2. Carles Boix, Susan C. Stokes (eds.), The Oxford Handbook of Comparative Politics, Oxford University Press, 2007.

3. R. A. W. Rhodes Sarah A. Binder and Bert A. Rockman (eds.), The Oxford Handbook of Political Institutions, Oxford University Press, 2006.

第二章　古希腊雅典的城邦民主制度

我们见到每一个城邦(城市)各是某一种类的时候团体，一切社会团体的建立，其目的总是为了完成某些善业——所有人类的每一种行为，在他们自己看来，其本意总是在求取某一善果。既然一切社会团体都以善业为目的，那么我们也可说社会团体中最高而包含最广的一种，它所求的善业也一定是最高而最广的：这种至高而广涵的社会团体就是所谓的“城邦”，即政治社团(城市社团)。

——亚里士多德《政治学》

札记

城邦制度，是希腊文明一系列历史条件演变的结果。① 雅典的城邦民主制度产生于公元前6世纪初的梭伦改革，经过长期曲折发展而逐步完善，到了公元前5世纪中期后，进入鼎盛时期，至4世纪下叶，由于内部政变和外部战败，雅典民主制度随着城邦的衰落而逐渐消逝在人类历史的长河之中。只是到了19世纪，它不断成为人们的研究对象。

第一节　古希腊的历史概况与古希腊的城邦制度

一、古希腊的历史概况

古代希腊的地理范围，包括希腊半岛、爱琴海中的岛屿和小亚细亚半岛的西部沿海地区以及爱奥尼亚群岛，大致相当于今天的希腊和土耳其。希腊半岛多山，气候干燥温热，粮食匮乏，主要种植橄榄树和葡萄。

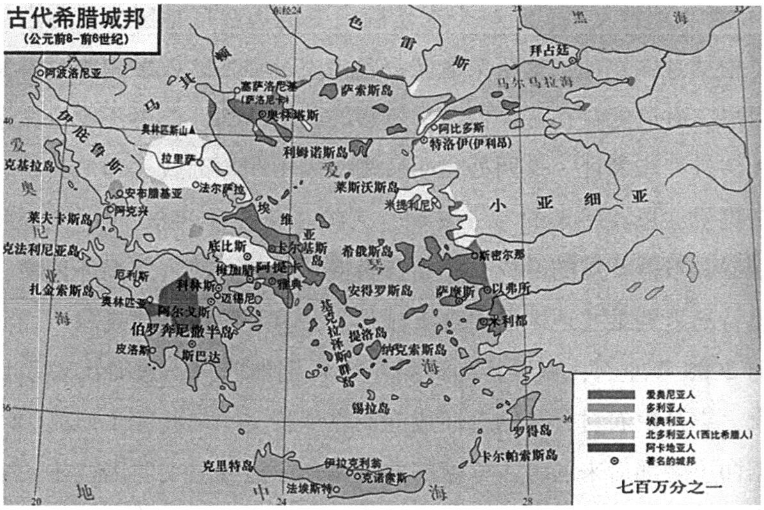

（图来自于 http：//www. onegreen. net/maps/HTML/56805. html）

在地中海地区内，爱琴海区域是气候最佳、位置最优越的。暖和的夏季在这里持续时间最长，冬季也最温和。海中鱼类品种众多，尤以金

---

① 顾准．希腊城邦制度[M]．中国社会科学出版社，1982：8.

札记

枪鱼最为可贵。在夏天，它的海域对航海者是特别有利的，那时每天早晨有风吹向海中，傍晚又有风吹回海岸，而在海上则经常挂着从东北方吹来的厄特西安风，岛屿星罗棋布，处处总可以看到陆地。因此，夏天的爱琴海变成了原始航海业的天然摇篮。在冬季则经常有风暴，航行是极危险的。① 在希腊半岛西岸的爱奥尼亚海，也具有一些和爱琴海相似的优点。在这里，夏天的向海风和向岸风，同样有利于沿岸航行，一直到亚得里亚海口为止。但是，若深入亚得里亚海，或者从科尔西拉岛和奥里空湾横渡而达意大利半岛的南端，则常常是危险的，因为从东北方来的厄特西安风向狭长的亚得里亚海域刮去，就会形成大浪。②

古希腊的历史可分为三个阶段，即爱琴文化时期、荷马时代以及古希腊成熟奴隶社会时期。

(一)爱琴文化时期

爱琴文化大约指公元前 20 世纪至公元前 12 世纪。这一时间古希腊先后出现过两个文明中心，前一个是爱琴海中的克里特岛(爱琴海南端)，史称克里特文明；后一个在希腊南端的迈锡尼地区，史称迈锡尼文明。根据考古发现，这两个地区都曾出现过强盛的奴隶制国家，特别是迈锡尼，有可能存在过类似金字塔形的政治结构，但由于没有文字记载，无法进一步考证。这两处文明后来都因不明原因毁灭和消失了。

依据伊文思及后来的考古发现，大约在公元前 3000 年，克里特岛进入铜器和石器并用的时代，原始社会慢慢解体。考古发掘还证实，当时克里特岛上的某些地区已出现了城邦，并有了阶级分化现象。而到了公元前 2000 年左右，克里特岛开始步入青铜器时代，这时出现了最早的国家，它是由农村公社结合而成的，克里特文明由此逐步形成。③

据谢里曼和后来的考古学家的发现可知，迈锡尼文明因位于伯罗奔尼撒半岛的迈锡尼城而得名，属于希腊青铜时代晚期的文明。在公元前 1600 年前后或更早，阿凯亚人由巴尔干半岛北部南下，到达希腊半岛中部和南部，慢慢建立了一些奴隶制国家。他们受克里特文明的直接影

---

① N. G. L. 哈蒙德著，朱龙华译．希腊史(上册)[M]．商务印书馆，2017：4-5.
② N. G. L. 哈蒙德著，朱龙华译．希腊史(上册)[M]．商务印书馆，2017：5.
③ 冯慧娟．希腊文明[M]．吉林出版集团有限责任公司，2015：23.

响，开始向文明过渡，从而开创了迈锡尼文明。①

札记

（二）荷马②时代

荷马时代指公元前 12 世纪至公元前 8 世纪初的希腊历史。它因历史文学《荷马史诗》而得名。《荷马史诗》据说是一位盲诗人荷马创作的，包括《伊利亚特》和《奥德赛》两部分，描述了当时希腊部落联军进攻小亚细亚城市特洛伊的故事，从史诗描写的情况看，荷马时代的希腊为原始社会时期，实行军事民主制。

多利安人攻下迈锡尼诸国之后并没有创建自己的国家，而是继续采用军事民主制来管理部落，希腊文明的传承因此中断了两三百年。从公元前 1100 年到公元前 800 年间，希腊大地又倒退回原始社会时期，那是一个相对愚昧的时期。③ 当时在希腊半岛、爱琴海诸岛和小亚细亚沿岸地区又开始盛行氏族部落制。遍及希腊各地的氏族制度湮没了前一时期少数地区的文明，致使希腊历史的发展经历了暂时的、局部的倒退。④由史诗可知，该时期的土地所有制以公社所有和氏族贵族所有为主。当时已经有了财产私有和阶级分化现象。氏族贵族和部落领袖牲畜成群，财物无数，并且可以在自己的土地上使用雇佣工人和剥削奴隶工作。这些奴隶通常是战俘和海盗掠劫来贩卖的人口，他们的处境非常悲惨，可以被随意驱使。当时，氏族贵族和王族家中皆养有奴隶。然而，在军事民主制之下，虽然军事首领和贵族已转变成奴隶主，但是他们并没有完全退出生产活动。⑤ 军事首领由部落或部落联盟选举产生，一般为英勇善战、足智多谋的勇士，军事首领叫“巴赛勒斯”，他拥有广泛权力，指挥战争，运筹帷幄，武艺高强。此外也存在氏族长老会和人民大会。这些情况说明，荷马时代是古希腊从原始社会向奴隶社会缓慢转化的时期。

---

① 冯慧娟 . 希腊文明[M]. 吉林出版集团有限责任公司，2015：27.

② 关于荷马这个名字，西方学者们也有过不少考证：有人说这个字是“人质”的意思，就是说荷马大概本是俘虏出身；也有人说这个名字含有“组合在一起”的意思，就是说荷马这个名字是附会出来的，因为史诗原来是许多散篇传说组合而成。实际上这些都是猜测。古代传说又说荷马是个盲乐师，这倒是颇为可能的。古代的职业乐师往往是盲人，荷马也许就是这样一位专业艺人。

③ 冯慧娟 . 希腊文明[M]. 吉林出版集团有限责任公司，2015：40.

④ 冯慧娟 . 希腊文明[M]. 吉林出版集团有限责任公司，2015：40-41.

⑤ 冯慧娟 . 希腊文明[M]. 吉林出版集团有限责任公司，2015：41-42.

札记

(三)古希腊成熟奴隶社会时期

公元前8世纪至公元前2世纪，这是古希腊奴隶社会的成熟期，奴隶制经济和政治达到全盛。

公元前8世纪至前6世纪是希腊奴隶制城邦的成型期，该时期被称作“早期希腊”或者“古风时代”。就希腊社会内部而言，阶级分化日益严重，奴隶不断增加，从而具备了建立城邦——早期奴隶制国家的条件。于是，大量城邦如雨后春笋般出现在希腊大地上，希腊文明重现曙光。① 我们所要分析的雅典奴隶主民主制就属于这一时期。

二、古希腊的城邦制度

(一)城邦

城邦按照汉语字面的意思是“城市国家”，但是这个“城”离现代意义上的“城市”概念还相当遥远。它最初仅仅是一个周围设防的居住区域。对居住其中的居民来说，它最重要的意义乃是防御外敌，是一个堡垒。由于当时战争频繁，部落的安全是至关重要的大事，希腊各部落久而久之都占据了一处专门的居住地，它们往往建立在有利于防守的天然地形中，并筑有城墙。城的周围还有或大或小的农业区域。设防的中心居住地加上周围的农业区域就构成了古希腊的“城邦”。城邦的大部分土地有可能无人居住，间或有农舍、村庄甚至小镇在其上，但必须有一个中心地点——宗教、政治、行政管理中心，围绕这个中心点逐渐发展成一座城市(斯巴达是个显著例外)。当然，后来随着经济的发展，城市内各种建筑、街道、市场都发展起来。一般城邦通常筑有防御工事，总有一个市场，一处召开公民大会的场所(通常就是市场本身)，一处司法与政府机关、行政和协商之地，早期政府的类型是君主制或贵族制，后期通常是寡头制或民主制。② 希腊绵延不断的山脉和星罗棋布的岛屿也有助于各个独立的城邦的形成。

---

① 冯慧娟．希腊文明[M]．吉林出版集团有限责任公司，2015：43-44.

② 约翰·博德曼，贾斯珀·格里芬，奥斯温·穆瑞著，郭小凌等译．牛津古希腊史[M]．北京师范大学出版集团，2012：13-14.

札记

从政治上来说，城邦是指地位在家庭、村落、部落之上的特定人群的集合体，也就是公民集体。粗略地说，城邦是一种由公民(成年男性)、没有政治权利的公民(妇女和儿童)以及非公民(客籍外邦人和奴隶)组成的共同体，这是一种确定的团体，占据着特定的区域，人们在特定或确定的政治体制下生活，不受外部威权的摆布，足以使其成员感到他们是独立的。它们常常是以某个城市为中心，连同周围的村落构成，其特点之一是小国寡民。①

(二)古希腊城邦制度的特点

第一，城邦是直接从氏族部落或部落联盟演化而来的。原始社会人们以氏族、部落或部落联盟为群体生活，聚族而居，聚族而迁。从氏族部落转化为城邦，经历了长期的演化，但这种演化是在原始氏族公社内部自然发生的，没有受到外部的干扰。也就是说，完全是在自然的条件下，原始氏族公社由于自身(经济)的发展，自行缓慢解体演变成城邦，这种演变发展没有受到外部先进文明，也就是比它们更早进入阶级社会的国家和地区的影响。这是希腊城邦的一个重要特点。城邦的最初的居民都有血缘关系，他们很在乎原有居民和外来居民的区分，这牵涉到公民权，一般原城邦居民和外来居民之间在政治权利上有严格的区别。城邦的这种起源使它具有显著的特点。它保有从它由之组成的各村落传下来的强烈的亲缘关系，因此公民权一般规定由父母双方世袭继承而来。它使主人和农奴之间的区分永久化并保持社会上的公民阶级的特权。它鼓励作为自立之源的农业经济，并使其公民阶级享有相当程度的闲暇以习武艺或其他技艺。②

第二，城邦实行集体剥削。城邦公民作为一个整体，剥削另一方的奴隶、被征服的外族人及外来居民。这一点以斯巴达最为典型，斯巴达公民从来不参加任何生产、经营活动，整个城邦的农业、工商业全由奴隶希洛人和被征服的皮里阿西人(称“外围居住者”，是被驱赶到边区居住的外族人)承担，斯巴达人只有一项任务，就是打仗，包括对内部奴隶和外族人的监视镇压。当一个城邦征服另一个城邦后，也往往把掠夺

---

① 冯慧娟．希腊文明[M]．吉林出版集团有限责任公司，2015：44.

② N. G. L. 哈蒙德著，朱龙华译．希腊史(上册)[M]．商务印书馆，2017：150.

札记

来的财物作为公有财产，分配给城邦公民，这是公民生活的重要经济来源之一。这种集体剥削制是原始公社制的遗存。

第三，小国寡民。古希腊的城邦所统辖的范围和人口规模都不大，一般由一个小的建有堡垒的商业中心、外围加几个经营农业的小村庄构成，人数一般一两万人。小国寡民不仅是城邦的外部特征，也是它生存的条件。城邦的政治制度和经济制度正是适应了小国寡民的条件才得以行之有效的。顾准认为，城邦是以一个城市为中心的独立主权国家，认为城邦不同于那种领土广阔，包含多个城市的领土国家，因为城邦较小，居民联系较为紧密，可以实行直接民主制。①

第四，城邦进行海外殖民活动。希腊还在海外进行殖民活动，其波及面之广、影响之深是前所未有的。海外殖民活动不但缓和了希腊城邦发展过程中的内部矛盾，而且极大地拉动了整个希腊世界经济的发展，特别是商品经济的发展。希腊本土一方面从殖民地得到粮食及铜、铁、锡等原料，另一方面又将自己生产的工业品和油酒之类的生活用品销往殖民地，赚取利润。海外殖民使希腊世界的奴隶制商品经济发展比较充分。② 在现实生活领域中，希腊城邦的成就没有比殖民运动更为影响深远和持久的了。它提供通道使得希腊文明能够传播到南欧各族人民、黑海沿岸各国以及非洲的利比亚海岸一带。建立殖民城邦，不仅是希腊文明而且也是欧洲文明发展中的一个决定性的步骤。殖民运动的推行者是城邦，殖民运动造成的结果也是城邦。不管是科林斯还是科罗丰创建了殖民点，这殖民点自身就是一个新的城邦。如前所述，城邦从世界大国的角度看，只是极微小的单位，但无论在殖民活动上，还是在抵抗波斯帝国上，都证明了它的活力是惊人的。③

第二节 雅典城邦民主制的建立

一、雅典城邦民主制的基本概况

雅典位于希腊半岛中部面临爱琴海的小半岛——阿提加半岛。公元

① 顾准．希腊城邦制度——读希腊史笔记[M]．中国社会科学出版社，1982：8.
② 冯慧娟．希腊文明[M]．吉林出版集团有限责任公司，2015：45.
③ N. G. L. 哈蒙德著，朱龙华译．希腊史(上册)[M]．商务印书馆，2017：162.

札记

前8世纪是古代希腊城邦国家形成时期，是直接由氏族社会演变过来的。此时，古代世界其他地区集权化的趋势是权力开始集中到国王手中，而希腊的雅典则创造了一个新的全体男性成年公民共同自由生活在一个城邦的政体模式。雅典在大约公元5世纪城邦民主制形成之前，实行的是贵族共和制，元老院和执政官（均由氏族头面人物转化而来）执掌城邦的主要权力。

（一）元老院

元老院是国家最高议事机构，负责推举和监督执政官。元老院检查各长官的收入，监督他们的品行，在其离职时听取有关他们政绩的报告；它还控制着城邦的行政管理，保护宪法和法律；它判定的惩处不准上诉；它还经管缴入国库的罚金。因此它是整个宪制的中枢与核心。它还拥有最高裁判权，重要案件尤其是凶杀、谋杀案件归元老院审理。

由于资料原因，我们对当时元老院的组织形式（比如人数多少）和职权范围缺乏进一步的了解，但是有两点可以肯定：1. 元老院成员和执政官都是雅典最有势力的氏族头面人物，亦即贵族，它们形成了一个相对封闭的贵族集团。正如顾准所言："所谓希腊城邦的贵族政治，不是杰出的一二个贵族的'人治'，它是合议制的，它会发展出一套贵族这个阶级内部的民主惯例，从而必须逐步建立起一套规章制度。"①2. 执政官人数众多，职权分散，更替频繁，又受元老院监督，事实上只能根据元老院的意志行事。公民大会作为原始民主制的遗存，在政治生活中作用已很微弱，所以元老院是当时雅典国家权力的中心。

（二）执政官

大约在公元前6世纪中叶，雅典设有"执政官9人团"，由9位执政官负责日常国事的治理，其中1人为首席执政官，1人为祭仪执政官，1人为军事执政官，另外6人专管司法事务，为司法执政官。9位执政官任期一年，卸任后进入元老院。

① 顾准．希腊城邦制度——读希腊史笔记［M］．中国社会科学出版社，1982：67.

札记

(三)公民大会

当时雅典也存在公民①大会。一切公民都参加的公民大会拥有基本的但是重要的权力。它选举九执政官，因而也就是选定进入元老院议事会的候补人员。但候选人是按“出身兼资财”的双重标准决定的，这就把归化民排除在外。公民大会无疑对某些国家大事进行讨论和议决，但它的权限可能是有限的，动议权也完全属于元老院议事会。每一公民都有权向元老院议事会申诉，指出他认为错误的有违于宪制的法令。② 公民大会的议程由元老院安排，公民大会表决方式是呐喊，以喊声高低决定议案通过与否。

雅典贵族共和城邦制，尽管被视为城邦政治的开端，但普通民众一直没有分享到任何政治权力。公元前 7—前 6 世纪，随着重装步兵革命，战场上的主体由贵族变成中产阶级的农民，由此激发了普通民众社会和政治意识的觉醒，其社会地位也随之提高。随着他们在军事方面重要性的提高，他们也开始要求分享更多的政治权力，雅典政治制度的民主化改革由此启动，梭伦改革即为这一进程的开端。

二、梭伦改革

梭伦进行改革前，雅典城邦国家初具雏形，氏族贵族与平民之间陷入不可调和的斗争。正如亚里士多德所言：“我注目凝视，而悲哀充溢着我的心，这爱奥尼亚最古老的地方竟至陷于绝境。”③

(一)改革背景

第一，雅典各阶层利益矛盾激化。雅典民主制度的建立经历了长期反复的斗争。在雅典国家初具雏形以后，手握大权的氏族贵族开始疯狂盘剥农民和手工业者。他们专制独裁、横征暴敛，农民苦不堪言，这种

① 此处的“公民”，不是现代意义上的以国籍身份来判定的公民。当时雅典的公民身份判定根据亚里士多德所言，根本标准是否享有议事和审判职能，奴隶、外邦人、战俘等显然不是，另外是否享有议事和审判权力也与各城邦的政体类型息息相关。

② N. G. L. 哈蒙德著，朱龙华译．希腊史(上册)[M]．商务印书馆，2017：236.

③ 亚里士多德著，日知力野译．雅典政制[M]．商务印书馆，2009：8-9.

情况使得雅典国内统治阶级跟以农民、手工业者为主的平民阶级之间的矛盾日益激化，平民号召废除债务奴隶制，一连串的政治事件由此引发。残酷的债务法律特别被统治阶级用以自肥。由于货币财富的引入、商业的扩张、内部的纷争等提供了机会，这些人就大放其债，对氏族成员和归化民都大肆剥削。在一个短时期内，“所有穷人都向富人负了债。他们或则背着‘六一汉’和‘佣工’的名义在自己田地上劳作，而向富人交收获物的六分之一，或则以人身抵押债务，而被债主押收，有的在阿提卡为奴，有的则被卖于国外。”梭伦自己则对此做如下的描述：“国家多么快就陷入卑贱的奴役中呵！它引起了生死的斗争和毁灭了许多好人的内战……这就是我们国内的灾难……多少穷人被卖为奴，带着羞辱的镣铐而远赴异国”①。

第二，雅典统治阶层内部也矛盾重重。由于政治权力日益为贵族集团所垄断，雅典统治阶级内部矛盾重重、政局严重不稳，数次出现由平民领袖依靠武力和平民支持执掌政权的“僭主政治”，贵族政治出现危机。

第三，新兴的工商业奴隶主阶层出现。公元前六七世纪，雅典的工商业得到较大发展，涌现出一个新兴的工商业奴隶主阶层，他们渴求政治权利，所以赞成平民废除债务奴隶制的意见，以拉拢平民，争取平民的支持。

第四，地区冲突日益激烈。由于雅典地形复杂，由此形成了以地区为表现特征的不同派系。富有的地主(主要是由氏族贵族转化而来)主要聚集在平原地区，被称之为平原党；以工商业集团和沿海居民为主形成海岸党；山地的农民、贫民以及牧人形成山地党。这三派有不同的政治诉求，山地党最支持民主，平原党最赞成寡头政治，海岸党主张混合体制。

在这种背景下，公元前594年，贵族被迫同意倾向平民的梭伦执掌政权，他被授以“仲裁者”的立法大权，施行改革。梭伦改革是雅典历史上最重要的事件之一，它揭开了雅典政治改革的序幕，成为雅典民主制度的起点。

---

① N. G. L. 哈蒙德著，朱龙华译．希腊史(上册)[M]．商务印书馆，2017：240-241.

札记

梭伦(约前640—约前558年)出身贵族，但家境中平，早年经营贸易，与商旅为伍。同时他又是“希腊七贤”之一，反对贵族专权，同情平民，主张在城邦中实行公正立场，以城邦利益为重。公元前594年，梭伦以其威望和功绩当选为雅典城邦的“执政兼仲裁”，开始进行具有宪政意义的一系列经济、政治和社会改革运动。

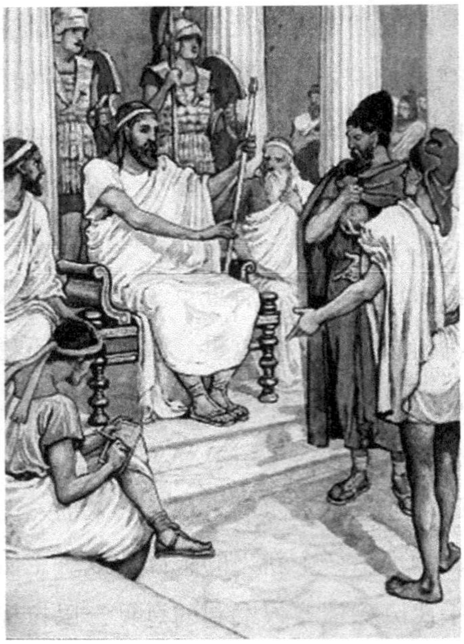

（二）改革宗旨

梭伦的改革，取中庸之道，抑富扶贫，以仲裁者身份登上政治舞台。他的宗旨是“调整公理和强权”，他说，在贫富之间，“我拿着一只大盾，保护两方，不让任何一方不公正地占居优势”，“我制订法律，无贵无贱，一视同仁，直道而行，人人各得其所”，“如果我有时让敌对的两党之一得意，而有时又令另一党欢欣，这个城市就会有许多人遭受损失。所以我卫护两方”。梭伦的改革，如他自己所说的，在“武装对垒群中，立起了一根分隔两方的柱子”。亚里士多德在谈论梭伦所肩负的历史任务时指出，他是被斗争双方选择为“调停人和执政官”，“他以仲裁者身份，代表每一方与对方斗争，而后劝告他们共同停止他们之间方兴未艾的纷扰”。

札记

(三)梭伦改革的主要内容

第一，颁布《解负令》。

梭伦一成为执政官，就颁布《解负令》，取消债务，特别是农民由于欠债而负担的义务；废除债务奴隶制，由国家赎回因欠债而被卖到外邦为奴的人；并永远禁止以人身为担保的借贷。他废除了“六一汉”制度，把记刻着必须向债主缴纳出产的债权碑拔掉了，因而也就使田地本身及其主家都得到解放。他使那些在国内外被卖为奴的人获得自由。它不仅废除了过去那些曾使人降为“六一汉”和奴隶的债务契约，也取消了先前的一切债务。这一改革被称为“解除负担”；被解除负担的被称为“断债人”，在有些情况下债主是受损致穷了。① 梭伦这一法令“一举而永远地解放了人民”。由此改善了广大中小所有者、首先是农民的经济和政治地位，使正在萎缩中的公民集体日益壮大，为雅典民主政体的发展提供了最主要的社会物质保证。

第二，根据财产多寡划分公民政治等级，打破了血缘贵族对政权的垄断。

梭伦根据公民的财产收入，把全体自由民分为四个等级。大约是在公元前592—前591年时阿提卡，他又被任命为具有立法全权的“宪制改革官”。他的第一个步骤是改变官职候选人的资格，把原来的“出身与资财”并重改为全凭“资财”。以前曾把富户按其财产多寡分为“骑士”和“步兵”两级，现在梭伦又在这两极富户之上加一更富的“五百麦斗”级和更穷的“佣工”级。第一等级成员有资格担任国家财政官，第一、二等级成员都可任九执政和其他高级官职，一、二、三级可任下级官职，第四等级成员不得选任官职。官职资格的改变基本上只具有原则性的意义，因为它使氏族成员和归化民处于平等地位了，但在当时它的实效是有限的，因为贵族地主一般地说都是阿提卡最富有的人。② 梭伦这一改革强调了财产资格，在规定富裕公民应承担更多的义务的同时，给予相应的政治权利，打破了血缘贵族对高级官职的垄断。

① N. G. L. 哈蒙德著，朱龙华译．希腊史(上册)[M]．商务印书馆，2017：241-242.

② N. G. L. 哈蒙德著，朱龙华译．希腊史(上册)[M]．商务印书馆，2017：244-245.

札记

第三，扩大公民大会的基础，提高公民大会的权力。

梭伦规定所有等级的雅典公民都有权参加公民大会，取消了原先对公民大会成员的限制。执政官的选举权和监督权划归公民大会，政府的一切重要事务均须在公民大会讨论表决。梭伦还设立了四百人会议作为公民大会的常设机构，负责安排公民大会的议程，安排议案预审。四百人会议由雅典 4 个血缘部落各选出 100 人组成，第一、二、三等级的人都可当选，可能是终身任职。

这个议事会的主要作用是为人民大会准备议案。它不仅事先讨论提交大会的任何问题，并将它的推荐意见记录在案，由于这些推荐是必不可少的，因此议事会在理论上可以将某一意见推荐给大会讨论，也可以阻挠某一问题的讨论。梭伦通过用法律手续恢复最下层各阶级的人身自由权利以及加强他们在国家的经济生活中的地位和给予移居手工艺人、避难者以公民权等方法，大大提高了这些最下层阶级的地位。这样，公民大会及其常设机构四百人会议变成了相对独立的机构，成为雅典民主制的支柱。但他不愿使公民大会，这个最下层各阶级可能在其中占绝大多数的机构，掌握国家的命运。作为审议机构，它的权力是有限的。人民大会只能以赞同或反对某一决议的方式做出决定，但它不能自拟新的决议，这属于四百人议事会的特权。即使一个革命性的决议经人民大会认可而成为法律，阿雷乌泊果斯议事会(也译为战神山议事会)若认为它违反宪法，也可以将它取消。因此，公民大会是被夹在两道保护墙之间的。①

第四，设立公民陪审法庭。

梭伦使公民大会在陪审法庭的称呼下变成一个司法机关，这是一个重大的革新。人民，或者说抽签选出的人民的一部分，首次当上了陪审员和法官。最初，陪审法庭可能只审理上诉案件和处以附加判决，但它也能受理针对行政长官的上诉，后来则变成在行政官员任期届满时听审他们政绩的报告。在梭伦时期，这种审查可能仍然是由战神山议事会经手的。这样，行政官员要对人民负责的原则就树立起来了。但是，战神山议事会仍不受陪审法庭的干预。它的成员不受听审，这些成员做出的

---

① N. G. L. 哈蒙德著，朱龙华译. 希腊史(上册)[M]. 商务印书馆，2017：246.

札记

立即执行惩罚的命令以及他们的司法判决都不得上诉。①

普通公民开始介入司法审判，公民陪审员的决议决定案件的判决。在新的审判制度下，每个财产等级的公民都可以担任陪审员，所有的公民都可以对执政官的判决表示异议并向新成立的法庭(某种意义上的平民大会)提起上诉，全体公民都可以参与行政事务，但无法参与决策。梭伦将司法审判的最终权力交给了全体公民的代表团体——新法庭，这种巧妙的制度设计无异于是对执政官权力的一项制衡。②

(四)梭伦改革的意义

首先，《解负令》将广大平民从债务奴隶制的枷锁中解脱出来，使他们成为享有自由权利的公民，形成了民主政治必备的公民群体。其次，财产等级制度的确立，使财产资格取代血缘资格，从根本上瓦解了贵族世袭政治特权的基础，且使工商业奴隶主分享了政治权利，也使下层平民获得了一定的公民权利。再次，改组国家权力机构的措施，打破了贵族对国家权力的垄断，在一定程度上确保了公民参与国家事务的政治权利。最后，梭伦一系列发展工商业的措施，大大促进了雅典手工业和商业的发展，使其很快成为古代希腊最繁荣的工商业城邦；同时，加强了工商业奴隶主和平民的经济实力，为雅典民主政治的转变奠定了经济基础。

梭伦的宪法后来被寡头派称为寡头政治的，被民主派称为民主的，亚里士多德则称之为“混合的”。因为人民期待他制定法律，重新分配一切财产，而贵族则希望他或则恢复以前的制度，或则只是略加变更；但梭伦双方都不讨好，尽管他如果随意袒护一方，就有成为僭主的可能，他却宁愿遭受双方仇视，而采取曾是最优良的立法，拯救国家。③后来，当所有各派都感到失望时，梭伦为自己做如下的辩解：“假若我有朝一日站到时间之神的案前，黑土的大地女神将会为我的行为做出最好的见证：奥林普斯诸神的伟大母亲呵！是我从她的胸脯上拔除了到处都竖着的债权碑，以前她是被束缚着的，现在她自由了。我使那许多卖

---

① N. G. L. 哈蒙德著，朱龙华译．希腊史(上册)[M]．商务印书馆，2017：247.

② 刘晨光，王恒，白龙，林国荣．希腊四论[M]．华东师范大学出版社，2006：70-71.

③ 亚里士多德著，日知力野译．雅典政制[M]．商务印书馆，2009：15.

札记

在异乡——无论卖的合法与否——和因躲债而逃避国外的人复归雅典，他们的神造的祖国，而他们中不少人已不再说阿提卡的语言；还有那些留在阿提卡而陷入可耻的奴役地位，在主人淫威下战栗的人，我也把他们解放了。"这些诗句反映了他的改革的广阔范围。①

和以前的宪制相比，它的革新很少，但却是意义重大的。此后100多年间，雅典一直照着梭伦确立的思路，不停地实行民主政治改革，最终成为国力雄厚、文化繁荣的希腊城邦。②

(五)梭伦改革存在的问题

梭伦改革奠定了雅典民主制的基础，对后世产生了重要的影响。梭伦改革的主要目的是消除矛盾，稳定雅典的社会秩序，因此他扮演了"调停者"(mediator)的角色，很多改革措施都带有折中色彩，改革存在不可避免的历史局限性。梭伦改革使贵族和平民双方都各有怨言。因取消债务而招贵族之怨，又不能满足平民的土地要求。梭伦认为他的改革事业已经完成，决定卸任执政官之职，条件是必须实行他颁布的宪法。于是他离开了雅典，出国旅行了。

第一，国内产生激烈的党争。梭伦改革后，雅典的地区冲突不仅没有缓和，而且进一步激化，形成激烈的党争。亚里士多德在《雅典政制》中这样写道：其一为海岸党人，以阿尔克墨噏之子墨加克勒斯为首，据说他们的目的在于创立一种中庸的宪法；另一个是平原党人，他们要求成立寡头政治，其领袖是吕库耳菊斯；第三个是山地党人，以珀西斯特剌图斯(庇西特拉图)为首，他被看成是一个极端倾向人民的人。还有两部分人也归到这一党来，一是债权被剥夺者，他们的动机是贫穷，一是血统不纯者，他们的动机是恐惧。③ 其中比较有影响的为山地党领袖庇西特拉图。他是一个"极端倾向人民的人"。公元前560年，他以暴力获得政权，实行僭主政治，后曾两次被其他两党赶走。第二次被逐后在色雷斯经营金矿，积聚财富，招募佣兵，和狄萨利亚、狄比斯等订立同盟，于公元前541年攻占雅典，重获政权，直到公元前527年去世。

---

① N. G. L. 哈蒙德著，朱龙华译．希腊史(上册)[M]．商务印书馆，2017：241.

② 冯慧娟．希腊文明[M]．吉林出版集团有限责任公司，2015：51-52.

③ 亚里士多德著，日知力野译．雅典政制[M]．商务印书馆，2009：18.

札记

第二，梭伦以财产资格确定公民不同的政治权利，富有的第一、第二等级在国家政权中占据着绝对的优势，下层公民没有充分的参政议政的权利。尽管梭伦自己号称不偏不倚，是调停人，颁布了“解负令”，给予下层平民一定的政治权利，但梭伦以财产资格来划分公民等级，并以此作为是否具有某种政治权利的标准，使得下层公民难以分享政治权利。

第三，梭伦改革后，贵族的实力虽有所削弱，但仍然比平民享有更多的政治权利，氏族制度残余仍得以存续。贵族凭借血缘门第，照样拥有世袭占有土地的特权。结果，贵族对权力的削弱不满，下层平民需要进一步改革的愿望也没有得到实现，贵族和平民的矛盾没有根本解决，导致非公民没有享有民主的权利，女性仍然没有政治权利。

梭伦的改革给人以治标不治本之感，实际情况很可能也是这样的。梭伦改革前，阿提卡地区的贫农是租户还是土地所有者，这一点还无定论，不过可以肯定的是，这些人的后代并没有从梭伦的改革中得到任何有实质意义的重新分配。梭伦在立法之后的那次奇特而神秘的游历颇能引发研究者的兴趣，不过他的变革措施与其说是解决了社会危机，倒不如说是隐藏并拖延了危机，这些危机必定会在一个更重大的时刻再次爆发。①

梭伦改革的不彻底以及雅典政制潜伏的危机，成为后续政治家改革的契机。

三、克利斯梯尼改革

梭伦退任后，雅典民主政治曾出现反复、政局动荡。公元前 509 年，克利斯梯尼当选为执政官(公元前 509—公元前 508 年)，他继续推进政治改革，采取措施完善雅典的民主制度。

克利斯梯尼(希腊文 Κλεισθένης、英文 Cleisthenesis、Clisthenes or Kleisthenes，公元前 6 世纪)，来自被诅咒的阿尔刻迈翁家族。古希腊雅典城邦著名政治改革家。公元前 509 年联合平民推翻庇西特拉图的僭主统治，并当选为首席执政官。

---

① 刘晨光，王恒，白龙，林国荣．希腊四论[M]．华东师范大学出版社，2006：117-118.

札记

(一)改革的主要内容

第一，以10个地区部落取代原4个血缘部落。

克利斯梯尼把全雅典按地域划分为10个区域部落，规定公民权的确定不再按过去的氏族族籍，而按所居村落、地区的登记，使许多由于各种原因失去族籍的雅典人重获公民权。新的地区部落的成立孤立了氏族贵族的势力，瓦解了氏族制度的残余力量。当时，划分区域后每个区由数个自治村社构成(雅典全国有100多个村社)，村社拥有种种政治、军事职能，其中之一便是登记自己村社的人口。从此，公民权的赋予由所居住的村社机构决定，不再由氏族族谱决定，这使得氏族贵族失去了对公民的操纵权，民主力量得以逐渐壮大。① 而原来的贵族通过血缘关系控制、影响选举的可能性大为减弱，因为原执政官、四百人会议成员均按血缘部落选举。在组织上消灭了氏族血缘部落，结束了贵族操纵公职选举的局面，抽掉了贵族权势根基，部落按人为的划分，打破了以地理集结党派的惯例，防止了社会动荡。

第二，改四百人会议为五百人会议。

500人会议由10个地区部落各选出50人组成，任期一年。500人

① 冯慧娟．希腊文明[M]．吉林出版集团有限责任公司，2015：53-54.

札记

又分为10个小组，叫"常务委员会"(或主席团)，10组"常委"轮流执政，36天为一任期。从其委员中又按抽签每天选一人担任主席，并选一秘书在主席团任期内任书记工作。主席团决定诸如是否召开议事会全体特别会议之类的大事，并在任期内驻在国家大厦，由国家供给膳食。通过这些办法，克利斯梯尼为五百人议事会在宪制中预备了一个更为重要的位置。由于一个公民在他30—60岁只能担任五百人议事会代表两次，担任主席一次，这就使公民中相当大一部分人能在日后的岁月中由此受到行政管理和政治责任方面的训练，人民群众整个而言也就获得了经验和增进了了解。①

第三，建立十将军委员会。

这是为适应战争需要设立的新机构，由10个选区各选一名将军组成，每人任期一年，轮流掌管军队，其中一人为首席将军。十将军委员会拥有国家的最高军事指挥权。

第四，创设"陶片(贝壳)放逐法"。

这是给公民大会的一个特殊的司法权。目的是防止"僭主"，保持雅典的政局稳定。按此规定，每年春季召集一次特殊的公民大会，口头表决是否需要实行放逐。如果大会认定必要，便再次开会，每位与会者可以把他认为危害公民自由和现存制度的人的名字写在陶片或贝壳上，那个被大多数人(票数超6000)认为必须放逐的人就要离开雅典，10年后方可返回。放逐期间，其家庭财产不没收，回来后也恢复公民权。

(二)改革的意义

克利斯梯尼改革标志着百余年来平民反抗贵族斗争的胜利和雅典奴隶制民主政治的初建。基本上肃清了氏族部落制度的残余，完成了雅典由氏族过渡到国家的整个过程。

首先，克利斯梯尼改革在组织上消灭了氏族血缘部落，彻底肃清了氏族制度的残余，标志着雅典由氏族过渡到国家的整个历史过程的最后完成。其次，部落按人为的划分，打破了以地理集结党派的惯例，防止了社会动荡。第三，改革结束了贵族操纵公职选举的局面，抽掉了贵族

① N. G. L. 哈蒙德著，朱龙华译．希腊史(上册)[M]．商务印书馆，2017：295.

札记

权势根基，结束了一个多世纪的雅典平民反对贵族的斗争，标志着雅典民主政治的最后确立。此后，雅典的主要社会矛盾不再是贵族与平民的矛盾了，而是奴隶与奴隶主的矛盾。古希腊从此进入以雅典为中心的古典时代。

克利斯梯尼改革使雅典城邦民主制最后确定下来，“氏族制度的最后残余也随之而灭亡了。”民主政治改变了雅典的阶级关系，推动了奴隶制和雅典经济的繁荣。克利斯梯尼定下的雅典政治形态，成为随后雅典各个历史时期唯一具有持久生命力的制度形式，他一直支撑了雅典黄金时代的各种“美的个性形态”和历次的政治行动，被证明为卓有成效，直到雅典由于非法贵族制因素再次经战争和革命的伤口入侵克利斯梯尼的体制，以及来自马其顿军事专制主义的强大外部压力，而走向非政治化时代为止。因此，这套制度有其世界史意义，而不仅仅是希腊史或者古代史的意义。①

四、伯里克利改革

克利斯梯尼改革对雅典民主政治的发展起了很大作用。改革后不久，即爆发了波斯侵略希腊的希波战争(公元前500—公元前449)。这是一场规模浩大的战争，波斯当时已成为庞大的帝国，波斯海陆军连续三次大规模远征希腊。在这场战争中，雅典与近200个城邦结成“雅典海上同盟”抗击波斯军队。战争持续了50年，最后以波斯失败而告终。此后，希腊许多城邦包括小亚细亚的一些城邦都逐步建立了民主政体，而雅典本身的民主共和体制也得到了巩固。在公元前444—前429年，雅典著名的民主政治家、军事家伯里克利当政，伯里克利时代被历史学家称为雅典的全盛时代。

伯里克利(古希腊语：Περικλῆς；英语：Pericles，约公元前495年—前429年)，是雅典黄金时期(希波战争至伯罗奔尼撒战争)具有重要影响的领导人。他在希波战争后的废墟中重建雅典，扶植文化艺术，现存的很多古希腊建筑都是在他的时代所建。他还帮助雅典在伯罗奔尼撒战争第一阶段击败了斯巴达人。尤为重要的是，他培育当时被看作非

① 刘晨光，王恒，白龙，林国荣．希腊四论[M]．华东师范大学出版社，2006：143-144.

常激进的民主力量。他的时代也被称为伯里克利时代，是雅典最辉煌的时代，产生了苏格拉底、柏拉图等一批知名思想家。

札记

(一)改革的内容

第一，剥夺战神山议事会的政治权力，使之分别归属公民大会、五百人会议和陪审法庭。

此后，战神山议事会只审理带有宗教性质的案件和事务。公民大会、陪审法庭和五百人会议摆脱了战神山议事会的牵制，完全成为雅典国家的最高权力机关和执行机构。剥夺贵族会议的政治权力，民主政治的主要机构公民大会、五百人议事会和民众陪审法庭握有充分的权力。公民大会是国家的最高权力机关，所有公民都直接参加讨论、发言和投票表决城邦重大事务，包括国家安全、对外政策、粮食供应、官员审核惩罚罢免等一切重大事务，公民大会的决定具有最高权力。五百人会议和陪审法庭的成员也都通过抽签产生，五百人议事会的职能也进一步扩大，代表掌握实权的行政机关。议事会由500人组成，凡年满30岁以上者均可当选，一个人一生中一般只能一次当选，最多不得超过两次，议事会议员像雅典大多数官员一样，一年一任，由抽签选出。雅典陪审法庭不仅从事一般审判工作，而且在立法活动中也起着一定作用。陪审员均由雅典普通公民充任，总数达6000之众，即使审理一些较小的案

札记

件，其陪审员总数也常在100人以上，多时可达千人，甚至6000人共审一案。雅典城邦任何公职人员都处于公民大会和五百人议事会的经常督查监视之下，连伯里克利本人亦不例外。

第二，各级官职向广大公民开放。

公元前457年后，第三等级公民取得担任执政官的资格，第四等级公民后来事实上也被允许担任此职。于是雅典全体男性公民基本上都获得了不受财产限制，通过抽签、选举和轮换而出任各级官职的权利和机会。所有成年男性公民可以担任几乎一切官职，除十将军外，各级官职向一切公民开放，并都以抽签方式产生。这意味着废除了财产等级制，公民权范围进一步扩大，而且公民拥有平等的机会享受参政议政权，也从根本上打击了贵族的政治势力。由于生产力发展水平以及认知水平的有限，当时希腊人相信抽签是天意所归，赋予它一定的神圣意义，也因此给公民提供了最广泛也最平等的参政机会。

第三，实行公薪制。

在伯里克利时代，为了鼓励公民参政，实行了公职津贴，除将军外，所有职员包括500人会议成员、陪审团成员都有职务津贴，一般执政官每天4奥勃，陪审员每天2奥勃。国家还对军队实行补贴，使许多原来无钱自备装备给养的贫苦公民可以参军，扩大了雅典的军事力量。最初，由国家给予陪审法官每日生活津贴，后薪给制扩大到大多数公职，这就为贫苦公民参加政权管理提供了一定的物质保证。雅典的公民因此都不拒绝担任公职了，而且把担任公职当作一种荣誉，谁要是一生中什么公职也没有担任过，谁就将被认作是懒汉和没有出息的人，那将是一生的耻辱。

第四，限制取得雅典公民身份的范围。

公元前451年规定，凡父母双方皆为雅典公民者才能获得雅典公民权。经过伯里克利的苦心经营，雅典的奴隶主民主政体日益完备。在以前，一个雅典公民和外籍妇女所生的儿子仍可取得公民权。从公元前451—前450年以后，公民权就只限于父母双方都是出身公民的人。这样一来，城邦就能够控制住有权支取国家补助金的人数了。①

---

① N. G. L. 哈蒙德著，朱龙华译．希腊史（上册）[M]．商务印书馆，2017：472-473.

札记

附：伯里克利在悼念公元前431年因与斯巴达人作战而逝去的雅典将士葬礼上的演说：

我们的政体并不与其他人的制度相敌对。我们不模仿我们的邻人，但我们是他们的榜样。我们的政体确可以称为民主政体，是因为权力不是被少数人、而是被所有人民所掌握。当法律对所有的人都一视同仁、公正地调解人们的私人争端时，民主政体的优越性也就得到确认。一个公民只要有任何长处，他就会受到提拔，担任公职；这是作为对他优点的奖赏，跟特权是两码事。贫穷也再是障碍物，任何人都可以有益于国家，不管他的境况有多黯淡。在社会生活中，我们不做排斥他人的事，所以在私人交往中，我们不会互相猜疑，也不会因邻人做了他喜欢做的事而生气。……雅典公民不会因为要照顾小家而忽视国家，甚至连我们当中从事商业的人也有很好的政治观点。如果一个人对公众的事不感兴趣，那么我们不会将其视为无恶意的人，而会将其视为无用的人；所以，如果说我们中间没有几个人是政策制定者，那么可以说，我们所有的人是明智的政策判断者。照我们的看法，行动的巨大障碍不是讨论，而是在先于行动的讨论中获得的知识还不够。因为我们有一种先于行动的独特的思考能力，而且，还有一种独特的行动能力。……总之，我要说：雅典是希腊的学校。……①

(二)改革的意义

伯里克利改革使得雅典城邦民主制进入鼎盛时代。在奴隶制得以发展的条件下，富裕的雅典自由民有足够的条件来享受物质生活，也有足够的时间来参与文化艺术活动。伯里克利在雅典大规模建设城市，将雅典卫城扩建一新。鼓励学术研究，倡导文艺。于是，作家、学者不断涌入雅典，创作了大量优秀的作品，艺术家也为美化雅典献出自己的才智，一时间这里人才济济，文化繁荣。雅典高度发达的民主政治制度，

① ［美］斯塔夫里阿诺斯著，吴象婴等译．全球通史：从史前史到21世纪［M］．北京大学出版社，2019：107.

札记

对其社会发展起到了很大的促进作用，它兼顾了公民集体内部各个阶层的利益，为雅典公民最大限度地发挥主观能动性创造了条件，从而推动了社会经济和文化的进步。①

雅典城邦民主制的发展经历了梭伦改革、克利斯梯尼改革以及伯里克利改革而达到了这一制度的鼎盛。从制度形态讲，雅典经历了贵族政治、财富政治、僭主政治——初建民主政治到民主政治。这一制度的主要特征为：公民大会代替元老院成为国家最高权力机关；五百人议事会作为公民大会的常设机构，行使政府权力；设立陪审法庭为最高司法机关等。在这一制度形成过程中，改革动力来自全体平民。平民同氏族贵族进行了长期坚决的斗争，农民与手工业者保住了自己的独立的小生产者的地位与公民权，工商业奴隶主获得更多政治权力和经济利益，平民反抗贵族斗争的胜利使雅典社会阶级关系发生深刻变化，贵族与平民的对立变成了奴隶和自由民之间的对立以及公民与非公民的对立。伯里克利时期，雅典国家机构臻于完善，民主制度发展极盛，正是在伯里克利时期出现“民主政治”的概念，“人民力量壮大，更多地把政府的一切掌握在自己手里”。“人民”当家做主，反对任何个人或派系的统治。② 接下来，将对雅典城邦民主制的具体特征做进一步深入分析。

第三节 雅典城邦民主制的基本特征

通过雅典民主制建立的历史叙述，可知新兴工商业奴隶主和广大平民与氏族贵族的斗争，是雅典民主发展的动力。从根本上来说，民主是商业经济发展的内在要求。雅典依山濒海的自然条件又为海外贸易提供了天然的条件。雅典民主发展的动力和促成因素是值得研究的一个问题。

关于雅典民主制的基本特征，从以下几方面进行论述：

一、主权在民

雅典民主制是城邦民主制，是小国寡民的民主制。享受民主权利的

① 冯慧娟．希腊文明[M]．吉林出版集团有限责任公司，2015：56.

② 解光云．古典时期的雅典城市研究——作为城邦中心的雅典城市[M]．中国社会科学出版社，2006：93.

公民不过四五万人。这是使雅典民主制具有直接民主形式的一个基本原因。然而，直接民主还是间接民主还不能说明某种民主的本质。

“主权在民”，才揭示了雅典民主制的本质。伯里克利在著名的《丧礼上的演说词》中说：“我们的政治制度之所以被称为民主政治，是因为政权是在全国公民手中，而不是在少数人手中。”亚里士多德也认为，雅典这种平民政体的本质特征是“平民群众必须具有最高权力；政事裁决于大多数人的意志，大多数人的意志就是正义”。体现“主权在民”这一特征的，在国家权力结构上，就是(1)公民大会是最高的国家权力机构；(2)全体公民皆可参与的法院与公民大会具有同等的政治地位。

年满 20 岁的雅典公民集体构成“公民大会”，一年中定期举行 40 次会议。应议事会的召集举行特别会议。它对议事会提交的议案做出决定，通过、修正或否定。城邦的法令、政策和一切重大问题，诸如宣战、媾和、结盟、征收直接税等都要由大会公众批准。“议事会”是公民大会的常设机构，其实际作用是雅典的真正重要的统治机构。各种议案皆由它提出，公民大会作出决定后，又由它去执行。所以，它不但是立法机构，还是城邦的中央行政机构。它具有巨大的多方面的权力。外国使节只有通过它才能接近人民。各级官员大多接受它的管辖。它可以监禁公民，甚至判处他们死刑；它又可以作为一个法院对犯人进行审判。它有全权管理财政、处理公共财产和征税。雅典的舰队及其武器直接由它控制。议事会不过是执行公民大会意志的从属机构。最瞩目的重要官员——十将军由大会直接选举，并可连选连任。他们不只是军事长官，实际上在内政外交上赋有重要权力，所以他们的地位犹如现代政府的总理或首相。但是，他们的权力必须得到公民大会的同意和支持，否则，就会立即被赶下台。

公民具有对官员和法律的实际控制权，他们通过法院实现这一权力。法院是属于全体公民的。雅典法院所具有的地位不是现代政府法院可以比拟的。他们除了在对民事或刑事案件作出司法上的判决外，还享有行政或立法的权力。法院的成员(或称陪审员)，是由各区提名的。任何年满 30 岁的雅典公民都可被挑选担任这项职务。总共有 6000 名陪审员，每年由选举产生，然后经抽签分派到各个法庭行使职权。这样，每个法庭都是一个非常庞大的机构，通常有 500 人以上。他们既是审判员，又是陪审员。审理案件中，首先对诉讼各方提出的案件就罪与非罪

札记

进行表决，如断定有罪，然后就确定量刑进行表决。法庭作出的决定是最后决定。因为雅典法院的理论是：法庭是以全体人民的名义行事和作出决定的。它同公民大会一样，两者都直接代表人民。亚里士多德说，在梭伦以后，这些法庭的权威日益增强，历任的执政官好像谄媚僭主那样谄媚平民，于是雅典的政体终于转成现世那种“极端民主”的形式。① 从亚氏这一描述中我们可以想象，雅典公民是怎样牢固地控制着国家的权力。

“主权在民”这一特征，还表现为雅典公民“轮番为政”。雅典政治向全体公民开放，官职不再受财富和门第的限制。“任何一位公民只要有所作为，他就会被推荐担任公职；这不是一种特权，而是对功绩的报偿。贫穷绝不是一个障碍，一个人不论他身世多么寒微都能为他的国家造福”。② 雅典人有这样一种观念：既然每一个公民都是自由的，那么任何人就不应受别人的统治，这实际上是做不到的，于是只好“人人轮番当统治者和被统治者”。或者出于这样的考虑：凡自然而平等的人具有同等价值，应当分配同等的权利和名位，“依此见解所得的结论，名位便应该轮番，同等的人交互做统治者也做被统治者，这才合乎正义”。③ 雅典公民参政的机会很多。每个年满30岁的公民皆可被选为议事会议员。每个年满30岁的公民还可被选为陪审员。此外，许多官职也大多以抽签的方式选举产生，而且任期很短，抽签选举保证了普通公民群众广泛当选的可能性，任期短可以让更多的人有机会从政。

古希腊雅典民主制的严格监察制度。雅典的监察制度已经相当发达，官员的当选是经过了公民的严格监察的。首先，任职前要对其资格进行审查，如出身、财产、人品等。如有问题，提交法院判决决定是否任职。任职期间也要受到审查。如执政官和将军在每一主席团中都要举行一次信任投票，看他是否称职，如果这种投票反对任何一个官员，他便要到陪审法庭受审，如有罪，则判决他的刑罚或罚金，如果无罪，他将复职。在其离任时，会有专人对其在任职期间的财产进行审查，如有

① 亚里士多德著，吴寿彭译．政治学[M]．商务印书馆，1997：104.

② [美]斯塔夫里阿诺斯著，吴象婴等译．全球通史：从史前史到21世纪[M]．北京大学出版社．2019：107.

③ 亚里士多德著，吴寿彭译．政治学[M]．商务印书馆，1997：104.

札记

贪污或者受贿，即送交法院判决，通常对其课以非法所得的十倍罚金。其次，任何雅典公民认为某项法令违法，都有权向陪审法庭提出控诉，在控诉期，该法令暂停实施，如作肯定判决，该法令就会被撤销。

最后，贝壳放逐法。这一制度是针对那些滥用权力，危害国家利益，侵犯公民权利的官员而设置的。每个春季召开一次非常公民大会，先用口头表决方式提出是否有被放逐的人，如果有就召开第二次会议，每个人都在陶片或者贝壳上写上他认为应被放逐人的名字。①

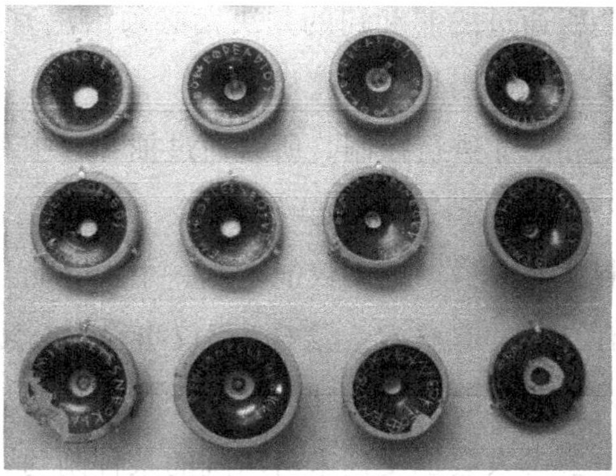

二、权力制约

虽然亚里士多德已经提到一切政体都有三个要素议事机能，行政机能和审判机能，但从雅典情况来看，三种机能或国家的三种权力还没有作明确严格的划分。正如恩格斯所说，“在雅典没有总揽执行权力的最高官员”，公民大会特别是五百人议事会，既是立法机构，也是行政和司法机构，在总体上管理城邦的事务。法院除有司法权外，也享有立法权。所以，各个机关的权限往往是交叉的。这是雅典政制的一个重要特色。

但是，这并不妨碍雅典的民主制实行严格的权力制约。这种权力制约并不是像近现代国家那样着重于国家权力机构之间的相互制约，即立法、行政与司法之间的制约，而主要是城邦的公民集体对官吏的监督和制约。“主权在民”原则的切实实施，本身就已经是对政府的一种最有

① 李林励，赵菊华．古希腊雅典民主制特点及评析[J]．重庆行政：公共论坛，2009(2).

札记

力的制约了。

如前所述，议事会这一公民大会的常设机构受着公民大会的制约；同时，后者也受前者的制约。议事会还受法院的制约。《雅典政制》有这样的记载：有一次，议事会已经把吕锡马库斯交付公众的行刑吏了，他正在坐着等死的时候，阿罗珀刻村的优美里德斯却救了他。优美里德斯说，公民未经陪审法庭判决不得处死；到了陪审法庭举行审判的时候，吕锡马库斯却得以免罪，于是他得到了"鼓槌下人"(即免于刑杖之人)的绰号；人民因而剥夺了议事会判处死刑、监禁和罚金的权力，定出法律，凡议事会所通过的罪和罚的判决案必须由法官送交陪审法庭，而陪审官的任何投票都应当具有最高权力。

法院还对官吏和法律进行控制。所有通过抽签选举和举手选举的雅典官吏，"在任职前，其资格皆须先经审查"。法院的控制绝非只限于官员。法院还控制法律本身，它不仅能审判一个人，而且能审判一项法律，因而使它具有真正的立法权。这样，"议事会"或"公民大会"的一项决议可能受到来自法院的一种特殊形式的令状的攻击，断定该决议违反宪法。就是说，公民大会也受到来自法院的某种制约。法院具有如此崇高的地位，因为在雅典人看来，陪审团就等于全体人民。

特别是贝壳放逐法是全体雅典公民对高级行政官吏进行控制的重要手段。在雅典人看来，在平等人民组成的城邦中，以一人高高凌驾于全邦人民之上是不合乎自然的。如果某行政官权势太大，就可能危害国家，公民就在每年举行一次的秘密投票中把他逐出国门。贝壳放逐法就是公民对高级行政官的弹劾法。区别在于，在雅典执行此法的是全体公民。这是我们所知道的最早的权力运转中的重要安全装置。

三、法律至上

雅典政制严格实行法治，禁绝人治。正如伯里克利所说，"在我们私人生活中，我们是自由和宽恕的；但是在公家的事务中，我们遵守法律。这是因为这种精神深使我们心服"。

雅典人视宪法为最高法律，神圣不可侵犯。从梭伦开始的每一次改革，无不以修改宪法作起动，接着便以执行和捍卫宪法为基本职责。享有巨大权力的法院的基本任务之一，就是审查某项法律是否违宪。包括公民大会通过的决议，若有违宪，法院可宣布撤消该项决议。公民享有

札记

崇高的“不法申诉”权，任何一个公民，都可以对某项法令提出认为违反宪法的控诉，在法院审理此控诉时，该项法令便暂停实行；如果法院对该法令作出否定性的裁决，该法令便予以撤消。

在雅典，每个官员在任职前，经过议事会和陪审法庭审查后，受审人就走向那块宰牲祭供的石头，登上这块石头宣誓说，他们将公正地和依法地从政，而绝不以他们的职务接受礼物，如果他们接受任何东西，他们就要立一金像。宣誓之后，他们就到卫城去，在那里再次进行这样的宣誓，然后他们才就职。这种以效忠法律的就职仪式，很能说明雅典人的法律至上意识。

法律至上，更表现为以法治国，在法律面前人人平等。官吏必须秉公执法，不图私利，不徇私情，一旦触犯法律，便要受到惩处。包括十将军这样的高级官员，概莫能外。公元前5世纪雅典的许多最显赫的政治家、军事家因触犯法律或遭流放(如阿里斯特伊德斯、特米斯托克列斯等)，或被罚款(如伯里克利)，或被处死(如公元前496年阿尔基努萨伊海战后无辜被判罪的一批将军，包括伯里克利的儿子)。在遵守法治的同时，雅典人强烈反对人治。

四、公民意识

雅典城邦民主制以它的辉煌成就揭开了人类民主史上光辉的一页。然而，在这一制度后面还存在着相应的政治观念与政治文化，它与民主制相辅相成，伴随发展，是雅典民主发展成就的另一方面，其重要性不亚于制度本身。

由于任用官职不再受财产和门第的限制，人人皆可为政，贵族和平民的对立状态终于消逝了，统一的公民集体形成了。关心雅典，参与政治，轮番理政，是雅典人心目中神圣的事。城邦至上，政治为本，成为雅典人的共识。家庭、财富、亲朋、各社会团体，皆居其下。“一个雅典公民是不会因为照顾自己的家务而忽视国家的；我们之中即使是那些忙于业务的人也都具有极其鲜明的政治观念。只有我们才把那些不关心公共事务的人不仅看作是无害的人，而且看作是无用的人”。公民、公民权，对雅典人来说，显得多么重要。即便拥有巨额财富和出身名门世系，若不能享有公民权，就失去价值和意义。最高的幸福在于参与城邦本身的生活、家庭、朋友和财富，只有作为这种最高幸福的组成部分，

札记

才能充分发挥作用而使人享有乐趣。“人是一个政治动物”，此言是个人与城邦一体化的生动写照。这种价值观念是雅典经济繁荣和民主发展的深层原因。

第四节 雅典城邦民主制的成因及其缺陷

一、雅典奴隶主民主制度产生的原因

地中海是一个商海，雅典是地中海的一颗明珠。雅典能踏上世界历史上顶级的民主制度的阶梯，首先是由于特殊的地理环境。位于希腊中部阿提卡半岛上的雅典有着拜里尤斯天然良港，同时雅典又处于落后的欧洲与先进的埃及和西亚的交接点上，其地理位置特别有利于发展海上贸易和工商业。另外，雅典的银矿丰富，能够大量制造银币；雅典还盛产陶土，所产陶器远销埃及和意大利，这些都使雅典的商品经济迅速发展。商品是天生的平等派。由商品经济产生的商品关系只能是一种平等关系，平等必须自主，故体现价值根本属性的商品经济必然是平等、自主、竞争、开放的非平衡动态经济。这种经济造就了雅典奴隶制工商业比较发达，工商业贵族的政治势力比较雄厚，而商品经济的发展，必然要求产生体现自主、平等的民主制度。相对的另一方面是，由于雅典多山的地形，肥沃土壤的缺少和梭伦改革对土地集中的限制，使雅典掌握土地的氏族贵族势力较弱，极难形成君主专制。

雅典民主政治是阶级斗争的结果。雅典在多次的政治革命和立法改革中，氏族贵族的权力受到削弱，工商业主的地位不断提高。梭伦和克利斯梯尼自己都没有一套“民主”哲学，他们只是顺应了当时阶级斗争的逻辑发展。从梭伦到伯里克利的7次改革，采取了一系列有利于发展工商经济、保护新兴工商业主和劳动群众利益的政策措施，并逐步构建、发展和完善民主制度。由于希腊半岛多山，农业生产不很发达。希腊居民一向有从事海外贸易的传统，商品经济比较发达。公元前5世纪中叶以后的雅典，是当时爱琴海上的霸主，它利用自己优越的地理条件和庞大的海上运输力量，从事大规模的海上贸易，并成为著名的商品集散地。它的商品经济规模已超过农业经济，工商业奴隶主在社会上居于

札记

举足轻重的地位。这样的社会经济结构需要与它相适应的政治结构，旧氏族贵族把持的政权在这样的社会经济结构和阶级力量对比情况下当然不能长治久安，于是就产生了与之相适应的上层建筑——奴隶主民主共和制度。这是工商业奴隶主和贵族奴隶主经过斗争所产生的一种妥协形式，其中同时也反映了参与斗争的中下层平民的愿望和利益。

政治家的个人作用不可忽视。在希腊一些与雅典情况类似的城邦，并没有建立起民主制度，而出现了僭主政治和少数寡头的政治。商品经济的发展并不一定必然导致民主制度的建立，它只是提供了一种条件。梭伦改革以前，雅典政局实际上也存在两种可能，一种是僭主政治的前途，一种是民主政治的前途。僭主政治的原意是个人独裁统治，含违反常规、不正常之意，起初没有贬义，它产生于平民反对旧氏族贵族的斗争。在早期希腊，僭主政治打击的对象是氏族贵族，所谓僭主也往往是平民领袖。一直到公元前 4 世纪，僭主政治才成为一个不好的名称。因此，当时梭伦的朋友也劝梭伦在变法之际建立个人独断统治，但梭伦拒绝了。他认为“僭主的职位是一个美好的职位，可是从那里没有路可以下得来”。他宁愿从事民主政治的试验，以期在政治上为雅典寻找一个发展的方向。梭伦改革后，雅典曾经出现庇西特拉图的僭主政权。庇西特拉图没有改变梭伦的法律，他的各项政策基本是梭伦的继续，但更激进和果敢，因而进一步打击了氏族贵族。庇西特拉图死后，他的儿子继位为主，但其才能和品格不如他的父亲，失去了平民的支持。失势的贵族趁机勾结斯巴达人，夺得政权，企图恢复贵族统治，但雅典的民主传统已不能轻易改变。平民很快联合起来，赶走了斯巴达人，继而执政的平民领袖克利斯梯尼，巩固和发展了梭伦的事业，在雅典确立了民主制度。特别是他制定的“贝壳放逐法”，充分反映了他对现实政治的深刻理解和远见。“贝壳放逐法”对执政者有着极大的约束力，也是解决政治纠纷的良策。此后近百年间，雅典没有发生过任何政变和内战，固然有其他更为重要的原因，但这项制度所起的调节防范作用也是不能抹杀的。

希波战争的胜利和雅典海上霸主地位的确立，促进了奴隶主民主制度的发展，这个因素现在为许多学者所重视。希波战争胜利后，为战争作出重要贡献并在战争中发展壮大的雅典成为当时希腊城邦中最强大的国家，它在战争中的盟邦现在都成了向它缴纳贡金的“臣邦”。原来出

札记

钱是为了加强海军共同对付波斯人，现在仍要出钱，实际上是作为贡金。雅典强大的海军奠定了它海上霸主的地位。这一切首先使雅典在财政上变得非常富裕，来自盟国的金钱和过境贸易的巨大收益对大多数雅典公民的生活条件都发生过直接或间接的影响，尤其对第四、三等级。伯里克利时代不仅给公职人员发津贴，还曾给公民发"观剧"津贴，观一场剧所发津贴相当于陪审官一天的津贴，足够一天生活所需。另外第四等级是雅典海军的主体，随着海上霸主的确立，海军地位日益重要，这也间接提高了第四等级在政治活动中的作用。海外战争的胜利使许多第四等级公民发了财，改善了他们的经济条件和政治地位。希波战争的胜利，使希腊自成为一个经济活动整体，其中心就在雅典。贸易中心的位置使雅典一跃成为希腊最大的城市和工商业中心，这必然会进一步巩固民主制度。战争促使公民团结，胜利和对盟邦的剥削使雅典居民的经济差距相对缩小，因此，公元前 5 世纪中叶后，雅典的奴隶主民主制度发展到了它的全盛期。

雅典"民主"是数百年不断妥协、和解的结果。忒修斯妥协、梭伦的和解努力、第一个僭主的温和统治(实际上是为了获得民众的顺服)、克利斯梯尼的改革、最后的民主和解，无不体现了这种精神，妥协、和解就意味着没有一方利益占绝对优势，无法产生一个压倒一切的强权。克利斯梯尼改革之后，传统贵族和新贵们更是把人民的力量作为一种工具，极力讨好民众以获得压倒政敌的实力，从而培养了民主势力。雅典民主化是平民领袖不断取悦民众的结果，这个过程伴随着雅典国民性格的不断堕落。尼西阿斯在远征西西里前的讲话中多次提到雅典国民性格，他知道自己无力改变这种性格，因为它缺少冷静、耐心和节制，而只有贪婪、狂妄和自大，这很大一部分是由伯里克利这样的"人民领袖"煽动的。伯里克利在"阵亡将士国葬典礼上的讲话"中对民主性格的夸赞更多的是一个博取人民的信任和支持才能生存的政客的煽情之词，而我们可以在《伯罗奔尼撒战争史》中找到这样的性格：战争真正的起因在于雅典的帝国主义倾向，而雅典代表在斯巴达的辩解更像是对斯巴达的最后通牒。远征西西里前，尼西阿斯和亚西比德的辩论也让我们看到，一个利欲熏心的"民主"政府如何抛弃一个深思熟虑的战略而宁可把国家前途投入一场"赌博"。正像施特劳斯所说，"早在西西里灾难之前，雅典人及其最优秀的领袖就已经被他们对自己以及对自己所渴望的

札记

目标的错误理解引入了歧途”①。

另外，雅典从苏格拉底开始，德谟克里特的自然派哲学理论开始演变，雅典哲学研究的方向主要在个人本身与每个人在社会的地位，这就给人民参与民主运作提供了哲学基础。雅典的科学文化繁荣昌盛，在哲学、政治、法律、文学、音乐、美术、历史、雕塑、体育以及自然科学方面有着灿烂的成就，高度发达的社会文明，也促进了雅典民主制度的进步和完善。②

二、雅典城邦民主制度的缺陷

雅典民主共和制度无疑是历史上一个伟大的创造，它对后世所起的重大影响奠定了它重要的历史地位，这一点毋庸置疑。雅典民主制所取得的辉煌成就令今人赞叹，但是，雅典民主制毕竟是人类民主发展中的初级阶段，它包含了它本身的弱点，虽然这种弱点在它那个时代是无法克服的。

首先，看一看苏格拉底的看法。苏格拉底认为雅典民主政体的“根本缺陷，在于它不要求其领导者具有任何特殊的知识，它将社会的命运委之于缺乏真知灼见的人们的手中”。苏格拉底认为，既然各行各业都需要有专门的技艺，比如制鞋匠、木匠、铁匠、雕刻匠都有各自专门的技艺，那么治理国家的人，人们有理由要求他具备更高的专门技艺。雅典人主张既当统治者又当被统治者，主张轮番执政。他们通过抽签的方法使每个公民有同等机会担任公职。这确实闪烁着民主、平等的精神，但其中也渗透着极端民主意识。它忽视了政府公职人员必须具有公正无私、为公众服务的品德，以及管理政务的必要知识和才能；如果让品德不良或缺乏智识才能的人担任公职，很有可能把公务办糟，甚至危害民主制本身。关于这个弊端，苏格拉底当时就指出：“用豆子拈阄的办法来选举国家的领导人是非常愚蠢的，没有人愿意用豆子拈阄的办法来雇用一个舵手或建筑师或奏笛子的人，……而在这些事上如果做错了的话，其危害是要比在管理国务方面发生错误轻得多的。”苏格拉底认为只

---

① 列奥·斯特劳斯、约瑟夫·克罗波西主编，李天然等译．政治哲学史[M]．河北人民出版社，1993：23.

② 蒙振祥，叶晓川．雅典的民主制度及其局限[J]．西北大学学报(哲学社会科学版)，2003(1).

札记

有那种既有智识又有道德的少数人才有资格管理国家事务，所以他反对雅典的民主制度，拥护贵族政治。当然，苏格拉底对普通劳动群众是轻视的，但他强调的贵族政治，不是以传统的门第、财产为标准，而是以知识和善德为标准。这种政治观固然保守，但较之于传统的贵族政治，应该说有可取之处。苏格拉底最后因他的政治观而被陪审法庭以微弱多数判处死刑，以身殉道。我们认为苏格拉底的悲剧不在于保守，而在于太超前，思想先于时代，太不合时宜。专门人才、科学治国是近代乃至现代的事。他在那个时代提出来，又能被多少人理解并接受呢？

其次，雅典民主政治无法防止极端化的发生。雅典民主制只尊奉多数人的意见，视多数人的意志为正义，少数人的意见不仅受到忽视，而且受到排斥和打击。这种将多数人的意见绝对化，缺乏保护少数的原则，不能正确处理多数与少数的关系，产生了严重的后果。民主和自由，是美好和令人向往的。但如果运用失当，它也会转向反面，给国家和人民带来灾祸。雅典民主制度能较有效地防止个人独裁，但却无法防止野心政客利用群众情绪，进行党派斗争。在某些特定条件下，人们表决时，很容易接受某些似是而非的思想的煽动，感情冲动。特别在审判表决时，经常发生狂呼乱喊，失去理智，造成错案或者处罚过重的情况。“贝壳放逐法”本来是预防僭主的，但后来动不动就将当政者流放，其中一些人被流放显然理由不足，成了牺牲品。滥用民主权力不仅造成冤屈，还给国家带来不可挽回的损失。比如公元前 415 年，雅典冒险远征西西里。由于公民大会上某些人的煽动，雅典人竟轻率地作出立即召回主帅受审的错误决定，结果招致远征军惨败，全军覆没。这是对雅典是一个沉重的打击，据说远征军中几乎每家都有征召入伍的人。战争中大军出境，事关国家存亡荣辱，而竟然中途召回主帅受审。又如雅典人在一次海战中打了一个胜仗，当时是伯罗奔尼撒战争后期，雅典处境极为不利，这次胜仗不失为一个难得的振作机会。但不幸的是，因为气候恶劣，指挥官未能收回阵亡将士的尸体（雅典人迷信尸体不葬则魂无归宿），结果那些本来应该凯旋庆功的将军全部被处死。当时的审判也是违反常规的。本应对 6 名将军一一表决，但在某些人的煽动下，愤怒的人们公然违背法律，将 6 人一道表决，不由分说立即执行，其中包括伯里克利的儿子。唯有苏格拉底一人表示公开反对。他的仗义执言冒犯了众怒，人们呼喊着要将他捉起来。战争到了关键时刻，而雅典又处境不

札记

利(两年后被打败)，竟然将那么多有功的将军处死，这不能不说是极端民主化的悲剧。苏格拉底、亚里士多德等人都是雅典政治生活的参加者和目击者，他们反对民主政治，反复抨击一些所谓的“平民领袖”，至少反映了一部分事实。何况苏格拉底本人也是死于这种似是而非的判决在公元前399年，由于苏格拉底的作为被某些人看不惯而将他告到法庭，理由一为“腐蚀青年”，二为“藐视城邦崇拜的神和从事新奇的宗教活动”。苏格拉底虽经申辩，但仍被法庭以微弱多数判处死刑。友人劝其逃走，苏格拉底拒绝，说判决虽然违背事实，但法庭是合法的，必须服从，遂安然服毒而死。随着在伯罗奔尼撒战争中的失败，雅典逐步走向了衰落，公元前4世纪中叶被并入罗马版图。

再次，雅典民主制不保障公民的言论、信仰自由。伯里克利时代通过了教士奥菲特斯提出的法律，规定“对一切不相信现有宗教者和一切神明持不同见解者，立即治罪”。根据这条法律，一批优秀哲学家、科学家受到陪审法庭的错误判决，如阿那萨哥拉以“渎神罪”被驱逐出境，普罗塔哥拉被控为无神论者而遭驱逐出境，戴阿哥拉斯因诽谤天神被判死刑，苏格拉底以“渎神”和“蛊惑青年罪”被判处死刑等，这些都成了雅典文明的耻辱。雅典民主制的这一缺陷，很容易为专制政治打开一条通途。因为，在专制政治下，只容许存在一种意见，不管这种意见是多数人的意见或少数人甚至是个别人的意见，其实质是一样的。

接着，民主主体的狭隘性①。“在民主统治的国家里，公民范围除了暂住居民和证明不能照顾他们自己的人们以外，应当包括一切服从法律的人们”。虽然雅典公民形式上都享有平等的权利，但公民在当时人口总数中仅占极少数，“妇女不是公民，奴隶不是公民，农奴不是公民，边区居民不是公民，外邦人也不是公民。即使除去奴隶、农奴、边区居民和外邦人以外，祖籍本城的成年男子，能够取得公民权利的资格，在各邦的各个时期也宽严不一”。伯里克利时法律规定，只有父母都是雅典公民的人才能成为雅典公民。公元前431年，雅典全部居民人数约40万人，而享有公民权的人数只有4.2万人，只占全体居民总数的1/10左右。权利是民主政治制度不可缺少的组成部分，因此，民主体制内在

① 蒙振祥，叶晓川．雅典的民主制度及其局限[J]．西北大学学报(哲学社会科学版)，2003(1)．

札记

地就是一种权利体制。权利是民主统治过程中最为关键的一种建筑材料。而作为其他民主权利基础的公民权的狭隘性，暴露了雅典民主实质上仍是奴隶主阶段专政的一种形式，国家政权始终把持在奴隶主阶级手中。

最后，民主制度实践上的局限性①。雅典的民主政治虽然是对全体公民而言的民主，但它却不能保证全体公民权利的正常行使。参加公民大会的雅典公民虽然可以得到一定数额的津贴，但是要求农民不顾农时，放下农活，手工业者停工放弃生产，每隔 10 天左右就得前往雅典城郊广场去开大会，这在实际上是难以行得通的。另外，在伯里克利时代，雅典帝国已经形成，为了和斯巴达一决雌雄，伯里克利经常派出军队侦察或打击伯罗奔尼撒同盟，这部分军人出席公民大会的机会就要减少；雅典向同盟国大量派驻屯田兵，镇守同盟国，这部分屯田兵也不能经常出席公民大会。同时，在雅典的公民大会上发言顺序已成定式，往往要论资排辈，最先发言者一般是职位高的人，他的发言也最具有权威性，然后是年龄较高、有威信的长者。至于一般百姓的发言，如果没有多数人的呼应，恐怕很难有什么号召力。在这种情况下，普通百姓对出席公民大会便不太感兴趣。据统计，经常能出席公民大会的人数只占公民总数的 1/5 左右。因此，雅典的民主，实际上是针对富裕的有闲的少数奴隶主的民主。

雅典因伯罗奔尼撒战争失利而陷入困境，公元前 404 年雅典宣布投降。雅典的舰队和帝国统统丧失，甚至连其自我标榜的民主政治也因得胜的斯巴达强加其上的一个短命的贵族寡头政权而失去。公元前 338 年，马其顿大败底比斯和雅典联军，剥夺了希腊各城邦的大部分自治权，随着亚历山大帝的对外征服，以雅典为代表的古希腊文化普及到整个中东。

名词与术语

城邦；城邦民主制；梭伦改革；克利斯梯尼改革；伯里克利改革

---

① 蒙振祥，叶晓川．雅典的民主制度及其局限[J]．西北大学学报(哲学社会科学版)，2003(1)．

思考题

札记

1. 古希腊雅典城邦民主制形成的原因是什么?

2. 古希腊雅典城邦民主制的缺陷及其失败的原因有哪些?

延伸阅读

1. [古希腊]荷马:《伊利亚特》,上海人民出版社 2012 年版。

2. [古希腊]荷马:《奥德赛》,上海人民出版社 2014 年版。

3. [古希腊]亚里士多德:《雅典政制》,商务印书馆 2009 年版。

4. [古希腊]修昔底德:《伯罗奔尼撒战争史》,商务印书馆 2017 年版。

5. [古希腊]普鲁塔克:《希腊罗马名人传》,吉林出版集团有限责任公司 2011 年版。

6. 顾准:《希腊城邦制度——读希腊史笔记》,中国社会科学出版社 1982 年版。

第三章　古代罗马共和国和罗马帝国时期的政治制度

当希腊化文明正在地中海东部沿岸盛行的时候，一个新的强国在西方兴起了。在意大利，一个好战的城市开始打出一条指向世界帝国的道路。我们现在必须注视这个兴起中的城邦。

——海斯、穆恩、韦兰(《全球通史》)

札记

古代罗马的政治制度有着十分丰富的内容和典型的意义。从制度类型转换的角度，古代罗马的政治制度的演变大致可以分为三个时期：王政时期、共和国时期、帝国时期。

第一节　古代罗马国家的建立

一、古代罗马早期概况

古代罗马发祥于欧洲的意大利半岛，意大利半岛又称亚平宁半岛，是南欧的三大半岛之一，北部有阿尔卑斯山脉与西欧和中欧分隔，南部三面临海，为亚得里亚海、爱奥尼亚海、第勒尼安海所环绕，面积约14.9万平方公里。亚平宁山脉从西北向东南纵贯全境。意大利半岛位于地中海中部，东与巴尔干半岛隔海相望，西面是比利牛斯半岛，南方的迦太基（Carthage），东方的小亚细亚（Asia Minor）、巴勒斯坦（Palestine）以及埃及（Egypt）等地与它共浴着地中海的海水。发祥于这一地区的古代罗马，很容易和地中海沿岸的各族人民交往，在它强大以后，也很容易向四面扩张。意大利半岛气候良好，雨量充足，森林茂密。亚平宁山脉东坡平缓，在沿海形成部分平原，西坡陡峻，多火山地震，其中有著名的维苏威火山。由于境内富于火山灰，土壤肥沃，宜于农业。波河流域最富，西部伊达拉里亚平原、拉丁姆平原、坎佩尼亚平原也是极富饶肥沃的地区，坎佩尼亚的农作物一年三熟，那里盛产大麦、小麦和橄榄、葡萄。东北部山区有良好的牧场，南部河口草木茂盛，也适合畜牧业的发展。意大利古代的北界不在阿尔卑斯山，而在亚平宁山。亚平宁山没有在那一侧升高为陡峻的山脉，只是占地很广，其中有很多由易于通过的隘口连接起来的山谷和高原，很适于人类居住，在东、南、西三面与之相连的山前丘陵地和沿海各地尤其如此。① 意大利的地理环境被认为是罗马人成功统一亚平宁半岛并建立庞大帝国的重要原因之一。②

① 奥特多尔·蒙森．罗马史[M]．商务印书馆，2015：13.
② [美] 斯塔夫里阿诺斯著，吴象婴等译．全球通史：从史前史到21世纪[M]．北京大学出版社，2019：122.

札记

亚平宁半岛最古老的居民是利古里亚人，西西里岛上的西库利人和西卡尼人也被认为是土著。公元前12世纪左右，伊利里亚人和伊达拉里亚人相继来到意大利，公元前10世纪前后，地中海沿岸的许多国家都先后向意大利半岛移民。腓尼基人(Phoenicians)最早侵入西西里，公元前8世纪开始，希腊人也向西西里和南部意大利侵入，建立了许多移民城邦，如叙拉古、塔林敦和库米等，合称大希腊。公元前7世纪，迦太基势力渗入撒丁尼亚和西西里西部，并随即与伊达拉里亚人联盟，和希腊人争夺海上的霸权。迦太基对罗马有深远的影响，罗马人后来依靠迦太基的支持吞并了大希腊。罗马人还吸取了迦太基人的奴隶制农场的经营方式和航海术、造船术。

希腊移民城邦对罗马的影响更大，希腊人的先进生产方式和经营方式促进了意大利的经济发展，并给意大利带来了管理葡萄园、培植橄榄和手工业方面的经验和技术。特别在文学、艺术、哲学、宗教等方面，罗马几乎无一不模仿希腊。公元前4世纪后期至前3世纪早期，罗马开始了迅速希腊化。这期间罗马模仿希腊世界，热衷于展示胜利信念，这一现象乃亚历山大大帝遗产之中的极重要部分……与此同时，共和国时期的物质文化所受的希腊影响更为明显。①

最早的罗马城是通过联合及归并附近村落的方式形成的。远古时期，罗马领土内分若干氏族村落，后来这些氏族村落形成最早的乡区。② 后来得名为罗马的那块地方，是靠近伊达拉里亚人和萨宾人居住地区的拉丁姆平原(Latium)北部，这一地区位于台伯河(Tiber)左岸，离海较近，土地肥沃，宜于种植葡萄和各种谷物，也有畜牧业发展的条件。台伯河口是产盐地区，罗马处于运盐要道。大约在公元前10世纪左右，这里便出现了许多拉丁人聚居的原始村落，他们从事农业和畜牧业，过着氏族生活。传统认为，罗慕路斯在帕拉丁山及其周围组织了100个氏族；后来又在萨宾人那里组织了100个氏族；最后至老塔克文时期又组成了100个氏族。③ 恩格斯在《家庭、私有制和国家的起源》一书中指出：“各个部落都带有人为构成的痕迹，但它们大部分是由有亲

---

① 约翰·博德曼，贾斯珀·格里芬，奥斯温·穆瑞．牛津古罗马史[M]．北京师范大学出版社，2015：32.

② 奥特多尔·蒙森．罗马史[M]．商务印书馆，2015：44.

③ 杨共乐．罗马史纲要[M]．商务印书馆，2015：52.

札记

属关系的分子构成的，并且不是按照人为的部落而是按照古代的已经长成的部落的样子构成的；同时仍不排除三个部落中每一个部落的核心都是一个真正的老部落。”①

二、罗马早期氏族民主制

恩格斯认为“氏族……构成地球上即使不是所有的也是大多数野蛮民族的社会制度的基础，并且在希腊和罗马我们还由氏族直接进入了文明时代。”②氏族在蒙昧时代一般是这样一种组织，其成员有一共同祖先或有一想象的共同祖先，其成员一般不会是另一个氏族的成员，成员之间有特别密切的关系、权力和义务，氏族有自己独特的称号，一般来说氏族内部成员之间不通婚。随着金属工具的出现和生产力的提高，私有制和阶级关系逐渐确立，氏族制度开始解体，形成一夫一妻制家庭为单位、按地域原则结成的农村公社。

罗马公民的划分以族区为基础。族区即 curia（此词或 curare 同义，指亲缘关系），十个族区构成一民社（Gemeinde）；每个族区出步卒一百人（故 mil-es，如同 equ-es，均有“千步队步兵”之意）、骑兵十人、议员十名。几个民社合并时，每一民社自然成为整个民社（翁布里语和奥斯坎语称之为 tota）的一“部”（tribus），基数随着各“部”之数目增加而增加。③ 一个罗马氏族由若干家庭组成，十个罗马氏族构成一个库里亚（curia，意为胞族），罗马胞族比希腊胞族有更重要的社会职能。每一库里亚都有自己的宗教仪式，都有自己的圣物和祭司；全体祭司构成罗马的祭司团。十个库里亚构成一个部落。

罗马氏族在罗马城存在的早期，制度明显带有氏族民主的特征，具体内容大致如下④：

第一，氏族成员的相互继承权；财产仍保留在氏族以内。在罗马氏族也像在希腊氏族一样，因为父权制已经盛行，所以女系后裔已经没有继承权。然而，女儿的子女却排除在此家族之外，因为，如他们是婚生

---

① 恩格斯．家庭、私有制和国家的起源[M]．人民出版社，2018：49-50.
② 恩格斯．家庭、私有制和国家的起源[M]．人民出版社，2018：49-50.
③ 奥特多尔·蒙森．罗马史[M]．商务印书馆，2015：73.
④ 恩格斯．家庭、私有制和国家的起源[M]．人民出版社，2018：133.

札记

子女，便属于男性家族，如是非婚生子女，就根本上不属任何家族。①

第二，拥有共同的墓地。作为氏族成员，在死亡后，有权共有氏族的墓地。例如，克劳狄名门氏族，在由雷吉尔城迁到罗马时，得到了一块土地，此外还在城内得到了一块共同墓地。还在奥古斯都时代，死在条顿堡林山的瓦鲁斯的首级运到罗马后，即埋在氏族坟地；可见他的氏族(昆提利)还有专用的坟地。②

第三，氏族成员有权参加共同的宗教节日。

第四，禁止氏族内部通婚。“这在罗马似乎从来没有成为一种成文法，但一直是一种习俗。在名字一直保存到今天的大量罗马人夫妇中，没有一对夫妇的氏族名称是相同的。继承权也证实了这一规则。妇女出嫁后就丧失了她的父方宗亲的权利，而突出自己的氏族；不论她或她的子女都不能继承她的父亲或父亲的兄弟，因为不然的话，父亲的氏族就会失掉一部分财产。这一惯例只有在女子不能和同氏族人结婚的前提下才有意义。”③

第五，土地共有。在各拉丁氏族中间，土地一部分为部落所有，一部分为氏族所有，一部分为家户占有。相传到罗慕路斯担任国王的时代，第一次把土地分给了个人，每人大约为一公顷(二罗马亩)。

第六，同氏族人有互相保护和援助的义务，这使罗马国家一开始就表现出强大的力量。恩格斯在书中记载，当亚庇乌斯·克劳狄乌斯被捕时，他的氏族的全体成员，包括他的私敌在内，都穿上丧服。在第二次布匿战争时，各氏族都联合起来，赎回他们被俘的同氏族人。④

第七，氏族成员有使用氏族名称的权利，这种权利一直到帝政时期还保留着，甚至被释放的奴隶也可以使用他们主人的氏族名称，但不能享有氏族成员的权利。

第八，收养外人入族的权利。其办法是由氏族成员收养到自己家庭中，然后就算入族。

第九，选举和撤换氏族首长的权利。尽管在任何地方都没有被提及这项权利，但正如恩格斯所言，由于在罗马存在的最初时期，从选举产

① [德]奥特多尔·蒙森．罗马史[M]．商务印书馆，2015：64.
② 恩格斯．家庭、私有制和国家的起源[M]．人民出版社，2018：134.
③ 恩格斯．家庭、私有制和国家的起源[M]．人民出版社，2018：134.
④ 恩格斯．家庭、私有制和国家的起源[M]．人民出版社，2018：135.

生的王起，自上而下一切官职都是选举或任命的，同时，库里亚的祭司也是由库里亚选举的，由此我们可以推断，氏族酋长也定然如此。①

第二节　古代罗马的王制政体

一、王政时期的军事民主制

传说公元前 731 年，拉丁人的首领罗慕路斯用双片犁划出一块区域，建立了最早的罗马城。罗马城位于意大利半岛中部的台伯河畔，这里土地肥沃，气候宜人，聚居着许多意大利原始部落。近代史学家认为，罗马城和罗马国家建立的过程，也就是拉丁部落和萨宾部落以及从东方小亚细亚一带迁居过来的伊达拉里亚人逐渐融合的过程。这一过程在古罗马历史上也称为“王政时代”，大约 200 多年。传说共出现过 7 位王，前 4 个王分别是拉丁人和萨宾人，后 3 个王是伊达拉里亚人，而罗慕路斯就是王政时代的第一位王。罗马的传统一致认为，罗马当初是由国王统治，首任国王罗慕路斯建立此城，罗马城名称即来自罗慕路斯。②

“像英雄时代的希腊人一样，罗马人在所谓的王政时代也生活在一种以氏族、胞族和部落为基础，并从它们当中发展起来的军事民主制之下。”③主要由以下几个部分构成：

（一）勒克斯

这个时期的罗马国王在拉丁语中叫勒克斯(rex)，是部落首长的意思。恩格斯说，他完全与希腊氏族社会末期的巴赛勒斯相同，并不像某些西方学者所描述的那样几乎是专制君主。④ 王，或译勒克斯，拥有军政、司法和宗教大权，身兼军事统帅、最高审判官和最高祭司。这时的

---

① 恩格斯．家庭、私有制和国家的起源[M]．人民出版社，2018：135.

② 约翰·博德曼，贾斯珀·格里芬，奥斯温·穆瑞．牛津古罗马史[M]．北京师范大学出版社，2015：21.

③ 恩格斯．家庭、私有制和国家的起源[M]．人民出版社，2018：142.

④ 恩格斯．家庭、私有制和国家的起源[M]．人民出版社，2018：141.

札记

王都具有军事民主制时代军事首长的特点。① 尽管勒克斯是军事首长，是最高祭司并主持某些重要的审判，但他不掌握民政方面的权力，也没有任意处理公民生命、财产和自由的权力。这样，像英雄时代的希腊人一样，罗马人在所谓王政时代，生活在一种以氏族、胞族、部落为基础的军事民主制下。

(二)库里亚大会

库里亚大会即罗马公民大会，它实际上是罗马的最高权力机关，它有权通过和否决一切法律，有权选举一切高级公职人员，勒克斯亦要由库里亚大会选举，通常前任国王驾崩后，继任者由议政人员讨论决定。在经过众人深思熟虑之后，议政贵族公布新国王的人选，交由库里亚大会人民投票通过。② 媾和由元老院决定，但宣战则要由库里亚大会决定。在司法方面，库里亚大会是最高审判级，库里亚大会对罗马公民的死刑有权作出最后裁决。要想发动侵略战争，非与他们商讨不可，但是他国如果破坏条约，本国作防御战，或战后媾和，则不必征求他们的意见。③

(三)元老院

罗马的公共事务首先由元老院处理，而元老院是由 300 个氏族首领组成的，这些氏族首领被称为长老(patres)，元老院亦称长老议事会(senex)，后来罗马的元老院(senate)一词就来源于 senex。由于氏族首领按照习惯总是由每一氏族中的同一个家庭选出，年深日久，便逐渐形成了氏族显贵，这些家庭也便被称为贵族家庭。他们不仅垄断了进入元老院的特权，而且垄断了担任其他一切官职的特权。随着时间的推移，罗马人民容忍了这种特权，这一点在罗马人的传说中得到反映，传说罗马第一任元老及其子孙的贵族身份是国王罗慕路斯赐与的。元老院有权讨论和提出新的法律，并交由库里亚大会(comitia curiata)通过，参加库里亚大会的氏族成员按照库里亚分组，而在每一个库里亚内又按照氏族

---

① 杨共乐．罗马史纲要[M]．商务印书馆，2015：54.

② 彼得·琼斯．罗马帝国档案[M]．北方文艺出版社，2018：17.

③ 奥特多尔·蒙森．罗马史[M]．商务印书馆，2015：80.

札记

分组，在通过决议时30个库里亚各有一票投票权。在某些特殊的情况下，元老院拥有摄政大权。在罗马民社(人民公社)中，王权绝不会虚悬。如果国王去世，众元老便即刻代替他行使王权。① 每次一个国王死了的时候，元老们轮流掌握王权，每人5天，等到人民决定谁为新国王时为止。这个5天的统治者叫做摄政官，意为暂时的国王。②

二、王政后期的阶级分化

(一)自由公民内部逐渐形成贵族、被保护人以及平民三个阶层

随着生产力的发展和私有财产的增加，在罗马氏族公社内部逐渐出现了不平等。有些氏族成为所谓的**显贵氏族**，有些氏族则成为了所谓的后辈氏族。氏族内部的平等也日益消失，一部分家族成了**氏族贵族**，他们篡夺了氏族的公有土地，垄断着担任氏族公职的特权，那些在氏族中本与他们有着血缘联系的贫苦家族的成员，便逐步地沦落到依附的地位，成为所谓的**被保护人**。被保护人虽然仍使用着本氏族的名称，并可参加本氏族的祭祀，死后亦可埋葬于本氏族的坟墓中，但他们的土地已经取自贵族，平日必须为贵族服役，出征时担任贵族的亲兵，当贵族赎取战俘和女儿出嫁时，还须为贵族提供奉献。王政时期业已存在一个被称为“氏族贵族”的家族群体，他们在共和国早年成功攫取了对世俗职位与圣职的垄断权，而且几乎完全控制了共同体的经济资源。③

这时，在罗马人当中还出现了一个特殊的阶层“平民”(Plebeian)，一般认为这一部分居民最初是指被征服地区的居民，主要是指拉丁姆地区的土著居民，此外还有一部分因从事工商业而迁移来的居民。这时，罗马城以及靠征服而扩大了的罗马地区的人口日益增加；增加的人口中一部分是外来移民，一部分是被征服地区、主要是拉丁地区的居民……可是他们不能担任任何官职；既不能参加库利亚大会，也不能参与征服得来的国有土地的分配。他们构成被剥夺了一切公权的平民。④ 他们被

① 奥特多尔·蒙森．罗马史[M]．商务印书馆，2015：83.
② 阿庇安．罗马史(下卷)[M]．商务印书馆，2017：835.
③ 约翰·博德曼，贾斯珀·格里芬，奥斯温·穆瑞．牛津古罗马史[M]．北京师范大学出版社，2015：21.
④ 恩格斯．家庭、私有制和国家的起源[M]．人民出版社，2018：142.

札记

排除于罗马氏族之外，不能参加库里亚大会和罗马氏族的宗教仪式，也不能和贵族通婚，但可以占有财产和从事工商业及农业活动，后来他们和罗马氏族中的被保护人一起承担被保护人的义务，并逐渐享有氏族组织的极少权利。

(二)出现了奴隶制

在氏族成员分化为保护人和被保护人的同时，奴隶制也发展起来了。首先是在贵族的家庭里和土地上使用奴隶，然后才在比较富裕的家庭中使用奴隶。奴隶的来源主要是战俘，但这时的奴隶还不多，并保持着家庭奴隶制的形式。恩格斯在谈及这个时期罗马家庭的时候指出："这种家庭的根本之处在于，一是把非自由人包括在内，一是父权；所以，这种家庭形式的完善的典型是罗马的家庭。Familia 这个词，……在罗马人那里，它起初甚至不是指夫妻及其子女，而只是指奴隶。Famulus 的意思是一个家庭奴隶，而 Familia 则是指属于一个人的全体奴隶。"①

总之，王政初期的罗马，氏族组织还存在着，但已经开始解体，出现了贵族和平民、保护人和被保护人、奴隶主和奴隶。随着氏族成员的分化和奴隶制的出现，氏族部落的机关亦逐渐为贵族所控制，这样，由国家取代氏族组织的条件便已经具备。

三、塞尔维·图里阿改革

公元前 6 世纪，无权的、遭受压迫的被保护民和平民，在数量上已经占据优势，他们在战时构成主要的战斗力，处于萌芽状态的国家不能没有他们的支持。一部分平民因逐渐致富而提高了经济地位，他们强烈反对贵族特权，平民、被保护民与贵族的斗争日益尖锐。这就迫使贵族不得不向平民和被保护民让步。相传王政时期的第六个国王即勒克斯塞尔维·图里阿(约公元前 578—前 534 年)为了缓和贵族与平民、被保护民的矛盾，进行了重大的改革。

(一)改革的内容

第一，进行财产普查和划分财产等级。

---

① 恩格斯．家庭、私有制和国家的起源[M]．人民出版社，2018：60.

札记

这种财产普查是强制性的。根据财产普查的结果，将全体有产者划分为 5 个等级，无产者列为等外，所以一共是 6 个级别。第一等级的财产为 10 万阿司，第二等级为 75000 阿司，第三等级为 5 万阿司，第四等级为 25000 阿司，第五等级为 11000 阿司。① 财产不足以上数额和没有财产者，不列等级，被称为无产者。塞尔维根据登记的结果，按一定的财产比例把居民分为 5 个等级，规定他们的权利和义务。

第二，按照财产等级规定兵役义务。

根据罗马历史学家第奥尼西的说法，第一等级公民须购置全套武装，包括铜圆盾、矛、铜盔、铠甲和剑，有的还须购置马匹，担任重装步兵或骑兵，他们应该自备下述武器，即：头盔、圆盾、胸甲、胫甲、矛、剑等。② 第二、三等级的公民须备较轻的装备，担任装备较轻的重装步兵武装除盾为椭圆，无胸甲外，其余皆与第一级相同……第三级武装除了减少胫甲外，其余与第二级相同。③ 第四、五等级的公民亦须备弓箭等武器，担任轻装步兵。第四级主要武器有矛和标枪……第五级其武装主要有投石索和石块，有吹号手两队附在这一级。④ 无产者不能参加战斗部队，只能担任号手、工兵或辎重兵。第六级他们没有服兵役的要求，也没有缴纳税收的义务。⑤

第三，创立“森都里亚大会”为新的民众大会。

塞尔维·图里阿创设了“森都里亚大会”成为新的民众大会。开会时，公民按照上述兵役等级组成百人团，称为森都里亚（centuria），每一森都里亚都有一票表决权，规定第一等级组成 80 个步兵百人团，18 个骑兵百人团，即享有 98 票表决权；第二等级组成 22 个百人团，享有 22 票表决权；第三等级组成 20 个百人团，享有 20 票表决权；第四等级

① 这是恩格斯在《家庭、私有制和国家的起源》一书中所采用的说法，恩格斯还说，按照杜罗·德·拉·马尔的计算，这些数目大约相当于 14000 马克、10500 马克、7000 马克、3600 马克和 1540 马克。也有的历史学家指出，当时的人们尚不能用钱币阿司计算财产，当时用以计算财产资格的仍然是土地，第一等级为 20 犹格地产以上者、第二等级为 15 犹格地产以上者、第三等级为 10 犹格地产以上者、第四等级为 5 犹格以上者、第五等级为 5 犹格以下者。

② 杨共乐．罗马史纲要[M]．商务印书馆，2015：59.

③ 杨共乐．罗马史纲要[M]．商务印书馆，2015：59.

④ 杨共乐．罗马史纲要[M]．商务印书馆，2015：59.

⑤ 杨共乐．罗马史纲要[M]．商务印书馆，2015：59.

札记

组成22个百人团，享有22票表决权；第五等级组成30个百人团，享有30票表决权。此外，全体无产者组成一个非战斗性百人团，享有一票表决权。森都里亚大会的决议案以半数通过为准，第一等级享有98票表决权，已经超过半数，而且表决按等级顺序进行，只要第一等级一致通过，其他几个等级就无须再进行表决。所有罗马的大事如宣战、媾和、选举国王等都在这里投票决定。① 库里亚大会虽然继续存在，但其作用已经极大降低。恩格斯说："以前库里亚大会的一切政治权利(除了若干名义上的以外)，现在都归这个新的百人团大会了；这样一来，库里亚和构成它们的各氏族，像在雅典一样，就降为纯粹私人的和宗教的团体，并且作为这样的团体还苟延残喘了很久，而库里亚大会不久就完全消失了。"②

第四，以区域部落取代血缘部落。

废除了原来的三个血缘部落，把罗马城划分为四个区域，仍然沿用部落或特里布斯(tribus)的旧称。居民不论原属于何氏族、胞族、部落，都要在自己现在所属的新的区域登记财产和户籍，居民登记每五年进行一次，以确定新的财产资格、等级和兵役义务。③ 恩格斯说："这样，在罗马也是在所谓王政被废除之前，以个人血缘关系为基础的古代社会制度就已经被炸毁了，代之而起的是一个新的、以地区划分和财产差别为基础的真正的国家制度。公共权力在这里体现在服兵役的公民身上，它不仅被用来反对奴隶，而且被用来反对不服兵役和不许有武装的所谓无产者。"④

(二)改革的意义

第一，这种新的兵民合一的组织制度，适应了罗马对外扩张和战争的需要。原先罗马军队以原有的三个氏族血缘部落为基础，每个部落提供1000个步兵。改革废弃了血缘部落为基础的征兵方法，把地域和财产等级作为征兵的基础，使军队人数明显增加，武器装备更有保证。森都里亚战时是军事组织，平时作为征兵、征税和训练的基础，政治

---

① 杨共乐．罗马史纲要[M]．商务印书馆，2015：60.
② 恩格斯．家庭、私有制和国家的起源[M]．人民出版社，2018：143.
③ 杨共乐．罗马史纲要[M]．商务印书馆，2015：60.
④ 恩格斯．家庭、私有制和国家的起源[M]．人民出版社，2018：144.

札记

上又是选民组织和投票单位，这种新的兵民合一的公民军制度，既是国家公共权力的重要载体，又适应了罗马国家征战和扩张的军事需要。所以，森都里亚制度在后来的罗马共和国时代长时期得到保留和发展。

第二，建立的财产等级制度打破血缘等级制度，体现了新的平等原则。以财产等级取代血缘等级制度给罗马社会组织增添了一个全新的因素，这种以财产为基础的权利和义务相一致的原则，体现的是一种新的“按比例平等”的原则。它与氏族社会中的平等制度有根本的区别，它在财产不平等的基础上建立了新的政治不平等，保证了权力向少数富裕公民集中。但是这种制度也有相对平等的因素，它将权利和义务统一起来，从历史发展的角度而言是有一定的进步意义的。塞尔维实际上建立了一个等级分权基础上的等级平衡原则，实行的是开放等级制。①

第三，用地域部落取代了原先的血缘部落，使旧的氏族制度逐渐解体，许多外来移民取得公民权。这种地域原则的强调与突出是国家产生的重要特征，因此，改革被恩格斯看作罗马国家形成的标志。恩格斯认为，在罗马也是在所谓王政被废除之前，以个人血缘关系为基础的古代社会制度就已经被炸毁了，代之而起的是一个新的，以地区划分和财产差别为基础的真正的国家制度。②

塞尔维·图里阿改革之后，贵族和平民的斗争曾一度得到缓和。但王政时期的最后一个国王相传是伊达拉里亚人塔克文，他破坏了图里阿所建立的制度，轻视元老院和森都里亚大会，对罗马人施行暴政，罗马人发动起义推翻了塔克文的统治，把塔克文赶出了罗马，并废除了王政，由森都里亚大会每年选出两名行政长官取代原来的勒克斯治理罗马，后来这两名行政长官又改名为执政官(consul)，但他们只能由第一等级公民担任，任期一年，连选可以连任。罗马的这些新的政治制度经过小塔克文时期，后来又在两位执政官代替一个勒克斯的权力以后得到了进一步的发展。③ 相传这时是公元前510年，罗马的王政时期结束，开始进入共和国时期。

---

① 杨共乐．罗马史纲要[M]．商务印书馆，2015：60.
② 恩格斯．家庭、私有制和国家的起源[M]．人民出版社，2018：144.
③ 杨共乐．罗马史纲要[M]．商务印书馆，2015：61.

札记

第三节 古代罗马共和国时期的政治制度

公元前509年，罗马推翻了王政，进入了共和国时期。王政与共和制的一个显著的、外在的差别，就是不再存在终身任职的王，而由两位地位相等的执政官取而代之。罗马共和国的基本权力结构承袭王政时代，由最高执政者、元老院和人民大会组成。

一、罗马共和制的建立及其民主化历程

罗马共和国自公元前510年至公元前28年，先后经过了约480年的时间。这一时期正是罗马国势日益强大，大规模对外侵略的时期。公元前3世纪之前，它先后征服了拉丁姆地区，并统一了意大利。随后便向地中海沿岸扩张，征服了整个地中海地区，形成了以地中海为内海的强大帝国。罗马共和国的历史不仅是一部对外扩张史，也是一部平民和贵族不断进行斗争的历史，是平民不断取得政治权利的历史。

起初，按照罗马的习惯，平民无权占有公地。侵略得来的土地有1/3甚至2/3被划为公有地，这一部分土地名义上为集体所有，实际上只有贵族才有权支配这一部分土地。同时，对外扩张需要组建强大的军队，而承担军事义务的又主要是平民。很多平民因战争而死亡，因购买武装和缺乏劳动力耕种土地而负债。高利贷是罗马早期通行的借债办法，利息高到几乎没有限制，到期不还便将被变为奴隶。当时，债务法虽不成文，但很严酷。债权人可以随意拘留债务人，罚苦役或卖为奴隶，负债的农民求告无门，只有听任贵族债务人任意荼毒，痛苦难熬。再加上法官都是贵族，平民的诉讼很难得到公断。① 平民虽能参加森都里亚大会，但森都里亚大会亦为贵族所控制，常常通过不利于平民的决议，而且平民无权与贵族通婚，无权担任官吏。贵族还垄断着法律知识和审判权力，罗马初期只有习惯法(Custom)，贵族经常利用习惯法的伸缩性和不确定性来作出不利于平民的判决。当最富才具和最能反抗的人都入了元老院，由被压迫阶级转入压迫他人的阶级之时，落在平民身上

---

① 杨共乐．罗马史纲要[M]．商务印书馆，2015：69.

札记

的压迫就变得更加沉重。①

罗马共和国初期，平民既无土地又无权力，围绕土地和权力的问题，平民与贵族进行了长达二三百年的斗争，不断迫使贵族让步，罗马的共和体制亦不断得到改革、发展与完善。

(一)第一次撤离运动——设立平民保民官

长期以来，由于平民们为得胜的军团提供人力，所以它们处于要求政治上得到让步的有利地位。当它们的要求遭到拒绝时，他们就采取罢工这种新颖而有效的方式，即一起撤出城市，直到全部要求得到满足为止，② 这种行动被称为“撤离运动”。平民与贵族的斗争开始于公元前5世纪初。这时罗马不仅在北方有强敌伊达拉里亚人和高卢人，而且和邻近的埃魁人、沃尔斯奇人也常有战争。平民因贵族的债务奴役而变得不堪忍受，他们利用强敌压境的机会，携带武器，离开罗马，到阿尼奥河(Anio)对岸的圣山去，单独建立了自己的营地。军队遗弃了他们的营垒，由大多数为平民出身的军团保民官率领着，军容严整，开赴台伯河与阿纽河之间的克鲁斯图美伦一带，在该地占据一座小山丘，准备在罗马这块最肥沃的地方创立一个新的平民城。③ 这次撤离运动发生于公元前494年。由于平民拒不应敌，撤离罗马，极大地削弱了罗马兵力，引起了贵族的恐慌，使他们不得不与平民谈判，向平民表示让步，允许平民选举自己的官吏，称为平民保民官(Tribune)，他的职务是牵制执政官们(因为执政官是由元老院选举的)，使政权不至完全落在执政官手中。④

平民保民官有权否决贵族通过的不利于平民的任何决议，亦有权否决贵族官吏的任何命令，这种权利被称为否决权，以保护平民不受贵族及其官吏的侵犯。⑤ 平民保民官由平民大会选出，起初选举两名，后来则增至10名，其人身神圣不得侵犯。根据传统的说法，就在公元前494

---

① 奥特多尔·蒙森．罗马史[M]．商务印书馆，2015：271.

② [美]斯塔夫里阿诺斯著，吴象婴等译．全球通史：从史前史到21世纪[M]．北京大学出版社，2019：123.

③ 奥特多尔·蒙森．罗马史[M]．商务印书馆，2015：272.

④ 阿庇安．罗马史(下卷)[M]．商务印书馆，2017：1.

⑤ 奥特多尔·蒙森．罗马史[M]．商务印书馆，2015：273.

札记

年这一年，在保民官出现的时候，平民大会还选举两名平民营造官①，协助保民官工作。他们的职责是掌管凯列斯、利贝尔和利贝拉神殿（templ），平民的文书库便设在那里。

（二）第二次撤离运动——平民会议

公元前471年平民又发动了一次撤离运动，贵族再次被迫让步，自此以后，平民会议被称为特里布斯会议，特里布斯会议选举平民的保民官，保民官担任特里布斯会议主席，有权召集会议，向会议提出提案，经特里布斯会议通过的议案被称为平民决议。这样，到公元前471年前后，平民除了有与贵族进行直接交涉的保民官外，又有了自己的议会和营造官。罗马平民的自身保护能力有了明显的提高。②

（三）第三次撤离运动——《十二铜表法》的公布

公元前449年，平民发动了第三次撤离运动，这次斗争的结果是《十二铜表法》的公布。

早在公元前462年，平民保民官盖乌斯·特兰梯留·哈萨（Gaius Terentillus Harsa）就曾经在罗马的森都里亚大会上提出要编纂一部成文法，但却遭到贵族反对。由于平民持续数年与贵族不断进行斗争，公元前454年政府决定派遣一个三人委员会去希腊考察该国的立法，委员会去了两年才回来。他们回国后，罗马决定建立一个十人委员会，并赋予他们广泛权力来编纂一部法典。十人委员会经过一年工作，编纂出十个表法，在罗马广场颁布后，平民仍不满意，第二年又重新选举了一个委员会，由5名平民代表和5名贵族代表组成，这个委员会在十表之外又制定了两表，作为对前者的补充。③《十二表法》是罗马的第一部成文法，它总结了以往传统的习惯法，并为以后罗马法的发展奠定了基础。它的原文未能保存下来，但它的内容却散见于古代罗马法学家的著作中，涉及审判条例、债务法、父权法、监护法、占有权法、土地权利法、伤害法、公共法、神圣法等。其主要关注的是私法领域，偶尔涉及

---

① 称aediles，源自aedes，意为建筑物、神殿。
② 杨共乐．罗马史纲要［M］．商务印书馆，2015：72.
③ 杨共乐．罗马史纲要［M］．商务印书馆，2015：73.

一些个人与社会群体的关系问题，例如：家族、结婚、离婚、继承、财产与所有权、与人身财产有关的伤害事件、奴隶身份以及债务奴役问题(当债务人依然是罗马公民，且不能被卖到国外时)。①

《十二表法》反映了罗马奴隶制的发展和社会分化的过程，以法律形式进一步固定了自由民和奴隶之间的地位和权利的不平等，其突出的特点是维护私有财产和债权，对夜间行窃、放火、践踏他人田地庄稼者处以死刑，承认债务奴隶制，准许债权人拘禁不能偿债的债户，甚至可以把他们卖为奴隶和处以死刑。父权制和债务奴隶制尤其是债务奴役制是这一法律关注的重点。② 但有的规定也多少反映了平民的一定要求，如限制高利贷，把年息的最高额定为8.33%，给予无力还债的债务人以30天的宽限，监禁时不能使其挨饿，在集市期间，可将债务人带至广场，允许他人赎取等。③

《十二铜表法》是罗马的第一部法典(公元前451—前450年)，事实上是古典罗马曾经进行的唯一一次对法律的法典化举动。在编年史中，它们被视为与平民的压力相妥协的产物。④《十二表法》是成文的，是众所周知的，它公布于罗马广场，定罪量刑都有明文规定。过去的习惯法是可以由贵族任意解释的，因此《十二表法》的颁布，在一定程度上限制了贵族的专横。《十二表法》也保留了一些氏族公社制的残余，如死者没有遗嘱，又没有继承人，其财产归父系的最近的亲属继承，若无父系近亲，可由同氏族的成员继承。又如，故意伤人肢体而未能取得和解时，伤人者也应受到同样的伤害等。

第九表　公法

一、不得为任何个人的利益，制定特别的法律。

二、对剥夺一人的生命、自由和国籍的判决，是专属百人团大会(Comitia Cenuriata)的权力。

三、经长官委任的承审员或仲裁员，在执行职务中收受贿赂

① 彼得·琼斯．罗马帝国档案(第1版)[M]．北方文艺出版社，2018：71.
② 杨共乐．罗马史纲要[M]．商务印书馆，2015：342.
③ 杨共乐．罗马史纲要[M]．商务印书馆，2015：74.
④ 安德鲁·林托特．罗马共和国政制[M]．商务印书馆，2017：55.

札记

的，处死刑。

四、执行死刑时由刑事事务官监场。对一切刑事判决不服的，有权上诉。

五、凡煽动敌人反对自己的国家，或把市民献给敌人的，处死刑。

六、任何人非经审判，不得处死刑。

(四)李锡尼-绥克斯图及其他法案——平民取得了担任执政官等高级官吏的权利

长期以来，罗马贵族把控重要官职。直到公元前409年，第一个平民才达到财务官之职。尽管法律取消贵族的特权，平民巨室却绝不因此而真正事实上与上流贵族处于平等地位。① 公元前376年到公元前367年间，平民和贵族又展开了激烈的斗争，平民们10年的抗争终于迫使贵族通过了著名的李锡尼和绥克斯图法。② 根据这一法案，罗马的两名执政官之一，必须由平民中选任，许平民加入三祭司团之一。次年又通过法案，由平民中选任的这名执政官可以担任狄克推多。接着，公元前364年，平民取得了担任高级市政官吏的权利，公元前351年，平民又取得了担任监察官的权利。这些法案意在剥夺贵族垄断法官任职之权，以及随之而来的贵族世袭尊荣，撤销了贵族对于神职的独占权等。总之，这些法案废除特权、平均民权，改良社会。

(五)波提利阿法案——废除债务奴隶制度

公元前326年，平民在占有土地和取消债务奴隶方面取得了重大胜利，这一年通过的波提利阿法案等有关法律，对贵族占有土地做了最高限制，每户不得超过500犹格；同时规定债务人只以他的财产而不以人身对债主负责，从而废除了债务奴隶制度。③

① 奥特多尔·蒙森．罗马史[M]．商务印书馆，2015：293.
② 杨共乐．罗马史纲要[M]．商务印书馆，2015：80.
③ 杨共乐．罗马史纲要[M]．商务印书馆，2015：80.

札记

(六)荷田希乌斯法案——平民会议取得完全的立法权力

史学家一般认为，平民对贵族的最后胜利是在公元前287年，这一年通过的温图斯·荷田希乌斯法案，宣布平民会议的决议对全体罗马公民均具有法律效力，即平民会议成为罗马具有完全立法权力的机构，平民获得了与贵族完全同等的权利，因此这一次的胜利标志着平民与贵族斗争的结束。此后不久，平民霍腾西乌斯被任命为独裁官。他公布一项法律再次批准平民大会决议对全体公民都有法律效力。这样，平民与贵族之间政治上的不平等现象开始消失。平民反对贵族的斗争至此结束。①

这一阶段贵族与平民的斗争，使罗马社会结构发生了重大变化，氏族贵族的概念消失了，平民的概念也和原先不同了，氏族贵族和平民开始成为在法律面前完全平等的统一的罗马公民。到了最后，一个居住在罗马的人要么是自由的罗马公民，要么是奴隶。“罗马公民权”这一术语正是罗马平民运动的结果。②

罗马公民权的内容实际上也是在这个时候确定的，它包括四个方面，即(1)对土地和其他财产的占有权及对公地的占有权；(2)公民之间的通婚权及由婚姻引起的财产继承权；(3)参加公民大会权；(4)担任公职权。只有同时享有这四项权利才算取得罗马公民资格。但是在旧的对立消失的同时，又产生了新的对立。这个新的对立就是罗马公民中富裕阶级和贫穷阶级的对立，公民中的富裕阶级(包括原来的氏族贵族和平民中的富有阶层)成为新贵，他们凭靠自己的财富把持政府的要职，把持元老院，因为这时的罗马高级官吏都是有职无薪，只有富有的公民才能应选担任高级官吏，一旦担任高级官吏便有可能进入元老院，从而使那些贫穷的公民依然处于受歧视的地位，他们又成了新的平民。

二、罗马共和国的政治制度

到了公元前3世纪，罗马共和国的政治体制逐渐建立起来。罗马共

---

① 杨共乐．罗马史纲要[M]．商务印书馆，2015：81.

② 约翰·博德曼，贾斯珀·格里芬，奥斯温·穆瑞．牛津古罗马史[M]．北京师范大学出版社，2015：22.

札记

和国的中央国家机关由元老院、民众大会和高级官吏组成。

(一)元老院(senatus)

元老院由氏族末期的长老会议演变而来，在罗马共和国政治体制中实际上起着国家最高权力机关的作用，也就是说"实际统治国家的是元老院"①。公元前4世纪及前3世纪罗马进行的战争中，领导权属于氏族贵族与平民贵族混合而成的贵族集团，这一群体的出现是解决"等级斗争"的结果。在新的权力分配框架下，执政官或其他高级官职的任职者及其后代被视为贵族集团的成员。正是这一群体构成传统"元老院统治时代"的元老院。②

1. 元老院元老的产生

在罗马王政时期，任命元老的权力属于国王；在共和国初期，元老的任命权力属执政官；后来根据奥维尼乌斯法，这项权力又转归监察官掌握。元老院的元老是在离职的高级官吏中选任的，由监察官每五年审查一次元老的名单，他有权从名单中删除那些他认为不再适于担任元老的人，并有权把那些他认为适于担任元老的人补充进去，这是一项非常重要的权力。③ 元老名册的确定权自最高国家长官移至比其低级的官吏，即自执政官移至监察官，使得元老院脱离长官控制的事又进了一步。④

2. 元老院的职权

在罗马，立法、行政、司法的权力并没有严格区分开来，元老院实际控制着罗马，由此元老院实际掌握的权力包括立法、行政、司法等权力。

首先，就立法权而言，从形式上看，元老院并无立法权，因为只有民众大会的决议才能成为法律；实际上，元老院对罗马的立法具有决定性的影响。每种新法律草案都必须在元老院先行讨论，一个建议，如未

① 奥特多尔·蒙森. 罗马史[M]. 商务印书馆，2016：313.
② 约翰·博德曼，贾斯珀·格里芬，奥斯温·穆瑞. 牛津古罗马史[M]. 北京师范大学出版社，2015：35.
③ 杨共乐. 罗马史纲要[M]. 商务印书馆，2015：117.
④ 奥特多尔·蒙森. 罗马史[M]. 商务印书馆，2016：313.

征求元老院的意见，或为元老院所反对，长官很少敢于把它提交给人民。① 民众大会的提案要由元老院提出，它的决议亦需经元老院认可才能最后成为法律。凡宣战、媾和、缔结条约和设置行省等重大事务都以元老院的法令为准。

其次，元老院还行使最高行政权力。“遇到极端的情形，元老院既是最高行政当局，便不但掌握着执行人民法令之权，也掌握着拒不执行人民法令之权。”②也就是说，在国家对内或对外发生困难的时期，元老院有权宣布国家处于非常状态，它有权任命狄克推多。民众大会对国家高级官吏的选举，也必须事先取得元老院的认可。元老院管理国家的财政和国库，它编制预算（一般是五年），规定税收的性质和数额，监督税收的承包，决定钱币的铸造等。外交权全部集中在元老院手里，宣战、媾和、结盟的权力，在名义上虽属民众大会，但一切准备工作都是由元老院来承担的，它派遣使节和接受外国的使节，和外国进行谈判，它召集民众大会并向民众大会提出自己关于宣战、媾和的建议。

再次，军事上的最高领导权力也属于元老院。它决定征兵的时间、数额、各地区各阶层的分配比例，任命军事将领，批准军事预算，奖励战功卓著的统帅，罢免和处置战败无能的将军等。

另外，对于祭祀的最高监督权力也属于元老院。它规定节日，规定感恩的或赎罪的牺牲奉献，它解释占卜和神兆，它监督异教的祭祀，必要的时候则对它加以禁止。

最后，元老院还在实际上掌握着最高司法权力。虽然执政官握有判处死刑和肉刑的权力，但重大案件的审判，一般都要组织特别审判法庭来进行审理，而特别法庭的成员大多为元老院的元老。

最初，元老院由 300 名元老组成，后来增至 600 名，最后则增至 900 名，以后又恢复至 600 名。正如蒙森所言：“罗马元老院实为这个国家最高的表征……实为冠绝古今的政治机构，甚至那时，它仍然堪称群王会议，它懂得如何使专制政体的奋发有为与共和政体的舍身为国结合起来。”③

---

① 奥特多尔·蒙森．罗马史［M］．商务印书馆，2016：315.

② 奥特多尔·蒙森．罗马史［M］．商务印书馆，2016：315.

③ 奥特多尔·蒙森．罗马史［M］．商务印书馆，2016：317.

札记

(二)民众大会

罗马共和国时期的民众大会有三种形式：库里亚大会(Comitia Curiata)、森都里亚大会(Comitia Centuriata)、特里布斯大会(Comitia Tributa)。

库里亚大会是古老的氏族制度的残余，是按照胞族集团组织起来的。在共和国时期，随着森都里亚大会和特里布斯大会的出现，它便失去了现实的意义。但它仍然拥有一种形式上的权力，即举行大会并以投票的方式通过"授权法"。授权法把管理国家的最高权力授予由森都里亚大会选出的高级官吏。共和国后期，库里亚授权法所包含的实际意义已经模糊，某个官员可以宣称，他无需该法就可以行使统帅权，一个立法家也可以在其法案中包含一个条文，让库里亚授权法变成多余。① 在通过授权法案时库里亚大会的全体成员无需出席，只需由 30 个库里亚各派 1 名低级官吏和推选 3 名祭师即可代表。此外，各库里亚也常召集民众集会举行各种宗教活动，批准公民收容养子，解决家庭纠纷和遗产纠纷。因此在共和国时期，库里亚大会已经不再是罗马重要的国家权力机关。

森都里亚大会(centruria，意为百人团)，是按照军队单位组织起来的，在共和国时期是罗马重要的国家权力机关。森都里亚大会是严格按照财产资格和军事义务划分的，共六个等级 193 个百人团，每个百人团有一票投票权，投票时按等级顺序进行，如第一等级已全部赞同，则后面的等级便不再投票。由于森都里亚大会根据财产标准组建起来，那些缴纳更多赋税并承担更多保卫共同体职责的富人，在制定政策时享有更大的发言权。② 在特里布斯大会获得立法权以前，一切法律都要由森都里亚大会通过。罗马的一切高级官吏(执政官、监察官、行政长官、高级营造官等)都必须经森都里亚大会选举，它有权通过宣战和缔结和约的决议。森都里亚大会还在刑事案件中行使死刑上诉法庭的职能。③ 森都里亚大会的权力受到元老院的极大限制。它所表决的提案都是经元老

---

① 安德鲁·林托特. 罗马共和国政制[M]. 商务印书馆，2017：78.

② 约翰·博德曼，贾斯珀·格里芬，奥斯温·穆瑞. 牛津古罗马史[M]. 北京师范大学出版社，2015：24.

③ 莱斯利·阿德金斯，罗伊·阿德金斯. 探寻古罗马文明[M]. 商务印书馆，2008：80.

院事前通过的，它所选举的官吏都是元老院提名的，而且森都里亚大会对元老院提出的提案和提名的人选，是无权讨论的，它既不能提出新的提案，也不能对高级官吏和元老院提出的提案进行补充，更不能加以修改，因此每次大会只能机械地进行表决。在罗马参加民众大会是没有补贴的，这也就限制了农民和城市贫民的积极性的发挥。①

特里布斯民众大会（comitia tribus，意为部落大会），是按照居住区域组织起来的②，是罗马最民主的一种民众大会。作为平民与贵族斗争的一项重要成果，特里布斯民众大会的权力随着斗争的节节胜利，而逐步扩大。它最初只是平民按照自己所属的氏族部落进行的一种集会，会上所作出的决议，只对平民有约束力。公元前 287 年《霍腾西阿法》颁布以后，其决议对所有公民均有约束力。③ 但是自此以后，特里布斯民众大会就不仅有平民参加，许多贵族也来参加大会，不过在平民选举自己的保民官和自己的高级官吏及解决平民自身问题的时候，平民仍单独集会，这种集会称为特里布斯平民会（concilia plebistributa），以区别于特里布斯民众大会。在特里布斯平民会上担任主席的是平民保民官或平民营造官，在特里布斯民众大会上担任主席的则是执政官、高级营造官或行政长官。平民大会的召集地在罗马广场，仅限被编入 35 个部落的平民参加，可能负责选举保民官和平民营造官。此外，它还拥有审判权，它有权审理一切有关判处罚金的案件和一切刑事案件。特里布斯民众大会在表决时，其程序和森都里亚大会有些类似，即先需要在特里布斯内部（共有 35 个特里布斯）进行一次投票，然后再以特里布斯为单位进行计票，18 个特里布斯赞成的即算通过。公元前 2 世纪以前，公民投票是公开进行的。有时采用列队，即赞同和不赞同的各列一队。有时采用由监票人记票的办法，即每一个投票者都须经过一狭窄的木桥，监票员守候在桥边询问每一投票者，并将其赞同或反对的意见用点记在一张特殊的表格上，然后统计。

共和国时期，罗马的立法机关主要是以民众大会的形式存在，反

---

① 何平立．西方政治制度史［M］．中国政法大学出版社，2017：60.

② 约翰·博德曼，贾斯珀·格里芬，奥斯温·穆瑞．牛津古罗马史［M］．北京师范大学出版社，2015：23.

③ 莱斯利·阿德金斯，罗伊·阿德金斯．探寻古罗马文明［M］．商务印书馆，2008：81.

札记

映了其制度具有一定的民主性，然而从提案到投票①，立法的过程和结果受到了罗马政治人物(贵族)的控制，后来就逐渐论为执政官的工具。

(三)高级官吏

罗马的官吏分为高级官吏和一般官吏。高级行政官(大法官、执政官、监察官和贵族营造官)有权在象征其职位的特殊座椅上落座。这种坐椅(源于埃特鲁里亚)为象牙折叠椅②，如执政官、行政长官、监察官、保民官、高级营造官和高级财务官。

执政官是罗马共和国的最高行政官员和军队首脑。起初，执政官是为军队统帅之职由森都里亚大会选出(但需元老院提议)③，任期一年。公元前2世纪中叶以前，他们在3月1日就职，以后则在元旦就职。执政官担任共和国军队的统帅，并有权代表共和国签订停战协议；他们有权进行征兵和补充兵员，任命部分军团司令官；他们有权召集元老院会议和民众大会，并可担任它们的主席，他们又是元老院和民众大会决议的执行者，他们有权根据元老院和民众大会的决议发布命令和指示，并可强制这些命令和指示的执行，对不服从命令者有权处以罚金直至处以死刑；他们有权向元老院和民众大会提出建议和提案，领导官吏的选举；执政官还拥有审判权，他们可以下令逮捕罪犯，有权判处罪犯死刑；他们也是国内治安和安全的维护者，是国内行政事务的最高管理者。他们实际上是集军事、行政、立法、司法于一身的最高官吏，如果国家出现危机，元老院便任命一名执政官为狄克推多，狄克推多拥有无限的军事和行政权力，任期六个月。但到公元1世纪时，由于国内不断

---

① 罗马三种民众大会都采用团体投票而非公民投票的形式，每个团体一个投票权，一个团体投完票，另一个团体接着投。这种率先投票要么由财产决定(如贵族构成的第一百人团)，要么由抽签决定(罗马人相信抽中的团体被神灵眷顾，后面的团体愿意与第一团体保持选择一枝花)，往往决定了投票的结果。因此，特里布斯民众大会的组织者往往采用阴谋来控制最先投票的团体以操纵投票。

② 莱斯利·阿德金斯，罗伊·阿德金斯．探寻古罗马文明[M]．商务印书馆，2008：84.

③ 莱斯利·阿德金斯，罗伊·阿德金斯．探寻古罗马文明[M]．商务印书馆，2008：87.

出现危机，有的狄克推多便成为终身狄克推多，从而导致了罗马共和国向君主专制的转变。①

罗马执政官两人，并无正副主次之分，他们的权力是平等的，每一个人对另一个人的决定都有否决权，这就形成了互相制约的格局，因此对国内外一切重大问题都必须两人共同协商，步调一致。为防止暴君独裁的情况在此出现，人们赋予两个执政官否决对方决议的权力，并且如果其中一个执政官死亡，新的接替者很快就会被选出来。② 但有许多事情只要求由一个执政官来执行，如在民众大会上须由一人担任主席，或由一人率军出国远征，或由一人到某地执行某项重大任务等，在这种情况下，则用抽签或两人协商的办法来解决，有时也由元老院来进行裁决。当有重大军事行动，需要两个执政官担任统帅时，他们则轮流担任统帅，每日进行更换。

执政官外出时，有 12 个侍从，每人手中拿着一束棍棒，作为他们的仪仗，也作为他们权力的象征。如果他们出巡的地方是在罗马城之外，即他们作为国家最高统帅和拥有全权的地方，侍从的棍棒中，便需插上一把斧头，称为棒斧，象征执政官拥有的最高权力。如果执政官被任命为狄克推多，侍从则增至 24 名，在狄克推多出巡时，无论在何地，他们的棍棒中总是插着斧头。③

罗马的行政长官是指国家的最高审判长之类的官吏，出现于公元前 366 年，他是司法方面的最高领导者。行政长官起初是一人，从公元前 242 年起增为两人。一人称为城市的行政长官（praetor urbanus，意为罗马公民行政长官），一人称为其他城市的行政长官（praetor peregrinus，意为各行省自由民的行政长官）。前者管理罗马公民之间的诉讼，后者管理各行省自由民之间的诉讼。后来随着行省数目的不断增加，行政长官也不断增加，到公元前 1 世纪，行政长官增至 16 名之多。行政长官有权任命法官和发布司法方面的指示，在审理重大案件时，他们担任审判团的主席，他们在司法方面所作的指示是罗马法的重要组成部分。行政长官被认为是仅次于执政官的罗马最高官吏，当执政官有一名率军远

---

① 何平立．西方政治制度史［M］．中国政法大学出版社，2017：61-62.

② 彼得·琼斯．罗马帝国档案（第 1 版）［M］．北方文艺出版社，2018：65.

③ 安德鲁·林托特．罗马共和国政制［M］．商务印书馆，2017：145.

札记

征的时候，管理罗马公民诉讼的行政长官就成为他的当然代理人。行政长官出巡时，也有六名侍从手持棒斧，作为他们的仪仗和权威的象征。①

监察官也是罗马的高级官吏。他们的职责是审查元老院名单；对公民的财产每5年进行一次调查，根据调查结果重新排定公民等级次序；监督公民的道德行为，管理国有财产和公共工程。因此他们的权力极为广泛，例如父母虐待孩子、孩子不敬父母、酗酒、奢侈、对奴隶过分残酷等都属于他们管辖的范围。②

平民保民官也是罗马的高级官吏，他们起初有两人，后增至十人，任期一年，由特里布斯平民大会选举产生。罗马设保民官的原意在通过其多少具有革命性的援助，来反对长官的粗暴和骄横，以保护位卑力弱的人；以后又用保民官来铲除庶民的受轻视和氏族贵族的享特权③，也就是说保民官一职主要有两项功能：首先，保民官一经选任便自动成为元老院议员，并拥有否决权，可以随时叫停公共事务；其次，他们有权插手任何罗马官员的行为，以保证公民合法权益不受侵害。④ 为了保证人们总是可以利用救助，在保民官任职的一年中，他家的门昼夜敞开；在共和国时代，保民官白天同时在人民大会会场和元老院附近的波尔西亚会堂设有接待点。⑤ 对于反对他们的人，保民官还有强制权，他们有权对这些人下令逮捕、处以罚款、甚至处以死刑，即把被处死刑的人从塔尔佩亚悬崖上抛下去。对元老院议程的阻挠，只是保民官利用其神圣身份的一个方面。它表现为多个侧面。神圣性偶尔可以用于攻击。当保民官亲自逮捕反对派以将其送入监狱，甚至将后者从塔佩(Tarpeian)悬崖上扔下去时，可以利用它排除对手的抵抗。⑥ 保民官的否决权是分别拥有的，无须协议一致，一人否决，即为有效。因此他们之间便经常发生矛盾，并导致了这一权力的无限滥用。

营造官从公元前4世纪开始，每年由民众大会选出四名营造官，两

---

① 何平立．西方政治制度史[M]．中国政法大学出版社，2017：63.
② 安德鲁·林托特．罗马共和国政制[M]．商务印书馆，2017：173.
③ 奥特多尔·蒙森．罗马史 [M]．商务印书馆，2016：311.
④ 彼得·琼斯．罗马帝国档案(第1版)[M]．北方文艺出版社，2018：63.
⑤ 安德鲁·林托特．罗马共和国政制[M]．商务印书馆，2017：185.
⑥ 安德鲁·林托特．罗马共和国政制[M]．商务印书馆，2017：184.

札记

名为一般营造官，由平民担任，两名是高级营造官，由贵族担任。平民营造官和贵族营造官的职能类似：他们负责维护和修缮公共建筑（如神庙、道路和水道）、管理集市（尤其是重量与度量）、负责粮运（到尤利乌斯·恺撒时期）以及公共赛会和节庆（奥古斯都之后的赛会转由大法官负责）。① 为了履行维护治安的职责，他们也有一定的司法审判权力。

在所有的罗马高级官吏中，财务官的地位最低。共和国后期，财务官是低级官员，负责监督罗马的国库、农神财库，或者担任意大利独立的行政管理职务，或者，对多数财务官来说如此，作为在国外的执政官或续任执政官的助手。② 财务官有罗马财务官、行省财务官和随军财务官之分，罗马财务官是执政官的助手，行省财务官是行省总督的助手，随军财务官则是军队统帅的助手。

古罗马的民主化进程塑造了罗马的共和国制度。“这一民主化过程原本会使罗马最终成为世界历史上第一个民主民族国。不过，这种可能性即便实际上是存在的，也会由于此时把罗马卷入其中一系列海外战争，而被有力地消除。战争将罗马改造成一个伟大的帝国，不过，战争也深刻地改变了罗马国内的制度，民主趋向的夭折是许多灾难中的一个。”③因此，罗马对海外被征服地区的管理制度也成为其政治制度发展的一个重要内容。

三、罗马对被征服地区的管理

公元前 265 年，罗马完成了对意大利的统一，接着进军北非，通过三次布匿战争征服了迦太基。清除迦太基后，罗马成为地中海头号强国，随后又发动了和马其顿的战争，征服了马其顿和马其顿统治下的希腊。同时还征服了西班牙和地中海的许多岛屿，公元前 129 年吞并了小亚细亚的帕加马；公元前 64 年灭亡了叙利亚；公元前 31 年，吞并了埃及，罗马遂成为横跨欧亚的强大帝国。

---

① 莱斯利·阿德金斯，罗伊·阿德金斯．探寻古罗马文明［M］．商务印书馆，2008：86.

② 安德鲁·林托特．罗马共和国政制［M］．商务印书馆，2017：198.

③ 斯塔夫里阿诺斯著，吴象婴等译．全球通史：从史前史到 21 世纪［M］．北京大学出版社，2019：122.

札记

(一)罗马对被征服地区管理制度

第一，罗马征服意大利后，为了缓和农民的土地问题和加强对意大利的控制，积极推行带有军事性质的移民政策。由于长期在海外服役，意大利中部的农民士兵无论如何都会疏离自己的土地以及公地，于是他们放弃自己的土地与使用公地的权利，前往波河流域定居，他们的儿子们则成为下一代的士兵来源。① 凡罗马公民移民的地区称为移民区，移民区起初由罗马直接管理，移民在法律上享有充分的公民权利，可以加入一个特里布斯。后来移民区逐渐发展，取得了自治权，称移民自治区，移民自治区有市议会，高级官吏由移民自行选举，组织形式与罗马相同。移民自治区之外的意大利其他地区，则有各式各样的法律地位。第一类被合并者，主要包括拉丁姆各族居民、坎佩尼亚大部分，埃特鲁里亚南部和大部分萨宾地区的居民。这些地区在被征服以后都被并入罗马公社，居民获得了罗马公民权或半公民权。② 第二类称为同盟国，以盟约关系与罗马相联。主要包括北部埃特鲁里亚、翁布里亚、亚平宁高地各族人民及南意大利各部族和城市。③ 上述地区和城市一切无罗马公民权的居民，均不能参加罗马军团，只能参加辅助部队。还有一种是向罗马无条件投降的地区和部落，其地位是罗马的臣属，没有自治权，其土地全部为罗马公地，居民称为降民，无权携带武器，南意大利的一些被征服部落就属于这一类。

第二，罗马在其他被征服地区建立行省制度。从公元前 241 年第一个罗马行省——西西里行省的建立到公元 476 年西罗马帝国的灭亡，罗马的行省统治在地中海区域整整维持了 700 年。罗马共和国时期实行行省总督制度，是罗马共和国大肆向外扩张的历史产物。它作为一种有效的政治机制，在罗马共和国进行行省统治时起到了重要的作用。对罗马历史乃至世界历史的发展都产生了深远的影响。

罗马起初派行政长官对各行省进行统治，后来则派罗马任期届满的执政官去担任行省的统治者，称为总督。行省总督的任命权掌握在元老

---

① 约翰·博德曼，贾斯珀·格里芬，奥斯温·穆瑞．牛津古罗马史[M]．北京师范大学出版社，2015：41.

② 杨共乐．罗马史纲要[M]．商务印书馆，2015：92.

③ 杨共乐．罗马史纲要[M]．商务印书馆，2015：92.

院手中，总督治理行省的期限通常为一年(在罗马共和国的后期，许多行省的总督，其任职期限被延至五年)①。在任期内，行省总督是罗马国家在各行省的代言人和统治者，具体职权包括：参与行省法的制定②；颁布行省新法令；执掌行省司法权③；统帅行省军队④；征税以及修筑维修道路等职权。

到公元前 74 年，罗马共和国已建立起 12 个行省：西西里、撒丁·科西嘉、近西班牙、远西班牙、伊里利亚、马其顿、非洲、亚洲、拿波嫩西斯、西里西亚、山南高卢行省和比塞尼亚行省。这就要求元老院每年要委任 12 名行省总督前往这些行省进行统治，随着罗马帝国疆土的不断扩展，建立的行省越来越多，行省总督制也日益趋于完善。

(二)罗马对外征服的影响

第一，罗马的社会结构发生较大变化。罗马的许多小农因为多次对外征服长年海外服役，而遭到破产。农民一度是共和国军团和邦国的骨干，他们不仅是粮食的供应者和战士，而且又是拥护民主的农民。但是对外战争不仅导致了他们大量的伤亡，也导致了他们的破产，共和国制度的基石遭到了极大的削弱。对外战争也增强了罗马的有产者，即富裕的城市商人，被称为骑士。他们是暴发户，还没有被接纳到元老贵族中去。他们中很多都是包税商。包税商先向罗马国库交纳一定数额的款项，然后向当地居民大肆勒索，其所得税款远远超过包征数额。税吏的横征暴敛，不仅使中小土地所有者和手工业者破产，而且使许多富裕的

---

① 例如，公元前 197 年罗马建立的西班牙行省，由于该行省矿藏丰富，又盛产谷物和葡萄酒，加上地理位置十分重要，使得西班牙行省在共和国内地位显赫。由于该行省远离罗马城，极不安定，如果一年一换总督，可能出现“总督空缺”，导致混乱。为了维护西班牙行省的安定，西班牙行省总督经常延长执政期限，直到新的省督到任为止。

② 行省法是根据罗马法，结合当地实际和总督个人经验而制定的适用于各行省的法律。

③ 行省没有固定的法庭，每年春天，行省总督组织巡回法庭去各地审查案件。对比较小的案件，行省总督可以当场裁决，对于那些大案或较复杂的案件，则组织陪审团。

④ 行省总督在任期内的首要任务就是保证便捷安全，维护本省的稳定。西塞罗在控告皮索时，最有力的证据就是皮索没有保护好他的行省，使其遭到色雷斯人的侵扰。(塞罗：《论皮索》(Cic. In Pisonem Harvard，1953，Vol. 14：40.)

札记

商人也陷入困境，它使许多过去繁荣的地区荒芜起来，使这些地区大量的居民沦为奴隶。

> 通过新的、无原则的管理，从农民钱袋中榨取无数的金钱；对待我们最忠实的盟友，就像对待民族死敌一样；折磨和处死罗马公民，好像他们是奴隶一样；罪大恶极的罪犯可以用钱买得无罪释放，而最正直、最诚实的人却……全被这位总督劫夺、掠去。他不仅如此对待城市的雕像和艺术品，而且还掠夺最神圣、最受崇拜的圣殿；如果一个神，其神像的制作工艺超过古代一般水平，具有一定的艺术价值，那他就绝不会留给西西里人民。
>
> ——西塞罗描述总督盖尤斯·威勒斯在西西里岛的恶政

罗马对外发动战争的目的，一是掠夺土地，二是掠夺财富，三是掠夺奴隶。罗马的战争确实使大批人口沦为奴隶，据说为执行元老院严惩叛乱者的命令，埃米利乌斯·保卢斯在皮德纳战役获胜后把北希腊伊庇鲁斯(Epirus)的15万居民变卖为奴，结果该地区成了无人烟的荒地。① 罗马人对奴隶的剥削极为残酷，罗马法明文规定奴隶没有人格，罗马法学家把奴隶解释成为物件，奴隶主杀死奴隶不负任何法律责任，奴隶不能拥有财产，也不能拥有家庭。为了强迫奴隶劳动，奴隶主使用了各种野蛮手段，对于顽强反抗的奴隶，则把他们钉在十字架上，让烈日、痛苦和饥饿把他们折磨至死。在罗马，奴隶的生命是十分短促的，一个健壮的奴隶，不过七八年就会死去，能活到30岁的几乎很少。因此奴隶的起义此起彼伏，共和国的末期，起义规模日愈扩大，奴隶的大规模起义是罗马共和国转向罗马帝国和罗马帝国最终灭亡的主要原因。

第二，罗马政治制度也受到对外战争的极大影响。共和国早期的民主化趋向因元老院在海外指挥的战争节节胜利、其威望和权力大大增加而转向。新的城市下层民众也不再成为民主政府的基础，因为他们总是乐于出卖自己的选票或支持那些答应帮他们解除困境的煽动者。军队的性质也起了变化，成为一种破坏性力量。由于军队的主力农民的破产，

---

① 约翰·博德曼，贾斯珀·格里芬，奥斯温·穆瑞．牛津古罗马史[M]．北京师范大学出版社，2015：59.

札记

罗马军团由平民军队变为职业军队，士兵们首先效忠的不是国家，而是他们的指挥官，这位罗马帝国时期混战埋下了伏笔。

第三，对外扩张对罗马文化也带来破坏性影响。原先，罗马人传统的美德是贫穷勤勉的农民所具有的美德，但是当大量的财富开始源源涌入罗马时，有关节俭、禁欲和勤劳的古老说教很快被遗忘了。疯狂地争夺金钱，暴发户故意炫耀的挥霍浪费，以及对人类一切社会准则的冷漠无视，成为共和国末期的主要特征。①

公元前 146 年布匿战争结束至公元前 27 年罗马共和国结束这一时期，是一个充满危机——阶级斗争、奴隶起义和愈演愈烈的军人干政——的时期。

第四节　古代罗马帝国时期的政治制度

古代罗马帝国时期自公元前 28 年至公元 476 年西罗马的最后一个皇帝被推翻，经过了约 500 年的时间。对于这一段时期的历史，有的历史学家把它划分为六个时期，即屋大维 · 奥古斯都时期(公元前 28—公元 14 年)，屋大维的继承者提比略、卡里古拉、克劳狄和尼禄的恐怖统治时期(14—69 年)，帝国全盛时期(69—161 年)，帝国危机时期(161—284 年)，戴克里先和君士坦丁的君主统治时期(284—337 年)，帝国覆灭时期(337—476 年)。但是从政治制度史的角度来看，划分为两个时期比较适宜，即奥古斯都元首制时期(公元前 28—公元 284 年)，这一时期又可称为浦林斯巴特时期(principatus，意为元首)；君主制时期(284—476 年)，这一时期又可称为德米那特时期(dominatus，意为统治或专制)。两个阶段的共同特征是：以军队和官僚机构为支柱的独裁统治，区别只在于专制的程序和表现形式的不同。②

一、罗马共和国向罗马帝国的转变

古代罗马共和国向帝国的转变是由多种原因引起的，但归根结底

---

① ［美］斯塔夫里阿诺斯著，吴象婴等译．全球通史：从史前史到 21 世纪［M］．北京大学出版社，2019：126.

② 何平立．西方政治制度史［M］．中国政法大学出版社，2017：67.

札记

是国内各种阶级矛盾尖锐化的结果。首先是奴隶的大规模起义对罗马统治的威胁，其次是被征服地区的人民对罗马统治的反抗和暴乱，再次是罗马平民、无产者与罗马统治者的矛盾使共和国长期陷于危机之中。同时，这一转变是一个较为漫长的过程，是由一系列制度的变革组成的。

(一)罗马—意大利的经济社会结构发生巨大变化

随着海外扩张和行省的建立，罗马共和国疆域大为拓展，并沟通了地中海世界各地贸易。由于行省(特别是西西里和撒丁)作为供赋缴纳的谷物源源不断流向罗马，给土地和气候不适宜种植粮食作物的意大利带来极大冲击。大致看来，畜牧业所得的成绩优于耕植业：耕植业以葡萄园生利为最厚，其次为菜园和橄榄园，而草田和谷田则生利最少。①种植粮食变得无利可图，拥有较大资金者很容易转产改种葡萄、橄榄或开办牧场，但小农面对这一切却无能为力，纷纷破产。

另外，长期征战特别是海外作战又使得他们无暇顾及自己的那份土地。于是出现大地产经济(即庄园经济)迅速蔓延，排挤小农的状况。小农不仅失去了土地，而且就业谋生也成了问题。庄园主更愿意“利用奴隶当农业工人与放牧者，因为害怕自由劳动者会从农业中抽出去当兵；同时奴隶的占有，由于奴隶子孙的繁殖，使他们获得更大的利益，因为奴隶不服兵役，繁殖很快”②。

以上意大利社会经济结构的变化使得罗马国家在公元前2世纪中期时出现了严重的社会危机，大量失地而又失业的小农(包括愤怒的老兵)涌入罗马，而代表富有地主利益的元老院并不想改变这种状况。公元前140年后这一危机进一步加剧，因罗马在东方的战争造成国库空虚，使得公共建筑工程停顿下来(这势必减少就业)，西西里爆发的持续数年的奴隶战争使罗马城市的粮食供应也变得异常困难。罗马不得不在连续的三年中(前134—前132年)派执政官和执政军前往西西里；在几次不分胜负甚至失利的战斗以后，罗马人终于攻下陶罗梅尼乌姆和恩

① 奥特多尔·蒙森．罗马史[M]．商务印书馆，2015：823.
② 阿庇安．罗马史(下卷)[M]．商务印书馆，2017：7.

札记

那，平定叛乱。① 正是在这一背景下，公元前 133 年的保民官提比略·格拉古(TIB. Sempronius Gracchus)提出了土地改革方案。

（二）格拉古兄弟改革

格拉古兄弟致力于维护以小农为基础的城邦制度。他们提出了土地改革方案，按照法律，一切国有土地被占有和被管业者无代价利用的——出租的公地，如卡普亚的疆土不受这法律的影响——均须为国收回；不过有个限制，即每一占有者得自留五百尤格并为每个儿子留二百五十尤格(但总数不得超过一千尤格)，作为永久而有保障的产业，否则得要求相当土地的报偿。②

格拉古兄弟是指提比略·格拉古(前 168 年—前 133 年)和盖约·格拉古(前 154 年—前 121 年)两兄弟，他们是前 2 世纪罗马共和国著名的政治家，平民派领袖。他们分别当选前 133 年及前 123 年、前 122 年的保民官，并各自在任期内领导了一场改革。由于改革触犯了保守势力，而先后在保民官任上被杀。

尽管这一改革更多带有理想和复旧的色彩，且与日益扩大的罗马国家以及与地中海地区市场经济的发展不相适应，但是它在客观上却反倒帮助了私有制、商业和货币经济的发展。改革过程中所分配的份地以及

① 奥特多尔·蒙森．罗马史[M]．商务印书馆，2015：997.
② 奥特多尔·蒙森．罗马史[M]．商务印书馆，2015：1004.

札记

以前在法律上并不十分明确的占有地最终都被宣布为私有财产。① 另外，骑士等级在改革失败后地位仍有所提升，成为与传统贵族相抗衡的一支力量。

在元老贵族眼中格拉古兄弟的行为具有暴乱和革命的性质，他们是煽动民众闹事的populares②。而改革派并不认同元老院的紧急状态令具有合法性质，认为它违反了必须经由人民大会正式审判才能对公民处以死刑这一由《十二表法》确定的基本原则。③ 从罗马共和政治制度发展角度看，格拉古兄弟的改革打破了传统的合法斗争形式，以直接的暴力冲突取代了谈判和妥协，标志着罗马共和宪政开始走向衰微。④ 保民官的否决权是国家机构的调节器，元老院的统治受到干涉，可以借这种权利依宪法来解除它，现在格拉古用不合宪法的手段黜退他的同寅，又用不伦不类的诡辩为此事辩护，因而不但一时而且将来永久摧毁保民官的否决权：这是对于宪法条文的革命。⑤

格拉古兄弟的改革失败后，罗马社会内部的斗争仍在继续，形成了所谓的贵族派和民主派。贵族派以保守的元老贵族为主体，民主派则是

---

① 根据《托里亚法》(lex Thoria)，一切过去国家公地，无论是分配的份地还是不超过法律规定限额(500—1000犹格)的占有地，都为私有财产，不再重新分配，也不需缴纳租税。该法铭刻在以tabula Bembina名义保存的铭文背面，正面为《阿基利亚法》。不过关于该法颁布的确切年代不清楚，一般认为在公元前111年。参见布伦特：《罗马共和时期的社会冲突》，第92页；科瓦略夫：《古代罗马史》，第425、492页。

② 拉丁词populares是贵族对反对派的蔑称，有双层含义，即指民众也指利用民众，意为试图建立个人政权的野心家。

③ 共和国后期，元老院创造出一种传统：当它认为共和国的安全面临来自内部公民的暴力威胁时，它可以督促执政官或其他在职官员采取任何必要措施，以反击这一威胁。安德鲁·林托特．罗马共和国政制[M]．商务印书馆，2017：134。

④ 改革是在农民争取土地的斗争日益高涨的形式下进行的。前133年，提比略任保民官，提出了土地法案，规定每人占有公地不得超过五百犹格，全家不得超过一千犹格；余数收回，按三十犹格一份，分与破产农民使用，不准出售。法案在公民大会通过，特设“三人委员会”执行。豪门贵族激烈反对，用暴力袭击公民会议，打死提比略和平民群众四百人。其弟弟盖约于前123年和前122年连续当选为保民官。坚决推行其兄的土地改革，恢复土地改革法，并提出一些新法案，如降低粮价，把小亚细亚的收税权包给骑士，向外省移民以分配土地给无产者等，力求联合骑士和平民反对元老。遭元老贵族的反扑，被害。

⑤ 奥特多尔·蒙森．罗马史[M]．商务印书馆，2015：1011.

指那些凭借平民运动打击元老贵族、建立个人独裁统治的人。

札记

(三)马略军制改革

随着大地产制的日益形成和小农经济不可逆转的破产，以财产和公民权为条件的公民兵制难以维持，统治阶级只好另寻出路解决兵源问题，以对付奴隶起义、行省叛乱、边境不宁和海盗骚扰。在公元前 111 年—公元前 105 年的“朱古达战争中，罗马军制的问题暴露出来。”①公元前 107 年马略当选为执政官后，对军制实行了重大改革。马略改革的内容主要包括以下几点：(1)以募兵制代替征兵制，扩大罗马军队的兵源；(2)延长士兵服役的年限，加强士兵的职业训练，解决士兵的后顾之忧；(3)实行固定的军饷报酬。②

马略废除了原先的罗马公民义务兵役制，改行募兵制，即雇佣兵制。兵制由征发市民军改为用属国补助兵和招募制，只是国家的政治和社会变迁必然的结果。③ 马略的军事制度改革对罗马政治产生了重大影响，由于雇佣军制的推行，使雇佣的职业化的军队长期追随军事统帅，逐渐为军事统帅个人所控制，成为军事统帅个人进行政治斗争的工具，为在罗马建立军事独裁铺平了道路。

马略军制改革之后，自己首先就成为罗马共和史上的第一个军事独裁者，但他当时还不敢走得太远，还要借助共和的外衣。他自诩为民主派的代表，极力帮助农民解决土地问题，以取得民众的支持。所以马略在凯旋以后，按照现行法规解散他部下的军队，走入盖乌斯·格拉古所

---

① 古罗马与努米底亚的战争。公元前 113 年努米底亚发生王位之争，朱古达打败并杀死罗马人支持的政敌，并在前 112 年攻下对方根据地塞尔塔时杀了一批经商的罗马人和意大利人。公元前 111 年，罗马元老院向朱古达国王宣战，朱古达战争爆发。但罗马此时贪污腐化严重，派往非洲远征的将领一再被朱古达收买，作战不力，屡打败仗。后来朱古达甚至曾到罗马作证，在罗马他又收买了一个保民官。结果他毫发无伤地离开罗马，还杀死了一个躲在罗马的政敌。临走前他鄙夷地说：“ 如果能找到买主，我甚至能卖掉这座城市。”前 110 年双方战事又起，罗马人仍无多大进展。前 109 年，执政官麦特鲁斯亲赴非洲，提拔才将、整顿军纪，战事才有所转机。公元前 107 年名将马略当选执政官，次年偕部将苏拉进军非洲。公元前 105 年，罗马人终于赢得战争，朱古达逃到毛里塔尼亚后被岳父国王波库斯俘虏，献给苏拉，后病死于罗马。努米底亚被分割，更加依附于罗马。

② 杨共乐．罗马史纲要[M]．商务印书馆，2015：176.

③ 奥特多尔·蒙森．罗马史[M]．商务印书馆，2015：1109.

札记

标出的途径，就是以担任合宪法的国家官职为手段取得国家元首的地位。

(四)苏拉改革

马略的部将苏拉继他之后，又成为军事独裁者。苏拉是贵族派的代表，他在依靠军队夺得政权之后，在罗马实行血腥的军事独裁，自任终身狄克推多，对马略分子进行残酷镇压，采用所谓“公敌宣告”的办法，即若有人杀死一个国贼，不但像刽子手尽职行刑一般，免受责罚，而且因此可得一万二千第纳尔的赏金；反之，若有人收留国贼，即使是他的最近亲属，也要受最重的惩罚。① 他似乎是第一个把他所要处罚的人列成正式的名单，宣布暗杀这些人者有赏，告密这些人者有奖，隐藏这些人者必受处罚。②

苏拉还进行了一系列政治方面的改革，他加强元老院的权力，恢复了元老院对森都里亚大会和特里布斯民众大会的否决权，同时部分地取消了保民官对政府官吏的否决权。

元老院有权不经民众大会同意授予任何人军权，并有权指定其在任何区域内作战。此外，还裁撤了监察官，剥夺了骑士阶级的司法权，由元老院的元老担任法官。同时，为了保持元老院的权威性，苏拉还规定，不经元老院的审查或认可，任何议案不得在公民大会上提出。此外，他还剥夺了骑士阶层的司法权，而统一由元老担任法官，使法庭成为元老的专利品。③ 他从最好的骑士中选择了300人为元老，每个元老都由部落投票表决。④ 又恢复过去的官吏升迁秩序，各级官吏都有年龄限制，10年内任何人不得重任原官。他规定任何人必须担任过财政官的职务之后，才能够担任大法官的职务，或必须担任过大法官的职务之后，才能够担任执政官的职务；他又规定，任何人必须经过十年之后才可以再担任同样的官职。⑤ 这样就在实际上极大地提高了元老院的地位，削弱了民众大会的权力。

① 奥特多尔·蒙森．罗马史[M]．商务印书馆，2015：1247.
② 阿庇安．罗马史(下卷)[M]．商务印书馆，2017：80.
③ 杨共乐．罗马史纲要[M]．商务印书馆，2015：190.
④ 阿庇安．罗马史(下卷)[M]．商务印书馆，2017：85.
⑤ 阿庇安．罗马史(下卷)[M]．商务印书馆，2017：84.

札记

(五)数十年的军事混战——屋大维建立终身独裁政权

公元前73年，爆发了震撼罗马的由斯巴达克领导的大规模奴隶起义；公元前78年苏拉死后，军人拥兵自重，互相厮杀，阶级斗争与军人争权的斗争互相交错，罗马发生了长达数十年的大规模内战。公元前60年，恺撒、庞培和克苏拉秘密结成政治同盟，历史上称之为“前三头同盟”。① 公元前43年10月，屋大维、安东尼和雷比达三人在穆提那附近拉文尼乌斯河中的一个荒岛举行会谈，史称波伦亚会议。经过三天的讨论，三方达成协定。② 在获得解救之前，罗马世界有超过13年时间陷于分裂且前景不明，到处是劫掠与屠杀，国家几乎处于无政府状态而且随时有解体的危险，这一时期法制废弛，正义不过是“强者的利益”。③ 屋大维利用这一机会，建立了终身独裁政权，罗马奴隶制共和国的历史宣告结束，开始了罗马帝国时代。

屋大维虽然建立了军事独裁政权，但他考虑到恺撒被害的教训，尽力把自己的政权用“最合于罗马宪法”的外衣掩盖起来，因而在国家体制上最大限度地保留了共和成分。公元前28年，屋大维和阿格里帕共同当选为执政官(这已经是他第六次当选为执政官)。在政治上，屋大维重新审定元老院名单，进行人口普查……为了使这一工具更加有效，屋大维将元老成员从1000余人减至800人，所裁减掉的成员要么是恺撒时期的高卢人，要么是旧共和派或安敦尼旧党；要么是被释奴隶，要么是声名狼藉之辈。④ 元老可以担任国家的高级官吏，可以出任行省总督和军事长官。这样，元老们出于自身的利益考虑，支持屋大维的独裁政权。他还对骑士的财产资格作了新的限制，规定骑士的财产资格为40万塞斯退斯，骑士可以候补元老，元老的儿子在没有取得进入元老院的资格以前，则列为骑士。骑士可以担任重要的军职和官职，包括近卫军长官、埃及总办、行省的各种财政经济官职和各级军官，骑士可以从服官奉职和各种财政经济活动中发财致富，因而骑士也是屋大维独裁

---

① 杨共乐．罗马史纲要[M]．商务印书馆，2015：196.

② 杨共乐．罗马史纲要[M]．商务印书馆，2015：202.

③ 约翰·博德曼，贾斯珀·格里芬，奥斯温·穆瑞．牛津古罗马史[M]．北京师范大学出版社，2015：147.

④ 杨共乐．罗马史纲要[M]．商务印书馆，2015：228.

札记

政权的积极支持者。

二、罗马帝国奥古斯都元首制时期的政治制度

(一)屋大维统治时期

公元前27年1月13日，通常被认为是元首政治的开始。这一天，屋大维一方面表示交出原来三巨头的一切权力，恢复共和；另一方面，又装作迫于元老院和民众的请求，接受与共和制度完全违背的绝对权力。元老院在三天之后，竟把一个表示“神圣的、崇高的、庄严的”意义的称号“奥古斯都”(augustus)赠予了他，自此他便被称为屋大维·奥古斯都。

不久，他又获得了终身保民官的权力，这就使他的人身终身不受侵犯。在任执政官期间，他被授予终身享有保民官权力，而且元老院还特别宣布，元首身为诸“皇家”行省总督所拥有的“统治权”要高于任何“非皇家”或“公共”行省总督的权力。① 终身保民官的权力被认为是国家的最高权力(protestas major)，但最重要的是他获得了元首的称号。在这些越集越多的荣誉之外，奥古斯都的政策很快又使他获得了最高祭司长和监察官这两个显贵和重要的头衔。前一职位使他有权处理有关教会的一切问题，后一种则使他有权随时检查罗马人民的行为和财产状况。② 奥古斯都的当选表明元首深得民心，大祭司长的正式职位是“国家宗教之首领”，这跟奥古斯都复兴传统宗教与传统道德的计划非常合拍。实际上“奥古斯都”这一称号中的“受命于神”的意味已经多少使元首的形象高于凡人，公元前2年，奥古斯都又被正式授予“祖国之父”荣衔。③ 他有权提出高级官吏的候选人，他创立十二人委员会，制定一切重要政策，交付元老院通过，他成立元首金库，管辖财政和粮食事务，并开始建立一切人员均须服从元首意志的帝国官僚体制。

屋大维又开始整顿行省制度，他把行省分为两类：元老院管理的行

---

① 约翰·博德曼，贾斯珀·格里芬，奥斯温·穆瑞．牛津古罗马史[M]．北京师范大学出版社，2015：151.

② 爱德华·吉本．罗马帝国衰亡史(上册)[M]．商务印书馆，2017：67.

③ 约翰·博德曼，贾斯珀·格里芬，奥斯温·穆瑞．牛津古罗马史[M]．北京师范大学出版社，2015：168.

札记

省和直属元首的行省。在奥古斯都时期，对帝国进行治理的最有效方法就是将帝国分成元老院省和元首省。① 前者由元老院任命副执政官进行统治，后者为元首的直属领地，由元首直接管理。元老院管辖的行省是业已安定的一些老省，元首直接管辖的行省有叙利亚、西班牙、高卢和埃及。对于这些行省的事务，元老院无权进行干预，但对于元老院管辖的行省，元首则有权派遣全权代理官，召募军队，征收军税，实际上这些行省也属元首管辖。在当选为监察官后，在忠于他的阿格里帕(当时权力最大的军事将领)的协作下，重新审查了元老的名单，开除了少数几个有犯罪行为或顽固不化的元老，说服近200个元老自动请退，以免受到被除名的羞辱，把元老的资格提高到必须拥有约合1万磅的资产，并为自己赢得了元老院首席元老的尊称。②

公元前23年，一次杀害元首的阴谋活动败露，阴谋者除全被判刑和处死外，屋大维还借机组织了九个近卫步兵队(每队为1000人)，作为自己的亲兵。此外还设有9000人规模的精英禁卫军，常驻罗马(这支军队是皇帝的私兵，镇压、暗杀、救火、侦查……几乎什么都做)。③ 同时在全国设立秘密警察网，奖励告密，告密者可以得到被告者财产的1/4。

为了保持罗马公民的所谓纯洁，屋大维颁布法令限制释放奴隶，规定有3名至10名奴隶的奴隶主，可以释放的奴隶不得超过一半；有10名到30名的，不得超过1/3；有30名至100名的，不得超过1/4；有100名到500名的，不得超过1/5。而且规定只有拥有奴隶20年以上，奴隶年龄已超过30岁者，主人方可释放。帝国早期，虽然奥古斯都竭力限制释放奴隶，规定主人和被释者的年龄条件以及依据遗嘱释放奴隶的数量，但被释奴隶的人数还是有了明显的增加，以至于在罗马社会已经形成了一个专门的被释奴隶阶层。被释奴隶不但在人数上增加迅速，而且有的还成为暴富，在罗马经济上占有重要地位。④ 为了稳定罗马对各行省的统治，屋大维取消了对直接税的承包，行省居民有向元首本人直接进行控诉的权利。但对扩大罗马的公民权，仍严加限制。

---

① 杨共乐．罗马史纲要[M]．商务印书馆，2015：237.

② 爱德华·吉本．罗马帝国衰亡史(上册)[M]．商务印书馆，2017：61.

③ 彼得·琼斯．罗马帝国档案(第1版)[M]．北方文艺出版社，2018：179.

④ 杨共乐．罗马史纲要[M]．商务印书馆，2015：276-277.

札记

屋大维通过一系列手段集行政、立法、司法、军事、宗教等大权于一身，标志着罗马共和国向帝国的转型。尽管如此，奥古斯都的成就正如老普林尼所称的“罗马和平的宏伟庄严”，他结束漫长难忍的战争与战争恐惧，使得罗马世界获得自由，而且是有法律统治下的自由。这是古典希腊与共和国罗马的理想之一，也是元首制的理想。①

（二）朱利亚·克劳狄王朝②

尽管奥古斯都谨慎地尊重罗马共和国的旧习惯，他遗留给继承者的，实际上是一个世袭的君主制政体，虽然没有皇号或皇冠。在理论上，皇帝是由元老院和平民大会把他选到各项职位上去的，但事实上，每个皇帝都选择他自己的继承者，这个继承者总是皇室成员，如果不是皇帝的儿子，也是他的养子。③ 屋大维在位 44 年，他死后，养子提比略继位（14—37 年），从提比略④起，历经四帝，除他之外，尚有卡里古拉⑤（37—41 年），克劳狄一世⑥（41—54 年），尼禄⑦（54—68 年），因为他们都是奥古斯都及其第三任妻子李维亚的亲族，又是朱理亚和克劳狄两个氏族的成员，所以一般都把他们的统治时期叫做“朱理亚·克劳狄王朝”时期。⑧

朱利亚·克劳狄王朝时期，帝国政府官僚体制逐渐形成，原先管理元首个人家务的一些部门，逐步成为帝国中央国家机关的管理机构。

（1）帝国总秘书处（仍称 abepistulis），负责接受各行省和各地方军事首脑的报告，按照元首指示起草和发布元首的各种命令和敕令，负责掌握内政、外交和军事的各种信息，成为协助元首管理内政、外交和军事的重要部门。

---

① 约翰·博德曼，贾斯珀·格里芬，奥斯温·穆瑞．牛津古罗马史［M］．北京师范大学出版社，2015：162.

② 他们都是奥古斯都及其第三个妻子李维亚的亲族，又是朱理亚和克劳狄两个氏族的成员。所以我们把他们的统治时期称做“朱理亚·克劳狄王朝”时期。

③ 海斯，穆恩，韦兰．全球通史［M］．红旗出版社，2015：96.

④ 生性阴郁多疑。

⑤ 行为怪诞、生性多疑。

⑥ 容貌丑陋、有智慧，被自己的侄女（妻子）毒死。

⑦ 杀害母亲、罗马城大火。

⑧ 杨共乐．罗马史纲要［M］．商务印书馆，2015：252.

札记

(2)帝国财政部(仍称为 arationibus)。原先负责管理元首庄园和不动产的管理处(a patromonis)逐渐为帝国财政部所取代。在这里集中管理帝国的财政和税收，计算罗马的粮食供应，管理建设、铸币、官吏的薪俸和各种财政支出。这一时期帝国的财政组织达到了高度规范化，可以提前计划数年的财政支出。①

(3)帝国司法部(仍称为 alibellis)，接收各地区官吏和居民交来的控诉，发布元首所作的关于审判和司法原则的各种指示和决定，这些指示和决定自然就成为帝国重要的司法根据。

朱利亚·克劳狄王朝的第二个元首卡里古拉第一个在宫廷实行了王政的礼仪，要求人们对他要俯拜、吻足，要求人们像拜大神朱庇特一样地拜他，他把自己和朱庇特相比拟，甚至于异想天开地要任命自己的爱马担任执政官。从历史上看，为所欲为的专制君主，背离理性，走向荒谬是完全合乎规律的，权力的高度膨胀和滥用常使一些君主专横恣肆，忘乎所以。卡里古拉后为阴谋者用短剑刺死。

总之，元首制时期的罗马国家，虽然仍不敢完全抛弃共和制的外衣，但在后期实际上已经蜕变成为依靠军事镇压和恐怖统治来维持的君主专制制度，“奥古斯都的元首制理想已最终衰亡”②。

三、罗马帝国君主制时期的政治制度

元首制并没有解决共和国时期的各种矛盾，社会危机时时爆发，推动了元首制向帝制转型。

(一)政治制度转型的社会历史原因

第一，元首制无法彻底解决奴隶制度的矛盾。3 世纪是古罗马帝国又一次发生历史剧变的时代。自屋大维以来的元首制依靠军事镇压加强了中央集权，巩固了风雨飘摇的奴隶制，给罗马帝国带来了 200 多年的相对稳定时期。但元首制的统治并没有能彻底解决奴隶制度的矛盾，200 年来隐约可见的危机，又爆发为社会经济政治的全面混乱。农村凋

---

① 约翰·博德曼，贾斯珀·格里芬，奥斯温·穆瑞．牛津古罗马史[M]．北京师范大学出版社，2015：181.

② 约翰·博德曼，贾斯珀·格里芬，奥斯温·穆瑞．牛津古罗马史[M]．北京师范大学出版社，2015：183.

札记

敝，城市衰落，内战不断发生，帝国政府全部瘫痪，特别是帝国的心脏地区，混乱越加严重。

第二，新型的小农经济——隶农制——发展起来。自2世纪后期开始，罗马奴隶已经越来越少，价格越来越高，奴隶劳动的生产率却不能相应增长，奴隶制经济在奴隶的各种反抗下日趋衰败。原来的剥削方式已经不能适应社会的要求，于是富有的奴隶主不得不把土地分租给破产的农民、被释放的奴隶和城市的无产者，奴隶主的许多大田庄逐渐解体，原来被大田庄所排挤的小农经济，现在又因大田庄的瓦解而重新复活。田庄一个一个地分成了小块土地，分别租给缴纳一定款项的世袭佃农，或者租给分成制农民，这种分成制农民只能获得他们一年劳动生产品的六分之一，或者仅仅九分之一，他们与其说是佃农，毋宁说是田产看管人。① 不过现在的小农已经不是过去的那种自耕农民，他们租得土地之后，要把六分之四五或十分之八九的收成交给租地的主人，这种租地的佃农当时得到了高伦(coluns)即隶农的称号，对于他们的这种新的剥削方式则称为高伦那特(colunatus)即隶农制②。在奴隶制生产关系仍居统治地位的时候，被释放的奴隶、隶农仍属奴隶的范畴，他们的出现起初对社会经济发展有一定积极意义，但由于剥削过于沉重，许多地区又相继爆发了奴隶和高伦的起义。

第三，罗马统治阶级内部争夺权力斗争白热化。“蛮族”的入侵，使罗马军队扩张到空前的规模，形成许多军事巨头，又引发罗马统治阶级内部争夺权力的内战。自192年安东尼王朝最末一个皇帝康茂德被杀以后，争夺皇位的内战便不断发生，许多登上皇位的人相继被杀。

(二)奥勒良——统治者和人间的神

到了3世纪中叶，帝国经济已濒临崩溃，货币贬值到几乎失去了交换媒介的作用，兵饷和官俸都发实物。绝望的贫民四散逃亡，生产陷于绝境。陆路交通经常发生抢劫，海上则海盗横行，贸易几乎完全停顿。这是一个战火纷飞的年代，同时也是社会经济剧烈变动的时期。常年的

---

① 恩格斯．家庭、私有制和国家的起源[M]．人民出版社，2018：167.

② 隶农制是罗马晚期出现的一种新的剥削形式。“隶农”拉丁文为“colonus”，有人也按colonus的复数形式将其译成科洛尼(coloni)。杨共乐．罗马史纲要[M]．商务印书馆，2015：293.

战争使得财政入不敷出，为军队募集资金变得越来越困难。这样的结果就是城市的规模开始收缩。① 由于马略兵制改革，使得士兵忠诚于军事统帅。在战乱时代，士兵通过拥立统帅为帝，达成利益诉求，如取消元老贵族的特权，大量没收他们的土地，增加赋税，提高军饷等。一旦统帅无法满足其要求，士兵又会拥立新帝，罗马帝国成了军人们角逐的战场。从公元217—270年的53年里，就有30个皇帝，平均每两年一个，还没有把许多自封为王的计算在内。从268年至283年士兵拥立的皇帝中，有四位出身于伊利里亚的军人，被称为伊利里亚诸帝。

在伊里利亚诸帝中，奥勒良(270—275年在位)是一个颇有能力的皇帝，他曾是一个有经验的士兵，并且是一个坚定果敢的人物，凡是需要残酷的地方，他都能不择手段，凡是需要让步的时候，他都能表现出极大的灵活性。他组织打败了外族的入侵，镇压了奴隶和隶农的起义，镇压了273年罗马造币工人的大规模暴动，使帝国获得了暂时的稳定，他被称为“世界的恢复者”(restitutor orbis)，同时他自认为功勋卓著，自称为“统治者和人间的神”(dominus et deus natus)，这样就为罗马帝国从元首制向君主制的过渡铺平了道路。

奥勒良首先进行货币改革。金币回归至260年的重量(4.5公克)。银币重量回归屋大维时代(3.9公克)、成色为百分之五的纯度，使得罗马进入银本位的货币制。至于铜币(塞斯特尔提乌斯)则因时价贬值过重，奥勒良只有宣布取消发行。奥勒良还领导重修罗马城墙，以军功完成了国家的统一。

公元3世纪的内乱有四个灾难性的后果：(1)它导致了毫不掩饰的专制政体；(2)它破坏了罗马在帝国里的有效领导；(3)它损害了帝国的所有城市；(4)它削弱了帝国在边疆上的防御，招致蛮族的入侵。②

(三)戴克里先改革

继伊利里亚诸帝之后，284年，戴克里先依靠自己的军事实力夺得了政权，重新建立了秩序。他残酷地镇压了高卢和阿非利加的起义，对

① 彼得·琼斯．罗马帝国档案[M]．北方文艺出版社，2018：293.
② 海斯，穆恩，韦兰．全球通史[M]．红旗出版社，2015：99.

札记

外战胜了伊朗，打退了日耳曼人的进攻，暂时使罗马得到了稳定，皇权因此得到了进一步的加强。他不再称自己为元首，而称自己为德米那斯(dominus，意为统治者或君主)，开始了罗马帝国的最后阶段，即君主制时期(又称德米那特时期)。

君主制时期与元首制时期不同，君主制时期，共和国的外衣已经被完全抛弃，皇帝被尊为神，所有朝见他的人都须俯首下拜，皇帝的权力已经不再受到任何限制，共和国时期的民选长官除高级裁判官尚保留其在审判中的作用外，其他长官已被撤消，民众大会已经停止召开，元老院也降为管理罗马城市事务的行政机关。

首先，政治改革。为了加强对帝国的有效统治，戴克里先对罗马的国家机器进行了较为彻底的改造。他剥夺了元老院的政治权力，取消了元老院的政治地位。① 皇帝的命令就是法律，一切国家的立法、行政、司法工作都必须遵照他的命令和旨意去执行。

其次，军事改革。戴克里先把军团增加至 72 个，常备兵员增加至 60 余万。并把军队分为边防军(frontier force)和巡防军(guard army)两个部分，边防军驻守边疆，防止外族的入侵；巡防军驻守内地，镇压内地的起义和暴动。他还把士兵人数增加至 60 万左右，比奥古斯都时代几乎增加了一倍。② 与此同时，改组了警察机构，罗马设立城市长官，下设警察大队，负责维持社会秩序，各行省亦设警察总署，警察总署的首领称为警察总监。全帝国的警察都由皇帝的办公厅长官统辖，并配合巡防军监视民情动态，防止起义暴动。由于军队兵员扩大，自由民成分相对减少，蛮族和隶农的成分急剧增加，这又为罗马帝国的覆灭埋下了隐患。

再次，划分东西罗马。为了更有效地对付民众的起义暴动和“蛮族”的入侵，戴克里先把帝国划分为东西部两个总区，随后又将东西两部各划分为两个大区，全国共四个大区，分别由四个统治者管理。他和他的助手马克西米安为正职，称为“奥古斯都”，他直接管辖亚细亚、埃及、昔兰尼加、色雷斯和下麦西亚；马克西米安分管意大利、阿非利加、西里西亚、诺里克。两个副职称为“恺撒”，加列里阿管辖巴尔干

---

① 杨共乐．罗马史纲要[M]．商务印书馆，2015：303.

② 杨共乐．罗马史纲要[M]．商务印书馆，2015：303.

和多瑙河地区；君士坦西阿管辖西欧各行省及毛里塔尼亚。帝国仍为一个统一的整体，奥古斯都缺位时，由恺撒继任，这样就形成了“四帝共治制”。这种划分，虽然出自巩固帝国、防止个人统治的意图，但也反映出帝国末期由于经济危机带来的各地不平衡程度的加深，因此这种划分的结果不仅没有达到巩固帝国统治的目的，反而促成了国家的分裂。4 世纪，罗马帝国终于分裂为两个各自独立的国家，即东罗马帝国和西罗马帝国。

第四，重划行省和行政区。为了防止行省的分立和管理上的方便，缩小原有的省区，全国被划分为 101 行省，意大利和罗马城都分别成为行省。每 10 至 12 个行省合为一个行政区，全帝国共划分为 12 个行政区①。行省由总督和副执政官管理，军民分治，行省总督和副执政官不兼兵权。行政区则由副近卫长官管辖，副近卫长官从属于近卫长官，每个奥古斯都有一个近卫长官，全国共两个近卫长官，因此军政权力主要集中在奥古斯都和近卫长官的手里。在这个过程中，意大利失去了特权的地位，与帝国的其他行省处于平等地位，这是帝国公民权普遍发展的一个必然结果。戴克里先还取消了元首行省和元老院行省的划分，行省全部归君主管理。所有行省总督由君主任命。传统的元老等级不再具有政治力量，而骑士在帝国政府中占据最高地位。戴克里先把军事指挥权与行政管理分开，规定各省总督须由文职人员担任，总督只有行政权力，负责经济和司法事务，不兼军职。一个重要边境地区的军事长官(duces)享有几个行省的军事指挥权，但他只是一个士兵，只有军权。这种军权与行政管理权的划分意味着，如果一个军事指挥官企图叛乱，他必须在密谋之前与行政官员结成联盟。但这种分权是一个渐进的过程，直到君士坦丁时代，军权和行政管理权仍未完全分离。

第五，建立帝国官僚体制(这一体制的建立直至君士坦丁统治时期才告完成)。最重要的是设立枢密院(consistorium principis，又译为御前会议)，枢密院是皇帝直接主持的最高国务会议，是根据皇帝的意志进行决策和对全国进行管理的最高机关，枢密院的成员是由皇帝任命的高

① 东方行政区、黑海行政区、亚细亚行政区、色雷斯行政区、美西亚行政区、潘诺尼亚和诺立库姆行政区、意大利行政区、维也那行政区、高卢行政区、布列塔尼亚行政区、西班牙行政区和阿非利加行政区。

札记

级官吏。公元前13年以后，元首“御前会议”成员及其产生程序略有改变，其中元首家族三人成为这个“会议”的永久成员，原抽签选出的成员改为元首亲自圈选，不必经元老院同意。① 宫廷日益豪华，宫中的礼节日益隆重，凡涉及皇帝本人的一切设施都冠以“神圣的”这一形容词，例如：神圣的宫殿(sacrum palatium)，神圣的会议(sacrum consistorium)等等。一切官吏都有了严格的等级，并由皇帝赐予头衔和称号。有些官吏还获得了皇帝赐予的各种特权，例如：免交租税，免受拷打，免在行政机构中服役，有权进入皇帝宫廷，只受皇帝的审判等。皇帝成为神圣的人物，皇帝的任何意志都是法律。

第六，建立专制司法体制。君主制时期，皇帝独揽司法大权，亲自审理或派自己的亲信审理案件，刑事法院的权力由逐步减少到逐步取消。帝国后期，最高审判官依据皇帝旨意，常常发布强制性命令，对某些个人采取特殊保护措施。这种不按程序进行的诉讼称为特别诉讼。帝国后期，特别诉讼非常盛行，过去的法律审查与事实审查的划分完全取消，审判自始至终都由一个官吏主持，而且对事实进行侦察时，允许告密，为了取证，竟可以对自由民进行拷打、逼供，当事人还要交纳一大笔诉讼费，官吏亦常常乘机勒索，司法日益腐败。

第七，强化希腊——罗马传统宗教的信仰。罗马帝国的元首崇拜由来已久，从奥古斯都确立元首制以来，各个元首都“在单纯的法律基础以外替他们的权力寻找更多的基础，……努力倡导对帝王的宗教崇拜并使之成为一种国家制度”。戴克里先与以前的统治者一样，主张复兴罗马的传统宗教，着重强调君主政权的神性起源，声称自己是神，采用朱维乌斯(起源于朱庇特)的头衔。另一方面，戴克里先对基督教采取强硬措施，大肆迫害基督教徒。在一连串残酷的敕令中宣布他决心要彻底取缔基督教。第一道敕令指示各省总督把基督教会的全体教士都给抓起来……第二道敕令命令地方行政官员使用任何残酷的手段把他们从可厌的迷信中挽救出来，使他们必须回头来礼拜罗马的众神。这一项严酷的命令后来又通过另一道敕令推广到包括全体基督教徒，他们也就因此普遍受到一次残酷的迫害。② 戴克里先复兴传统宗教的主要原因是为了打

① 杨共乐．罗马史纲要[M]．商务印书馆，2015：234.

② 爱德华·吉本．罗马帝国衰亡史(上册)[M]．商务印书馆，2017：373.

札记

破军队拥立君主的“传统”，如果君主的合法性及其任命权的合法性，不来自军队，也不来自元老院，那么，只能来自神。这是戴克里先解决帝国政治统一问题及结束军事混战局面的一个理论基础。

晚期的罗马帝国危机四伏，阶级矛盾和种族矛盾日趋尖锐，内部奴隶、隶农、贫民的起义和不断入侵的“蛮族”会合在一起。从406年起，西罗马的皇帝们已无力阻止高卢、西班牙和非洲的法兰克人、勃艮第人、西哥特人和汪达尔人的长期的大规模入侵。公元3世纪的内战已经消耗了罗马大量的钱财与资源(尤其是食物)，对人口的需求也在急剧上升。现在，罗马人又要拿出精力来对付外国入侵者，可谓内忧未平外患又起。① 在各种力量的打击下，罗马帝国日趋衰落，476年，帝国军队中的日耳曼雇佣兵的首领奥多亚克，率军推翻了罗马的最后一个皇帝罗慕路斯·奥古斯都，宣告了西罗马帝国的最终灭亡。公元476年，日耳曼国王奥多亚塞将西罗马最后一任皇帝(讽刺的是这位皇帝的名字居然是罗慕路斯·奥古斯都)拉下龙椅，西罗马帝国自此灭亡。②

名词与术语

氏族民主制；军事民主制；共和国；帝国；奥古斯都；塞尔维·图里阿改革；元首；元老院；执政官；民众大会；行省制度；《十二表法》

思考题

1. 古罗马共和制度建立的原因是什么？

2. 古罗马由共和走向帝制以及罗马帝制失败的原因有哪些？

3. “罗马政府是个集贵族政治、寡头政治与民主成分于一体的混合物”([美]William H. McNeil《西方的兴起》)，该怎样理解这一观点？

4. 古罗马和古希腊的共和制有哪些异同点？

5. 古罗马为什么为从一个小城邦发展成为一个地跨欧、亚、非三洲的大国？

---

① 彼得·琼斯．罗马帝国档案[M]．北方文艺出版社，2018：296.

② 彼得·琼斯．罗马帝国档案[M]．北方文艺出版社，2018：296.

札记

延伸阅读

1. 爱德华·吉本:《罗马帝国衰亡史》，商务印书馆2017年版。

2. 杨共乐:《罗马史纲要》，商务印书馆2015年版，第234页。

3. 约翰·博德曼，贾斯珀·格里芬，奥斯温·穆瑞:《牛津古罗马史》，北京师范大学出版社2015年版。

4. 恩格斯:《家庭、私有制和国家的起源》，人民出版社2018年版。

5. 阿庇安:《罗马史》，商务印书馆2017年版。

6. 安德鲁·林托特:《罗马共和国政制》，商务印书馆2017年版。

第四章　西欧封建制国家的形成

总而言之，侵略给盛极之后停滞不前、似乎注定消亡的文化以致命的打击。这使我们联想起当今世界残酷的轰炸，它摧毁了摇摇欲坠的古老封建筑，正因如此，我们才有可能重新建起更为现代化的城市。

——R. Lopez，The Birth of Europe

凡德意志人给罗马世界注入的一切有生命力的何带来生命的东西，都是野蛮时代的东西。的确，只有野蛮人才能使一个在垂死的文明中挣扎的世界年轻起来。

——恩格斯

第一节　日耳曼人早期的社会政治状况

公元476年，西罗马帝国的最后一个皇帝罗慕路斯被日耳曼人组成的罗马军团的首领奥多亚克废黜，历史近5个世纪的庞大的罗马帝国终于宣告灭亡。西欧进入了封建化时期。

封建化探讨封建制度的起源问题，因此首先要明确什么是封建制度。由于对封建制度有不同理解，对封建化的解释自然也就不同。西方学者对封建制度从三个方面进行归纳：第一，封建主之间形成了特殊的封君封臣关系；第二，形成了与封君封臣制度相适应的封土制度；第三，中央权力衰落，各封君在其领地内有独有的政治权力。按照这个标准，国内史学界一般认为，西欧封建制度确立的时间是九、十世纪，主要根据是877年的克尔西敕令。从西罗马帝国灭亡到查理曼帝国建立这四百年的过程是西欧封建化过程，在这期间逐渐形成了封君封臣制度与封土制度。了解西欧封建化的过程，首先要了解西欧封建化的主体——日耳曼人——早期的社会政治状况。

日耳曼人早期的社会政治状况主要的史料来源是罗马作家凯撒《高卢战记》(公元前50年间日耳曼人的生活状况)以及塔西佗《日耳曼尼亚志》①(公元1世纪日耳曼人的生活状况)。

一、凯撒时期：日耳曼人处于游牧阶段

从凯撒的《高卢战纪》中可以看到，公元前一世纪，日耳曼人还处于完全的游牧阶段，畜牧业是他们最主要的经济基础。凯撒说：“他们中间没有私有的、划开的土地，也不允许停留在一个地方居住一年以上。他们不大吃粮食，生活大部分都依靠乳类和家畜，特别着重打猎。”②还说：“……他们还让自己养成一种习惯，即哪怕在最寒冷的地方，除了兽皮之外，什么东西也不穿，同时又因兽皮的稀少，迫使他们

---

① 罗马历史学家塔西佗于公元98年完成，详细记述了西日耳曼人的社会制度、政治组织和物质文化生活。书中描述了日耳曼人的特征及生活状况和宗教信仰状况。当时已有阶级分化，出现了贵族、自由人、释放奴隶和奴隶。

② 凯撒．高卢战纪(卷四)[M]．任炳湘译．商务印书馆，1979：79.

札记

不得不把身体的大部分都裸露在外面。他们就在河里洗澡。”①由此可见，这样的生活方式还是处于前文明阶段的原始部落制的生活方式。而在《高卢战记》第六章中，凯撒更是直言不讳地说：“他们对农耕不怎么热心，他们的食物中间，绝大部分是乳、酪和肉类，也没有一个私人拥有数量明确、疆界分明的土地，官员和首领们每年都把他们认为大小适当、地点合宜的田地，分配给集居一起的氏族和亲属，一年以后，又强逼他们迁到别处去。”②这样的生活方式无疑是一切游牧部落所共有的特征，而并非日耳曼人所独有。

二、塔西佗时期：日耳曼人实行大家庭公社制

到了公元2世纪中后期的塔西佗时代，日耳曼人的社会有了相当大的变化，昔日畜牧为主变成了农牧兼营；迁移不定的生活习惯也逐渐过渡到了相对的定居生活（尚未出现城市）。关于日耳曼人的土地制度，塔西佗说：“土地是公社共有的，公社土地的多少，以耕者口数为准；公社之内，再按贵贱分给个人。土地的广阔平摊，使他们易于分配。”③塔西佗说，每一公社都有氏族首长的议事会和全体氏族成员的一般矛盾，一切重大的问题则都要提交人民大会讨论决定，氏族首长已经部分地依靠部落成员的献礼，如家畜、谷物来生活；官职已经逐渐由选举变为世袭，从而形成了氏族中的贵族家庭。军事首长则完全是按照才能选举出来的，与家庭的世系无关，他们手中的权力极小，必须依靠自己的勇敢、智慧和遵守纪律的榜样作用来影响别人；至于对军队的实际惩罚权，则掌握在祭司的手里。在日耳曼人的氏族中，真正的权力集中在人民大会上，王或部落长是大会的主席，决定由氏族成员来做，怨声表示反对，喝彩、敲打武器表示赞成。人民大会也是审判法庭，各种控诉都必须向它提出，并由它来做出判决，死刑在这里宣判，但只对卑怯、背叛和自然的淫行才判处死刑。在氏族和其他分支中，也是由以氏族酋长为主席的全体大会进行审判；像在德意志人的一切最早的法庭上一样，氏族酋长可能只是诉讼的领导者和审问者；德意志人的判决，不论何时

① 凯撒．高卢战纪（卷四）[M]．任炳湘译．商务印书馆，1979：79-80.
② 凯撒．高卢战纪（卷四）[M]．任炳湘译．商务印书馆，1979：143.
③ 塔西佗．日尔曼尼亚志[M]．第26节．

札记

何地，都是由全体作出的。①

尽管从凯撒到塔西佗不过百年左右的时间，日耳曼人的社会发生了相当大的变化，经济形式从游牧向畜牧业转型，阶级关系到塔西佗时代已出现端倪，特权已经产生，氏族部落开始解体，但仍然保留大量的残余，奴隶制已经出现。从总的情况来看，在日耳曼早期(古罗马帝国时期)，日耳曼人的生产力发展水平还是相当低下的，这样的生产力水平不可能成为封建社会建立和发展的经济基础，如果仅从这一点来说日耳曼因素不是西欧封建化过程的决定因素。

第二节　西欧封建制国家的形成

在征服罗马之前，日耳曼人基本还处于氏族社会的末期，一些氏族原则虽遭到破坏，但许多原始的民主习惯仍基本上被保留着。当日耳曼人征服罗马之后，情况便发生了急剧的变化，日耳曼人的氏族制度彻底崩溃了，氏族机关被国家机关所代替，军事领袖变成了君主，民众大会流于形式，氏族长老的作用逐渐消失，为国王的官吏所代替。正如恩格斯指出的："对被征服者的统治，是和氏族制度不相容的。……各德意志民族做了罗马各行省的主人，就必须把所征服的地区组织管理起来。但是，它们既不能把大量的罗马人吸收到氏族团体里来，又不能通过氏族团体去统治他们。必须设置一种代替物来代替罗马国家，以领导起初大都还继续存在的罗马地方行政机关，而这种代替物只能是另一种国家。因此，氏族制度的机关必须转化为国家机关，并且为时势所迫，这种转化还非常迅速。但是，征服者民族的最近的代表人是军事首长。被征服地区对内对外的安全要求，增大了他的权力。于是军事首长的权力转变为王权的时机来到了"。②

一、西欧封建国家建立的过程

罗马帝国瓦解后，在欧洲出现了一大批封建制的王国。这些封建国家将私人利益与公共利益紧密结合，公共权力完全服务于私人利益的诉

① 恩格斯．家庭、私有制和国家的起源[M]．人民出版社，2018：160-161.
② 恩格斯．家庭、私有制和国家的起源[M]．人民出版社，2018：170.

札记

求。由于长年的征战，王权衰落，领主权力大幅提高，形成了欧洲中世纪封建制度。

日耳曼人在罗马帝国境内所建立的第一个王国，是西哥特人于419年所建立的土鲁斯王国，它一直存在到507年。第二个在罗马境内所建立的日耳曼王国，是由汪达尔人的部落联盟所建立的。汪达尔人起初居住在奥德河中游的两岸，他们在与罗马军队的战斗中且战且进，穿过了高卢和西班牙，并在军事首领盖塞利赫的统率下，横渡直布罗陀海峡，征服了罗马的行省阿非利加，于439年建立了汪达尔王国，这个王国一直存在到534年。5世纪中叶，在高卢南部又建立了第三个日耳曼人的王国，即勃艮第王国。勃艮第人起初居住在奥得河和维斯都拉河之间的地区，5世纪中叶开始向莱茵河南部迁移。他们以瓦姆斯为中心，向高卢地区进攻，436年，一度为罗马军队击败，退居萨伏依，约于451年建国，定都里昂，后于532年为法兰克人所征服。

西罗马帝国灭亡前后，原来居住在莱茵河下游的法兰克人，乘机侵占高卢，并建立了法兰克王国。原本法兰克人只是一个微不足道的角色，直到墨洛温王朝的国王当政时，才成为西方最强大的民主。墨洛温王朝最杰出的国王是克洛维(581—511年在位)，他联合法兰克各部落，大败罗马人、拜占庭人和西哥特人，把从比利牛斯山脉，经高卢，到德意志的一大片领土统一到一起，形成王国。

大约在法兰克人入侵高卢的同时，日耳曼人中的盎格鲁·撒克逊人和朱特人，也趁罗马纷乱、帝国守卫部队撤离之机，入侵不列颠，并在不列颠建立了许多小王国，这些小王国直至9世纪上半叶才形成为统一的国家。日耳曼人中的伦巴特人，原先居住在易伯河流域，后来又移居班诺尼亚。568年，在国王阿尔波音的率领下，侵入意大利，很快占领了意大利的北部和中部地区，不久又侵入了意大利南部的斯波勒托和贝纳凡托，建立了一个强大的国家。但在阿尔波音死后，伦巴特王国开始分裂，后为法兰克王国所兼并。

二、西欧封建制度的特点

日耳曼人在侵入罗马并建立自己国家的时候，得到了奴隶、隶农乃至小农的支持。日耳曼人带来的是一种新的生产关系。日耳曼人在自己占领的地方，首先把没收来的土地，分封给自己的亲兵、将领，乃至主

札记

教，但是在这些土地上进行耕种的已经不是奴隶而是农奴。奴隶是完全没有自己主动性的工作者，农奴则有自己的经济、自己的生产工具、自己的剩余产品，他们有一部分时间是为自己工作的，因而有了一定的积极性。这种新的生产方式又给西方世界带来了活力，正如恩格斯指出的，“凡德意志人给罗马世界注入的一切有生命力的和带来生命的东西，都是野蛮时代的东西。的确，只有野蛮人才能使一个在垂死的文明中挣扎的世界年轻起来”。① 日耳曼人在征服罗马帝国的时候还处于氏族社会的末期，仍保留着许多原始民主的习惯，他们在进入西欧后便直接向封建社会过渡，于是在政治上便形成了一种氏族民主制与封建贵族制相结合的政治体制——封建贵族民主制。

第一，君主在名义上是国家元首，实际上只能在自己的直辖领地上行使主权。封建领主名义上隶属于国王和贵族，实际上都是独立的，他们在自己的世袭领地内拥有立法、司法、行政及宣战、媾和等一切权力，国王无权干预他们领地内部的事务。

第二，君主只和自己直接册封的封建领主有臣属关系，与自己的臣属分封的下属陪臣没有直接的臣属关系，即所谓“我的陪臣的陪臣，不是我的陪臣”。封君与陪臣的关系由册封时的誓约来确定，一般说来，陪臣都在誓约中承诺在发生战争时，对国王尽一定的军事义务，但是这种臣属关系都比较松弛，没有绝对的约束力。

第三，君主要受到贵族和教会的种种约束、限制和监督，如宣战、媾和以及涉及王国的一切重大事务，都要由贵族和主教参加的会议决定。在中世纪，贵族和教会是长期能够与国王抗衡的势力，在每个王国内部，都存在着大大小小分裂割据的领地，每个贵族都是自己领地上军事、政治、经济的最高主宰，形成了国中有国，各树藩篱，大小贵族独立割裂的状态。

三、影响西欧封建制度形成的诸因素

西方史学界在西欧封建制度形成问题上主要分为两派——日耳曼派和罗马派，以后又形成综合派。这里主要采用综合派的观点，认为西欧封建制度的形成，其基础来自三个方面：①古希腊、罗马的遗产；②基

---

① 恩格斯．家庭、私有制和国家的起源[M]．人民出版社，2018：175.

札记

督教的传统；③日耳曼人的社会模式。换句话说，西欧封建制度是罗马封建因素、日耳曼因素经由基督教会的不断结合而形成的。

(一)罗马封建因素

随着罗马帝国对外扩张的中止，帝国的经济在公元三世纪已发生严重危机：人口锐减，城市败落，一些大土地所有者便退居乡村，建立了以隶农为主要生产者的、实行租佃分散经营的田庄制，形成自然经济，政治上则形成独立王国。如此在公元三世纪，罗马帝国的奴隶制商品经济已经过渡到隶农制自然经济。另外，罗马很早以来就存在一种保护关系，一些人因败落而寻求富有的庇护人的保护，成为他们保护下的平民或附庸，帝国衰落后，这种保护关系更为扩大，成为日后西欧封建制度的起源之一。

(二)基督教会

基督教最初没有教皇，教皇一词的本意是papa，是对所有主教的尊称。基督教成为罗马国教后，由于罗马主教所在的地理位置，使其拥有较雄厚的政治经济实力。5世纪日耳曼人入侵，帝国政府迁往拉文那，实际把罗马的管理权交给罗马主教，使其地位提高。进入中世纪，教皇一词逐渐为罗马主教所专有。

西罗马帝国灭亡，以主教区为基本单位的教区系统依然存在，并从败落的城镇向广大农村发展。8世纪以后，西欧广大乡村教区开始形成。教皇的传教团在异教地区传教，也不断取得成功。公元496年在高卢的法兰克人受洗入教，公元597年成立了英格兰教会，7世纪创立了伦巴德教会，8世纪创建了德意志教会。到公元1000年左右，连匈牙利的马扎尔人，北欧斯堪的纳维亚的诺曼人也进入了西欧的基督教世界。在日耳曼人征服西欧之后，基督教也征服了西欧，并且还征服了日耳曼人。

在广泛的传教过程中，教会和修道院获得了大量教产。公元810年亚琛宗教会议，把主教区和主教依教产分三级：3000—8000处领地为一级，1000—3000为二级，不满1000处为三级主教区。一般认为，中世纪罗马教会占西欧各国耕地的三分之一，各级主教实际上是大大小小的封建领主。修道院也拥有大量庄园，他们招收大批农民，开垦荒地。

札记

修道院庄园往往能改进耕作制度，例如三圃制，就最早由修道院庄园实行，成为日耳曼贵族庄园的示范。另外，教会所建立的修道院制度，也对中世纪早期的西欧社会产生重大影响。修士最初一般都是西欧最优秀的农民，他们开垦荒地，排干沼泽，改良土壤，推广三圃制，对恢复和发展西欧农业起到了重要作用。他们还保存了罗马人的一些建筑技能，发展了木刻、金属制造，纺织、玻璃、酿酒等工艺。

公元5—11世纪以前，教皇的权力一直受很大制约。拜占廷皇帝查士丁尼对意大利的征服，使教皇一度受拜占廷长期控制。公元678—752年的十三任教皇中，有十一任是希腊人或叙利亚人。但随着伦巴底人进入意大利，阿拉伯人征服叙利亚、埃及、北非，拜占廷干预西方的能力大为减弱，于是罗马教皇不失时机地与法兰克人结盟。公元751年加洛林王朝和公元756年教皇国的建立，公元800年查理曼的加冕，直至公元962年德意志的神圣罗马帝国的建立，都是西欧政教联盟的反映。有了查理帝国的支持，教皇从此敢与拜占廷皇帝分庭抗礼，西欧基督教会从此自成体系。也正因为如此，加上西欧拉丁文化和东南欧希腊文化的差异，公元1054年东西方基督教会大分裂，西欧的基督教称西方公教(天主教)，东欧的基督教称东方正教(东正教)。

应该看到，西欧的教权与王权这时的相互支持，对双方都是有利的。通过基督教会，加强了法兰克国王的统治地位，基督教成为其精神支柱；通过基督教会，罗马帝国时期的典章制度、教会法规、教阶制度等，逐渐为法兰克统治者所接受，从而使法兰克国家上层建筑各部分日益完善。正是基督教会，在日益加深的混乱状态中起到了维护秩序的稳定性作用，并且成为日后教化日耳曼蛮族，把罗马古典文化和日耳曼文化结合起来的承担者。正是基督教会对日耳曼因素和罗马因素的不断结合，促进了西欧封建制度的形成和发展。从历史的角度来看，教权和王权这一时期的相互利用和相互勾结，有利于西欧社会的发展。

(三)日耳曼因素

日耳曼人刚从原始社会走出，为陷入绝境的西欧社会带来了活力和生机。与罗马法律相比，日耳曼法律是习惯法——粗犷、迷信、采用神裁法，但对日后西欧封建政治仍有重大影响。日耳曼法律产生于人类古老的习俗，而不是统治者的意志，所以法律超越王权，没有一个国王可

札记

绝对专制，这种王权有限制度是中世纪西欧政治发展的一个特点。所以有人说，民主起源于日耳曼丛林之中。

日耳曼人的亲兵队制度，建立了首领和亲兵相互间契约关系的观念，直接促进了西欧封建制度的形成。日耳曼每位基础的武士首领都有一批年轻的随员，即一支扈从队，他们战时守卫在首领身旁，效忠他，服从他；首领则向他们提供武器、给养及一份战利品。这种制度有助于后来封建制的形成，因为封建制正是建立在骑士对封建领主忠诚的基础上的。①

日耳曼人还带来了农村公社制度(其特点之一是自治)，它对西欧城市的形成、行会制度、以至于议会制度都产生了重大影响。

日耳曼因素对西欧社会影响之大，以至于全球通史的作者认为：正是日耳曼人的到来，毁灭了西欧的古典文明，从而为西欧新文明的开端，扫清了道路。在中国，在印度，昔日的文明传统一直没有中断，并得以保存，但这仅是旧生命的延续。而西方，在罗马帝国灭亡以后，却出现了一个新的开端。并且认为，这是西方历史的独特性之所在。②

四、西欧封建化过程

西欧封建制度的形成，具有两条相辅相成的线索，一是封君封臣制和封土制的形成和变化过程，一是自由农民的农奴化过程，我们把这两个过程称之为封建化过程。

(一)西欧封建化过程的起点——《萨利克法典》

法兰克人五世纪时分为两支，一支迁往莱茵河中游，称河滨—里普阿尔人，一支进入北高卢，称海滨—萨利克人，即克洛维为王的那一支。《萨利克法典》是萨利克人的习惯法汇编，形成于六世纪初(511年前后)。它反映了五、六世纪法兰克人在进入高卢以后的社会生活状况，既包含了日耳曼人的社会因素，也反映了一些高卢—罗马人的社会因素。西欧社会的封建化过程，就以此为出发点。

---

① [美]斯塔夫里阿诺斯著，吴象婴等译．全球通史：从史前史到21世纪[M]．北京大学出版社，2019：180.

② 斯塔夫里阿诺斯著，吴象婴等译．全球通史：从史前史到21世纪[M]．北京大学出版社，2019：188.

札记

克洛维进入高卢后，把所占领的无人居住的土地交给法兰克人的农村公社，他自己占有罗马皇室的土地，并把一部分赏赐给贵族和亲兵，形成日耳曼大土地所有制，对高卢—罗马地主和教会的大地产，则很少侵犯。所以法典反映的土地所有制就有三种：农村公社土地所有制，王室土地所有制，贵族地主土地所有制。一般认为，农村公社是从氏族公社发展而来的自由农民的社会组织，特点是土地公有私耕，行政自治。但也有人认为，它是在中世纪地主庄园内重新形成的。

(二) 自由农民的农奴化

最初，法兰克自由农民都是公社成员，有权利和义务参加战争，分取战利品，使用公社土地，参加社员大会。到六世纪下半叶，国王希尔伯利克(561—584 年)颁布一道修改萨利克法典的敕令，规定死者如无子嗣，土地由其女儿继承，而不再交还公社。这样，公社的耕地逐渐变为可以买卖的自主地。这时的公社称作马尔克。公社农民内部的经济分化加剧。

但是，法兰克农民农奴化，并不是经济分化的结果，因为当时系自然经济，经济分化缓慢，而主要是外部暴力所造成的。外部暴力来自两个方面，一是教俗贵族地主利用特权强力兼并公社农民的自主地，失去土地的农民被迫投靠大地主，逐渐变成农奴。二是 6—10 世纪战争兵役频繁，对外扩张，外族入侵，社会不安定，豪强官吏勒索，这一切使自由农民无法进行正常的农业生产；另外，军事制度也有变化，从原来的步兵或轻装骑兵发展成为重装骑兵，战斗力加强，但费用开支也大大增加。据估计，当时四家小农方能装备一名骑兵。这种状况，使许多农民干脆就近寻找一教俗贵族保护，把土地交给贵族而由自己耕种，只向此贵族一人纳税服役，既避免了官府沉重的军役、捐税，也避免了他人的勒索和盗匪的抢劫，此称为“委身式”，也叫“投托”。久之，这些农民就变成了农奴。他们在法国被称为“维兰”。

在法国，还有一些农奴称为“塞尔夫”(serf)，他们大多是奴隶的子孙，地位比维兰更低。维兰实际是永久性佃农，份地世袭，劳役有一定传统标准。塞尔夫则由主人任意剥削，并可随土地一并买卖。一般来说，维兰比自由农、佃农的境遇往往要好。8 世纪前半期查理·马特采邑制改革以后，法兰克农民农奴化进程加速。847 年，西法兰克国王

札记

"秃头"查理的墨尔森法令规定"任何自由人都必须选择一主人，或是国王，或是国王的臣属"。

自由农民的农奴化过程一直延续到11世纪。

(三)封君封臣制与封土制的形成与发展

墨洛温王朝时期，六、七世纪，国王采取赐地封土的办法给其官员，封地与公职相联系，这种土地分封是无条件的，久而久之，大贵族势力上升，国王军事经济实力削弱。

到八世纪查理·马特任宫相时，进行采邑制改革，将封地与附庸制度结合起来，从而向西欧封建制度迈出了极其重要的一步。采邑制改革的另一契机是军事制度发生变化。西欧在与阿拉伯人的接触中，学会了使用马蹬，马蹬的出现，使骑兵从轻装发展为重装，铠甲及贵族族徽都随之出现。更重要的是，由此需要专职作战的骑士，普通法兰克农民既难以负担，也无此技艺，而骑士则需要土地和农民来养活。这样，马蹬推动了军制改革，由此引发了社会制度(采邑制)的改革。

马特没收了叛乱贵族和教会的大量地产，分封给他的附庸骑士。受封者，即封臣则以服骑兵役为条件，并向封君宣誓效忠，这种军事封地称为采邑。受封者若不能履行封臣的职责，封君有权收回采邑。这种权利和义务是双方的，是一种契约关系，封君也要保护封臣，不能欺侮他的妻女，若违反，封臣也可另找封君。西欧封建制度的特征就是它的相互性，在封建制度下，没有人是权力无限的统治者。若上面对下面的权力是绝对的，不可反抗的，那就不是西欧封建制度，而是绝对君主制了。这与我们通常所理解的中国封建制度的概念大不相同。

查理·马特的采邑制改革，到加洛林王朝的"矮子"丕平和查理曼时继续实行，因为即使查理曼当时也无足够财力供养职业军队。而各级领主，也有自己的附庸骑士，形成层层分封。打仗时，这些附庸的附庸在王室军队中参加其直接领主指挥的军队，并且只是单线联系，形成"我的附庸的附庸，不是我的附庸"。

采邑制的广泛推行，加速了封建化进程，大小封建主竞相争夺劳动力，把自由农民变成农奴；巩固了中小封建主的地位，奠定了骑士制度的基础，排除了农民当兵的权利；形成了金字塔式的、依次互为主从的封建等级制度。

札记

每一骑士都靠自己采邑的农民的赋税和劳役生活，这一骑士对自己的采邑拥有行政、司法、税收等管理权。国王有时还把一些豁免权赐给一些大领主和教会贵族，豁免权也叫特恩权，指这些领主的领地可不受国王代理人或官员管辖。这样一来，就使采邑领地具有独立王国的趋势。

采邑原本是终身的，封臣死亡，采邑交还封君，不得世袭。封臣的继承者若要继续从前的关系，要重新举行受封仪式。到九世纪，采邑逐渐变成了世袭领地。877年西法兰克的"秃头"查理颁布克尔西敕令，承认采邑和特权世袭。

查理曼死后，王权的分散，无休止的内战，外族的入侵，使原本有序的金字塔式的等级统治走向混乱。原来的封疆大吏——伯爵，以自己的附庸为后盾，从王室官员演变为独立的地方王公。从本质上说，政治分裂是封建制度最正常、最普遍的社会状态。对王权而言，封建制度的兴盛时代正是王权的阴暗时代。

五、西欧封建制国家发展分期

西欧封建制国家产生以后，随着封建经济的发展和阶级斗争形式的变化，封建国家体制也不断发生着变化，在西欧，封建国家发展变化的历史，大致可以分为四个时期。

(一)封建制国家的形成时期(5—9世纪)

这一时期建立的封建王国通常被称为早期封建君主国，其基本特点反映在日耳曼国家相继编纂的"蛮族法典"中，这些法典记述了日耳曼人氏族部落组织的解体和封建国家建立时的情况，规定了刚刚建立起来的国家为维护和巩固封建主阶级的特权所采取的必要形式和活动方式，反映了在原始公社解体基础上脱胎而生的各种痕迹。

(二)封建国家的完善和巩固时期(9—12世纪)

这个时期西欧各国的封建化过程已经完成，封建生产关系已占统治地位，自由农民已经普遍农奴化或变成封建主的依附农民，封建贵族民主制的国家体制已经巩固和完善。这个时期，由于商品货币关系的发展，城市逐渐兴起，一些城市的居民采取各种方式争得独立，意

札记

大利的一些城市，如威尼斯、热那亚、佛罗伦萨则建立了城市共和国。

（三）封建等级君主政体时期（13—15世纪）

这个时期，由于商品经济的进一步发展，新兴的市民阶级需要强而有力的中央政权保障商品流通和自由贸易，因而积极支持王权，国王在反对封建贵族的斗争中，也需要市民阶级的支持，于是国王和市民便结成了联盟，许多国家建立了等级代表机关，吸收市民代表和中小贵族参加，作为国王的重要咨询机构。

（四）封建君主专制时期（16—17、18世纪）

资本主义经济的进一步发展，促成西欧各国内部及邻近各国统一市场的形成。统一市场是中央集权国家产生的基础，也是政治上统一和民族国家建立的前提。这个时期，新兴资产阶级从自身的利益出发，更加强烈地反对封建割据，废除国内林立的各种关卡，整顿币制，统一度量衡，发展自由贸易，这一要求也得到了逐渐资产阶级化的中小贵族的支持，于是强化王权的要求便终于促进了君主专制的形成。恩格斯说，西欧的君主专制政体是在旧的封建制度正在解体，中世纪的市民阶级正在形成为现代资产阶级，而且资产阶级和封建贵族无论哪一方都不能压倒对方的过渡时期产生的。“那时互相斗争的各阶级达到了这样势均力敌的地步，以致国家权力作为表面上的调停人而暂时得到了对于两个阶级的某种独立性。17世纪和18世纪的专制君主制，就是这样，它使贵族和市民等级彼此保持平衡”。①但是后来当资产阶级更加强大，而又无法忍受专制君主的暴虐统治时，它便又起来发动革命，推翻了专制君主的统治。

随着西欧封建化进程的结束，到公元9世纪前后，英、法等国家进入封建制度发展的漫长时期。由于各个国家历史、文化和地域等各方面的差异性，也演化出多样的政治制度。以下章节将进入国别政治制度史的讲述。

---

① 恩格斯．家庭、私有制和国家的起源［M］．人民出版社，2018：191.

名词与术语

札记

封君封臣制度；日耳曼人；萨利克法典；法兰克王国

思考题

1. 基督教在西欧封建国家形成过程中有哪些作用？
2. 西欧封建国家形成的影响因素有哪些？
3. 西欧封建国家形成的动力有哪些？

延伸阅读

1. 罗宾·弗来明：《诺曼征服时期的国王与邻主》，北京大学出版社，2008。

2. 赵林：《基督教与西方文化》，商务印书馆，2013。

3. 布洛赫：《封建社会》，商务印书馆，2004。

4. 恩格斯：《家庭、私有制和国家的起源》，人民出版社，2018。

第五章　英国政治制度史

英国的历史能否单从其自身得到解释呢？我们能否将英国内部史与外部关系割裂开来呢……由近至远，覆盖了英国历史一般进程的概略，显示出我们越往前追溯，我们所能找到的有关自给自足或与世隔绝的证据就越少……工业革命起源于英国而非其他地方的最深远因素，乃是英国在18世纪的世界中所处的一般地位——它的地理位置与大西洋的关系以及它在欧洲势力均衡中所处的位置。

——汤因比

札记

第一节　英国政治制度发展沿革

当代英国政府体制在漫长的历史长河中逐渐演化形成，英国政治制度史是揭示英国当代政府体制内含机理的钥匙。英国的政治制度各组成部分均需从历史惯例和本国政治实践理解，这迥异于以成文宪法建制的欧美国家。如果忽视英国政治制度演化背后的历史惯例，无视英国政治实践生成的政治文化，那么当代英国国王、首相和内阁的权力分配和政府角色变迁等问题均无从理解。

因此，我们首先需要回答以下几个问题：英国政治制度发展的历史主线是什么？英国政治制度史可以划分为哪几个时期？政治制度变迁有何种特征？有哪些因素影响英国政治制度变迁？

一、路径依赖与英国政制变迁

历史唯物主义认为以国家为核心的政治制度是伴随生产力和生产关系的历史性调整而逐步变迁。从经济社会发展的形态看，英国长期处于封建经济形态，直至文艺复兴晚期，欧洲贸易商路由地中海转移至大西洋沿岸，资本主义才逐渐从一种附属的经济形态上升为英国主要的经济形态。因此，政治制度发展形态上，英国先后经历封建君主制、君主立宪制和首相政府制，统治阶级从封建地主阶级转变为英国资产阶级，最高政治权力机构由君主让位于议会，政府首脑则通过选举产生议会多数党，再由多数党领袖担任首相，这与过去君主统治大相径庭。

英国政治制度变迁既符合历史一般规律的普遍性，也有因本国历史—文化—社会生成的特殊性。君主主权与议会主权的斗争是英国政治制度演化的主线，对英国政治制度变迁形成深刻的路径依赖，即“神授的君主主权”逐渐被“议会主权”取代，国王始终是英国政治制度发展不可忽视的政治结构。路径依赖的结果就是英国政治制度实现国王的绝对权力向有限权力、最后到虚位君主的转变；人治向法治的转变，从过去“国王是法律”向“法律是国王”的转变。

二、英国政治制度史分期

结合经济社会发展形态和政治制度，英国政治制度发展历程一般分

札记

为以下三个阶段，即封建君主制、君主立宪制及首相政府制阶段。

(一)公元5世纪中叶—1688年：封建君主制

封建君主制是西罗马帝国崩溃后日耳曼诸王国实行政治统治的主要形式。与之对应的经济基础则是随后数百年在英国逐步确立的封建经济。最初英国政治制度权力分布比较分散，国王仅是作为军事首领享有特定军事、财产和部分的立法权力，贵族凭借掌握的土地和依附农奴对君主形成强大的制约。因此，从公元5世纪中叶至1066年，此时的英国政治制度一般被称为“贵族君主制”。这一阶段涵盖盎格鲁-撒克逊统治的七国时代、维京入侵时期，阿尔弗雷德大帝是这一时期对维护国家统一和王权巩固贡献良多的重要政治人物。

“诺曼底征服”后英国逐渐由封建农奴经济蜕变为封建地主经济，等级君主制取代贵族君主制。诺曼底贵族威廉的征服成为英国等级君主制的起点。诺曼底—安茹王朝(1066—1399年)、兰开斯特王朝统治时期是英国议会形成、发展和确立的重要阶段，为法律限制王权原则确立奠定基础。《大宪章》和议会两院制是贵族、市民阶层与国王斗争的最新成果。进入15世纪后半叶，以“玫瑰战争”为核心的贵族斗争成为英国政治制度发展的重要转折点，英国传统封建贵族势力遭受重大打击，标志着等级君主制时代的结束。

伴随旧贵族势力的衰亡，新贵族和市民力量成为王权新的支持力量，君主专制制度在都铎王朝正式确立。亨利七世的行政司法制度改革、亨利八世的宗教改革为君主专制的确立和发展构筑坚实的基础，君主专制在伊丽莎白一世时期达到顶峰。

(二)1689年—19世纪末：君主立宪制

都铎王朝的绝嗣和随后斯图亚特王朝入主英格兰，由国王挑起的宗教斗争成为激化贵族、市民阶层终结君主专制的导火索。斯图亚特王朝极力推行有利于天主教的政策，并组建保王势力极力维护封建统治，但内战与“光荣革命”的先后爆发沉重打击了封建贵族势力，《权利法案》及其后一系列宪法性文件的颁布，最终确立君主统治必须服从法律的原则。英国政治制度实现由君主专制向君主立宪制的转型，资产阶级与新贵族联合成为统治阶级，为英国资本主义和政党政治的发展提供制度保障。

札记

18 世纪后期兴起的工业革命一方面极大促进英国生产力的发展，另一方面也在重塑英国阶级格局，即工商业资产阶级的地位进一步提高、传统大土地贵族的力量渐趋衰落和无产阶级的队伍迅速壮大。那么，这是否意味君主立宪制能及时吸纳无产阶级和工商业资产阶级呢？事实上，议会在“光荣革命”后进一步获得更大的权力，君主立宪制的推行本质上是土地贵族和资产阶级联合统治的结果。虽然议会选举产生议员，但对议员产生的财产和其他条件规定极为苛刻，这些规定排斥了其他社会阶层对政权的参与，属于典型的寡头统治。虽然这一阶段英国政党组织有所发展，但英国政党不过是是精英圈子政治交易的平台，广大的英国民众缺乏合法和有效的参与渠道，这是英国君主立宪制的主要历史局限。

1832 年议会改革，特别是宪章运动，进一步对君主立宪制政权的开放性和民主性提出新的要求。代表工商业资产阶级利益的自由党在维多利亚女王支持下，采取渐进性改革，不断扩大政权的基础。三次议会改革不断降低选民财产资格限制，使 60%成年男子具有选举权，初步实现政权由寡头政治向民主政治的转变。同时，社会发展也使政府规模和政府治理能力发生转变，政府规模的扩张要求重新改革官僚机构并扩大公共部门，要求责任内阁对议会负责。英国社会结构、议会至上、责任内阁与政党体制的发展完善共同促进君主立宪制转变为议会君主制。维多利亚时期为英国全球霸权鼎盛时期，英国议会君主制成为民主制的典范，也称为威斯敏斯特模式。

（三）20 世纪初—至今：首相政府制

20 世纪初英国政府继续延续政权开放的政策，代表贵族和大资产阶级势力的上院地位进一步下降，代表民选力量的下院权力进一步提高。同时，英国在全球霸权遭遇挑战。两次世界大战的爆发一方面使英国资本主义发展遭遇严重挫折，另一方面则使普选制确立和首相权力扩大。战争动员要求强有力的领导，使英国相对松散的责任内阁制变为首相政府制。同时，战争要求超越和平时期的阶级政治和性别政治，以民族主义动员全体公民，这直接导致了第一次世界大战时英国普选制确立的具体原因。战后恢复实行覆盖全社会的社会福利政策同样要求政府坚定的领导。战争带来的国家政权结构调整使首相成为内阁的中心，内阁

札记

又成为议会政治的核心。

上述变迁表明19世纪议会至上的议会君主制已悄然成为过去。20世纪的英国政治制度超越过往政治制度，既具有前所未有的民主性，内阁与政府首脑的权力也获得空前提高。此外，政党政治变迁同样折射了英国政治制度的变革。进入20世纪后，英国自由党与保守党对峙的局面不复存在，代表社会改良主义的中左翼政党——工党逐渐取代英国自由党，成为唯一可与保守党竞争的政党，表明普选制确立后英国中下层公民对政策影响能力的提高。因此，20世纪英国政治制度沿革的路径依赖特征依然明显，且与过去历次政制变革相似，都是对特定时期英国社会发展采取的新回应。

综上所述，结合制度生成的经济、历史和文化形态，国王、议会、内阁权力对比状况，英国政治制度发展史可分为封建君主制(公元5世纪中叶—1688年)、君主立宪制(1689—1831年)、议会君主制(1832年至19世纪末)和首相政府制(20世纪初—至今)等四个时期。其中，封建君主制包括贵族君主制(公元5世纪中叶—1066年)、等级君主制(1066—1485年)和专制君主制(1485—1688年)。20世纪后的议会君主制又演变为首相政府制。虽然不同历史时期政治制度各有特色，但议会制度长期绵延不绝成为传统，君主则始终是英国政治制度合法性的重要来源，这些都反映了英国政治制度沿革的路径依赖特征。

第二节 封建君主制

一、5世纪中叶—1066年：贵族君主制

公元5世纪中叶—1066年，为英国封建制确立时期，政治制度形式表现为贵族君主制。公元前55年恺撒率军侵入不列颠，直到公元43年，罗马人才终于征服此地，此后统治不列颠长达400年。罗马帝国衰退后，盎格鲁-撒克逊人入侵不列颠，将凯尔特人驱逐并成为英格兰的主要居民，因而贵族君主制时期也称为盎格鲁-撒克逊时代。这一阶段英格兰先后经历七国时代、丹麦人统治的北海帝国和威塞克斯王朝统治。从公元8世纪开始，以丹麦人为主体的斯堪的纳维亚不断入侵不列

札记

颠。公元879年阿尔弗雷德大帝与丹麦人签订条约，将英格兰东北部划归丹麦管辖。公元11世纪初，丹麦王卡纽特在英格兰称王，随后“忏悔者”爱德华复辟威塞克斯王朝，英吉利形成稳定王国。直至1066年，适威廉征服或称诺曼底征服，英国封建政治制度进入快速发展时期。

盎格鲁-撒克逊时代前后数百年，是不列颠国家产生、统一国家形成和封建君主制奠立的重要时期。最初入侵不列颠的盎格鲁-撒克逊人处于原始社会的末期，因而保留了原始民主的不少内容。入侵不列颠的盎格鲁-撒克逊部落已初步形成阶级分化，即称为“哥塞特”(gesiths)的氏族贵族享有政治特权，平时帮助国王管理国家，战时随国王出征。接受国王土地的哥塞特渐趋演变为土地贵族，称为塞恩，对其领地内的依附农行使司法权。另一个部分群体则是享有人身自由的自由民(ceorl/churl)。这些农人生活在农村公社，按照集体化原则集体耕作，按照份地条田数额分配成果，不得任意转让、出售或私自耕种，并向国王及随从承担各类开支。自由民的政治权利体现为自由民有权携带武器、出席地方法庭和获得为国王服务应得的报酬。

彼时英国尽管有国王，但国内各贵族的势力也比较大，国王只是名义上为国家的最高统治者。新君的确立仍然受到各贵族组成的贤人会议的限制。成为国王必须具备两个条件：一是新国王必须经过贤人会议正式选举才能合法行使王权；二是出身王族，非王族血统者绝对无权合法继承王位。此外，嫡长子世袭制在英国王位继承的作用是不断变化的。特殊时期，如丹麦人入侵英吉利期间，军事才能对决定国王人选，具有重要影响。直至13世纪初，嫡长子世袭继承制度才得以确立。

同时，国王的权力在这一时期同样有限。尽管国王及王室孕育英国政府的最初雏形，国王直接掌管王室文书、王室总管、司库、国王亲兵及负责武器和军饷供应的军需长，但国王却受到极大约束：首先，国王受到习惯法的约束。盎格鲁-撒克逊社会长期尊崇古代习惯。一旦国王违背传统习惯，则会遭遇驱逐和丧失性命。其次，坎特伯雷大主教和约克大主教为代表的教会势力通过宗教形式对国王统治的合法性和国王个人行为施加重要影响。最后，由民众大会形成的贤人会议，对国王的产生和废黜、法律的制定和颁布、国家重大决策和各类诉讼，特别是涉及王室和达官显贵的要案均发挥重要作用，国王均无权修改。贤人会议由国王亲自召集，如果拒绝国王宣召而不出席，会受到惩罚。“贤人”由

札记

高级教士和贵族组成，其中包含国王近臣、王室亲信、地方官员和贵族等。

英吉利王国晚期逐渐形成以郡、百户区、村三级管理为主，城镇为辅的半自治性的地方管理制度。“郡”最初是指经济辖区或势力范围，后逐渐演变成最高行政区划。“郡”的地方政府机构称郡区会议，由民众大会演化而来。郡区会议每年春秋两季各召开一次。郡区长官称为郡长，郡长是郡区会议的召集人、民军统领和治安官，受到郡区会议的限制。百户区由若干村组成，百户区设百户长和百户区会议。百户长由郡长任命，大多出身长老。百户区会议每月召开一次，由百户长主持，百户区除征税、处理区内公务外，主要受理财产所有权、继承权、土地转让、地界争端、契约纠纷等民事案件和盗窃、抢劫和凶杀等刑事案件。村则由若干村户组成，居住相对集中。村是政社合一的组织，设村长和村镇会议。

各种社会历史的共同作用，不仅使英格兰人跨越了野蛮残酷的奴隶社会阶段，还使他们继承了原始社会末期极为珍贵的民主制遗产，使英国在逐步形成中央集权国家的过程中，奠定了法治传统、君主制和与社会上层人物共同行使国家权力的机制，形成了以郡、区为骨干的半自治性的地方行政和司法管理体系。这种体制不仅呈现了双重分权的特点和趋势，还对以后英国政治制度的较平稳发展以及独特的政治文化的形成产生了积极影响。

盎格鲁-撒克逊时代的政治制度在英国政治制度上属于草创阶段，其许多方面自然还存在粗陋简单的特点，如各级政府机构尚未形成较合理细致的职能分工、司法审判缺少规范合理的程序和科学性等。这些缺陷的消除需要生产力和生产方式的进一步完善和发展。

二、1066—1485 年：等级君主制

（一）诺曼底征服

诺曼底征服是英国由贵族君主制转向等级君主制的重要转折点，是欧洲大陆先进生产方式成功移植英国的关键事件。诺曼底征服的起因是英国国王“忏悔者”爱德华死后的王位继承问题。1066 年 1 月，威塞克斯王朝最后一位国王“忏悔者”爱德华死于刚刚建成的威斯特敏斯特宫

札记

中，因其没有任何继承人，也没有对其继任者给以明示，法国诺曼底公爵威廉借口与英国王室的亲戚关系和爱德华生前许诺，要求继承英国王位，但贤人会议选举了大贵族哈罗德为王，于是威廉决定以武力夺取英国王位。半年后，威廉的军队在帕文西登陆。此时，哈罗德刚刚在约克城外结束与挪威入侵者的一场鏖战，立即率领疲惫之师南下，迎战威廉。在哈斯汀斯战役中，威廉利用精良的诺曼底骑士军队，大获全胜，哈罗德中箭身亡。随后，威廉率军横扫英格兰内地，迫使孤立无援的伦敦城不战而降。年底，威廉进入伦敦，于圣诞节加冕为英国国王，称威廉一世(1066—1087 年在位)。

(二)威廉一世与亨利二世的改革

如果说诺曼征服直接促成了征服者威廉加冕为英格兰国王，那么诺曼征服后的改革则更为深远地加速了英国封建制度发展，使英国完成由贵族君主制向等级君主制的转变。威廉一世与亨利二世的改革的主要内容是将诺曼底已经比较完备的封建制度引入英国，如封君封臣制度、君权集权化以及改组贤人会议等。

1. 封君封臣制度

入侵前，诺曼底已经建立起完备的封建制度。诺曼底征服后，威廉把封建骑士领有制度导入英国，促进了英国封建制度的发展。诺曼底王朝时期，威廉以其强硬的手腕建立了类似中国的封建制，即封君封臣制度——“我的附庸的附庸，还是我的附庸”。

威廉一世能够打破英国已有的土地分封制度，原因有二：第一，威廉的征服行动不是一次完成，导致分封给贵族的领地难以连成片，限制了贵族势力的发展。第二，威廉凭借军事胜利扩大自己的权力，成为英格兰的最高土地所有者。他不仅要求各诸侯、而且要求各诸侯的陪臣都必须对他尽封臣义务。

威廉将全部土地(全国约一半土地)分为 1200 块骑士采邑，并没收戈德温家族和支持哈罗德的英吉利人的全部地产。封臣们根据领有采邑的数量，担负各自的骑士义务，骑士采邑承担骑士义务。骑士义务不仅仅是简单的契约，骑士在人格上成为领主的属臣，必须服从、效忠和尊重领主。被征服的英吉利贵族若想保留土地，必须尊威廉为最高领主，必须承认自己土地是受新主封赐而获得。威廉除留下部分作为私人领地

札记

外，其余按照诺曼底的分封方式，分配给军事贵族和高级教士。直接领受国王封地者称作国王的直属封臣，共一千四百余人。领地较大、年收入 100 磅以上者约 180 人，其中 150 人为世俗贵族，30 人为教会贵族。教会同样承担骑士义务，因此，高级教士如坎特伯雷主教、温彻斯特主教等全部成为威廉的直属封臣。

国王的直属封臣以类似方式进一步将自己的部分封地分封给次级封臣，直至占有一块骑士采邑的小骑士。骑士则以自己采邑的部分土地作为依附农的份地，依附农每周无偿提供 3 天劳动和在重大节日期间向领主缴纳贡品。层层分封使骑士领有制和封君—封臣等级隶属关系的封建社会得以建立。威廉分封使国王成为最高领主，土地占有的等级结构得以实现。无论是国王的直属封臣，还是受封骑士均要承担相应的封建义务：第一，骑士兵役。封建领主必须每年为国王服役 40 天。当国王长子受封骑士或长女结婚，或国王在战争中被俘需用金钱赎身，领主必须“献纳协助”。第二，领主去世后，继承人必须向国王缴纳继承税，才能合法继承领地。第三，领主死后，若继承人尚未成年，必须由国王对继承人履行监护权，监护期间其领地土地收益为国王所有，继承人成年并缴纳继承税后继承领地。若领主死后无嗣，则领地转归国王所有。

2. 改组贤人会议为御前会议

诺曼底征服之前，由贵族组成的贤人会议具有原始民主的遗风，权力比较大，当时重要的事务，比如议立新君都需要贤人会议决定。为了降低贵族的影响力，威廉一世改组贤人会议为御前会议。

御前会议分为大会议、小会议两种。小会议不固定，大会议一年三次，小会议是大会议的核心，主要职能是司法审判，即处理男爵之间，以及男爵与国王之间的利益纷争。大会议参与人员包括以男爵为主体的世俗大贵族集团，由大主教、主教、修道院长组成的教会贵族集团和王室官员集团。小会议则由最重要的王室官员和常伴国王身边的少数贵族组成。

3. 君权集权化

诺曼底征服是法国诺曼底贵族入侵的结果，为防止英吉利贵族的反扑，威廉一世采取如下措施：首先，加强对地方的控制和削弱英吉利贵族对地方事务的控制权力。威廉提高郡长的职权，并由诺曼底男爵担

札记

任。郡长职务不再世袭，随时可被国王撤换，并接受国王委派的专员巡察。其次，威廉加紧控制民间军队和拆除城堡。严禁私人修建城堡，下令拆除英吉利贵族的城堡，并以大道方式将全国城堡联通，派驻王室军队，随时出动镇压农民起义。再次，严格控制教会，削弱教会的司法权力，发展世俗法庭，使中高级教士不得过于干涉世俗法庭的审批工作。最后，改革法律制度，重新编写成文法，强调保护诺曼底人关于土地和安全的权力。

4. 威廉一世及其继任者的政治改革对英国政治制度发展的意义

亨利二世是威廉一世之后比较有作为的继任者，因其法国的封号为安茹伯爵，故 1153 年其建立的王朝称为安茹王朝。亨利二世继承和发展威廉一世对中央集权的主张：军事上，下令拆除所有未经王室准允修建的城堡，改骑士服役制度为招募骑士，减轻了对各诸侯封建军队的依赖；财政上，亨利二世要求贵族补交拖欠的捐税，对违抗的封建领主采取无情镇压，逐步收回被大贵族侵占的王室地产，恢复中小贵族的固有封地；司法上，亨利二世进行了司法改革，如建立王座法院、民事法院、棋盘法院，建立巡回法官制度①，建立新的诉讼程序和规范陪审制度，将御前会议和王室法庭颁布实施的法律规定为英格兰唯一的法律，使传统地方法庭和私人法庭逐步纳入国王司法体系，加强司法中央集权化。经过数代国王的努力，英国王权进一步加强，英国中央集权化得到进一步巩固。

诺曼底征服将法国先进的封建主义带入英国，促进了英国政治制度快速的发展。诺曼底王朝和安茹王朝的政策不乏起伏跌宕，中央王权和其他政治势力时强时弱。王权与贵族的关系失调和对立，高层统治集团内部的权力之争和当时“跨海而治”的形势，以及因此而引发的各类矛盾，均是导致局势动荡的重要因素。如果威廉一世是英国封建主义中央君主集权制的缔造者，那么亨利一世和亨利二世则是威廉事业的继承者、巩固者和发展者。亨利一世的统治使不列颠岛享受了 30 年的太平盛世，亨利二世的司法制度改革则拉开了英国司法集权化的序幕，开始了颇具特色的普通法法系。这些重要举措为英国以后较早地形成一个民族国家和后续的君主专制准备了重要的先决条件。

---

① 1166 年颁布的《克拉伦敦法令》使巡回审判成为制度。

札记

(三)《大宪章》及其政治制度意义

1.《大宪章》的签署背景

亨利二世死后，其子理查德继位，理查德继位后，比较热衷于海外十字军东征，在位十年一直忙于此事，最后战死在海外，这就使得国内贵族影响力变大。

理查德死后，由其弟弟约翰继位。约翰肆意破坏封建惯例，任意没收附庸土地，不断增加城市税收，使王室和封建贵族之间的矛盾进一步激化。加上1202—1204年的对法战争中连连失利，大片土地均为法王腓力二世占领。1205年，因干涉坎特伯雷大主教的选举，又与教皇发生冲突，教皇将约翰开除教籍，并宣布废除约翰王位，约翰无奈，只得承认自己是教皇的附庸，每年向教皇缴纳大量贡款。为了筹集贡款，他横征暴敛，以致国内民怨沸腾，众叛亲离。1215年6月15日，大贵族在骑士与市民的支持下，迫使约翰在泰晤士河畔的兰尼米德草地签署了《大宪章》。

2.《大宪章》的主要内容

《大宪章》共65条，主要是从教会、贵族、骑士以及市民的利益出发，对国王的权力加以约束：

第一，大宪章首先肯定了教会和贵族的特权，承认英格兰教会所享有的自由，其权利不受干扰，其自由不受侵犯。

第二，规定除下列三项税金外，如无全国“公意”之许可，将不得向贵族、骑士、伦敦城征收任何免役税与贡金：国王被俘时赎回国王的赎金，国王册封长子为骑士时之费用，国王出嫁长女时之费用。同时规定征收这三项税金时亦务求适当。

第三，规定凡欲征收上述贡金之外的捐税和免役金，国王必须召集有大主教、主教、伯爵、显贵男爵及其他封建领主参与的会议，召集会议的诏书必须于开会前40日内送达，召集会议的缘由应于诏书中写明，会议召集之后，征税事件应按会议出席者之公意进行，不得以缺席人数相阻延。

第四，规定不得强迫领有骑士采邑或其他自由保有土地之人，服额外之军役。一切郡、邑、小城镇、小区除按照旧章征收赋税之外，不得有任何增加。

札记

第五，规定伯爵与男爵非经其同级贵族陪审，不得课以罚金。任何自由人，未经其同级贵族之依法审判，或经国法判决，皆不得被逮捕、监禁、没收财产、剥夺法律保护权、流放或加以其他任何损害。

第六，和平时期，一切商人倘能遵照旧时公正之习惯，皆可免除苛捐杂税，安全经由水路或陆路出入英格兰，或在英格兰全境逗留以经营商业。

第七，为了防止国王对宪章的破坏，大宪章中还提出了一条监督国王履行宪章的条款，即由男爵中推选 25 人，组成监督机构。

3.《大宪章》的政治制度意义

第一，通过制定和颁布成文法的方式，比较含蓄地体现了法律至上和王权有限的宪法精神，却把一般性封建原则明确具体地写进条款之中。以后随着岁月流逝，人们渐渐忽略了许多原文，可法律至上、王在法下的法则却被久久铭记。

第二，《大宪章》所规定的封建原则往往被后人赋予新内容，并根据政治需要另作解释。例如，文件中提到的"自由民"，原意是指以贵族为主体的封建统治阶级，以后扩延至广大民众，甚至将社会下层包括在内；而封建贵族合法反抗国王政府的权利则演变为人民大众反对暴政的权利。

第三，通过向国王宣告国民有被协商权的原则，明确规定国王必须召开有若干贵族组成的议会，从而为数十年后议会的产生铺垫了基石，为数百年后新兴资产阶级参与议会斗争提供了法律依据。后世学者称《大宪章》为第一篇伟大的议会文献。

第四，它极大地限制了国王的权力，维护了封建领主的司法裁判权。《大宪章》第一次设立了一个监督国王履行宪章的机构，这一宪章监督机构的出现对日后西方的政治生活产生了重大的影响。

(四)英国等级议会制度的形成

在国内外英国宪政史研究中，议会的产生是个见仁见智、争论很久的问题。比较而言，英国宪政史论著中较典型的观点有 1265 年"西门议会说"和 1295 年的"模范议会说"。也有学者认为，即 1215 年《大宪章》的制定、1265 年"西门议会"(也称"孟福尔议会")和 1295 年"模范议会"，视为英国议会起源到形成的三大界标。

札记

1. 英国等级议会制度的形成

英国议会制度作为一个过程，由以下重要的事件组成：

(1)理查德时期国内大会议实权不断增强

理查德在位的十年，热衷于海外十字军东征，长期不在国内，从而使得国内的大会议的实权不断增强。

(2)约翰统治时期签订《大宪章》

1215年，贵族在市民与骑士帮助下迫使失地王约翰签署的《大宪章》，通过向国王宣告国民有被协商权的原则，明确规定国王必须召开有若干贵族组成的议会，从而为数十年后议会的产生铺垫了一块沉稳基石，为数百年后新兴资产阶级参与议会斗争提供了法律依据。正是在这种意义上，后世学者称《大宪章》为“第一个伟大的议会文献”。

(3)《牛津条例》

亨利三世在位时期，为了替自己的儿子夺取西西里王国，同意支持教皇，提供军队和军费，由此在1258年召开扩大御前会议，贵族们全副武装参加会议，被称之为“疯狂的国会”。这次国会迫使国王再次让步，同意由27名大臣和贵族组成委员会，起草新的政治改革条例，这一条例于1258年6月11日在牛津通过，被称为《牛津条例》。

《牛津条例》的主要内容如下：改建御前会议，组成由27名贵族参加的委员会，与国王共同施政；设立最高司法官一职，审理对国王及其大臣起诉的一切上诉案件；确立议会立法的最高权威。《牛津条例》是继《大宪章》之后的又一重要的政治和法律文献。其重要意义是在英国历史上首次提出了政府主要大臣要对委员会而非国王负责以及定期召开议会的原则。这等于公开宣布王在法下和议会是全国最高立法机构。其中关于骑士监督地方政府的规定有助于乡村骑士提高政治地位，尔后他们有更多的机会成为议会代表。不过，牛津议会把全部权力交给封建大贵族的做法，引起了骑士、市民和自由土地占有者的不满，这些阶层要求参与国家事务管理。

(4)西门会议

1265年孟福尔伯爵等贵族为了对抗亨利三世废除《牛津条例》和《威斯敏斯特法令》，召开了“西门会议”。“西门会议”除通知部分贵族和各郡骑士参加外，还首次要求各市选派两名“贤良、守法和正直”的市民代表参加，从而使社会地位比骑士更低下、成分更复杂的市民开始步入

札记

议会。因此，“西门议会”被称为未来下院乃至议会制度的重要起点，议会正式成为英国等级代表机关。此后1295年的“模范会议”，除了贵族、大主教、主教外，还有骑士和市民代表参加。在爱德华一世时期，一年召开2次议会已经形成制度。1297年，议会获得批准赋税的财政监督权，1322年后规定非经议会同意，任何规定不得列入法律。1414年，议会作出决定：即使议会解散，任何人也不得对法律作任何改动。至15世纪，议会获得完全的立法权，平民代表逐渐成为议会组成的重要部分。

(5)议会成员平民化

大贵族于1310年迫使爱德华二世同意成立贵族立法团，负责制订政府改革法令。为了提高其权威性，立法团自1311年起有意吸收平民代表参加。而国王为加强王权，扩大政府社会基础，抑制贵族势力，也乐意召集平民代表出席议会。从1313年到1325年，只有两届议会没有平民代表。1325年后，“无平民代表即可召开议会的时代最终结束了”。英国等级议会经过一百余年的漫长岁月，终于走完萌芽、产生和形成的历程。

(6)英国议会两院制的形成

13世纪中后期，乡村骑士和市民代表开始进入议会后，整个议会的贵族特色有所褪减，渐渐演变成为一院制多等级联合会议。这种情况未能持久。由于他们所代表的利益不同，所关心的事务有别，加上封建等级制度的礼仪限制，代表议事常有鲜明的阶级界限。一些宗教界代表，主要是修道院院长和下级教士，或不屑于与世俗之人比肩而坐，或对贵族和平民所争论的尘事俗情不感兴趣，便陆续退出会场，自行组成“教士会议”讨论他们每年应缴的税捐。其余高级教士，即大主教、主教和大修道院院长等，人数不多，与宫廷官宦豪门显贵关系密切，而且他们也都是大土地所有者，同样蔑视平民代表，便与大贵族，组成贵族院。身居贵族底层的骑士一度披坚执锐，在国王和贵族的麾下效命，可后来，国王作战多用雇佣兵，加上贵族之间私战减少，绝大多数骑士缴纳了免役税，脱离了军务，逐渐演变成为追逐工商业利益的实业者，同一般工商业者利益接近，社会地位渐渐趋于平等。他们同贵族同室开会时，不愿忍受大贵族的骄横傲慢、颐指气使，宁肯单独聚会。

1332年贵族和平民首次分院议事，而后又重新合并，这虽属偶然

札记

之举，亦可将其看作两院制出现的一个标志。1341 年，议会又因要事分为两院议事。1343 年一些官僚指控大主教斯特拉福理财不善，未能尽力筹集对法战争的军费，要求议会立案审判。斯特拉福当即辩解：根据古法旧制，惟有贵族有资格审判他，其他人不得置喙。在场贵族一致赞成。他们退出壁画大厅，到白厅聚合。两院制终于形成。议会档案首次详记了两院议事的情况，两院分离已明白无疑。

议会贵族和平民分院后如何进行磋商和信息交流？为此，上院 12 名贵族和下院 12 名代表组成协商会议，反复讨论重要事宜以求达成一致意见；协商会议的决定经下院重新复议并通过后，再由其代表前往白厅禀告国王和贵族。

(7)上下两院议长产生

两院分开三十多年后，下院工作总是由协商会议代表主持。在 1376 年贤明会议上，当下院平民代表讨论政府税案时，首先集体起誓要对外严守议会秘密，以防国王贵族刁难干扰；继而推选思路敏捷、辩才出众的骑士代表彼得·马克为下院总发言人觐见国王和上院贵族，禀报下院讨论情况和要求。尔后这种做法成为制度后，彼得被公认为英国议会史上的首任议长。时隔不久，上院也采取类似做法，推选大法官主持该院会议。大法官职高位显，熟谙法度，具有专业辩才，与王室关系密切，在高层社会交际广泛，便理所当然地成了上院议长。

议会两院形成后，上院地位明显重要。上院贵族具有协助国王管理国家的责任，可参议政府要事，并且他们所在上院还是最高上诉法院，拥有高级司法裁判权，可审理全国下级法院的上诉案件，审理贵族叛国(君)罪和其他重罪。下院虽因经济实力的增长而权限扩充，但群体地位仍在上院之下，甚至在下院内部，拥有末级封臣资格的骑士也总是认为其地位高于平民，可优先出任下院议长。而市民代表因社会地位所限，议会内地位有限。

回首 14 世纪英国政治史，可以看到议会的发展相当迅速。爱德华一世在位时期，议会还只是一个包容社会不同等级、常受王权制约的一院式议事结构；到了该世纪末，它已发展成为具有比较稳定的组织形式、工作程序和多种职能，相对独立的两院制政治机构。

(8)兰开斯特王朝

15 世纪后英国进入兰开斯特王朝统治时期，下院权力迅速扩大，集中体现为财政权和立法权的扩充。财政权扩充。1407 年规定国王征税的方案首先提交下院，经下院讨论通过，再提交上院，自此后成为英国政治制度的一条基本原则。15 世纪已是中世纪的黄昏，又是英国历史上朝代更替最频繁的时期。其中最重要的原因是，当时封建制已如明日黄花，王权衰落，大贵族崛起。

札记

立法权扩充。兰开斯特时期，几乎所有的法规都由下院动议。议会两院形成“三读程序”，将议会立法程序推向完善化。

2. 英国两院等级议会制度形成的原因

究其原因，第一，统治阶级内部的权力对峙和斗争(例如爱德华二世的王后组成后党，废除爱德华二世，而立自己的儿子为王，就充分利用了议会)。第二，旷日持久的对外战争给国王和政府造成持久性财政困难，从而为议会扩大自身权力提供了有利条件。第三，市民阶层和自由民力量的增强。商品货币经济的迅速发展，横扫欧陆的黑死病所造成的人口剧减和劳动力的严重缺乏，以及农民起义的冲击，均使英国农奴制衰落瓦解，并致使社会经济面貌和阶级结构发生重大变化。农村契约租地农、自由民队伍的日趋扩展，城市人口的不断增加均为议会，尤其是下院的发展奠定了坚实的社会基础。第四，社会历史传统。氏族民主、王权的限制以及议会的产生成为英国政治文化传承的重要来源。

三、专制君主制的过渡

英国王权在中世纪后期经历一个由强而弱，然后又由弱变强的曲线发展。其中由强转弱是从 13 世纪初至 15 世纪中叶；由弱变强主要是在爱德华四世在位时期(1466—1483 年)，这一时期英国完成了从等级君主制向专制君主制的过渡。

在 1337 年至 1453 年间，英国和法国断续进行了长达百年的战争。百年战争中，英国的各封建贵族都建立有自己的武装，但这对于国内和平不啻是重大的威胁。百年战争之后，英国各封建贵族卷入金雀花王朝后裔的两个王室家族内部的斗争，并分为两个集团：以兰开斯特家族(西北部)为一方，以红蔷薇为标志；以约克家族(东南部)为一方，以白蔷薇为标志。这两个封建集团之间为争夺王位继承权进行了长达 30 多年的战争。由于这次战争双方均以蔷薇为标志，所以史称“蔷薇战

札记

争”。蔷薇又名玫瑰，所以也叫“红白玫瑰战争”，战争的直接结果是一大批封建贵族被消灭。

（一）玫瑰战争的发生缘起

两个家族之间的对立始于英王理查二世被其堂弟兰开斯特公爵亨利四世（亨利·博林布鲁克）于1399年推翻。作为爱德华三世的第三子冈特的约翰的儿子，亨利对王位没有优先继承权。根据先例，王位应该传给爱德华三世的次子安特卫普的莱昂纳尔（Lionel of Antwerp）的男性后裔，而事实上，理查二世早已立了莱昂纳尔的外孙第四代马奇伯爵罗杰·莫提梅（Roger Mortimer）为王位继承人。当理查二世被废黜时，罗杰已死，王储是其长子第五代马奇伯爵埃德蒙·莫提梅。但是，在理查二世死后，亨利·博林布鲁克加冕为亨利四世。因为理查二世的统治不得人心，所以他的不正当继承得到了容忍。亨利四世在1413年死去。他的儿子兼继承人亨利五世是个杰出的军人，在对法兰西的百年战争中的军事胜利为他赢得了大量的支持，使得他得以强化兰开斯特王朝的统治权。亨利五世的短暂统治经历了一次由兰利的埃德蒙之子剑桥伯爵理查所领导的政治阴谋。剑桥伯爵因在阿金库尔战役时叛国而在1415年被处决。剑桥伯爵的妻子安妮·莫提梅也有王位继承权，因为她是罗杰·莫提梅的女儿、埃德蒙·莫提梅的姐姐，所以是安特卫普的莱昂纳尔的后裔。亨利五世死于1422年，剑桥伯爵和安妮·莫提梅的儿子约克公爵理查对懦弱的亨利六世的王位发起挑战。

兰开斯特家族方面的英王亨利六世被不受欢迎的摄政和谋士所包围。最有名的是埃德蒙·博福特和威廉·德·拉·波罗（William de la Pole），他们被指责管理政府无能并且在继续对法兰西的百年战争中指挥不利。在亨利六世时期，英国在法国的所有据点，包括亨利五世所赢得的领土，几乎丧失殆尽。亨利六世开始被视为无能昏庸的国王。而且，他还受到令人尴尬的间发性精神疾病的困扰。到1450年代，很多人认为亨利不适合统治。兰开斯特王朝出现合法性危机，而约克家族相信他们对王位有优先继承权。民众不断增加的不满，封建贵族的私人军队和亨利六世朝廷的腐败使得内战的政治气候已经成熟。

当国王亨利在1453年开始遭受第一轮精神疾病时，摄政理事会建立。由强大和受欢迎的约克家族的首领约克公爵理查·金雀花任摄政王。理查很快更大胆地开始加强了他对王位的要求，他囚禁了博福特，并在一系列和亨利的强力支持者(如诺森伯兰公爵)的小冲突中给予他的同盟者萨尔茨堡和沃里克以支持。亨利在1455年的痊愈挫败了理查的野心，约克公爵很快被亨利的王后安茹的玛格丽特赶出朝廷。因为亨利是个无用的领袖，强力和上进的玛格丽特王后成了兰开斯特派系的实际领袖。玛格丽特王后建立了针对理查的一个同盟，并和其他贵族密谋削弱他的影响力。遭受到更多挫败的理查最终付诸武力，在1455年在第一次圣亚班士城之役中挑起争端。

(二)玫瑰战争的政治影响

三十年玫瑰战争后(1455—1485年)，上院贵族势力遭到极大的削弱，都铎家族再次将分裂的英国王室统一。中世纪末期的王权式微和贵族衰落反衬出下院地位的提高，主要在于下院财政权和立法权的扩充。下院财政权的扩充主要表现为由下院动议权和最后决定税额的拨款权。新兴贵族和资产阶级的力量在战争中迅速增长。为巩固统治，亨利七世及其儿子亨利八世继续和封建贵族进行全力争夺，他们依靠新贵族和新兴的资产阶级的力量，实行君主专制，英国王权空前强化。

四、1485—1688年：专制君主制

(一)亨利七世的改革

亨利八世的改革于亨利七世的改革密不可分，因此有必要首先介绍亨利七世的改革内容。总体来看，亨利七世的贡献表现为以下方面：(1)1504年建立了枢密院，取代以前由贵族主导的谘议会。枢密院由国王的亲信大臣参加，不再邀请贵族，枢密院成为最高行政机关和立法机构。都铎王朝时期发展起来的枢密院，不仅提高了当时的政府的工作效率，还同18世纪内阁制的形成和运行有着一定联系。(2)成立星法院。星法院不根据法律，而是国王的旨意审判各种叛乱、组织会党以及非法集会等案件，从而加强王权，其主要目的是打击世俗贵族，成为都铎王朝时期进行专制统治的重要工具。(3)更重要的是，亨利七世意识到新兴的城市资产阶级，包括手工工场主、大商人和银行家，能够为王权提供强大的经济支持和政治支持。他通过执行重商主义政策，保护和

札记

奖励工商业和航海业，提高了国王收入，极大地降低了国王对议会的依赖。

(二)亨利八世的改革

1. 宗教改革及其意义

1533年，亨利八世与罗马教皇决裂，下令禁止英国教会向教皇继续缴纳贡税。1534年，国会通过《至尊法案》，宣布国王为英国教会的最高首脑，拥有任命教会各种教职和决定教义的权力，宗教法庭改为王室法庭，由国王任命的官吏审判教徒、镇压异端，未经国王同意，教会无权召开宗教会议，不得制定新的教规，现行教规需由国王任命的32人委员会通过，与国家法令抵触的宗教教规一律废除。

宗教改革的意义表现为四个方面：其一，使王权在较短时期内迅速膨胀，变得空前强大。通过没收大量教会财产，把没收的教会土地投入市场拍卖，获得大量资金。同时，英王为教会之首，因此，此后英王无论是在理论上和还是在实践中均被僧俗两界奉为国家最高首脑。其二，英国成为一个真正独立的主权国家，国王的权力和特权充分得到保证。其三，国王和议会的关系发生明显变化。改革期间议会两院积极地配合，成为国王的得力工具，其中上院教会贵族成分发生重要变化，高级教士的总体势力大大削减，上院总体实力远非昔比。为此，史学家把英国贵族院的这种嬗变称为“上院的衰落”。再者，由于亨利七世在没收修道院大宗财产后财政力量大大加强，议会召开的次数减少。其四，与宗教改革相关的新机构因之建立，从而加快了政治体制改革的步伐。

2. 政府革命

第一，将原来只为国王管理文书档案的国王私人秘书提高为政府的首席大臣，他上承王命，下管众臣，成为政府实际上的最高首脑。第二，改革财政机构，设置六个部门和法院分管旧有的和新增加的国家收入，分别是：财务署、增收法院、年俸厅、十一税法院、监护法院等。尽管这一时期成为君主专制时期，但君主的权力仍然是有限的：第一，受议会的限制；第二，受法律，特别是议会法和普通法限制。

3. 议会权力的发展

都铎王朝时期专制王权的扩充、宗教改革的进行，以及“议会至上”的萌芽和“王在议会”原则的形成，不仅提高了议会的政治地位，扩大了它的特权，而且还改变了两院的成分、关系和作用，显露出上院的衰落和下院权力的增强。

(三)英国君主专制制度的内涵

尽管这一时期称为君主专制时期，但君主的权力仍然是有限的：

第一，受议会的限制。虽然都铎王朝时期国王的权力有了较大的提升，但是涉及征税和立法等问题，王权仍然受到议会的限制，这形成了英国政治制度的宪政惯例。宗教改革后，议会世俗权力不再受到传统教会势力的压制，议会在立法上的权威，使议会成为事实上的最高权力机构。如玛丽女王力图恢复天主教的地位，但遭到下院多数议员的质疑反对。

第二，受法律，特别是议会法和普通法限制。国王的权力仍然受到议会通过的法律的限制，王在法下的惯例原则，国王应该遵守。国王的最高统治权只有在“议会中”才能体现，国王不可以直接参与议会。

英国君主专制制度建立的时间并不长，发端于中世纪王朝的后期，王权的加强依赖于新兴的资产阶级，有别于东方世界。英国资本主义的发展需要王权的加强，去破除传统土地贵族的封建贸易壁垒，但这二者之间存在着不可调和的矛盾。

(四)王权和议会权力的斗争

1603年女王伊丽莎白死后无嗣，由亨利七世的外曾孙女玛丽·斯图亚特之子詹姆斯六世继承英国王位，称为詹姆斯一世，开始了斯图亚特王朝的统治。由于詹姆斯一世信奉君权神授，与英国的政治传统有悖，再加上17世纪后英国资本主义发展迅速，资产阶级力量日益强大，从而掀起了新一轮的国王和议会权力斗争的新高潮。

1. 詹姆斯一世时期

(1)1611—1621年的议会斗争

詹姆斯一世不能容许议会限制他的权力，但他又无法依靠王室领地收入和经议会认可的关税收入来维持王国日益增加的开支，不得不召开国会来征税，资产阶级与新贵族利用议会召开的机会对国王的专制政策进行猛烈的抨击。结果，1611年、1614年、1621年的三届国会均被詹

札记

姆斯一世解散，甚至下令逮捕部分议员。资产阶级和新贵族对詹姆斯一世的专制已无法容忍，英国已处于资产阶级革命的前夜。

(2)1625—1653年的议会斗争

因为对外战争与宗教问题，查理一世与议会的斗争持续不断。主要表现在以下几个方面：一是议会曾于1626年被查理一世解散，后由于国王对外战争要征税，于1628年被迫复开，议会迫使国王通过《权利请愿书》。《权利请愿书》的主要内容如下：

第一，今后未经议会同意，不得强迫人民承担或缴纳贡物、贷款、捐助赋税和其他类似负担；第二，非根据国家法律和法庭判决，不得逮捕关押任何人或剥夺其财产；第三，政府军队不得占据民宅；第四，不得根据军事戒严令任意逮捕公民。

二是1629年议会通过三项决议，主要内容如下：

第一，任何想输入天主教或有类似行为者，即被视任为国民公敌；第二，任何未经议会认可而建议征收赋税者，即被视为国民公敌；第三，凡"自愿缴纳"未经议会认可的"吨税"和"磅税"者，即被视为英格兰的叛徒和国民之敌。

三项决议遭到了查理一世的反对，其下令解散议会，自此英国进入长达11年的无议会期。直至1640年复开议会，英国爆发了资产阶级革命，英国议会进入长期会议时期，直至1653年。

三是1640—1653年英国长期议会。其间通过审判斯特拉福德伯爵(叛国罪)，议会下院通过《褫夺公权法》，使得议会的权力达到了空前的高度。

四是1642年《三年法案》。它规定以后至少3年召开一届议会；未经议会同意，国王不得过早解散或终止其会议。这表达了资产阶级和新贵族永远结束英国专制统治的愿望，对于当时削弱封建王朝的势力有着重要的作用。

五是废除"星室法庭"和其他特权法庭的两项法令。这对于铲除封建阶级政治和宗教特权具有重要要作用。

查理一世于1649年被推上断头台。英国进入了克伦威尔建立的护国公政体，由于这是英国历史上短期没有国王时期，且是把君主、贵族和民主混合一体，短暂的军事独裁体制，因此，不再赘述。直至1658年查理二世结束流亡状态回国继承王位。

札记

(3)1688年光荣革命

“光荣革命”表面是英国一场与宗教信仰有关的非暴力宫廷政变，发生于1688年到1689年。革命原因在于詹姆斯二世信奉天主教，企图恢复斯图亚特王朝专制统治；直接原因在于他生了一个信奉天主教的儿子。英国国会辉格党、托利党信奉新教之党人们联合起义，将信奉旧教的詹姆斯二世罢黜，改由詹姆斯之女玛丽二世与夫婿威廉三世两伉俪共治英国。因为这场革命没有人命伤亡或受伤，故史称“光荣革命”。至此，代表民意之英国国会与代表君主之英国国王近半个世纪的斗争，以议会的胜利而告结束。

“光荣革命”兼具革命性与保守性。革命性体现在：第一，从发生和进程来看，其间不乏武装行为和暴力现象，所谓“兵不血刃”并不符合实际。第二，从王位更替来看，协商会议把王冠同时献给威廉和玛丽，严重违背了严格的长子继承制，打乱了王位继承顺序，并建立了一种奇特的一国二君体制。第三，从1689年到18世纪初，英国议会又通过了一系列重要法案，奠定了英国君主立宪制的政治和法律基础，使英国顺利实现了从封建主义到资本主义的重要过渡，这就既为17世纪40年代以来的资产阶级革命划了一个比较丰满的句号，又为以后该国资本主义的迅速发展提供了不可缺少的政治前提。

(五)斯图亚特王朝政治制度的发展

1. 中央行政机关与议会关系的发展

斯图亚特王朝几位国王先后组建枢密院委员会、外交委员会、情报委员会和内阁等政府核心机构的做法，为后代君主和政治家提供了有益启示：其一，在多数情况下，国王有权挑选心腹大臣，秘密委以重任，提高政府效率。如果有人对此提出批评，也只是针对某些法令和大臣，而不是批评国王。这种情况有助于“君王不可为非”的宪政原则的发展。其二，长远来看，在“议会至上”原则已经相当发展和社会阶级矛盾比较尖锐的情况下，国王在组建政府核心机构时，应当尽量处理好与议会的关系，否则有可能遇到种种麻烦。查理二世在位时屡遭政治风险，詹姆斯二世很快丢掉王冠，俱与此有关。其三，正因为1603—1688年各类政府核心机构未能与议会保持和谐关系，内阁对议会负责的政治原则尚未萌发，所以，当时政府的各种核心机构充其量也只能被称作内阁，

札记

而尚未形成内阁制。

2. 政党产生

17 世纪 70 年代中期以来，议会和政府之间以及议会内部，还围绕内政外交、宗教和王位继承问题进行斗争，使议员中的政治分歧日益加深，终于导致辉格党和托利党的产生。导致两党产生的重要事件是所谓“天主教徒阴谋”。

复辟时期辉格党(反国王)和托利党(支持国王的封建贵族)的产生是英国历史上的重大事件。两党的出现，其中尤其是作为政府反对派的辉格党的出现，是对王权的再次挑战，标志着英国议会政治进入一个新水平。正是在这一起点上，以后又经过一个多世纪的发展，最后形成了作为资本主义国家典范的两党制度。

第三节 君主立宪制

一、1689 年《权利法案》及系列议会文件的历史意义

(一)《权利法案》

各条款限制王权的作用是显而易见的。其中第 1 条关于国王无权废止任何法律的规定，保证了议会的立法权；第 4 条不得征税的规定，保证了议会在财政上对国王的限制和监督，迫使国王在财政上屈服于议会；第 6 条不得私自招募和维持军队的规定则是干净利落地剥夺了国王建立独裁统治所必需的武器；第 9 条不得终止议员发言权的规定意味着国王带领卫队搜查逮捕反对派议员的现象不会重演。可见 1689 年之后，《权利法案》是建立君主立宪制的最重要文件之一。

(二)《王位继承法》

议会于 1701 年 1 月通过《王位继承法》，明确规定以后英国王位不得传给天主教徒，而应由信奉新教的汉诺威王室的索非亚及其后裔继承。该法案的重要性不仅在于它从法律上根除了斯图亚特王朝再次复辟的可能，还规定议会可以议立新君——是对“君权神授”思想的又一次

札记

冲击，是“天赋人权”观念的重大胜利。

（三）《任职法案》

议会对国王采取的另一限制行动是1707年《任职法案》的通过。法案规定：凡议员得到国王任命或从国王那里领取薪俸后，就失去了议员资格。制定此法案的目的也是为了防止国王在议会中安插培植亲信。

这一系列法案的通过和实施，极大地限制了国王的权力，扩大了议会的作用，标志着君主立宪制在英国的奠立。

17世纪英国处在重要的社会转折时期，英国政治制度史也经历了一个空前曲折复杂的发展过程。其间不同阶级间的革命斗争是主要内容，表现为议会同以国王为首的封建势力之间、议会内部革命力量与反革命保守势力之间、议会两院之间以及辉格党与托利党之间的斗争。妥协现象也处处可见，并与革命交替发生，或纠集在一起，表现为议会与国王之间的妥协、议会向军事独裁势力的妥协、议会两院之间和两党之间的妥协。革命的总趋势促使英国政治制度发生本质的变化，使封建专制君主制演变为资产阶级议会君主制。妥协行为则使英国政治制度的发展速度和程度减弱，使资产阶级和封建势力在绝大多数情况下总能在议会中占有一席之地，使中古时期议会中的贵族成分、选举制度和立法程序基本上都保留下来，使英国经历了一个漫长的螺旋式发展过程，才最终建立了君主立宪政体。

二、英国内阁制

（一）英国内阁制的形成

光荣革命后，威廉和安妮女王虽然仍掌握选任内阁大臣的权力，但内阁大臣必须选择对议会具有影响力的议员。安妮女王执政期间，内阁的活动方式、职权范围及其行使职权的程序趋于正规化和制度化。安妮女王死后无嗣，作为詹姆斯一世远亲的汉诺威选帝侯乔治一世被接往英国继位。乔治一世因为自己的王位继承合法性问题，加上身为德国贵族，不会英语，对英国政治不熟悉，对财政大臣非常倚重。1718年后英王不再出席内阁会议，这为现代英国内阁制的形成提供了契机。沃波尔是英国现代内阁制开创时期的重要人物。自1721年，沃波尔担任财

札记

政大臣兼任国库大臣后，就形成了首相主持内阁会议的宪法惯例。其后，沃波尔多次遭到议会的否决后自动辞职一事被当作英国内阁制形成的标志。不过，当时的内阁制还不是两党制度下的责任内阁制。这是因为：第一，沃波尔辞职不是由于议会中某一反对党派获得多数议席，而是辉格党人放弃了对他的支持。换言之，沃波尔是被辉格党人赶下台的。第二，沃波尔下台时并未创下内阁集体辞职的先例。原内阁绝大多数阁员，如国务大臣纽卡斯尔和哈林顿、主计大臣配兰、侍卫大臣德文和掌玺大臣哈德威克等继续留任。仅有的变化是卡特赖特官复原职，原国务大臣哈林顿改任枢密大臣。可见沃波尔的辞职给政府带来的直接影响不过是个别议员的调整和补充，并非全体阁员的集体辞职。沃波尔的倒台主要是他个人政策的失败，而不是政党的失败。这些事实说明，责任内阁制尚未在英国确立。

(二)责任内阁制

与英国议会制密切相关的责任内阁制原则之一，是内阁全体阁员对政府事务集体负责，并与首相在政治上共进退。这种现象最早出现在亨利·配兰领导内阁时期(1743—1754 年)。其后，1782 年诺思下台时绝大多数阁员相随，再次为以后政府提供了内阁集体辞职的范例。同年 7 月里奇蒙等人未能随同本派阁员一起离职而受到同党的谴责，说明“集体负责”的观念已经相当普及和深化。1783 年谢尔本的辞职则是乔治三世政治上的又一次失败，表明国王不顾议会多数的意愿随意解散内阁、罢免首相的时代行将结束。同年 4 月组成的联合内阁虽然打破了党派界限，但由于它获得了下院相对多数的支持，就在一定程度上体现了责任内阁制原则。同年年底，乔治又罢免了联合内阁，但这一次是在内阁失去了议会多数的情况下行使罢免权的，与他在 1766 年罢免罗金厄姆内阁的情况有所不同，而且他以后再也没有不顾宪法惯例随意罢免过任何一位首相，这都说明了内阁制的发展。

引起政治学家和历史学家极大兴趣的是小皮特解散议会的问题。小皮特于 1784 年采取这一措施时，离规定的议会解散时间尚差 3 年，这就打破了实行了多年的议会法——《七年法案》，构成了新宪法惯例：内阁失去议会多数支持时可以不辞职而解散议会，实行新的大选，即抛弃原来议会，直接求得选民的认可和支持。

札记

(三)政党制度

大致看来，从光荣革命到1830年，英国政党组织发展曲折，并呈现若干阶段性特点：第一，君主立宪制初建时期，这时议会中下院议员不是简单地划分为两个政党；第二，18世纪前期，沃波尔政府首次出现反对派。1742年，沃波尔与反对派就威尔特郡奇彭纳姆的补选丑闻展开辩论，沃波尔最终在投票中失利并被迫辞职；第三，乔治三世在位前期，“有组织的反对党”的出现；第四，18世纪末，法国大革命的爆发和辉格党的分裂；第五，19世纪初，英国政党督导员制度(党鞭制度)的形成。第一次议会改革(1832年)前英国政党在组织发展方面呈现4个特点：第一，局限性；第二，分散性；第三，断续性；第四，不稳定性。1826年霍布豪斯别出心裁地杜撰出“国王陛下的反对党”，反对党在英国政治生活中发挥出愈来愈大的作用。

三、1832年议会改革

1688年光荣革命后，英国建立了君主立宪制。《权利法案》和《王位继承法》等一系列法案确立了议会高于国王的原则，并对议会和国王的关系作出明确的规定，杜绝君主专制的复辟。但是，这些法令并没有造成政治制度的任何重大变动，也没有触动英国的经济社会结构。因此，在其后的100年间，英国政权基本上仍为土地贵族把持。

18世纪下半叶，英国爆发了工业革命，资本主义工业化的推进对政治上层建筑提出新的要求，资产阶级迫切希望自己有更多的参政机会，对议会制度提出改革需求。正是在这种情况下，英国于1832年、1867年和1884年进行了三次议会制度改革。

(一)改革背景

1832年选举改革之前，英国的议会选举体制已经十分腐败而又混乱，表现在以下几个方面：

第一，议会议席分配失衡。工业革命以后，英国人口大量由传统聚居的东南地区北移，使得一些如曼彻斯特、利物浦等新工业城市崛起。但英国下议院1688年后再没有新的市镇取得议会代表权，而一些衰败选区仅数户居住、无人居住，甚至在地理上消失的地方，如邓尼奇已沉

札记

入大海，却拥有议席。

第二，议员的民意代表性不充分。如在英格兰及爱尔兰只有百分之五的成年男性拥有选举权，苏格兰200万人口中仅有3000人有选举权。选举权首先最主要的是受到财产资格的限制。

第三，公开投票使选民受到威胁。

（二）改革内容

第一，重新分配下院议席。下议院议席分配将议员人数由188席增加至253席，市代表由465席减至399席，取消衰败选区，减少了一些选区议席，人口增加的选区议席增多，新兴工业城市取得较多议席。

第二，降低选民的资格限制。比如在城镇，年收入10镑以上的房主和年交付10镑以上房租的房客有选举权。1832年议会改革的法案是在格雷领导下制定的，先后经历了四次表决，才得以在上院表决通过。

（三）1832年议会改革的历史意义

第一，扩大了选举权。调整了部分选区和部分地降低了选民的财产资格限制，使英格兰各郡选区享有选举权的选民人数由改革前的247000增加到376000。

第二，英国政党政治的转折点。辉格党借机重整旗鼓，扩充实力，将长期盘踞英国政治舞台的托利党赶出政府，在以后几十年时间里相当稳固地把持着政治权力，从而造就了一个"自由主义"时代。

第三，暂时调整了统治阶级的内部矛盾，为工业资产阶级代表打开了议会的大门。这在当时历史条件下，有着巨大的进步意义。

1832年议会改革初步改革了英国下院的成分，却远未动摇土地贵族的优势地位。据载，1833年新议会中贵族子弟仍有217人；全部或部分代表土地所有者利益的议员共有444人，只有到了19世纪60年代后，土地贵族在议会中的优势地位方明显变化。但是，伴随1832年议会改革的拓展，世界上第一个常任文官制度在英国建立起来。其他像司法制度、地方政府等多方面的重大改革相继进行。政治制度的多方面变化，使该国出现了一个长达半个世纪之久的改革时代。

由于1832年改革仍旧把中小资产阶级和广大人民排斥于政治生活

之外，因此选举改革不仅没有缓解英国的社会矛盾，反而激化了人民的革命情绪，1836年便爆发了声势浩大的“宪章运动”。历史的车轮迫使英国议会进行新一轮改革，改革的重点就是降低选民的财产资格，扩大选举权。

四、1867年迪斯雷利议会改革

（一）改革的主要内容

第一，进一步降低选举资格限制。凡缴纳济贫税的房主和定居一年缴纳10镑以上年租的房客，可获得选举权；在各郡，凡每年土地收入达5镑的农户或缴纳5镑租金的佃农以及有12镑收入的短期租户可成为选民。第二，46个衰败选区被取消，空余的席位重新分配给各大城市。

（二）改革的结果

第一，新的选举条例规定，英国选民人数由改革前的130万增加到200余万，一方面极大地促进了工业资产阶级参与到政权斗争，资产阶级在下院的地位得到进一步加强，另一方面进一步削弱了贵族地主势力。

第二，全国半数以上的男子和所有妇女仍然没有选举权，工人中仍只有高工资的熟练工人才有选举权。工人阶级和其他劳动阶层长期以来为之奋斗的普选权仍远未实现。

（三）1867年议会改革的意义

其一，1867年议会改革的突出进展是迫使土地贵族和金融贵族再次让步，使工业资产阶级及其代表开始在政治舞台上扮演主角。但在另一方面，贵族地主虽然丧失了下院优势，可在上院和地方政府中还有相当大的势力，还可在一定程度上利用贿买威胁手段控制部分选民。这些腐败现象有待于以后通过秘密投票、继续扩大选举权和实行反贿选措施加以限制。

其二，迫使自由党和保守党继续进行改革。

其三，刺激两大政党加紧组织建设。

札记

但1867年议会改革在议席分配和选取划分方面进展不大，不合理现象有目共睹，概括而言，是城镇选区比郡选区拥有的议席多，农业郡比工业郡的议席多，英格兰东南部比其他地区的议席多。另外，选举腐败行为的存在。这些问题都需要进行新一轮的改革来解决，这就是1884年的议会改革。

五、1884年格雷斯顿议会改革

改革的主要内容是再一次降低选民财产资格限制，扩大公民选举权。法令对郡区选民和城区选民规定了同样的财产资格，每年收入10镑的成年男子均可成为选民。

改革的结果是大批农业工人获得了选举权。选民人数由1883年登记的315万增加到改革后的570万，但仍有40%的男子和所有妇女没有得到选举权。在选举方法上，规定采用单一选区的相对多数选举制。

比起前两次议会改革来，第三次议会改革是由政府出面，比较主动地进行的。议会改革的完成，为两大政党建立完善全国性组织机构，添加了新的动力。

六、责任内阁制的确立

第一次议会改革之后，王权迅速削弱，内阁对议会的依赖性迅速增强，英国就出现了“虚君政治”。

第一，“议会至上”和“虚君制”形成。1837年维多利亚继承王位后，墨尔本为女王营造一个自由党的环境，使得女王政见偏向自由党，由于墨尔本内阁危机，被迫让皮尔组阁。1841年皮尔在缺少王室支持的情况下单靠竞选胜利组阁的事实，再次体现了责任内阁制原则。此后维多利亚女王统治时间长达64年，历经20届内阁，在此期间，英国形成“虚君制”的典范。

第二，责任内阁制原则的完备化。随着“议会至上”原则的确立和“虚君制”的出现，英国资产阶级内阁制有了长足发展，责任内阁制原则增添了不少新内容。这时的内阁制不仅保留了过去形成的某些原则和宪法惯例，如首相取代国王主持内阁工作，政府失去下院信任后必须辞职或重新进行选举等，还形成了若干新原则：

其一，首相和内阁需从下院多数党中挑选，并依靠其多数优势以保

札记

证执政党政策和法令的顺利实行。

其二，所有阁员对政府负集体责任，并与首相共进退。按照英国学者的观点，这是英国责任内阁制中最重要的一点。

其三，政府在大选失败后必须立即辞职。

七、英国现代文官制度的创建

选举制度固然在英国立法和行政人员的产生上扮演重要角色，但英国政府多数机构官员的产生方式却经历重要变迁。“光荣革命”后政府大部分官员仍由国王任命，特别是内阁和各郡的官员任免均由国王控制，具有明显的封建恩赐特征，即官员只向王权负责，不对民众负责；官员多出身传统贵族地主，影响政府工作效率。此外，伴随政党政治的发展，政党轮替同样影响政府机构工作人员的任用。频繁的人事变动使专业化的官僚队伍难以形成，缺乏专业知识和技术的政客则使公共职位成为腐败的对象。同时，工业革命以来英国社会的经济发展和社会变迁增强了社会对公共服务的需求，国家必须予以有效回应。

最初英国政府各部以不受党派影响、不与内阁共进退、长期任职的文官作为常务次官，并尝试以竞争考试的方式补缺官员。但这类方法仍难以解决现代政府人员的录用、任免、晋升、薪资、考核等一系列的系统问题。因此，1853 年财政大臣格雷斯顿委托斯坦福·诺斯科特和屈威廉爵士全面调研英国文官，提出《关于建立英国常任文官制度的报告》，但这份报告因当时官僚阶层的反对未受到重视。1855 年，帕麦斯顿政府针对当时政府机构的无能和低效，颁布了《关于录用王国政府文官的枢密院令》，成立由 3 人组成的文官委员会，授权文官委员会审查准备任命到政府各部门的文官资格，确保符合规定条件。1870 年格雷斯顿颁布第二个关于文官制度改革的枢密院令，对其进行补充。至此，英国现代文官制度的基本原则和措施确立，形成世界上第一个现代的文官制度。

1890 年枢密院令对文官的级别、薪金和升迁作出详细规定，英国文官制度从以下方面进一步完善：第一，文官招录范围更加开放和具有竞争性。传统上文官职位包括大约 2 万个竞争性的职位和 1200 个非竞争性职位。其中，非竞争性职位又分为具备专门知识和技术的专业性职位、某些部门的高级管理人员和某些部门的临时职员。改革后，文官职

札记

位均实行公开竞争考试录用方法。第二，功绩与资历成为文官晋升的标准，高级文官需首相同意。传统文官制度强调资历作为晋升依据，但易挫伤文官的工作积极性。改革后的文官制度则改用功绩制，兼顾资历。第三，建立文官退休制度。1834 年英国政府规定除在 65 岁之前因偶然原因退休的文官外，退休文官可领取一定数量的退休金，退休金从退休前文官的工资中预扣，但这使文官实际工资有所下降，文官对此不满。1859 年退休方案则规定：凡直接由国王任命或取得文官考试委员会合格证书的文官，退休后均享受退休金，60 岁前非因健康原因而退休者，不得享受退休金；废除“预先扣除”制，退休金从政府预算中支出，在职文官在法定退休年龄之前意外死亡，亲属无权代领退休金。第四，规范文官行为，要求文官保持政治中立和廉洁奉公。1884 年后，英国政府要求文官禁止参与议会竞选，如要参与竞选，必须预先辞去职务，文官不得因个人政治观点公然反对政府大臣。政府各部制定的文官条例明确要求文官恪守政治中立。

19 世纪建立的英国文官制度对当代西方国家现代公务员制度和增强英国国家能力具有深刻影响：第一，严格的选拔制度使文官队伍廉洁和高效；第二，政治中立解决了选举制度下行政机关稳定和连续的难题，防止政府危机影响国家运作。

第四节 首相政府制

20 世纪以来，英国社会经济、政治的快速发展，内阁的行政权力不断膨胀扩张，议会的地位与作用有所下降。由于首相地位的特殊性，内阁的权力也主要集中在首相手中，因此，这一时期也被称为“首相政府制时期”。

一、1905 年后的内阁制度发展

(一) 内阁权力的扩张

内阁权力的扩张体现在以下方面 ：内阁权力的扩张首先表现为内阁成员数量的增加。从历史上来看，英国内阁始终呈逐渐扩充之势。例如，1830 年格雷内阁共有 13 名阁员；1841 年皮尔内阁计有 14 名，

札记

1874 年迪斯雷利内阁减至 12 人，但 1905 年坎贝尔内阁增加到 18 人，从此至今，总在 20 名左右浮动。此外，内阁权力扩张还体现为对立法工作的控制、委任立法增多、内阁对议会选举的控制等方面①。

1. 内阁加强了对立法工作的控制

19 世纪后半期，由于立法量的增加及其复杂化，进一步减少了议员个人的影响，因为议员个人既无设备又缺乏全面的知识和必要的信息来准备复杂的议案，结果使内阁更加加强了对立法的控制。由于内阁控制了议会的时间表，在处理由内阁提出的公议案上要比后座议员提出的私议案更有优先权。以 1968—1977 年的 10 年为例，每年议会开会期间，内阁提出的公议案大部分都获得通过，成功率最低为 40%（1973—1974 年），最高达 100%，平均为 84%。而由后座议员、贵族或地方政府提出的私议案成功率一般只有 10%左右，最高也不过 18%（1971—1972 年）；由反对党议员提出的私议案成功率就更低，一般不到 5%。因此，有的学者断言，内阁与议会的关系“已成为一个主人与一个仆人的关系”。

自由党和保守党轮流执政时竞相扩充内阁立法特权的行为，难免遭到小党和某些失意议员的抵制。19 世纪 70 年代，拥有 80 多个议席的爱尔兰民族主义者一反过去追随自由党的做法，自行组成议会党团。为迫使政府实施爱尔兰自治，该派领袖巴涅尔组织自治议员以无休无止的发言干扰议会正常工作，使内阁，尤其是反对爱尔兰自治的保守党内阁的许多议案无法通过，执政党政策难以贯彻。为了挫败爱尔兰自治派的“拖延术”，迪斯雷利政府在 1877 年针锋相对地通过了《终止辩论程序法》，其中规定：当有人提出制止辩论的建议并得到至少 100 人的赞同时，议长可随时截止“过于冗长”的发言。此法实施后立见成效。

1882 年，当自由党首相为爱尔兰自治和其他问题大伤脑筋时，下院通过了《关于紧急状况的决议》，规定首相可以“情况紧急”为由，要求议会对他提出的议案不经讨论立即付诸表决。此决议对政府更为有利，并使爱尔兰议员的议会捣乱术失去效力。

1893 年又通过所谓《断头台法》，规定某问题在一定时间内，不论

① ［美］罗威尔．英国政府：中央政府之部［M］．上海人民出版社，1988：311.

札记

是否讨论完毕，均应交付表决。当然这还是有利于内阁。第一次世界大战爆发时，议会又通过《授权法》。据此，内阁获得了不经议会参与直接发布行政命令以代替议会立法的权力，大大提高了内阁领导国民进行战争的能力和效率。

上述诸项法令加强了内阁立法职能和对议会的支配，被议会修正的政府议案不断减少。1867—1869 年政府议案在议会被修正的共 17 项；1880—1885 年在议会中被修正的政府议案仅 11 项；1896—1900 年间只有一项政府议案被修正。20 世纪以来，政府议案更难被反对党修正或否决了。有些年份政府议案的通过率高达 99%。为此反对党戏称议会为“内阁的专用议事厅”。

2. 委任立法增多

涉及社会生活和国家制度的各项法律制度众多，议会不可能一一加以制定完善，因此，议会常常授权行政机关制定各种行政管理法规，这就是委任立法。20 世纪以来，随着政府职务的不断扩大，委任立法的数量也随之大幅度增加。1974 年时，议会只通过了 58 个公法案，而行政机关制定的行政管理法规却达 2213 件。委任立法虽是基于议会的授权，但议会很难对委任立法加以事实上的控制。

对于以上描述的内阁权力膨胀现象，研究英国内阁制的权威约翰·麦金托什断定：“下院的任务是支持投票产生的内阁并通过其法规……，到了 20 世纪初年，内阁已控制了英国政府”①。我国有些学者认为这代表着议会主权原则归于“消逝”②。那么，随着内阁权力的扩张，英国的议会主权原则真的消失了吗？

3. 内阁对议会选举的控制

大致以 1868 年为界，英国内阁制发生了重大的变化。由此追溯到 1832 年议会改革，内阁在 35 年的党派斗争中更替了 10 次，其中除 1841 年和 1859 年的两次更替发生在大选之后，其余 8 次都因内阁在议会活动中遭到挫败自动辞职，从而体现了内阁对议会负责的原则。而在 1868 年以后的 50 年中，政府变更也是 10 次，其中除 1885 年、1886 年初、1892 年和 1895 年的 4 次更换是因内阁失去多数支持自动辞职外，

① [英]麦金托什．英国内阁[M]．商务印书馆，1982：174.
② 何勤华主编．英国法律发达史[M]．法律出版社，1999：136.

其余 6 次皆因执政党在议会大选中失败被迫让位。这在一定程度上体现了内阁对选民负责的精神。19 世纪晚期和 20 世纪初内阁“负责”对象的变化，使得大臣们认识到议会选举胜利对于延续内阁任期的重要性，懂得了在许多情况下，由首相要求解散议会重新进行大选的做法是使内阁在议会斗争中绝处逢生的手段。

内阁权力扩张的原因：首先，是英国政党政治发展到较高水平的产物；其次，是选民和院外组织对本党议员所造成的“压力效果”。再次，同议会委员会的发展和内阁委员会的创立有关；最后，也是较为重要的一点，是两大政党之间合作基础扩大，阶级区别越来越模糊。

(二)首相地位的上升

英国内阁制确立后，首相地位逐步提高，一代强过一代。例如，劳合·乔治(Lloyd George)的许多做法在英国史上未见先例，其权力即使同当时美国总统相比也毫不逊色，因此时人称他为“总统式首相”。劳合·乔治不通知阁员而建议国王解散议会的权力，成为一种新的政治惯例，而且此权一定要由首相行使。

1905 年，经国王爱德华七世批准，正式授予“首相”的称号，在法律上明确了首相与其他阁员的主次关系，而在此以前，历任首相都是以财政大臣、外交大臣或掌玺大臣的名义行使最高行政权的，其地位一向不够明确。因此，20 世纪以来，随着英国政党制度的成熟与完善以及责任内阁制的确立，英国首相不仅是多数党党魁、议会的党团领袖，更是政府首脑，因此随着内阁权力的扩张，首相的权力与地位急剧上升。

(三)“影子内阁”的出现

所谓“影子内阁”(shadow cabinet)，实是由反对党上层领导集团组成的后备政府。它有公认的党魁，可以随时出面组阁，可以从原来的反对党高层人物中有针对性地任命所谓内阁成员和政府其他重要官职。

在英国政治史上，最早被后世学者称为“影子内阁”的是 1868 年 3—12 月由格雷斯顿领导的反对党上层集团。影子内阁的工作，增强了反对党的政治实力。英国两大政党是一对互相对立、互相依存的政治组合体。当反对党队伍涣散、实力下降时，执政党的队伍终究也会发生混乱。相反，当反对党极力发展议会内外组织系统，组建影子内阁时，也

札记

会刺激执政党上层集团加强组织工作，尽量扩充内阁权力。

(四)内阁权力扩张与宪制发展态势

第一，英国资本主义政治制度因时而变，到了1900前后，内阁已成为国家权力核心，所谓“议会至上”原则已经大打折扣。

第二，承认1900年前后内阁权力的扩张和议会至上原则的相对衰落，并非要导出英国“内阁专横”的结论，而是要辩证地看待近代晚期英国内阁制的演变。从政治实践来看，英国内阁只是在议会政治所允许的范围内扩张权力，其行为虽今非昔比，却并没有越出议会政治的轨道。

(五)上院权力继续削弱

《1911年议会法》开宗明义地指出，本法案规定上下两院关系，并声明将来要以代表民众而不是以世袭贵族为基础所组成的一个第二院来代替现在的贵族院，尽管这种情况还不会立即到来。法令第一条规定：凡下院通过的议案，于闭会一个月前提交上院，而上院于一个月内未加修正和通过者，该议案就可直接呈请国王批准而成为法令。对于其他次通法案，则规定：任何公议案，经过下院连续3次通过，交上院被3次否决后，可直接呈请国王批准而成为法律。这些规定，使上院余威大减。

1949年议会再次通过法令，继续削弱上院的残余权力。法令规定：财政议案只能由下院提出，上院不得随意修改。至此，上院对财政议案就失去了所有的重要权力。

二、普选制与英国现代政党制度

(一)普选制的确立

18世纪英国社会就不断呼吁妇女应当参加议会和地方选举，倡导男女政治平等。第一次世界大战期间，英国妇女积极参加伤员救护、军需生产、后勤供应和各级政府的管理工作，为妇女获得选举权赢得社会基础。1918年2月，英国议会颁布《国民参政法》，规定所有成年男子有“住所资格”或“营业所资格”者均可登记为各选区国民议会议员的选民。农村凡占有土地或租赁土地的成年男子均有选举权。同时，该法授

札记

予妇女以普选权，规定年满30岁，在选区内拥有年收入(或交租)在5英镑之上的土地、处所、住宅，或其丈夫有此项资格者，均可登记为选区选民。1919年阿斯特子爵夫人当选为英国下院第一位女议员。选民在成年人的比例由1884年的28.5%上升到1918年的74%。1928年，英国议会进一步将妇女选举权年龄限制降低为21岁。直至1969年，英国男女的选民年龄改革为18岁。法案还规定大选时所有选民在同日投票，限制多数人多处投票。第二次世界大战之后，1948年议会颁布《人民代表法法案》，正式废除了复数投票制。现代普选制在英国最终确立。

(二)政党体制——自由党的衰落、工党崛起和保守党的稳定

两党制是英国政党体制多年以来的代名词。从“光荣革命”后形成的“托利党”和“辉格党”、到“保守党”和“自由党”、再到20世纪“保守党”和“工党”的政党格局，充分折射英国社会结构、阶级矛盾和国际地位的变迁。

1832年英国第一次议会改革使保守党和自由党对峙的政治格局形成，传统的“托利党”和“辉格党”此时退出历史舞台。从阶级基础来看，“保守党”相对于“托利党”，其基础要更广泛，不仅包括土地贵族利益，还涵盖工业资产阶级的利益。因此，保守党的杰出人物皮尔主张更为宽容的宗教政策和更开明的工业经济发展政策。同时，“自由党”则在传统“辉格党”工商业资产阶级的基础上进一步囊括工业资产阶级利益中的激进分子、主张自由贸易和政治民主的阶层人士，扩大其社会基础，为英国自由资本主义的发展提供必不可少的阶级条件。19世纪自由党和保守党轮替执政，充分体现自由资本主义发展的特征。

不过，伴随自由资本主义向垄断资本主义发展过渡，资产阶级和无产阶级矛盾进一步激化的同时，传统主张自由贸易的自由党无论在其阶级基础、政治主张和政治组织上均出现与英国社会发展不合时宜的特点，自由党的衰败是20世纪英国政党体制最大的变化。伴随英国经济的衰退及其相对于德国、美国在国际地位上的下降，张伯伦等自由党党魁逐渐倡导与本党传统利益相悖的关税保护政策，提高关税无疑有损中下层选民的利益。此外，关税保护也极大背离其长期宣扬的自由主义政治理念。因此，“自由党的急剧没落使人吃惊。人们没有忘记：19世纪中后期，自由党曾长期占据政治舞台的中心，本世纪初它还多年掌权，

札记

有声有色地进行社会改革，为不列颠福利国家的建设铺设了奠基石”。但是，自由党最终还是陷入衰败。

自由党衰落迎来工党的兴起。第二次议会改革后，城市熟练工人获得选举权，工人中的积极分子却面对财政困难而退却。直到1911年，议会活动仍被视为有产阶级的特权，下院议员缺乏薪俸。同时，19世纪中期，英国工人阶级内部的分化，部分熟练工人建立被称为“新模范工会”的组织。因处理劳资冲突时，工会领导人热衷谈判协商，反对采用激烈的对抗行动，工联主义长期蔓延，严重腐蚀工人的阶级意识，使他们在政治上易受自由党或保守党的影响。工人阶级缺乏代表自身阶级利益强有力的政党。1868年大选，伦敦工人的若干工会联合成立“劳工代表同盟”，在1874年有2名劳工议员当选。不过，劳工议员仍主张接近自由党，反对社会主义和工人阶级政党。

19世纪70年代末，英国再次陷入经济危机，阶级矛盾激化，新模范工会因无力组织有力的工人运动，会员人数大幅减少。1881年伦敦激进派俱乐部的工人联合自由党左翼的人士，建立社会民主同盟。不过因这派在理论宣传和动员受空想社会主义、宗派主义和工联主义滥觞的影响，不久该组织发生分裂。1884年主张渐进改良、以中产阶级知识分子为基础的“费边社”(Fabian)成立，主张变革英国必须予以重大社会变革，但有关社会进步的变革必须是渐进和温和的，最终改变社会的资本主义性质。韦伯夫妇一方面倡导渐进式的社会改造方案，另一方面提出政治“渗透”政策，主张本社成员在政府要员中宣传“费边主义”观点，争取工会、激进团体和有产阶级的支持。“费边主义”因符合英国工人运动的时代特征、政策主张的改良性和思想上的系统性，成为工党的指导思想和英国20世纪福利国家建设的基本理论。

新工会运动、苏格兰工党的发展以及工会与资方的斗争共同推动劳工代表委员会的成立。1900年2月27—28日，来自工会和社会主义团体的129名代表在伦敦法林顿街纪念馆宣布成立劳工代表委员会。集体成员包括独立工党(Independent Labor Party)、费边社、社会民主联盟(Socialism Democratic Federation)和一些行业工会，独立工党是它的核心。劳工代表委员会共12人，包括工会代表7人，社会民主联盟和独立工党的代表各2人，费边社代表1人。大会规定劳工代表委员会的任务是促进和协调争取劳工代表进入议会。在保守党遭遇执政危机的情形

札记

下，劳工代表委员会与自由党达成妥协，于1906年产生29名议员。1906年12月工党在下院发起重大辩论，使下院通过《劳资争议法案》，使工会罢工和纠察行为完全合法。1906年劳工代表委员会正式更名为“工党”，成为独立的政治力量。

值得注意的是，英国自19世纪以来长期居于政治舞台核心的保守党，其政治地位却始终稳若磐石。保守党政治地位的稳定与英国社会阶级结构的相对稳定密切相关，保守党的领导核心主要来自社会的上层阶级，具有雄厚的经济和政治实力作后盾。此外，保守党具有严格的政治纪律，党鞭对党内成员具有非常强的约束力。此外，长期的执政经验及其在国内和国际上的影响，使保守党更具有政治资源笼络广大的选民。

英国资产阶级政府体制在形成的历史过程中的最大特点是，在旧体制上面建立新体制并在新旧体制并存的过程中，把旧体制的权力逐步转移到新体制的手中。历史上，英国资产阶级首先取得了议会立法权，但仍然保持“国王在议会中”，允许代表贵族制的上议院和代表共和制的下议院并存。而且起初是由上院起决定作用，但是在以后的发展过程中，它虽然把国王、从国王御前会议发展过来的枢密院、政府内阁、上议院、下议院堆在一起，构成了一个复杂的立法系统，但是它却把立法权逐步从国王手中转到议会，使国王成为“虚位君主”，而后再从上院转到下院，使上院成为退休政界人物的养老院(rest home)。时至今日，立法权从下院转到政府内阁手中。

三、文官制度与地方政府

(一)英国文官制度

19世纪的文官制度创制和改革初步解决了英国议会政治下政府和政策稳定、国王对行政权控制以及文官选拔、晋升和退休等方面的问题。但文官的社会基础、高级文官的任命、文官部门级别和文官的政治中立制度化等问题到20世纪才得到进一步解决。第一，文官的社会基础。19世纪英国高级文官多数来自牛津和剑桥，人员构成狭窄，影响文官服务公众目标的实现和公众对文官制度的认同。一战后，政府调整高级文官考试科目，使新兴大学毕业生比例提高，高级文官的来源日趋广泛，增强了英国政府的社会基础。第二，建立五级文官体制。第一次

札记

世界大战后，战争动员、战后重建和社会抚恤要求英国建立更高效的文官体制。1919年英国通过财政部下达指示，将各部门首席文官及其代理人之下从事行政管理工作的高级文官划为一级，统一工资标准；将普通文官分为五个级别，即管理级、行政级、办事员级、文字助理级和打字员级。1920年颁布枢密院令，要求各部门贯彻执行，建立统一的五级文官制度；进一步加强财政部对各部的控制，成立常设文官编制委员会，保证财政部与各部门文官的密切合作。此外，1927年议会方案，将文官政治中立作为法律确定。法案规定文官协会不得以政治为目的，不得与任何政党或工作组织建立联系。

(二)地方政府

伴随英国王权的巩固，地方行政官和治安官作为王权的代表机构成为地方政府治理的机构。琼斯和斯图尔特以“新行政官”描述非选举地方政府机构。不过，直到19世纪，英国“地方政府”的概念才形成。然而，英国在19世纪仍没有形成这种地方政府体制，帕特丽夏·霍利斯生动地描述为“一种混乱状态”，包括英国传统的三个地方政府单位——教区、郡和市镇。

19世纪30年代英国主要由教会和任命未有薪俸的官员管理地方。治安官、公路检查员、教会执事济贫助理和教区非教徒委员，负责维护法律秩序、公路维护、为穷人提供工作或救济。其中，治安官作为国王任命的官员具有法官的角色，治安官的管理责任伴随时代发展不断增加，包括公路桥梁维护、度量和教区监督等。《大宪章》颁布后，英格兰地区摆脱在200个教区和镇治安官的管理后而通过市议会实施自治，市议会自主决定政府体制、筹款方式和法院运行。苏格兰同样出现大量自治市、自治市政委员会，地方政府得到快速发展。依照议会的地方法，各地方出现各种专门的地方机构，每个专门机构在特定领域内提供服务，如公路理事会，专门负责路税征收，以维护和建设新路，包括政府专员、负责按比例对地方提供服务补助，如路面、路灯、街道清洁、消防、汽油和水的供应。

直至工业革命催生的现代社会给地方公共服务带来前所未有的挑战，如城市贫困、失业、贫困者公共卫生、疾病和犯罪都成为突出问题时，传统地方治理机构无力应对这类问题时，英国政府才明确回应地方

札记

政府改革。19 世纪英国以两种方式回应：第一，1834 年《济贫法》修正案预示将产生更多的单一目标的专门机关。法案取消原来 700 个济贫联合会管理教区的方法，将教区置于选举产生的委员会管理之下，并受济贫委员会专员的集中指导。其他大量专门团体紧随其后，卫生医疗委员会、公路委员会、小学教育委员会和公共卫生管理局先后出现。第二，1835 年《市政合作法》规定选举产生 78 个多重目标的地方政府，但不关注司法行政。地方选举权只有在地区居住满三年的男性纳税公民才有选举权，而且地方政府权力受约束。。

不过，19 世纪末期英国地方政府依然未形成严格意义的管理体制，数千个任命的机构和选举机构同时并存且目标不一。1888 年的《地方政府法案》首次产生伦敦、郡以及郡自治市议会在内的地方政府体系。这些地方政府最初的权力主要负责公路和桥梁的维护、收容所、度量测绘和对警力的部分控制。《地方政府法案》使郡自治市独立于传统的郡，有利于现代大市政的管理。1894 年《地方政府法》加强乡村地区教区的管理，完成了伦敦以外英格兰和威尔士的地方政府改革。农村地区每个超过 300 人的教区要求有一个教区议会和教区全体会议。随后，苏格兰在 1894 年和 1900 年通过颁布同样的法案促进该地区教区和市镇的选举。1899 年《伦敦地方政府法》建立 28 个城市区议会作为大伦敦区议会下属的地方政府。上述改革给英国带来“选举的二元制政府”，即伦敦外建立全功能型的郡级市或自治市，和由国家、地区、议会等分享权力的二级、三级市镇。

但这种选举的二元体制存在诸多问题：城乡区域划分边界不清、管理混乱；郡内责任分工不明确；不少地方政府规模太小，缺少效率和实力；地方政府过分依赖中央拨款，不得不接受中央太多控制；地方公众和地方政府之间的关系冷淡，选民投票率过低。因此，公众要求英国政府简化地方政府体制，扩大地方自治权。设立较大的地方行政区域，减少政府数量，基本实行一级地方政府制度，主张设立包括伦敦在内的 4 个城市区和 58 个郡，除伦敦外，其余 61 个区域分别组成 8 个省，省议会由间接选举产生。针对以上诉求，英国政府于 1972 年 9 月颁布《地方政府法》，并于 1974 年 4 月起生效。

英国地方政府履行以下四种功能：服务提供、管理、战略计划和宣传支持。服务提供是指地方政府以直接或间接的规划寻找资源以提供地

札记

方所需的服务项目；管理则指地方政府出于公共利益对独立单位或其他机构的经济行为管理，坚持使其服从有关物资和服务的交流和供应的各种标准、程序，涉及发给许可、检查、监管、登记和认证。战略计划要求提供长期影响内政各部门和外部组织有关单项服务或权力范围的活动。劝说一个或更多的组织开展有益于地方的活动。

英国地方政府层级与机构建制示意表

	英格兰				威尔士		苏格兰
第一级	6个都市郡	39个非都市郡	大伦敦区政府		8个非都市郡		9个地区委员会（3个岛政务会）
第二级	36个都市区委员会	296个非都市区委员会	32个市镇委员会	伦敦城区委员会	37个非都市区委员会		52个地区委员会
第三级	部分教区委员会	8000个社区委员会、教区会议				8000个社区委员会、社区会议	1350个社区委员会

英国地方政府经中央政府授权，地方政府的职权一般包括：拥有根据法律授权的权力制定地方规章的立法权，在裁量范围内从事公共事业的行政权，执行强制性法律的执行权，维护民事、刑事等维护公共安全权，建立教育制度、设立花园等改良社会设施权，建设道路、住宅等发展社会福利权，战争或紧急时期执行征集粮食、燃料等全国性必需品的执行全国任务权，设立市场、处理供水事务等从事准商业活动权，依法征收地方税及其他费用的财政权。

1972年英国《地方政府法》对郡、区、教区各级议会的职能划分如下：1. 非都市郡议会的职能范围：保护性事务，如警务、消防、民防、消费者保护、道路安全和交通管制；环境方面的事务，如城乡规划、公园、娱乐场所和开放地、国家公园、保护区、废弃地清理、树木保护、高速公路、垃圾处理、废物预防、街灯、浴池和公共厕所；个人事务，如教育、青年就业服务、社会和卫生服务、图书馆、博物馆和美术馆、农业小债券和股票、运输规划和公共运输业的配置。2. 非都市区议会的职能范围：调整和控制性的事务，如建筑规章、养狗许可证、食品安全与卫生管理、公共娱乐设施许可证、市场管理、街外停车场管理；环境方面的事务，如规划、浴池、墓地及火葬场、公园、娱乐场所和开放地、国家公园、保护区、废弃地清理和树木保护、土地分配、垃圾收集、街灯和街道清洁；个人事务，如住房、博物馆、美术馆和安置无家可归者；其他事务，如地方税征收、选民登记。3. 教区议会的职能范围：管理与本地有关的事务，如土地分配、墓地、街外停车、公共厕所、公共照明、人行道、乡村草坪、娱乐场所和开放场地等教区财产。教区议会有权就区内有关土地规划的实施问题与有关当局协商。4. 大伦敦议会的职能范围：都市高度公路管理、交通管制、开放规划的准备和改修、大型污水处理和排水设施、消防与救护、住宅、教育、遗嘱检验、少年犯教养院和拘留所、验尸、娱乐执照、法律服务、机动车和驾驶车执照和公园。5. 伦敦市议会的职能范围：涉及个人和社会方面的事务，老年人及残疾人食宿和福利，出生，死亡和婚姻登记，儿童福利，日间托儿所，教育，道路建设，度量衡检查和青年就业服务。

联合委员会和联合会是英国地方政府合作的两个平台。1972 年《地方政府法》规定，两个或两个以上城市政府可以选派代表组织联合委员，协调彼此之间的工作或执行所委托的事务。除征税权和借款权，其他职权委托联合会行使。联合委员会的权力来自成员政府的委托，经费由政府决议并负担。联合会则指为实施某一事务，两个或两个以上的地方政府必须可以组织联合会。联合会的经费由地方税承担，由区议会代征，联合会被称为英国半独立的地方政府组织。

第五节 当代英国政治制度

民主制度的最好的政治形式应为共和制。民主制与共和制结合是常态。英国的资产阶级民主很发达，但同时又保留了君主。君主制与民主制很巧妙地结合起来了。英国的现代政府体制作为资产阶级与封建贵族妥协的产物，它是通过不断改良的渐进的过程建立起来的。直到今天，它不仅仅保留着王权政府的形式，而且还留下了某些中世纪的痕迹，呈现了君主立宪制和共和制交融的特点，它既是西方君主立宪制国家的母本，也是共和制国家的母本。正如白芝浩所言：“在这种政府中，一个良好的整体不仅仅是建立在不回避三个组成部分(君主制、贵族制、民

札记

主制)抵消的缺陷基础上的，而且是建立在利用这些相互抵消的缺陷基础之上的”。①

一、英国国王

当今的英国女王是1952年登基的伊利莎白二世，全称是“蒙上帝的恩惠，大不列颠及北爱尔兰联合王国以及她的其他领土和领地的女王、英联邦的元首、基督教的保护者伊丽莎白二世”。

(一)英王法理上的权力

“从富于尊严的层面上说，女王的作用是不可限量的”。根据英国法律及惯例，英王是世袭的国家元首；立法机关的组成部分；司法系统的领导及司法正义的维护者；全体武装部队的总司令；国家的世俗总管等。

从形式上看，国王的权力很大。英国内阁是国王的内阁，议会也奉行“王在议会中”的宪政原则，也就是说英国的立法权、行政权都是以国王的名誉行使的。国王的权力是其个人所固有的，但前提必须是立宪的，是根据宪法所固有的。宪法由人民制订，则君权民授，是主权在民而非主权在君，因此国王所固有的权力不是神授的，不是天赋的。

从法律上看，英王可谓大权独揽，处于至尊无上的地位，然而，经过几百年的演变，英王已经丧失了实权。虽然法律明文规定的国王权限一直未加改变，但是国王的权力实际上要受到一系列宪法性习惯的限制。

(二)针对国王权力产生的一系列宪法性惯例

第一，国王“统而不治”，不直接参政。

第二，国王绝对不可介入政党政治，必须以“公平无私”为原则，严守中立。

第三，国王对内阁提出政策建议，并无约束力，而大臣对国王提出建议，国王则有义务听取，并据此行动。国王的一切国事活动均由内阁建议或安排，国王对此不能行使否决权。

---

① 沃尔特·白芝浩. 英国宪法[M]. 商务印书馆，2009：55.

札记

第四，国王必须根据首相的建议任免所有重要的国家职务。国王虽有罢免大臣的权力，但自从1783年托利党人小威廉·皮特出任首相实行内部改革以来，从未行使过这种权力。

第五，国王必须根据首相的建议，敕任上议院议员。

第六，国王解散议会的权限只能根据内阁的建议行使。近100年来，从未出现过国王拒绝内阁解散议会的先例。

2011年通过《固定任期议会法案》是联合王国议会法案，首次在威斯敏斯特议会引入定期选举。根据该法案规定，从2015年开始，英国每5年改选一次，但在以下情况下也可以提前大选：如果提前大选，动议必须获得2/3议员支持才能通过，也就是434票。但也可以绕过该法案，首相直接提出大选的确切日期并进行投票，这样就只需要320票左右。

根据该法第3(1)条，议会在大选投票日前17个工作日自动解散。该法案第1节规定，自2015年5月7日起，上述投票日应在上一届大选后第五年5月的第一个星期四举行。首相有权根据《法定文书》第1(5)条作出命令，规定投票日须在该日期后最多两个月举行。这样的法定文书必须得到议会各院的批准。该法案第2节还规定了在这5年期间结束前举行大选的两种方式：第一，如果下议院决议"本院对女王陛下的政府没有信心"，则提前举行大选，除非下议院随后决议"本院对女王陛下的政府有信心"。第二项决议必须在第一项决议后的14天内作出。第二，如果下议院(House of Commons)得到全体议员三分之二的支持(包括空缺的席位)，决定"提前举行议会大选"。在这两种情况中，君主(在首相的推荐下)通过公告来指定新选举的日期。议会在该日期前17个工作日解散。除了因预期举行大选(无论是否提前举行)而自动解散外，第3(2)条规定"议会不得以其他方式解散"。该法案因此剥夺了传统的王室解散议会的特权。

第七，国王批准两院通过的法令仅仅只是一个形式，100多年来，国王从未行使过否决权。

第八，国王必须授权下院多数党领袖组织政府，国王虽可自由任命首相，但实际上只是政党政治的一种安排。根据不成文的宪法惯例，君主必须任命一个得到下院支持的人来组阁，通常是在下院拥有多数席位的政党或联盟的党魁。在没有任何政党或联盟占多数的无多数议会(悬

札记

浮议会)中，君主在选择可能获得最多支持的个人方面拥有更大的自由度，尽管这个人通常是最大政党的领导人。自1945年以来，第一次悬浮议会发生在1974年2月大选，之后由非多数党但是最大党的工党的党魁威尔逊任首相组阁。

因此，相较于议会总统制的总统而言，英国的议会内阁都是国王的，国王面子很足，而后者议会、内阁、总统都是国家的。同时英国王不负政治责任同时也不负法律责任，普通法院无权审理国王行为。后者虽不负政治责任但要负法律责任。

（三）国王能参与的国事活动

根据惯例，国王一般参加如下国事活动：

1. 召开枢密院会议。
2. 听取首相、大臣和其他国内和海外官员的汇报。
3. 阅读公文，签署政府文件。
4. 内阁的决议需要得到英王的认可，内阁记录应尽快呈禀国王。
5. 首相的一切重要政务和国务都必须向国王报告。
6. 如国王要求，政治领导人必须将自己的信念向国王奏明。
7. 除以上外，国王还行使一切由国家元首行使的礼仪权。

（四）英国政治体制中国王的政治角色

在当代英国，王权已经虚化，废除君主制的声音在英国也时时出现，那么国王到底在其政制制度架构中起到何种作用呢？白芝浩说："在英国，如果没有女王，现行英国政制就有缺失并难以存在"，"为什么君主会成为一种强大的治国力量？最好的理由是：它是一种可以理解的治国力量"。①

第一，维持英国的统一。现在一般英国人仍然将国王看作国民道德感情的体现，是国家的象征。国王与政府的联系似乎赋予了政府尊严和正统性，加强了政府活动的合法性，并突出了英国政治制度的延续性和稳定性。《女皇万岁》被定为英国国歌，英王的生日是法定的国庆日，英王的登基、加冕、婚丧、寿辰等均被视为全国、全民族的节日，举国

---

① 沃尔特·白芝浩．英国宪法[M]．商务印书馆，2009：81.

札记

欢庆。英王作为国家的至尊象征，由她主持国家对内对外重要庆典仪式。这样，国王的存在本身就成为英国国家统一和民族团结的一种象征、一种强大的精神力量。

第二，国家政治制度的连续性和稳定性的体现和保证。马克斯·韦伯曾说过，单是国王的存在就保持了社会制度的重要性，因为一切决定都是以她的名义做出来的。虽然当今的英国国王已从实位国家元首转变为虚位国家元首，其实权已不大，但其王位世袭的制度使国家权力在形式上得到了代代相传的连续性体现。另外，在现代政党政治和代议制政府下，政府和执政党可以不断地更换，但名义上的政府首脑永远是长存不断的国王。这样，政治制度就有了一种稳定存在和发展的外在保证：王权制度的长存。因为在英国，王权制度在一定意义上是国家政权和政府制度的代名词。

第三，协调党派斗争和社会矛盾的工具。在实行多元主义民主政治的现代英国，社会阶级、阶层和利益集团的分化和整合很剧烈，社会利益矛盾十分突出，而这些社会利益矛盾的集中表现是代表不同社会利益的各个党派之间的矛盾斗争。在实行政党政治的现代英国，党派之间的矛盾斗争又集中表现为执政党与在野党之间的矛盾斗争。这种矛盾斗争有时只是形式上的、和缓的，而有时却是实质上的、激烈的，甚至双方互不相让、争执不下，这显然不利于政治体系的高效运作，不利于政治稳定和社会稳定。此时，国王作为一个超阶级、阶层和集团，超党派的“中立人”，出面调解政党之间的矛盾冲突，从而使之在“国家利益”的形式下得到解决。

第四，向政府内阁首相和大臣提供咨询、建议的“政治顾问”的角色。现代英国的国王受到世代传媒的政治社会化影响较大、较深，加上长期听取首相和大臣对国内外政治事务的汇报，大量阅读议会、内阁的各种决议和记录以及各种内政外交档案和文件，使他或她拥有比普通人，甚至比首相和大臣更多的政治见识和政治经验。这就便于他或她对内政外交作出比较客观理性的判断。因此，他或她的意见和建议常常会引起内阁首相和大臣们的重视。当然，国王的意见和建议对首相和大臣并无强制作用。英国资产阶级利用英王的统治经验的真正目的正如英国前首相庇尔在英王即位发表的演说中所公开讲的，“立宪君主个人的品格可以抵消国务员们的轻率和民主情绪的暴烈”。

札记

第五，英联邦各成员国密切联系不可缺少的一个纽带。战后在大英帝国分崩离析的情况下，英国为了维护本国在世界各地的利益，建立了英联邦，至今仍有49个成员国。英王是英联邦的“元首”，同时兼包括英国、加拿大、澳大利亚、新西兰等18个国家的国家元首。英王及王室成员经常对英联邦国家进行访问，出席两年一次的英联邦国家首脑会议和一年一度的英联邦国家财政部长会议，并参加其他国家的一些庆典活动。因此，英王成为维系英联邦国家传统友好的一根主要纽带。当然，这根纽带还能维系多久很难预料，因为一些英联邦国家的共和主义运动近年来日渐高涨，反对君主制的呼声此起彼伏。但可以预见的是，只要这些国家还有某些特殊的共同的经济、政治和文化利益，英王这根联系纽带就仍将是需要存在的。

二、议会

“英国的王权经由议会而成为主权，国王依然是国家主权的体现者，是最高的国家统治者，是英国人民的王，是国家人格的象征。但是与过去不同的是，英国王权与国家主权并不是直接等同的，君主并不是可以按照自己的意志任意行为，国王并不能任意制定法律，肆意行使国家主权，而是必须通过议会，是通过议会这个机制而获得主权资格”英国的议会是两院制，即由上院(也称贵族院，House of Lords)和下院(也称平民院，House of Commons)组成。

(一)上院

上院之官式全称为“与会大不列颠与北爱尔兰联合王国国会之受尊崇的灵职与俗职们”，也被称为“贵族院”(House of Lords)。

1. 上院构成

1999年上院改革法案通过前，上议院有1000多名议员，法定开会人数为3人。

第一，宗教贵族26席；第二，世袭贵族(英格兰、苏格兰、大不列颠和联合王国的世袭贵族和世袭女贵族)；第三，根据1958年“终身贵族法”，由首相提名、英王加封的终身贵族和女贵族；第四，首相提名英王任命的上诉审理贵族。上院议员作为议员本身没有薪俸。

根据《1999年上议院法案》(House of Lords Act 1999)所制定进行的

革新，世袭贵族的席位予以废除，仅保留若干席位给国务重臣(Great Officers of State)，以及另外92席由选举产生之贵族代表(representative peer)。当中，有两个世袭职位因与国会相关而获保留院中席位，这两个职位分别是纹章院院长(Earl Marshal)与掌礼大臣(Lord Great Chamberlain)，至于其余90名世袭贵族中，15名经由全院选举产生，另外75名以政党分组，由院内议员自行挑选。选出的世袭贵族去世后，便依顺位投票制(Alternative Vote)举行差额选举。去世的贵族若为全院选出，其接替者亦须经由全院选出；而若是由次团选出的贵族议员，其接替者亦须由相同团体选出。

2. 上院重要人物

上院议长。与下院不同的是，传统上院不设议长，而是由大法官(Lord Chancellor)任"当然"主席。但自《2005年宪制改革法案》通过后，上院增设了议长(Lord Speaker)一职，该职位须由贵族出任，由上院议员选出，再经国王委任。首任上院议长于2006年5月4日选出，由前工党贵族海曼女男爵出任。由于上院议长要求具有政治中立性，因此她当选后辞去了工党党鞭一职。上院议长的主要职能是在上议院辩论时作为主席主持辩论；在正式场合代表上议院发言；并作为上议院在英国和海外的大使代表上议院

在从前，大法官不仅职司上议院议长，也是内阁成员。其办公室名称，前称大法官部(Lord Chancellor's Department)，后改组为宪制事务部(Department for Constitutional Affairs)，至2007年又改称司法部。大法官昔日另兼英格兰与威尔士之司法首长，担任英格兰与威尔士最高法院主席。因之大法官身兼行政、立法、司法三权。2003年6月，托尼·布莱尔政府宣布，大法官一职混淆行政与司法权责，不符西敏制，应予撤废。然而，撤废案遭上议院驳回，只撤消大法官办公厅，成立宪制事务部。而《2005年宪制改革法案》经过修订，也保留大法官的部分职务。该法案不再保证由大法官担任上议院主席，而允许上议院自行选出议长。

上议院领袖。院内另一位重要官员为上院领袖(Leader of the House of Lords)，由首相指派。上院领袖为内阁成员，负责带动政府议案通过上院；亦可于需要时对院内议程提出建议，其建议仅为非正式性质，而非职责所在。该职位通常与正式的内阁职位相结合，通常是枢密院院长或兰开斯特公爵大臣。上院领袖办公室是一个部级部门。首相另可指派

札记

一位副领袖(Deputy Leader),于上院领袖缺席或不能视事时代行其职权。

3. 上院权力

"英国宪法的一个显著特征和一个首要的精妙之处是,它设置了一种上院,这个上院不具有与下院同等的权威,尽管它还拥有某种权威。"①下院在当前英国政治制度中的作用和影响力都远不如下院。大体来看,上院具有如下的权力:

上议院提供专业知识,并审查下议院批准的法案。它定期审查和修正下议院的法案。

第一,司法权。司法权由上院单独行使。上院可以审理有关贵族的案件,也可以审理下院提出的弹劾案。上院又是英国最高的上诉法院,有权审理除苏格兰刑事案件以外的所有民事、刑事案件。上院的司法权由大法官和上诉审理贵族行使,其他贵族依惯例不得参与。然而,《2005年宪制改革法案》(Constitutional Reform Act 2005)规定,于2009年10月成立的联合王国的最高法院已接收上议院司法职能。也就是说,当前的英国的上院已经丧失了其司法职能。

第二,倡议法案。根据一般原则,有争议的立法倡议在下院提出,无争议的立法倡议可以在上院提出,政府提出的公议案几乎都属于有争议的,因此它们大多数在下院提出。上院议员的立法倡议多属"私人议员议案"。

第三,审查和修改法案。这是上院最重要的职能。由于上院议员要么是世袭贵族,要么是退休的前内阁高级官员,他们具有丰富的政治知识和技能,针对下院通过的法案,上议院能提供专业知识,审查并修改下议院批准的法案,事实上政府的许多法案在很大程度上靠上院完成和整理。当然,上院议员提出的法律修正案,只有被政府或下院接受,才可能成为法律。

第四,搁延权。虽然上议院不能单方面阻止法案通过成为法律(除非在某些有限的情况下),但其成员可以推迟他们认为被误导的法案,从而迫使下议院和公众重新考虑他们的决定。在这种情况下,上议院作为宪法的保障,独立于选举过程,当多数人的愿望威胁到关键的宪法原

---

① 沃尔特·白芝浩. 英国宪法[M]. 商务印书馆, 2009: 135.

札记

则、人权或法律规则时，上议院可以挑战人民的意愿。在其他国家，这一角色通常由宪法法院或最高法院来履行，但英国的制度强调议会主权，而不是司法审查，这意味着英国的法院系统不能适当地履行这一职能，因为所有的司法裁决都可以被议会否决。1949 年“议会法”给予上院的搁延权是非常有限的，一般法案是两个议会期或一年，有关财政案的搁延权最长 1 个月。但是上院仍可利用这一权力来迫使政府和下院修正议案。所有由下议院通过的法案最多可于上议院搁置十二个月，但不可驳回。

4. 上议院成规

上院与下院同在西敏宫召开会议。上院议事厅的装潢富丽堂皇，与布置简单的下院议事厅恰成对比。上院议事厅内的长椅髹成红色，故上院有时被称为“红厅”(Red Chamber)。羊毛袋(woolsack)设于厅内正中，支持政府的议员坐在羊毛袋右方的座位上，而反对派坐在左边了，中立议员则坐在羊毛袋的对面座位。上院议事厅为多项正式仪典的举行所在，其中最引人注目者为每个新会期前举行的国会开议大典(State Opening of Parliament)，英王于仪式中登上厅内御座，并现身于国会两院，为新会期发表演说，勾划政府施政事宜。

上院议员于发言前无需征得主席同意，下议院内则为必须。若有两名以上议员同时起身发言，以院内鼓掌通过的方式决定先听取哪一方的发言。上院领袖通常会对发言次序提出建议，一般也受尊重。院内发言须向全院致意(“我可敬的各位议员先生们”("My Lords")，而非仅向主席一人(下议院习俗如此)。议员间不以第二人称(你)互称，而是用第三人称如“尊贵的公爵”“尊贵的伯爵”“尊贵的勋爵”“尊贵吾友”等等。

每位议员于每次会议期间，不得发言逾一次，唯会议召集人可于会议起讫各发表一次演说。上议院内的发言无时间限制，然而，院方可经由通过动议“兹不再听取尊贵的议员先生”("that the noble Lord be no longer heard")以停止某位议员的发言。院方同样也可经由通过动议“兹对该议题即刻停止发言”以终结辩论。此程序称“迳付表决”(Cloture，美式英文称 Closure。另名 guillotine 断头台)，于院内极其少见。

一旦针对某项议题的发言已达成结论，或召请迳付表决时，该议案即可交付表决。一开始付诸口头表决，由大法官或副议长宣读议题，各

札记

议员回应“满意”(“Content”，即赞成该议案)或“不满”(“Not-Content”，反对)，会议主席随后宣布表决结果。若有议员质疑，随即付诸书面表决(division)。各议员分别进入两室(“满意”厅或“不满”厅)之一，由职员于厅中记录其姓名。每室各有两名计票人(Teller，由议员担任)计算参加表决的议员数。大法官与副议长可迳于羊毛袋上表达意向。书面表决完成后，计票人提交计票结果给会议主席。表决结果若为平手，议案由下列程序决定：继续沿用现行法规，除非多数议员主张修订或驳回；其他新进提案则遭驳回，除非多数议员主张通过。院内法定最低出席人数(quorum)在一般表决或程序表决为三人；在法案表决为30人。若不足法定出席人数，则表决无效。

(二)下院

下议院之官式全称为“尊贵的与会大不列颠及北爱尔兰联合王国下议院议员”，也被称为平民院(House of Commons)。下院也在西敏宫开会，一般全年开会的时间大约为36周，每周一至周四开会时间从下午2点半到晚上10点半，周五开会时间为上午11点到下午4点半。作为世界议会之母的英国议会，最能体现议会制度精髓的乃是下院，下院作为“人民的诉苦委员会”①体现了主权在民的民主原则。

1. 下院构成

下院由选举产生的议员组成，大约650名，法定开会人数为40人。2017年英国下议院有议席650席，其中英格兰有533个；威尔士有40个；苏格兰有59个；北爱尔兰有18个。

下议院议员选举资格。1949年通过“人民代表制法”规定：未偿清债务的破产者(bankrupt)；英格兰、苏格兰和北爱尔兰的神职人员(clergy)；贵族；某些管理君主财产收益的官员没有被选举权。1975年通过的“取消下院被选举资格法”规定法官、文官、某些地方政府官员，正规武装部队成员、警察、公共公司董事会(directorate)和政府委员会的成员没有下院议员的被选举资格。此外，在《1981年英国国籍法》(British Nationality Act 1981)通过以后，合资格的参选者必须拥有英国公民、任一英国海外领土公民、爱尔兰共和国公民或任一英联邦成员国

① 约翰·密尔．代议制政府[M]．商务印书馆，1982.

札记

公民之身份。自《选举行政法案》在2006年生效以后，根据该法案第17章的修订，参选年龄现已降低至18岁。

(2)下院选举原则及任期

根据"人民代表制法"规定，下院议员全部按"单名选区制"选出，每个选区选出一名议员，选民一人一票，得简单多数者当选。英国的这种"单名选举制"和获简单多数制的选举方式完全是为两大政党轮流执政的需要而设计，它排挤了小党和无党派人士。

随着英国的脱欧进程，英国出现了"悬浮议会"①。"悬浮议会"是一个口语化的词汇，用来形容任何政党都没有在英国下议院获得绝对多数席位，因而必定出现少数派政府(minority government)或者联合政府(coalition government)的特定形式。② 尽管在其他国家议会中，尤其是以比例代表制为主要选举方式的议会里，悬浮议会状态比较常见，但是对于采取单一选区"简单多数制"选举模式的英国来说，悬浮议会则意味着选举结果出现麻烦，因为它往往意味着会产生一个短命和没有效率的政府。③ 英国悬浮议会使政府组建过程的合法性降低，也使英国的"议行合一"的机制遭到了破坏。④

根据《固定任期议会法》，英国下院每5年改选一次。2020年12月，英国首相约翰逊曾要求废除《固定任期制议会法》。在此前首相只需向英女王请求解散议会，便可提前举行大选而无需获三分之二议员支持。约翰逊批评，法案"在国家需要果断行动的时候导致了政府瘫痪"。亦有议员认为法案制造了"宪法混乱"，在国家的关键时刻相信公众可以做出决定，回到"需要选举时就可以进行选举"的体制。另外，《2020年议会选区法案》通过，取消此前将下议院650个议席下调至600个的决定，以应对新冠疫情和脱欧后骤增的工作量。

---

① 2010年卡梅伦保守党与自民党的联合政府以及2017年特蕾莎·梅保守党政府。

② 韦农·博格丹诺．布莱克维尔政治制度百科全书[C]．中国政法大学出版社，2011：292-293.

③ 例如1974年2月威尔逊工党少数派政府成立仅6个月，就不得不宣布提前大选，在10月重新大选改变了少数派政府的状态。相关分析见 Kalitowski，Susanna，"Hung-up over Nothing? The Impact of a Hung Parliament on British Politics"，Parliamentary Affairs，Vol. 61，No. 2，2008.

④ 周淑真，孙润南．悬浮议会、全民公投和政党政治结构性问题——英国脱欧背后的政治逻辑[J]．政治学研究，2009：1-12.

札记

(3)下院权力

英国下院经过长时间的发展，逐步成为英国权力的真正重心，在英国政治生活中发挥着重要的作用。①

第一，立法权。

立法权是作为立法机构——议会的主要权力。所谓英国议会“至高无上”的地位，主要是指议会享有最高立法权。立法权意味着选民把最有约束力的法律权力授予议会。在英国政治生活中，议会有权确立、修改或废除宪法以下的任何法律，任何人无权推翻。此外，议会也是通过立法的方式，将行政权授予政府，司法权授予法院，立法权成了议会监督政府和财政的工具。不过，在实践中，随着国家政治权力的不断分化，现在的议会只享有名义上的立法权，立法实际上由政府组织和推动，议会只能在立法过程中进行“审议、批准和批准”，并不具有立法的主动权。

一般而言，英国议会通过“三读程序”制定和通过宪法性法律②。在其中议院经过三读通过的法案必须交由另一院，经过同样的程序通过。在三读程序中，辩论最激烈的是在二读过程中。最后两院通过的议案必须呈英王批准，经此批准程序即成为法律或成为议会法令。

第二，财政监督权。

财政监督权也是议会的重要权力，这一权力也是通过财政法案的方式体现，因此有学者主张财政监督权也是立法权的一种形式。1911 年议会法案之后，英国议会的财政监督权主要由下院掌控，上院只有对下院的审议表示同意的权利。下院的财政监督权主要通过批准公共开支、批准税收方案以及审查公共账目来行使。在实际操作中，财政决策是由

---

① 白芝浩在《英国宪法》中将平民院的功能总结为：选举功能、表达功能、告知功能以及立法功能。沃尔特·白芝浩．英国宪法[M]．商务印书馆，2009：163-166.

② 所谓“三读”是：一读，宣布议案的名称，规定二读的日期，将议案复印，分发给议员；二读，一个星期后再就议案的一般内容和原则展开辩论，如获通过，即进行二读，二读后议案就分别送到有关的常设委员会审议，委员会把议案连同修正意见向下院提出报告，下院再展开辩论及提出修正意见，重交委员会研究；三读，除非有 6 名以上议员要求辩论，一般不经过辩论即对议案进行表决通过。下院“三读”程序通过某项宪法性法律议案后即交上院同样“三读”程序通过或否决。若通过，则将该法案交国王签署并颁布实施。

札记

政府做出的，尤其是财政权的第一步——财政议案的提出是由政府来完成的，议会只有审议通过与否的权力。英国 1971 年成立公共开支委员会，但是自 1920 年以来，政府向议会提交的财政预算从未被议会削减过，自 1885 年以来，政府预算案从未被议会否决过。但是，这并不意味着议会对于财政权无所作为，议会对财政事务的监控主要体现在两个方面：一是任何财政议案都要首先向下院提出，经由下院审议、通过；二是财政决策需要诉诸法律才能真正发挥效能，而议会正是国家最高立法机关。

第三，行政监督权。

英国议会对政府行政的监督是以议会内阁责任制为基础的，这种制度一方面是政府内阁由议会多数党成员组成，另一方面，政府内阁对议会负有政治责任，议会决定政府内阁的去留，对政府行政的监督，主要是通过质询、调查、辩论、信任投票等方式进行的。

质询(question)。质询始于 18 世纪末，目前的规范是：议会开会期间的星期一至星期四下午 2 点半至 3 点半是议员就政府工作向大臣提出质询的时间。每个议员口头质询问题每天最多 3 个，书面质询问题数量不限。星期一至星期四每天开会的头一个小时为大臣们轮流答询的时间。首先在星期二和星期四从 3 点 15 分开始有一刻钟的专用答询时间。虽然现在每天质询的问题达 300 个左右，但政府大臣总是随意挑几个无关痛痒的问题作些表面答询，甚至作为大臣的前座议员故意以质询来拖延时间，或宣传政府的有关政策和主张。

调查(investigate)。议会中设查弊专员或称行政监察专员(the administrative supervision Commissioner)，由首相推荐，国王任命。一经任命，终身任职至 65 岁退休，只有在两院共同要求下，国王方可将其撤职。查弊专员对政府官员在执行政策过程中表现出来的无能、不称职、偏见、忽略、武断、不合理的拖延、给予错误的信息、滥用权力、堕落、卑鄙的行为、不信守诺言等进行调查。但英国的查弊专员在发现弊端后，既无法律上授权加以纠正的权力，也不能对责任者提出起诉，查弊的范围也比较有限。所以，该项制度对政府行政行为的监督作用很有限。

辩论(debate)。按惯例，在每次会期开始，女王演说后进行 6~8 天的议会辩论。议员们可对政府政策进行辩论。此外，从星期一至星期五，每天会议的公共事务结束后，议员可以动议休会举行辩论，有时提

札记

前议长进行紧急辩论。

提不信任案(non-confidence)。根据惯例，议会若通过对内阁的不信任案或否决政府的重要法案，内阁必须总辞职，或提前国王解散议会，进行大选。

5. 下院组织机构

(1)议长

下院议长是由下院议员全体选出的，而选举一般会在每届国会开幕，或议长一职悬缺时举行。假如现任议长希望在新一届国会中续任，那全体议员只须要通过动议，再经重选取得足够票选，就可留任；否则，全体议员就要透过秘密投票产生新议长。议长当选后，要得到君主任命方才正式生效，但这种皇家认可现只属礼节性的惯例。在议长之下，一共设有3名副议长，当中居首者为筹款委员会主席，其余两者则分别是第一和第二筹款委员会副主席。这三个职称原本来自下院的筹款委员会，此委员会以往由筹款委员会主席主持，但尽管委员会早已在1967年废除，但这些传统职称却得到保留，并继续由下院的副议长所兼领。另外，下院的议长与副议长皆同时为下院的议员。议长一旦当选，只要本人愿意可连选连任，不受执政党更换的影响，直至谢世或辞职。卸任的下院议长一般受封为贵族，进入上院。

下院议长的职能是主持下院会议进程，有权确保下院的活动符合规则法，有权制止辩论中不适当的行为和重复发言。在主持会议时，议长与副议长都会穿上黑色礼袍。原本历任议长也会戴上假发，惟前议长迈克尔·马丁与他的前任贝蒂·布思罗伊德皆打破了这一传统。议长和副议长在议事厅内都有自己专有的席位，而位置则是在议事厅之正上方。此外，下院议长同时是下议院委员会的主席，他会负责监理下院的运作，并在辩论时安排议员发言。如果有议员认为有人破坏会议常规，他都可以向议长提出有关“议事程序的问题”，然后再由议长决定理据是否成立。根据1911年的议会法，唯有议长可以决定一项法案是否属于财政法案。议长可指定私议案的审查者；指定各常设委员会主席；将议案分配给各常设委员会市审查。他还负责指导下院投票，宣布最后结果，并批准补缺选举。

按照惯例，议长与副议长都须要保持中立，淡化其与所属政党的关系，所以他们在会议中并不会投票，而且通常也不会参加所属政党的活

札记

动。一般而言，如果一位议长希望在国会竞逐连任，他所属的选区与主要的政党也会表示尊重和支持，而议长即使在他日离开下院，他多数仍会尽量与所属政党保持距离。在处理与英王、上院及所有统外部关系时，议长是议会的代表。

(2)议会委员会

委员会是议会实际工作的职能机构，通常依立法、监督行政和议会本身行政等方面的需要设置。英国下院大体有以下几类委员会：

常设委员会主要审议公议案，但具有宪法性质的，或特别紧急的法案则由全院委员会讨论。私议案另设私议案委员会审议。

特别委员会是为检查某一方面行政工作而设置的，这类委员会很少审查议案，主要任务是监督行政，并向议会提出报告。

全院委员会是由一院的全体议员组成的委员会，全院委员会不是由议长主持，而是由兼筹款委员会主席的副议长，或两名筹款委员会副主席中的一名主持。全院委员会主要用以审查财政议案和宪法性议案，除此之外，政府有时也用来讨论委员会阶段有争议的立法议案。

联合委员会是两院联合建立的特别委员会。它应任何一院的要求都可以成立。其职责是处理委员会阶段没有争论的议案，以及关系重要原则问题的私议案。联合委员会主席由贵族担任，会议按上院程序进行。主席可参加投票，但不具有决定权。

三、责任内阁制

英国的内阁是女王陛下政府的集体决策机构，由首相和22位内阁大臣组成。大臣，尤其是内阁大臣，主要是由首相从下议院和上议院中选举产生。内阁部长是政府各部门的首脑，大多拥有“国务大臣(职能，如国防)”的办公室。内阁的集体协调功能因所有国务卿共同担任同一职位，并可行使相同权力的法定地位而得到加强。首相和内阁共同对他们的政策和行为向君主、议会、所属政党并最终向选民负集体连带责任，这种责任主要是政治责任。

(一)中央行政系统

1. 首相

大不列颠及北爱尔兰联合王国的首相是联合王国国王陛下政府的首

札记

脑，居实际行政首长的地位。

(1)首相的产生

在英国政府体制中，首相一职不是根据任何宪法或法律设立的，首相作为政府首脑的制度是根据18世纪初以来的惯例逐步形成的。该惯例规定，君主必须任命最有可能赢得下议院信任的人担任首相；这个人通常是在议院中占有最多席位的政党或政党联盟的领导人。根据惯例，首相可能由于身体原因、死亡以及败选而失去首相职位。由于首相的确定，任期以及结束职务和权力的方式都没有明确的规定，从而使首相一职可以随着政治经济发展的需要不断扩大权力容量，以致今日首相已经成为“英国体制的拱顶石”“无冕之王”，“首相政府”代替了“内阁政府”。不过应当指出，首相的地位和权力虽然没有法律上的制约，但是在整个政治体制中却受到种种钳制。这通常是以政治斗争、政党竞选，党内派别暗斗明争，社会舆论倾向等等形式表现出来的。

(2)首相角色及其职权

总体来看，首相主要扮演三种角色，分别是政府首脑、议会领袖、党魁。

首先，政府首脑。第一，首相充当内阁与英王联系的桥梁与纽带——向英王汇报政府工作概况。第二，组建和改组内阁——首相有权任命内阁成员和所有政府成员，也有权解除某些大臣的职务。第三，领导内阁和政府活动——主持内阁，他不仅是会议的当然主席，而且会议决议均以他的意见为准；对各部实行总监督，解决各部之间的纠纷；批准无需提交内阁讨论的全部重要决定；有权任命高级司法官员、枢密院顾问官以及其他一些职务。首相是财政部首席大臣，1919年财政部主管文官事务以后，首相亦对文官事务负最终责任。第四，依据《紧急状态法》宣布国家处于紧急状态，并采取非常措施。

其次，议会领袖。首相主要通过议会党团控制议会的运作，比如立法的内容、立法的时间表等等。

最后，党魁。首相通过体制内和体制外政党各级组织，领导和控制着执政党的行为及其取向。

(3)首相办公室

首相办公室是为首相一人服务的办事机构。它是近年来随着首相权力的扩大而发展起来的。自1976年，它作为非正式的行政机构起着越

札记

来越重要的作用，办公室由四个互相保持联系的小组组成，主要是首相私人办公室、首相的政治办公室、政策小组、新闻办公室。

2. 内阁

白芝浩说："英国宪法的有效秘密可以说是在于行政权和立法权之间的紧密联合，一种几乎完全的融合。……它的优点恰在于二者之间的奇妙结合。其连接点就是'内阁'"。① 内阁是英国政府的核心，是首相行使权力的工具。白芝浩认为，英国的政制是一种简单的政制，解决所有问题的最终权力掌握在同一些人手中②。在这一体制下，内阁居于顶点，控制着整个政府行政系统。

(1)内阁的组成及其职权

内阁由首相个人遴选的大臣组成。英国内阁政府一般是一党内阁，也就是主要的阁员来自于同一党。一般首相在本党议员中指定 100 名左右为大臣，再按惯例和协调政治利害关系的需要，酌定少数重要大臣入阁，从而组成一个内部协调的、听从指挥的内阁，二战以后内阁阁员一般在 20 人左右。

内阁权力不是根据法律而是按照惯例行使的。1918 年政府机构委员会的报告列举了内阁的主要职能：对提交议会的政策做出最后决定；按照议会通过的政策，行使最高的行政管理权；随时协调和划定各行政部门的权力。正如《英国内阁》一书的作者约翰·麦金托什所说，"英国内阁的主要任务是协调行政"。不过，这种协调权是首相一手操纵的，实际上是首相协调。

(2)内阁的活动方式

在议会开会期间，内阁一般每周召开两次会议，每次两小时。议会休会期间，内阁很少开会，如有迫切需要，首相可以在任何时候召开例会。内阁会议是秘密的，会议进程严格保密。

内阁定期开会，通常在每周的周四上午，理论上讨论政府政策中最重要的问题，并做出决定。会议的长度变化根据总理的风格和政治条件，但是今天会议可以 30 分钟的长度，这说明公告或批准的决策委员会，由非正式团体，或双边讨论总理和个人之间的同事，内阁内部的讨

① 沃尔特·白芝浩．英国宪法[M]．商务印书馆，2009：62.
② 沃尔特·白芝浩．英国宪法[M]．商务印书馆，2009：62.

札记

论非常有限。此后，首相通常每周会见女王一次。

内阁有许多小组委员会，它们专注于特定的政策领域，特别是那些跨越若干部委职责的委员会，因此需要协调。这些委员会可以是常设委员会，也可以是短期设立的专门委员会(“特设委员会”)。

大多数首相都有一个所谓的“厨房内阁”，由他们自己信任的顾问组成。这些顾问可能是内阁成员，但通常是他们自己手下可靠的私人顾问。在最近几届政府中，一般从玛格丽特·撒切尔开始，尤其是托尼·布莱尔的“沙发政府”，有报道称许多甚至所有重大决定都是在内阁会议之前做出的。

(3)枢密院

虽然内阁自19世纪后期起实际上已成为英国中央政府的核心领导机构，但至今名义上的中央政府领导机构仍是枢密院。枢密院的成员称为枢密院顾问官，目前有300多人。枢密院顾问官由英王根据首相建议以特许状形式任命，任期终身。按法律规定，只有枢密院顾问官才能在政府中担任要职。

主要成员有：所有历任和现任的内阁大臣、王家成员、大主教、大法官、下院议长、常设上诉议员、上诉法院院长和法官、高等法院首席法官和民事庭庭长、检察总长、苏格兰检察总长、驻外使节、英国和英联邦著名的政治家和法律专家等。

枢密院的主要权能是：议会的召集、延期、解散、宣战和媾和等均以枢密院公告的形式告知国民，内阁的各种重要决定、宣布委任立法或制定根据英王特权所规定的条例等均以枢密院令的形式公布。实际上公告和令的内容全部由内阁决定，内阁对此负政治责任。枢密院公告和令只是一种法律程序而已。此外，君主根据枢密院的建议颁发皇家特许状。特许状给予法团特别地位；它们被用于授予某些专业或教育机构的“特许”地位，有时也用于授予城镇的城市或自治区地位。因此，枢密院负责处理各种各样的事务，包括大学章程、墓地、铸币和银行假日日期。

枢密院下设各种委员会，其中最重要的是司法委员会，它是英国的附属国和英联邦某些国家司法机关的最高上诉机构，同时也受理英国本土和海岛的某些案件，如它是海峡群岛和马恩岛的最后上诉法院，主教法庭判决的案件、职业团体纪律委员会的裁决和捕获法庭的判决等均可向枢密院司法委员会上诉。当然，随着附属国的独立，它的司法职能越来越弱。司法委员会对与1998年的苏格兰法案、1998年的威尔士法案和1998年的北爱尔兰法案有关的案件有直接管辖权，但这在2009年被移交给了新的英国最高法院。

枢密院会议的法定人数为3人，平时开会一般只有很少人参加，多数是与会议有关的现任内阁成员。会议由英王主持，宣读有关文件的标题，女王说“已批准”，即行散会，从不进行讨论。枢密院全体会议只在英王加冕或结婚大典时才举行。

(4)内阁办公厅①

在过去的100年里，内阁办公厅一直处于英国政府及国家的核心地位。它设立于1916年2月，当时被称为“内阁秘书处”(Cabinet Secretariat)。在过去的100年里，绝大多数影响深远的重大政府决策是在内阁办公厅的监督下做出的。

在过去的100年里，内阁办公厅的职责增减主要依附时任首相的想法而定，但也取决于政府角色诠释中出现的各种情形与变化。一直以来，内阁办公厅保留的核心职责是：服务于内阁及各委员会的秘书职能，搜集并提供情况，就礼仪及道德规范提供建议，管理政府机制，授予荣誉及编纂史料，等等。2010年，原来的“国家文官制度”(Home Civil Service)中的“国家”一词被去掉，变为“文官制度”，内阁办公厅成为所有公务员的主管机构。

内阁办公厅中最具有影响力的人物是内阁秘书长。自1916年至2016年，仅有11人担任过内阁秘书长，辅佐过19位英国首相。内阁秘书长对首相负责，同时也对整个内阁负责，因此其职责一直存在着模糊性。首相若想取得最佳执政效果，必须与内阁办公厅特别是内阁秘书长密切合作，并在内阁政府的惯例下行使职权。走马上任的首相及其政府会带来一系列有待实施的政策，而内阁秘书长则要发挥才智，保证内阁办公厅这一国家机器发挥作用，为首相及其政府提供服务，落实政策。内阁秘书长需要首相负责政治事务，而首相则需要内阁秘书长高效地处理日常事务，并对未来可能出现的问题做出专家式预判。

---

①　安东尼·塞尔登等．内阁办公厅：现代政府的诞生[M]．中信出版集团，2019.

札记

四、两党制

英国政党制属于典型的两党制。两党制是指在一国存在势均力敌的两个政党，通过控制议会多数席位或赢得总统选举的胜利而轮流执政的制度。竞选中获胜的政党，即可作为资产阶级利益的最高代表，行使国家权力，被称为“执政党”或“在朝党”；竞选中失败的政党则被称为“反对党”或“在野党”。实行两党制的国家，除对立的两大政党外，还存在一些较小的党派，如英国，除保守党、工党两大党之外，还存在自由民主党、威尔士民族党、苏格兰民族党等地方性的政党，而这些较小的政党，在议会选举中，均无法抗衡两大主要政党，在政治生活中的作用也不能与之相提并论，还经常受到两大政党的排挤。两党制是英国政府体制的重要组成部分，这主要是由于两大政党的同一性所决定。两大政党的同一性最根本的表现是两党都极力维护资产阶级利益，通力合作以保证政府体制的稳定和正常运转。

(一)英国政党制度的特点

1. 英国两大政党的内生性

所谓“内生性政党”是指政党萌生于议会，并在其中逐渐发展，不同于后发国家出现“外生性政党”，即政党产生于议会之外。英国的两大政党与议会政治有血肉相连的关系，议会是两大政党——托利党和辉格党产生的温床，议员分属两大政党的骨干和代言人。两大政党都是先建立了相当牢固的院内组织，即议会内组织，才开始发展院外的群众组织。

2. 英国政党纪律比较严格

英国政党具有一定的意识形态纲领，因而党员具有某种共同的政治理念，在每次重要投票中，所有党的议员要按党的决定投票。例如，英国两党都设有由党领袖任命的党务干事，投票前，两党的党务干事要保证本党有足够的议员出席。投票时，两党的党务干事分别站在“赞成”或“反对”的通道口，议员视本党的党务干事的位置穿过通道，表示赞成或反对，从而达到对党员投票进行监督的目的，由于英国两党对投票活动有较严格的约束，因此，两党政治分野相当明显。只要本党议员内部不发生严重分歧，执政党领袖(同时也是首相)在整个议会任期内，

札记

就有把握连续执政，他的立法建议容易得到采纳，从而保证该党的牢固统治。

3. 两党制是英国宪政制度的组成部分

两党制的两党与政府融为一体，在选举阶段两党共同操纵选举，在议会立法阶段执政党控制立法，在政府组建阶段，获胜的党组织政党内阁；与其他国家两党制不同的是，英国反对党被冠以“英王陛下的反对党”。反对党领袖领取国家支付的薪俸，组织“影子内阁”，在立法阶段对执政党的立法提出批评或反对，并且参与协商决策，因此，英国反对党实质上是政府体制内的政党。英国的政府是“政党政府”，两党制内的政党则是“政府政党”。在西方，恐怕只有英国政治制度和政党制度协调一致的大国。

4. 英国议会选举采用“单名选区制”

英国下院选举的原则是每个选区都有数目相等的选民，每一个选民都有平等的选举权，用一句话概括来讲就是：“一人，一票，一价”；全国分为 650 个选区，每个选区产生一名议员；计票的方法是“简单多数票当选”，即在这个选区内获得相对多数票的候选人当选为本选区的下议院议员，“胜者全得”。这种制度对大党有利，因而在英国大选历史上，多次出现全国范围内仅得到少数选票的政党，却占据着多数席位。两党都有长期占优势的选区，即“传统选区”，保守党的传统选区约占全国选区总数的 1/3，工党约占 1/3。两党旗鼓相当的选区则是“边缘选区”，在全国约有 200 个，它们是两党竞争特别激烈的地方。

5. 英国两党制度的二元性与可变性

英国两党制处于不断变化之中。1914 年表现为保守党和自由党的对峙，1935 年后则表现为保守党和工党的对立。由于工党宣称代表工人利益，每当经济危机严重和工人运动高涨时，资产阶级往往就把工党推上台。自由党在英国政治生活中也曾有一定的影响，以致有的学者将英国称为“两个半党制”。可见两党制度并不是一个固定的、静止的结构，随着政治形势的变幻，迫使政党随时重组。当然，这种重组是在两党制度的框架内进行的，经过重组，使两党制度巩固和延续下去。此外，这种可变性还表现在其他党派的竞争和压力，如自由党。

英国两党在形成和发展过程中，其利益和政策存在趋同，且伴随有两党高层人物相互流动的现象。英国两党制度下，除了执政党和在野党

札记

所扮演的社会角色以及为赢得选民支持所制定的具体政策的差异外，两大政党所致力的社会目标不存在本质上的区别，都是为了尽量保持土地贵族和资产阶级在国家政治生活中的支配地位。尤其是在维护社会等级制和保护私有财产等方面，两大政党更是配合默契。正如英国著名的评论家威廉·里斯利特指出的，它们犹如两辆赛跑的公共马车，“互相不停地给对方溅上污泥，但走着同一条路，朝着同一个方向”。

6. 形成了责任政党政府组织模式

其一，选民依据政党的纲领、领袖及其政治表现来投票，在选举中根据该党提出的候选人名单进行投票；其二，赢得议会多数选票的政党组织政府，获得对政府全部权力的控制，该党每个出任政府官职的人不是以自主的个人，而是以一个政党的整体身份来行使权力；其三，执政党集体控制权力，对执政期间一切公共政策承担集体责任。在两次大选之间，反对党无权过问政府决策，但可以不断批评，提出不同的政策主张，使本党成为可供选择的政府替代；其四，民众对政府施加的影响，是通过选民每隔一段时间重新给予执政党委任统治权，或者把它移交给反对党来实现。

(二)2010 年大选后的英国政党政治

作为政治民主化的先驱，英国在世界上首先建立了现代意义上的政党政治。从历史上看，英国一直推行两党政治—自由党与保守党交替执政。但是，第一次世界大战后，工党却一举取代自由党而与保守党轮流执政。再看看 2010 年的 5 月，英国的政坛罕见的出现“悬置议会”，最终保守党与自民党组建联合政府，而工党则沦落为最大的在野党。

1. “悬置议会”与联合政府罕见登台

2010 年 5 月举行的英国大选中，卡梅伦领导的保守党获得 36.1% 的选票，占据了 307 个议席，成为下院第一大党；首相布朗领导的工党获得 29%的选票，占据了 258 个议席，失去了下院第一大党的地位；克莱格领导的自由民主党获得 23% 的选票，占据了 57 个议席，成为下院第三大党。三党均未获得议会下院 650 个席位的绝对多数(326 席)，英国自 1974 年以来再次出现“悬置议会”。“悬置议会”产生之后，多党联合政府成为最好的选择。

2016 年 6 月，英国脱欧公投获得了 51.9%的支持率，公投不久后，

札记

英国前任首相卡梅伦宣布辞职。同年7月，特蕾莎·梅接替他成为英国历史上第二位女首相。而上任9个月后，2017年梅就宣布提前举行大选并得到了议会的支持，大选于6月8日以保守党获得318个席位告终。保守党还是众议院中拥有议席最多的政党，但没有达到组成多数政府的326个席位的要求。这再一次导致了悬浮议会与联合政府的出现。

2. 政党格局呈现松动的迹象，小党稍有发展

卡梅伦—克莱格两党联合组阁后，英国媒体制造出许多具有冲击力的新闻标题，将悬浮议会和联合政府可能导致的结果无限放大，如"悬置议会"和联合政府将成为常态，两党制松动和选举制度改革，最终在制度和文化上转变为多党制。但英国媒体同时分析到，实现这种转变的每个步骤都是极其困难的，充满了未知数。可以看出，英国政党格局虽有松动，但要突破两党制向多党制转变，条件目前都远未成熟。

3. 意识形态和政治文化利于两党制

意识形态是对良好社会及其建立主要方法的语言描述，它不仅仅是实际政治目标的体现，而且是争夺政治权力的手段。在选举过程中，政党是否相信自己的意识形态并不重要，关键是它必须让选民相信其意识形态并转变为选票。而政治文化的内在稳定性决定了意识形态难以在短期内改变，但一旦改变之后就很难逆转。两党制在英国成功运行，甚至成为英国政治制度的标志，离不开相应的意识形态和政治文化。如果英国向多党制转变，意识形态和政治文化也需要发生相应的转变。此外，意识形态需要和社会主流的政治认识、情感和评价保持基本一致，即与政治文化保持一致，否则很难赢得选民的支持。意识形态的这种特征有利于英国维持两大党格局，非常不利于小党。以英国自民党为例，它本身的意识形态标签就不够鲜明，右翼由保守党代表、左翼由工党代表，右翼选民认为它不如保守党，左翼选民认为它不如工党，中间选民很可能因为"废票心理"也不投票给它。这些意识形态和政治文化的特点都利于两党制的延续，不利于多党制的诞生。

五、司法制度

回顾人类历史，在相当长的历史时期内，世界上的绝大多数国家采取的是行政权一权独大的统治，司法权仅仅是行政权的附庸。不过，在英国，司法权对该国历史的发展和文明的进步发挥了不同寻常的作用，

札记

用英国学者施米托夫的话说就是“世界上没有任何其他法律制度像英国那样特别强调司法因素”①。英国的普通法传统使得法官可以造法，也使得英国能够在当时全世界都屈从于君主专制的国际大背景下，能奇迹般地“独善其身”，坚守住了法治的底线。

(一)英国司法系统演变

从1066年诺曼底征服到19世纪30年代，英国形成了普通法院与衡平法院并行存在的司法体系。普通法院包括三个法院，即财务法院、民事诉讼高等法院和王座法院。衡平法院又叫大法官法院，它是当事人在普通法院得不到救济时才诉诸的，以公平、正义来审理案件的法院。

从19世纪30年代到20世纪初，普通法院与衡平法院两大司法体系合二为一。1873年通过、1875年生效的《司法法》对英国的司法体系进行了划时代的改革，这次改革结束了英国普通法院与衡平法院数百年分立对峙的局面，设立了一个由上诉法院和高等法院组成的最高法院。

自20世纪以来，随着英国经济社会的发展，其司法体系也不断发生变革。现行的英国司法体系从层次上分为高级法院和低级法院，英国的高级法院包括欧盟法院、枢密院司法委员会、上议院和最高法院。低级法院包括治安法院和郡法院。

(二)英国司法体系的特征

英国司法系统组织错综复杂且无一完整体系。首先，英国司法系统没有与普通法并存的独立的行政法系统；其次，从地域的角度看，英国的司法系统又是多元的。英国法既不是联合王国法，也不是大不列颠法，英国只有英格兰和威尔士完全实行普通法，而苏格兰和北爱尔兰都不适用“英国法”，它们各有自己独立的司法体系。不过，北爱尔兰的司法体系同英国法较为接近，而苏格兰实行的是罗马法，同欧洲大陆国家更为一致。

英国以法治为根本的治国原则之一，司法权在英国政治体制中应具有非常重要的地位，但是英国的“议会主权原则”却决定了司法的职权为“解释法律而不是立法和建法”。因此，英国的司法权在三权中事实

① ［英］施米托夫．国际贸易法文轩［M］．中国大百科全书出版社，1996：598.

札记

上处于较弱的地位，它没有类似美国的司法审查权干预立法，而且在形式上司法权从属于行政，所有法官都有作为阁员的大法官直接任命，或经他推荐而由国王任命。但在政治实践中，法治精神已经成为其政治生活中的一项原则，调节着司法和行政的关系，保证司法独立成为政治生活的一项基本原则。

第六节　英国政治制度发展的基本原则及原因

一、基本原则

英国政治制度变迁及政治文化的绵延充分展现英国政治制度的基本原则，而理解政治制度基本原则有助于更好地分析英国政治具体政治制度间的联系以及权力运行的内在逻辑。

（一）王权有限

在中世纪早期习惯法中，国王的权力是有限的：第一，王权应受到民权和道德的限制；第二，王权既受上帝之法——神法的约束，也要受习惯法的约束；第三，王权还要受到国王与臣属签订的封建契约的限制。

直至19世纪，王权有限的思想在英国又有新的进展，具体表现为议会主权思想的提出。密尔认为，代议制议会的适当职能不是管理，而是监督和控制政府；另外，它还有一项职能：既是国民的诉苦委员会，又是他们表达意见的大会，议会成为反映人民要求的机关和有关大小公共事务的所有意见进行论争的场所。议会的第三个职能就是通过批评、质询或不给予支持，对真正管理公共事务的高级官员或任命他们的高级官员进行制约。

可见，在密尔那里，“议会主权”精神已经与“王权有限”的延伸、“政府有限”精神相互结合了起来，即“议会主权”只是“有限王权”。这说明密尔在19世纪后期已经看到了行政权力随现代化进程而不断扩大的总趋势，但又不能放弃“主权在民”的宪政精神。于是，他从调整立法与行政的权能关系角度，重新探讨了“议会主权”与“王权有限”或“政

札记

府有限”这两种英国宪政精神间的新型关系。无疑，这种探讨对 19 世纪末 20 世纪初以来，特别是二战后英国在行政集权民主制发展的同时，仍然保留理论上或法律上“王权有限”“政府有限”的两种宪法精神，具有重要的理论和实践意义。

(二) 法治原则

“法治”起初是指君主的权力必须来自法律，并受立法和司法的限制。后来，随着资产阶级统治的巩固和政治制度的完善，“法治”实质上就是资产阶级的统治。因为“法治”的法是资产阶级所制订和法院判决的。但是，它在形式上却包含了三层含义：

第一，国家除依据法律统治之外，不再存在专横武断的权力和其他特权，英国人由法律，也仅仅由法律统治。第二，法律面前人人平等，任何人都受制于普通法律，而普通法律均有普通法院实施，这与专门设立行政法院的法国是不同的。第三，英国人个人权利的一般宪法原则都是普通法院判决的结果，而不是权利宣言之类的条款。英国公民的权利不像其他国家是由宪法赋予的，而是在漫长的历史过程中，由法庭审判案件时判给人民的，宪法是以公民权利为基础的。

(三) 议会主权

议会主权是指由国王、贵族院和平民院组成的议会可以根据自己的判断，就任何自己认为合适立法的问题制订法律。在宪法下，没有任何其他权力能同议会相制衡，否决议会的立法。议会的立法权是无限的。在法律上，英国最高立法权是由国王、上议院、下议院和政府共同行使的。从理论上说，议会可以就一切领域内的所有问题进行立法，并且由它制订的法律除了它本身外，再没有任何其他机关具有修改和废除的权力。它作为最高的权力机关，首相和大臣的权力都是来自它的委托。但在实践中，往往是大选中胜出的多数党控制的政府在议会立法中拥有绝对地位。

议会主权是国王、上院、下院三位一体共同组成的。英国著名宪法权威白哲特在 1867 年出版《英国宪法》一书中就曾指出：英国国家机构的实践秘密“便是行政权和立法权的紧密结合”，“差不多是完全的融合”。这主要表现在“国王是一切权力的源泉”。“国王在议会中”则意味

札记

着国王、上院、下院三者融合；上院是英国最高上诉法院，这是立法和司法的融合；上院议长作为大法官参加内阁，这是立法、司法、行政的融合；下院的多数党议员组成内阁，这是立法和行政的融合。“法律主权”的“三位一体”的议会只有下院是民选的机构，因此也只有它才是联结议会“法律主权”和选民“政治主权”的桥梁，下院是议会中占有最重要地位的机构。国王和上院的“法律主权”是有名无实的。特别是在英国资产阶级两党制早已完善化的今天，由多数党领袖出任首相，组织政党内阁，从而由执政党把立法和司法融合于政府。由此不难看出英国宪法规定的政府体制在复杂的各种互相融合的权力关系中，掌握权力的是英国政府，其中尤以既作为议会多数党领袖、又作为政府首脑的首相突出。

(四)分权制衡与议会内阁制

近现代英国宪政精神中除“议会主权”外，还有“分权制衡”。而将“议会主权”精神与“分权制衡”精神相结合的政体形式就是英国式的分权体制——议会内阁制。

洛克在设计政府权力内部的“分立”——立法权与执行权的分开后，认为政府权力内部就不必过多讲究制衡问题，而是注意到了立法权与执行权的“联合”问题。他设计了“议行联动”的“议会内阁制”政治体制，即行使执行权的人应当来自立法机关并参与立法，行政机关受立法机关的统属并对立法机关负责。这样的体制安排是为了保障执行权与立法权均受社会和公民权力的支配，从而使整个政府权力系统不偏离公民对政府权力委托时的宗旨：保障公民的公共利益。

洛克的分权制衡和议会内阁制宪政精神深刻地影响着近代英国的宪政实践。“就国王说，政府与议会是分立的；从大臣方面说，政府与议会则是结合在一起的”。而这种分合权力关系的核心是“主权的议会”。然而到19世纪中后期，现代化浪潮推动着政府权力重心从议会移向行政部门，于是密尔除在整体上继续延续自洛克开始的分权制衡与议会内阁制精神外，开始对议会内阁制内部的权力关系作出某种适应社会发展需要的制度创新设计，因为他已敏锐地认识到“议会越来越干涉行政的具体事务的倾向是很强烈的”，议会在授予权力上是慷慨的，但后来又干涉这些权力的行使；它整批地给予权力，但又通过对行政事务的很多

札记

单个干涉行为逐一将它收回。因此，密尔主张在继续保持“议会主权”、行政从属于立法机关的前提下，加强行政的相对独立性。密尔指出，人民议会不适于管理行政，或者事无巨细对负责行政管理的人发号施令。即使是好心好意的，干涉几乎总是有害的。原因是，每一个公共行政部门都是一种技术性业务，它有它自己的特殊原则和传统的规则。20世纪英国的宪政实践正好实现了密尔的这种制度创新之预见，而且政治实践实际上已大大改变了古典宪政理论中“议会内阁制”的原来涵义：行政从属于立法或议会。

二、重要原因

虽然解释英国政治制度发展的理论层出不穷，但要说明英国政治制度何以形成长期的路径依赖，政治文化理论不可忽视。政治文化是一国国民对政治系统的认知、情感和价值的综合反映，缺乏特定类型政治文化支持的政治制度，通常国民难以对其形成持久的认同，政治制度进而无法发挥制度对公共利益的调节功能。因此，揭示英国背后的特定政治文化，是解释英国不同历史时期不同政治制度发展的重要钥匙。

(一)认知层面

认知模式是政治文化重要组成部分，涉及人们如何认识政治世界、知识和信念的问题，这与哲学思维方式紧密联系，经验主义是英国人自文艺复兴时期后普遍信奉的思维模式。从哲学上看，英国人奉行经验主义，与大陆理性主义不同。经验主义注重成果而非抽象的概念。如洛克《政府论》是光荣革命的产物，不同于孟德斯鸠《论法的精神》对“法的精神”的抽象探究。

英国人的现代思维方式是在传统与变革的冲突中形成的——那是一种对经验极为尊崇的理性思维方式。英国人的理性思想有别于宗教的盲从与迷信，也有别于德国人那种过于抽象的形而上的理性主义。对事实进行实事求是的科学的观察与分析，是英国人据以行事的依据，也是这个民族极为珍视的精神财富。罗素思想的出现表明了理性力量的强大，但它同时也标志着宗教和理性在冲突中找到了一个契合点，标志着英国理性思维模式的成型。

理性思维之所以最终能够成为全民族的共识，其主要的社会原因是

札记

对现实目标的追求。英国人是讲究实效的民族，现实的目标是靠自己的力量而非幻想，是靠科学而非迷信，是靠实干而非空谈去达到。英国人在改造客观的实践中重新铸造了自己的主观世界。

因此，经验主义对英国人政治制度变革观念的影响集中表现为英国人注重内容的变革而不是形式的变革。在英国政治发展进程中，它往往保留旧的机构、政治形式，同时引入新的原则，注入新的内容。如《大宪章》的签订后，虽然保留了约翰国王，但此后英国国王从一个没有限制的国王变成一个有限制的国王。1688 年光荣革命同样也可以说明。以枢密院为例，它以前是君王的辅佐机构，现在已不具有任何实权，但仍然延续到现在。英国政治制度变迁属于典型的"旧瓶装新酒"，形式上是传统的，内容是新的。形式的保留是为了满足人们对传统的依赖。

（二）态度层面

人们对政治体制、政府和政府官员的感情是政治心理的主要内容，也是政治文化最浅层次的内容。英国人偏好渐进的、缓慢的改良模式，而不喜欢疾风暴雨式的大革命。英国民族是一个善于妥协的民族。国王保留下来，贵族利益也有所满足。而这种变革方式成为英国传统的一部分时就沉淀进入英国政治文化。渐进改革已不仅是英国民族取得变革与进步的一种方式，而且是英国文化模式的一个组成部分。无论外人对这种方式如何评价，其优劣得失如何，它确实体现了英国独特的政治发展路径。这或许可以部分解释英国政治制度鲜明路径依赖的特征。

（三）价值层面

价值观是决定人们评判知识和感情的重要尺度。价值观与态度的重要区别在于价值观的相对稳定性和系统性。守成思想在英国社会中，从上层到下层都以一种正统的思想出现，维持现状的想法构成英国的传统精神。保守主义不仅是保守党奉行的政治哲学，也是英国最重要的政治传统之一，影响英国今日的政治生活。

一方面英国人尊重王权，同时注重秩序。英国人不是通过改朝换代的方式来处理矛盾。中国人尊君的思想根深蒂固，但君是可以改变的。中国是换人而不改制。而英国人是改制而不换人。英国政治保守主义盛行，因而宪法也保存了许多旧有的原则，但另一方面不成文宪法又以其

札记

不断拓宽和演进，使旧的原则中注入了新的内容。这又是保守宪法不保守的一面。这部具有强烈保守倾向的宪法，在英国资本主义发展的各个阶段上都能较好地适应统治阶级的需要。

不难发现英国政治文化模式的特点：在冲突中融合，在融合中超越传统，从而完成变革，产生新的制度。从"光荣革命"出发，形成后来英国历史上两个主要的政治倾向，而这两个倾向的冲突与融合，就导致英国式发展道路的形成。这两个倾向，一个是保守主义，一个是激进主义。英国的保守主义和激进主义都不是极端的政治派别和思想体系，相反它们却在一定范围内可以相互渗透、互相转换。

总之，英国政治文化对政治制度变迁的影响表现为以下方面：第一，英国人在建设本国政治制度时表现出一种原创精神；第二，英国政治制度的发展呈现出连续性和渐进性的特点；第三，灵活性——有宪制而无单一的成文宪法、分权和权力混合现象兼蓄并存、形式主义和名实不符。

名词与术语

等级君主制；君主立宪制；《大宪章》；光荣革命；英国国王；两党制；首相；议会；议长；迪斯累利改革；托利党；辉格党；保守党；自由党；工党；党鞭；复数投票制；责任内阁制；《地方政府法》

思考题

1. 英王在英国政治生活中的作用。
2. 英国首相扮演了哪些政治角色？
3. 英国上议院在其政治生活中的作用。
4. 以史实为基础，梳理英国国家权力发展的线索。
5. 概括英国政治制度发展的特点，并进行评价。

拓展阅读

1. 洛克：《政府论》，商务印书馆，1982 年版。
2. 密尔：《代议制政府》，商务印书馆，1981 年版。
3. 钱乘旦，许洁明：《英国通史》，上海社会科学院出版社，

2007 年版。

4. 沃尔特·白芝浩:《英国宪法》, 商务印书馆, 2009 年版。

5. 安东尼. 塞尔登等:《内阁办公厅: 现代政府的诞生》, 中信出版集团, 2019 年版。

6. Richard Rose. The Prime minister in a Shrinking world[M]. Boston: Polity Press, 2001.

7. James Simon. British Cabinet Government[M], Routledge, New York, 1999.

8. Paul Webb. The Modern British Party System[M]. Thousand Oaks, CA: Sage Publications, 2003.

9. David Wilson, Chris Game. Local Government in the United Kingdom [M]. Basingstoke: Palgrave, 2002.

10. Jack Hayward, Brian Barry, A Brown. The British Study of Politics in the Twentieth Century[J]. Oxford, England: Oxford University Press, 1999.

札记

第六章　法国政治制度史

假如将来有一天类似美国这样的民主共和制度在某一个国家建立起来，而这个国家原先有过一个独夫统治的政权，并根据习惯法和成文法实行过行政集权，那么，我敢说在这个新建的共和国里，其专横之令人难忍将超过在欧洲的任何君主国家。要到亚洲，才会找到能与这种专横伦比的某些事实。

——托克维尔《旧制度与大革命》

札记

第一节　法国政治制度史概说

法兰西作为一个独立的国家，始于843年的凡尔登和约，根据这一和约，法兰克帝国划分为三个国家，即法兰西、德意志和意大利，其中法兰西位于原法兰克帝国的西部，塞纳河和卢瓦尔河流经其全境。

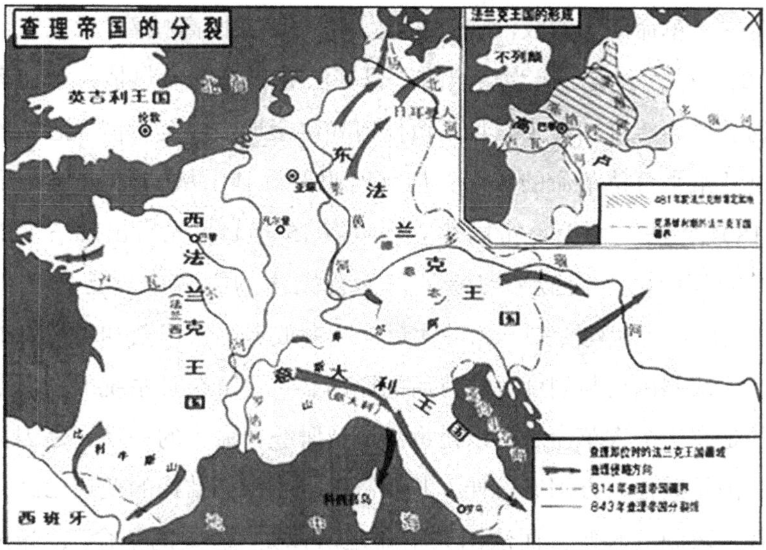

（图来自 http：//www. onegreen. net/maps/HTML/50141. html）

在政治制度方面，法兰西王国相对于欧洲其他国家而言更具典型性，恩格斯曾言："法国是这样一个国家，在那里，历史上的阶级斗争，比起其他各国来每一次都达到更加彻底的结局；因而阶级斗争借以进行、阶级斗争的结果借以表现出来的变换不已的政治形式，在那里也表现得最为鲜明。法国在中世纪是封建制度的中心，从文艺复兴时代起是统一的等级君主制的典型国家，在大革命中粉碎了封建制度，建立了纯碎的资产阶级统治，这种统治所具有的典型性是欧洲任何其他国家所没有的。而正在上升的无产阶级反对占统治地位的资产阶级的斗争在这里也以其他各国所没有的尖锐形式表现出来。"①

这种典型性，使我们在学习、理解法国政制发展过程时，除了要注

① 马克思恩格斯选集(第1卷)[M]. 人民出版社，1995：582-583.

札记

意法国社会、经济、政治状况的变化外，还需要特别注意法国精英、大众的政治心理和政治文化因素的影响。

一、法兰西民族性格与政治制度的演进特点

虽然从人类历史演变的宏观视角来看，法国和其他西方国家一样，经历了从封建君主制向民主共和制的转变，但这个过程中处处体现出浓厚的“法兰西风格”，赋予了法国政制史别样的气质。

就拿大革命期间的政治变迁来说，法兰西人民高喊着“无宪法，毋宁死”的口号，表现出极为热烈的捍卫宪法尊严的革命热情；革命者处处标榜着要同传统彻底决裂且不留任何妥协余地，甚至不惜以恐怖流血的激进政策来维持革命的秩序；但同时也要看到，从 1789 年大革命开始到 1804 年法兰西第一帝国建立，短短 15 年间，先后出现了五部宪法，身处其中的人们似乎习惯了以违背宪法的方式来捍卫宪法的尊严①，而以反对封建专制开始的大革命宿命般地陷入了共和与专制的多次轮回。政制困局与制度反复背后的原因必定是复杂且系统的，但毫无疑问的是，法国大革命之所以是世界资产阶级革命中的一环，是因为当时的法国跟其他西方国家一样，其经济基础、社会结构的变迁已经到了推翻封建政制的时候；而法国大革命之所以是“法式的革命”，却是因为特殊的法兰西民族性格和政治文化。法兰西民族性格中蕴含着一种鲜明的内在矛盾，既崇尚理性又热情奔放、富于幻想，易耽迷于不切实际的空想，陷入非理性的狂热。这种内在矛盾从根本上讲是由革命者的决裂信念导致，因为要在一场革命中完成同传统的彻底的、全面的决裂，实现完全意义上的“民族再生”，是不可能的，毕竟革命者本身也是身处于民族传统之中的。

民族性格的形成是个漫长的历史过程，而且一旦形成就会充满惰性、趋于稳定。大革命期间法兰西民族性格的爆发，使这一阶段的政治史呈现出曲折反复、波云诡谲的面相，而这种民族性格其实可以从更早、更传统的历史中窥见端倪，同时又会显著地影响法国在大革命之后

---

① 例如，最民主、最激进的雅各宾派，就曾用特派员、监察官来取代民选的地方长官；而雅各宾派专政时期所采取的恐怖政策，也是诸多违背革命初衷、破坏革命原则的。

的政治发展路径。总之，对整个法国政治制度史进行把握，除了要开展基本的经济分析、阶级分析以外，还有必要关注到民族性格这种政治心理、文化层面的因素，唯有尽可能地捕捉到其独特的“法兰西风格”，才能对法国政治制度变迁有一个比较理性、全面的认知。

二、法兰西政治制度史分期

纵观法国政制史，先后产生了君主制、君主立宪制、共和制、巴黎公社等制度，哪怕在同时期同一种制度中，在基本政治原则不变的情形下，也可能呈现不同的特色。例如，在实行共和制期间，共和国既可以是强硬的集权政治，又可以是温和的民主政治；又如君主制、君主立宪制也是相当复杂的，“旧制度”、大革命的第一阶段、波旁王朝复辟、七月王朝与两个帝国时期，也都是各具特色，不可一语概括之。问题的核心是政治制度的基本原则及其执行程度。法国历史告诉我们，政治制度的内容和形式在许多情况下不能吻合，政治制度的“错乱”、“混合”是常态。例如，国王与议会制的共存，前者是君主制的首要特征，后者是共和制的主要标志，这种“混合”是基于当时政治力量之间的妥协，其延续和存亡也取决于社会矛盾的发展和掌权者的能力、抉择。

如何才能牢牢抓住不同历史时期政治制度的要害呢？显然，仅仅关注繁杂的条文和琐细的规定是不够的，还应认清权力的基本结构及其运转状况。而最能体现法国政制这些方面的，无疑是宪法或者宪章。在宪法缺乏或者不实行的情况下，如山岳派专政时期，可以选择其他具有代表性的文献作为当时政治制度的象征。宪法是国家的根本大法，由掌权集团、统治阶级制定，包含他们的价值观与规范，规定国家组织和权力机关的结构，反映一定时期国家政治力量的对比和权力的分配，说明各个阶级、阶层与群体的社会地位，还包括公民所享有的权利等，总之，宪法能够比较全面地反映政治制度的基本特征，它是一个国家公法的核心，是一个国家的政治窗口，透过它能够较清晰地认知这个国家的政治生活。但须注意的是，不能将宪法神圣化、绝对化，否则，透过宪法可能不是达到一叶知秋的效果，反而是被一叶障目。法国历史反复告诫我们，政治言论与政治行为之间可能是天壤之别，乃至截然相反。因而不可省略的一件事是，将宪法条文与社会实际加以对照，唯有如此，才能颇为全面、切实地把握法国政治制度的演进历史。

札记

对于政制史的分期，除了要关注宪法所反映的权力结构和政治实践以外，还需要在马克思主义历史观的指导下，探寻当时政治制度背后的阶级属性。法国政治制度可以概括为四种阶级属性和四种政治体制。四种阶级属性的政治体制分别是：属于奴隶主阶级，如罗马统治时期的高卢；属于贵族阶级，如等级君主制、绝对君主制和复辟时期的君主制；属于资产阶级，如第一至第五共和国、第一和第二帝国以及大革命初期的君主立宪和七月王朝；属于劳动阶级，如 1871 年的巴黎公社。相应地，四种政治体制为君主制、君主立宪制、共和制和公社制。① 宏观历史的发展方向是，掌权者由奴隶主阶级变为封建贵族阶级，到如今的资产阶级。政治权力从一个阶级转移到另一个阶级的过程中，以及在同一个阶级内部不同阶层之间转换之时，必然有标志了历史转折的大事件发生，或者是凝聚了阶级、阶层斗争结果的宪法颁布出来，因而按照“掌权者阶级属性—宪法所规定的权力结构及其运转—扭转历史的大事件”相结合的原则，可以将法国政治制度史划分为以下几个阶段：从 843 年法兰西的建立到 1789 年大革命爆发之前，为第一个阶段，掌权者阶级属性从奴隶主阶级变为封建贵族阶级，政治制度的发展表现为从等级君主制到绝对君主制；从 1789 年到 1875 年，为第二个阶段，这一阶段时间短暂却内涵丰富，掌权者阶级属性从封建贵族阶级变为资产阶级，政治制度的发展呈现出复杂多样、频繁反复的特点；从 1875 年到 1958 年，为第三个阶段，由资产阶级掌权，政治制度的发展表现为议会共和制政体的探索与巩固；从 1958 年至今，为第四个阶段，以第五共和国的诞生为起点，政治制度的发展表现为共和制政体的稳定向前。

第二节 1789 年前：从等级君主制到君主专制

公元 843 年法兰西国家建立，此后其封建政治制度经历了艰难的成长过程，跨越三个重要的历史时期，方才实现中央集权政制。起初，法兰西以王国、君主制的形式存在，但王权有待加强，属于封建割据的君主制时期；随后，法兰西用数百年时间实现了国土的统一、民族的凝聚、经济共性的增强和语言文化的融合，国王权力由弱变强，成为以封

① 郭华榕．法国政治制度史［M］．人民出版社，2015：5.

建主义经济、政治与文化为基础的王国，并于1302年开启了法兰西王国的封建等级君主制时期；最后，1515年弗兰索瓦一世登基，意味着等级君主制的终结、绝对君主制的到来。

一、843—1302年：封建割据的君主制时期

（一）卡佩王朝的建立及其封君制（公元9—11世纪）

1. 法兰西王国初期的社会政治状况

西法兰克王国成立后，严重的封建割据导致王权削弱，外族纷纷入侵。9世纪，斯堪的纳维亚的诺曼人入侵，并在北部建立强大的诺曼公国。从南方来的撒拉森人进入萨伏依，从东方来的匈牙利人占领洛林一带，西部半岛上的不列颠人向内地移动，从而使法兰克加洛林王朝迅速解体。987年5月21日，加洛林王朝的国王路易五世去世绝嗣，贵族法兰西公爵休·加佩（Hugues Capet）由大领主与高级教士拥护成为国王，开启卡佩王朝统治时期，同时法兰克王国改称法兰西王国，这一称呼沿用至今。

加佩王朝首都设于巴黎，其直系从987年至1328年掌权，历时341年。1302年三级会议的召开之前，主要是封建政治制度建立的历程，在此基础之上才有后来的等级君主制和绝对君主制。恩格斯有言，“在中世纪法兰西混乱的状态中，王权是进步的因素，这一点是十分清楚的。王权在混乱中代表着秩序，代表着正在形成的民族”。① 加佩王朝的发展正是围绕着王权的加强和国家的统一进行的。

初建的法兰西王国形式上虽然是一个统一的国家，但实际上因诸侯割据而四分五裂，国王统治区域仅限于王室领地，即处于塞纳河与罗亚尔河中游狭长地带里的几处不相连接的地方，时称“法兰西岛”，其中包括巴黎和奥尔良等城市，其余土地由分散独立的小公国占据。当时，法兰西领土共有45万平方公里，而“法兰西岛”却不到3万平方公里。政治权力上，全国没有统一的行政和司法系统，国家权力处于分散割据状态，贵族们不受王权节制，封建领主各自为政，他们有权造币、征税和招兵，只需在非常时期率领武装忠君勤王。以法兰西岛为中心，国王

① 马克思恩格斯文集（第4卷）[M]．人民出版社，2009：220.

札记

在北部仅享有宗主权，而南方的大领主们早在9世纪后期开始，就拒不参加国王召开的全国贵族会议。这种情形一直延续到11世纪。

但王权的势弱并不是恒常不变的，转机在王权与封建割据势力之间的博弈中静静酝酿。当时国王拥有了一些权力，如有权召集全国大领主共商国是；有权排除巡察官员，视察地方司法事务；还有比较突出的外交权，当国家遭遇重大问题，国王可凭借最高统帅身份发出命令，调集军队，进行征战；国王有权宣战、缔结和约；还可借故干涉领主们的遗产继承和婚姻结合，从而对其控制。

此外，王权与教权之间的天平也开始偏向于国王。从9世纪中叶到14世纪，法国国王与罗马教皇之间经历若干次博弈之后，王权逐渐占据上风。但法国君主仍需宗教性质的加冕典礼，以神圣的灵光增添政治的权威，从而稳固王权。

2. 法兰西王国早期的政治制度

(1)封地制逐步形成。

较为规范的封地制度在这一时期逐步形成，国王把土地封赐给公爵、伯爵，同时还封赐给大主教、主教和大修道院院长，他们承认国王是他们的封君，他们则是国王的陪臣；男爵和子爵则从公爵和伯爵那里得到封地，公爵和伯爵则是他们的封君，他们是公爵和伯爵的陪臣；子爵和男爵则进一步把土地分封给骑士，骑士则成为男爵和子爵的陪臣。封地可以世袭占有，每个领主对其陪臣的陪臣没有直接管辖权，即遵循“我的陪臣的陪臣不是我的陪臣”原则。他们全部都是封建贵族，过着不劳而获的奢侈生活，社会的沉重负担则压在了广大的农奴肩上。

封建贵族内部，陪臣对封君承担的义务主要有四个方面：其一，宣誓效忠。效忠于自己的领主是封建义务的最高准则，而封建义务最基本的内容是军事上的，如服骑士役，以及应领主要求参与战争。其二，金钱上的义务。当领主被俘需要赎金时或领主家有婚丧庆典时，陪臣必须解囊相助；当领主巡游经过陪臣领地时，应予以款待。其三，司法义务。陪臣必须应招出席领主的法庭(suit to court)。其四，陪臣家的继承、婚嫁事宜应征询领主意见，而领主有义务尽力保护陪臣。

与中世纪其他欧洲国家一样，法兰西也存在骑士阶级。法兰西禁止一般的自由民成为骑士，不允许农奴成为骑士。封建主的儿子从小接受军事训练，学习骑术、武术，然后派往上级封建领主处充任武装侍从并

札记

参加出征，年满18至20岁之间接受骑士称号。封赐骑士称号时，必须举行隆重的仪式，邀请封建领地内贵族和受封者亲属参加，由领主赐予骑士一对马刺和一口宝剑，表示他必须永远替领主驰骋疆场。骑士需要有两匹马，一匹平时骑，一匹打仗时骑；需要一个仆人，平日替他肩负长矛、盾牌、盔甲，牵引战马，帮助他在战前穿戴盔甲，在他倒地时将他扶起；仆人也需要一匹马，此外还需要一匹马来驮运食物、帐篷。可见，骑士的装备十分昂贵，也非普通阶级能够负担。

在以土地分封为基础的封建贵族阶级内部，形成了一个权力的金字塔：首先是国王处于塔尖，在名义上是全国土地最高所有者，是全国贵族的宗主；其次是国王的直接附庸，包括公爵、伯爵、侯爵和教会主教、修道院院长等大封建主；再次是子爵、男爵等；最下层是人数众多的小封建主骑士、单甲骑士，他们没有附庸。整个层级可达10到20级。

被奴役、被统治的主要是广大农奴和少数自由民。法兰西农奴被称为塞尔夫(serf)，主要由奴隶和破产的自由农民转化而来，他们对于封建主有三项依附关系，即人格依附、土地依附和司法依附。他们被固定于封建主的领土上，在封建主转让土地时，农奴连同土地被一起转让。他们的财产被认为是属于封建主的，财产继承必须向领主缴纳继承税，领主的这项权利称为“死守权”。此外，封建主对磨谷物、烤面包、酿制葡萄酒都享有独占权，农奴须到封建主的磨房去磨谷物，用封建主的炉子烤面包，在封建主的作坊里榨葡萄汁、酿酒，并向封建主缴纳沉重的使用费。在司法关系上，农奴依附于封建主，他们只能在领主的法庭上提出诉讼和接受审判，并且向领主缴纳司法税。此外，他们还须向领主缴纳市场、道路、桥梁、渡船等各种捐税。

法兰西农民中有一小部分不用负担与人格依附有关的义务，他们被称为维兰(villanus)，即人格自由的人。他们可自由处理自己的财产，领主不能将他们连同土地一起出卖；但是他们在土地关系和司法关系上仍依附于领主，必须向领主缴纳与这两项义务相关的捐税。

(2)基本政治制度

在政治体制方面，法兰西基本上仿照法兰克的国家模式建立。国王之下设有宰相，又称宫内大臣，掌管全国财政，统帅军队；掌玺大臣，掌管国王印章，以国王名义发布文件，参与重要审判等；财务大臣，管

札记

理国王的宫廷和国库。

此外，还有库里亚大会。早期的法兰西，由于王权衰弱，国王在实行一切重大措施之前，都必须召开封建主代表大会进行讨论，即库里亚大会。库里亚大会不仅享有决定一切重大政治措施的权力，而且还有权罢免国王和选举新的国王。自887年加洛林王朝最后一个国王胖子查理被废黜以后，历届国王都必须经库里亚大会选举或认可，卡佩王朝每个国王都必须付出很大努力，才能使自己中意的继承人在自己生前当选为国王。直至13世纪以后，随着王权的加强，王位世袭制才得以确定下来。

从11世纪开始，在旧的罗马城市基础之上，不断有新兴城市建立起来。这些城市的早期居民大多是过去的农奴，他们或从自己主人那里逃跑出来，或在向封建主交纳代役租的条件下迁徙而来。城市里手工业、商业迅速发展，促使手工业从农业中分离。手工业和农业的大分工又促进了商品经济，也使商业从农业中独立出来。于是，手工业和商贾聚集在城堡和寺院周围，形成集市和城镇。而法国各地手工业和商业的发展要求开拓国内大市场，并逐渐把巴黎变成全国的经济和商业中心。城市的发展，产生了一个新的市民阶层。这些市民阶层形成一股强大的社会力量，要求消除阻碍工业、商业发展的因素，特别是封建割据状态。城镇的出现给国王带来了好处，国王从中可以征收巨大的税赋，因此，国王同夺走这些财富的封建领主做斗争，新兴市民也成为王权的积极支持者。

城市里逐渐建立起自治组织和机构，负责公共事务，维持治安和秩序。掌握市政权力的人都是城市中有名望地位的富裕市民，在领主特许之下，一些城市逐渐拥有审判权。南方一些城市的领导机构成员通过选举产生。但一些大城市仍在国王或大贵族的直接控制下，如巴黎，由国王直接派遣官吏统治。城市中还有一种重要组织，叫行会(metier)，既是职业团体，又是宗教团体，它们有自己的宗教仪式和节日，有自身的章程。

(二)法兰西封建王权的强化(12—13世纪)

从12世纪初开始，法兰西王国的政治发展出现新的势头，王权强化和国家统一的速度明显加快了，旧式封建割据的社会政治关系越来越无法适应新兴生产力的发展了。这一时期，促使王权增强的各种条件都逐渐成熟，并推动政治局势的风云变幻：

其一，贸易和经济的发展使各地联系加强，要求结束割据状态，实现国家统一。法国南部城市有发达的棉纺织业、造船业、印染业等，北部城市有发达的毛麻纺织业，工商业的发展推动了各地经济联系的增强，而分裂割据状态使贸易、经济的发展极为不便。因为大大小小的封建领主往往在自己的领地设置重重关隘征收货物过境税，而且各地货币、度量衡也不一致，这些都成为经济发展的障碍，因而商人们希望国家统一，为商品经济的发展扫清障碍，而王权是国家统一的象征。

其二，城市市民与王权走向联盟。由于城市大都位于封建领主的领地内，领主便以城市主人自居，对新兴的市民进行类似于对待农奴般的压迫，加以横征暴敛，这些都引起市民强烈不满。从11世纪开始，城市市民就开始了反对封建领主的斗争；国王为充实国库、打击封建领主势力，则充分利用市民反对领主。共同的利益使得市民与王权愈走愈近，双方的联盟最早出现于10世纪，然尚不巩固，但到了12世纪，国王已认识到充分利用市民这一盟友与封建领主进行斗争的重要性和必要性。

其三，镇压农民起义的需要。12、13世纪，因货币地租流行，部分富裕农民用金钱向领主赎身，成为“自由的维兰”。但更多的农民因不堪货币地租的盘剥，处境日趋恶化，为此，农民奋起反抗。为镇压起义，统治阶级希望加强王权；同时中小封建主和城市市民为免遭大封建领主的欺凌，也希望得到王权的庇护。

多方力量的推动下，法兰西王国封建王权的强化之路进入了快车道，历经了以下关键的几步：

卡佩王朝的路易六世(1108—1137年在位)，首先整治王室领地内部实行割据的领主，用了差不多30年实现了王室领地内部的统一；同时动用武力击败蒙勒里的领主，使巴黎至奥尔良成为通途。路易七世(1137—1180年在位)尽力扩张所控制的地域，曾经使西部与南部并入王室领地。公元1148至1150年间，法国出现王权概念，并且这一概念与王国的内涵相连，为保证王权的延续性，路易七世于1179年11月1日为儿子腓力加冕。继位的腓力二世(1180—1223年在位)积极向王室领地之外扩张，他于1202—1204年发动与英国的战争，取得了安茹公

札记

国不少土地，奠定了自己在其他封建领主中的威信。更重要的是，腓力二世并没有将扩大的王室领地封赐给封建领主管辖，而是把它们划分为由国王直接控制的行政区，并由国王派出总督(Stadholder)代表国王进行管理。总督管理的行政区下，再划分若干县，县吏协助总督管理，他们都由国王从封建主中任命，没有薪俸，通常国王会给他们一些犒赏，他们须执行国王的命令且对国王负责。另外，腓力二世还取消了“我的陪臣的陪臣不是我的陪臣”的原则，坚持一切封建主都必须向国王效忠，这样便逐步取消了封建割据，加强了国家的统一。

腓力二世之后，其继承者路易八世(1223—1226年在位)，顺利地使法国南部土鲁斯伯爵的大部分领土并入王室领地，这样就使国王的领地超过了任何封建领主的领地，自路易八世之后，卡佩王朝的王位世袭制才得以最终确立。

路易八世之子路易九世(1226—1270年在位)则进行了一系列加强王权的改革。第一，改组库里亚大会，使其成为听命于国王的咨询机构和贯彻执行国王旨意的行政机构和司法机构。自此，库里亚大会分为两院，即财政院和司法院，财政院负责管理国家财政，统一管理全国的货币铸造和国家的财政税收；司法院负责审理一切重大犯罪案件，如杀人、纵火、抢劫、伪造货币、拐掠妇女、非法侵占土地等。司法改革虽未完全取消封建领主的法院，但1250—1252年间，他从御前会议中分离出高等法院，后者成为全国最高上诉法院，这样就把领主的司法权置于国王的管辖之下，使得王室法院有权受理任何领主法院判决的上诉案件，并规定一切重大政治案件和刑事案件，只能由王室法院审理。与此同时，教会和城市的司法权力也受到了一定限制。第二，军事上的改革。路易九世于1260年颁布敕令，严禁封建贵族在王室领地私斗和战争，允许骑士用金钱赎买为国王服兵役的义务，使得国王可以不再依靠封建骑士，而是通过招募军队极大增强了自身军事实力。规定“国王四十日”制度，即王室领地之外的封建领主，如发生必须用武力解决的争端，须从宣战起40日内将争执的问题提交国王裁决，以此限制了封建领主之间的兼并，确立了王室相对于其他领主的至高地位。第三，货币改革。在王室领地内发行了统一的货币，在王室领地之外，则用王室铸币排挤各封建领主的货币，货币改革对于促进王国统一起到很大的作用。

札记

路易九世之后，其子腓力三世(1279—1285年在位)继位，掌权期间通过数次继承与购买，再次显著增加了王室领地面积。在政治体制方面遵循旧制，于1278年将“高等法院”正式定名为“parlement”。

总体而言，从路易六世开始，法国王权的增长呈现势不可挡的势头，历经数代君王的统治，至13世纪末腓力四世(1285—1314年在位)上台时，王权已然强大到可以匹配“最高君主”的称号了。腓力四世进一步扩大王室领地，同时还不断完善中央权力机构的组建。历史的积累促使法国封建政权在此时发生质的变化，而1302年由腓力四世首次召集“三级会议”就是这种转折、变化的标志。

二、1302—1515：封建等级君主制时期

法国的封建等级君主制以1302年为起点，当时，腓力四世为使自己的政策得到国内各阶层的支持，创新性地召开了三级会议，意味着法国步入了“封建等级君主制”时期。这一时期贯穿了王权与教权之争，国王常常借用等级代表会议来提高自己的权威，扩大王权的社会基础，它促进了王权的发展和法国政治的统一，法兰西国王至此成为欧洲最为强大的君主。

(一)等级君主制的建立

腓力四世继位后致力于扩大王室领地、统一法国的大业，但受到封建割据势力的抵抗和英国的干涉，并造成与教皇的冲突。为壮大财力以支撑战争，1296年腓力四世下令向教士征税，即“教士收入十分之一税”。但这遭到教皇卜尼法斯八世的坚决反对，教皇很快发布“教俗敕令”，宣布未经教皇同意，教士不得向国王纳税，腓力四世大为震怒，下令禁止将金银、货币、武器、马匹输出国外。这一规定虽未指明对抗罗马教皇，但实际上禁止了法国贵族与教士向罗马教皇纳贡，断了教皇在法国的财源，教皇被迫于次年让步，允许教士自愿纳税。但在1301年，腓力四世与教皇因争夺司法权再起争端。当时，朗格多克地区的一名主教被控叛逆，由王室法院判决有罪，腓力四世要求教皇免掉他的教职，以便惩办。但卜尼法斯八世发布敕令，申明那名主教只能在罗马受审，并且取消之前在财政上的让步，谴责腓力四世在对待教会的问题上犯有许多罪行。腓力四世则动员全国力量反击教皇，他先编造公布了一

札记

个语气更为专横的教皇敕令摘要，激起全国人民对教皇等外部干涉势力的愤怒，然后当众烧毁了教皇敕令，并庄严宣告，他的子孙后代，谁若使国家从属于上帝以外的任何权力，谁就将永受诅咒。在这种气氛下，腓力四世于1302年5月10日，在巴黎圣母院第一次召开了由教士、贵族和市民组成的三级会议，利用小贵族和市民的反教会情绪，压制教士听命于国王。三级会议各个等级分别写信给教皇，申明国王只服从上帝，教皇不得干涉法国内政。在神圣罗马皇帝阿尔伯特的支持下，教皇卜尼法斯八世再次发布敕令，申明教皇对世俗君主的绝对权威，并将腓力四世开除教籍。腓力四世则在1303年6月再次召开三级会议予以反击，控告教皇犯有异端、非法篡位等罪行，决定以国王名义在法国召开宗教会议，审判教皇。随后腓力四世派出军队，联合罗马的反教皇势力贵族斯恰拉·科隆纳①，袭击教廷，逮捕了卜尼法斯八世，对其大肆凌辱，软禁三日，虽然后来教皇逃脱，但他惊恐过度，不久忧愤而死。

① 科隆纳家族是罗马的贵族世家，发迹于11世纪。13世纪，这个家族出过枢机主教和元老院议员，杰出人物不胜枚举，是整个中世纪最具权势的家族之一。教皇卜尼法斯八世曾企图消灭这个家族，双方斗争惨烈。1303年斯恰拉·科隆纳(Sciarra Colonna)率兵对教皇发动复仇式武装袭击。1347年护民官在罗马击败了科隆纳家族，然而这个家族的权势并未衰减，并在15世纪出了一名教皇(马丁五世)。之后，该家族因权力之争与数届教皇冲突不断，直到16世纪，他们与教皇势力才得以长期和平共处，并开始为教会以及其他国家服务，许多家庭成员成为主教、军人和政治家。

札记

1305年，腓力四世支持他的朋友波尔多大主教柏特隆为新教皇，称克雷芒五世（1305—1314年在位），并将教廷从罗马迁到法国边境的阿维尼翁，此后近70年，教皇处在法国国王的控制之下，史称“阿维尼翁之囚”。在此期间，红衣主教团的成员绝大多数都是法国人。为摆脱财政困境，腓力四世又下令解散原本直属于罗马教廷的一个极其富裕的教士团体——圣殿骑士团，逮捕其大批成员并没收了他们的财产。

在与教皇斗争过程中，腓力四世不得不依靠国内各个等级的支持，特别是市民等级。1302年召开的三级会议标志着法国等级代表君主制政体的建立。此后的年代里，三级会议不断召开，而召开会议的目的，主要是讨论国家的财政、税收问题。国王要开征新的捐税，就不得不征求各个阶级，尤其是第三等级的同意，各等级也会以此为契机迫使国王在各项权利政策上予以让步，因此三级会议成为国王、各个等级权力博弈的场域，其对于国家的决策和治理来说也愈发重要。

（二）三级会议和政制变革

1. 初期的三级会议

三级会议建立之初，代表分别以不同的方式产生：大主教、主教、高级僧侣，以及男爵以上的贵族，还有某些知名的第三等级的代表，是由国王邀请而成为代表；绝大多数第三等级的代表是由选举产生。而且在三级会议中，农民阶级是没有代表的。

三级会议最初的运行方式是这样的：各个等级分别开会，表决时按等级投票，每个等级不论人数多少，均只有一票表决权。参加会议的三个等级不断出现意见分歧，但僧侣和贵族总是站在一边，因此第三等级代表虽多，但表决时却成为少数。

尽管如此，三级会议仍然有着不可抹杀的重大功能：第一，咨询。在法兰西王国内外局势需要的时候，由国王决定是否召开三级会议。三级会议的任务不是对于王国的内政和外交做出决策，而仅局限于各个等级的代表分别开会和发表意见，以供国王咨询。国家大事的决定权始终掌握在国王的手中。国王的决策与等级代表会议咨询给等级君主制带来了明显的政治力量，同时符合当时法国社会发展之需要。第二，增强君主决策的合法性。法国的三级会议最初是封建君主为了对抗教权，加强王权而设立的，它只是作为君主制度的一个补充而出现，因此它通常要

札记

根据君主的意志才能召开。三级会议的职能主要是批准新的税收，批准国王的某些决定，使国王的决定获得更多的合法性，三级会议的代表也听取国王的意见，以便于上情下达，实现君臣的双向沟通。第三，对王权构成了一种新的限制。它使君主意志的实现又多了一道程序，它作为君主制度内部的一个合法机构，对王权构成了一种新的限制。尽管三级会议要根据国王的命令才能召集，国王也总是利用三个等级内部的分歧来控制三级会议，但三级会议仍然不时向国王提出种种改革的要求，使国王与三级会议之间不断发生矛盾，后来终于引发了法国的资产阶级大革命。

2. 兴盛期的三级会议和瓦卢瓦王朝的等级君主制

三级会议兴盛的时期正是英法百年战争期间(1337—1453 年)。百年战争由法国王位继承权的争端引起。腓力四世去世后，路易十世(1314—1316 年在位)继位，但 1316 年 6 月，路易十世突然去世，只留下一个 4 岁的女儿和一名遗腹子，王位继承出现危机。大贵族们召开会议，决定依循“萨利克法典”①，即女性不能继承法兰西王位，等遗腹子出生后如果是男孩便可继承王位，如果是女孩则由其叔父腓力即位。同年 11 月 14 日男孩出生，成为国王约翰一世，但几天后便夭折。其叔继承王位，为腓力五世(1316—1322 年在位)。1322 年腓力五世去世时也无男性直系继承人，改由他的弟弟查理四世即位。1328 年查理四世去世时，同样无男性直系继承人，卡佩王朝就此终结。

1328 年 2 月，英格兰国王爱德华三世要求以腓力四世外孙的身份继承法国王位，三级会议从古老的《萨利克法典》有关条文引申出“女性及母系后裔无权继承王位”的原则，予以拒绝。同时推举腓力四世之弟瓦卢瓦伯爵查理的儿子腓力继承王位，称腓力六世(1328—1350 年在位)，由此开创了瓦卢瓦王朝(1328 年—1589 年)，这也成为英法百年战争的导火索。

1350 年，腓力六世死后，其子“好人”约翰二世(1350—1364 年在

---

① 《萨利克法典》发源于法兰克人萨利克部族在 5 世纪末至 9 世纪通行的各种习惯法，该法令第 59 节指出“任何土地不得由妇女继承”，这原本是一条有关私法的经济性质条文，到 14 世纪初获得了政治意义，成为法国王位继承的一个准则。1316 年，王室法律顾问们向大贵族会议提供此项依据，目的在于防止由女性继承人出嫁而将王权转移到外国。此后，法国王位继承永远排除了女性。

札记

位）继位。1356年约翰二世在普瓦捷战役①失败后被“黑太子”爱德华俘虏并押回英格兰，他把儿子安茹公爵路易一世留下做人质后，回国去筹赎金，不料路易逃跑了，约翰二世严格遵守了骑士制度的信条，自愿返回英国做人质，更在数月后死去。约翰二世被俘期间，法国王位实际出现空缺，太子查理成为摄政者。为向英国缴纳巨额赎金，太子查理只得求助于三级会议，而三级会议利用这一机会要求对国家财政开支和行政管理进行监督，改组国家机关，罢免失职官吏，并将三级会议的召开时间制度化为每三月一次。查理拒绝了这些要求，解散三级会议，却因此激起了巴黎市民的起义，起义者围困皇宫，1357年3月在各方强烈要求下，查理不得不重新召开三级会议，基本满足了会议之前的要求，并颁布了《三月敕令》。

《三月敕令》的主要内容有：同意三级会议不经过国王批准，每年可以定期召开两次，讨论国家重大问题，严格禁止未经三级会议批准征收捐税，三级会议还有权委任国王顾问，敕令承认三级会议代表人身不受侵犯，禁止国王非法任意逮捕民众和征用私人财产，禁止国王出卖法官职务，禁止用金钱赎取罪行，禁止案件的审理超出司法管辖范围，禁止封建领主进行私战等等。《三月敕令》反映了当时市民等级的基本要求，是法国市民等级反对封建专制的一个重大胜利。但这个敕令最终并未实施。

1360年爱德华三世逼近巴黎，太子查理和英格兰人签订了停战协定《布雷蒂尼和约》②，赢得了改革的时间。1364年太子查理继位，称查理五世（1364—1381年在位），法国的核心命题就是加强国家实力，为与英格兰作战服务。他主要依靠小贵族和市民作为同盟，强化税收制度，加强王权；其次使用一部分雇佣军来代替作战不力的民军。查理五世通过集中使用有限的资源实现了对英战争的阶段性胜利。

---

① 普瓦捷战役是英法百年战争期间的一场著名战役。普瓦捷位于法国西部，是连接法国西南和西北的纽带，一度成为英法之间对抗的焦点地区。此战英国以少胜多，法国惨败，这加深了法国社会的动荡程度，令人民对贵族彻底失望，还引发十万百姓起义，对抗法国贵族。

② 该条约规定，爱德华获得阿基坦、加来和一些其他领地。此外，法国国王还需支付300万金币的补偿款，作为条件，爱德华放弃对法国王位的声索。这标志着法国西南地区被英军打开。

札记

查理五世去世后，其子查理六世(1381—1422年在位)继位，由于他有精神病，使得其父的成绩付之东流。国内两大贵族争夺摄政大权，使法国陷入一片混乱。英格兰国王亨利五世趁法国虚弱之机于1415年重启百年战争，法国战败，至1419年整个法国北部已被英军占领，1420年与英国人签订《特鲁瓦条约》。该条约规定，作为法王查理六世之女后代的英国国王获得法国王位继承权。但这违反了《萨利克法典》，遭到法国贵族的抵制。但早先的习惯法有"王位不可空缺"的原则，当时恰逢英王亨利五世新逝，新王亨利六世年幼，尚需摄政辅佐，局势颇有利于法国，查理六世之子查理七世(1422—1461年在位)因此保有了王位。

1428年，百年战争局势对法国颇为不利，罗亚尔河以北除了奥尔良以外，多数被英军控制。10月，英军向奥尔良挺进，查理七世被困，形势十分危急，奥尔良一旦失守，法国南方将面临沦陷，而查理七世也将成为俘虏。存亡之际，17岁的少女圣女贞德登上了历史舞台，带领法军对抗英军，以其壮举激发了法国人民的爱国热情，解除了奥尔良之围。之后，在贞德的帮助下，查理七世在兰斯加冕为王。此次加冕防止了法国王权旁落外国人之手，有利于法国王权的恢复与合法继承，保障了等级君主制的延续。加冕后，法国王权也逐步恢复民心和威信，最后赢得了百年战争的胜利。百年战争的胜利为法国政治统一和民族的形成奠定了基础，王权得以极大加强，查理七世进行一系列重大改革，固定税收制度，建立有骑兵和步兵的常备军等，三级会议的作用被逐渐削弱，1453年后，查理七世不再定期召开三级会议。

查理七世之子路易十一(1461—1483年在位)继位后以高压手段对付不顺从的封建领主，经过多年征战，收回了包括诺曼底、皮卡迪和布洛纳在内的勃艮第公爵领地，此后几乎没有任何封建领主能与王室抗衡，到其统治末年，法国基本统一。路易十一保护手工业，促进对外贸易，得到市民阶级的支持，他利用御前会议治理国家，使王权不断加强。他的统治为法国建立君主专制制度提供了有利条件。

1484年的三级会议，可以说是法国等级君主制时期三级会议发展的一个历史性总结，这次会议召开于查理八世(1483—1498年)继位的次年，是法国第一次真正全国性质的三级会议。此前的三级会议参与者都是王室领地和若干其他地区的代表，未曾覆盖整个法兰西。而且农民

札记

也是在这次会议中加入第三等级代表的行列。会议主要议题是查理八世亲政事宜，当时查理八世年满 14 岁，根据其父路易十一的遗嘱，由姐姐安娜摄政，但按照 1374 年 8 月敕令的规定，国王年满 13 岁即为成年。所以三级会议要讨论摄政是否必要，摄政会议由谁组成。布尔戈尼的贵族代表菲利普·波发表演说指出：人民包括一切等级的人，包括亲王；是人民将国家委托给国王；人民是政府的赠予人，君主来源于选举制度。代表们对此予以热烈掌声，但没有人敢任命摄政会议成员。最后，安娜继续摄政至 1491 年才结束。此次三级会议，代表们提出了诸多政治要求，如将三级会议改为常设机构，取消早先开征的通行税、恢复法官终身任职、减少地方对军队的负担等。但王权在此时占据上风，这些要求未能实现。此后 70 年里三级会议不再召集。

查理八世英年早逝、无嗣而终，路易十二(1498—1515 年在位)与其遗孀布列塔尼的安妮结婚，得以继承法国王位，之后他与英格兰国王亨利八世的妹妹玛丽·都铎结婚。路易十二死后无男性继承人，根据《萨利克法典》，其王位传给了他的堂侄女婿昂古莱姆的弗朗索瓦，标志着法兰西进入君主专制时期。

总体而言，1337—1453 年英法百年战争期间，三级会议作用不断提升；战争以法国胜利而告终，由此法国王权得到极大加强，三级会议的作用逐渐被削弱，召开的次数也是屈指可数。

三级会议的发展对于法兰西意义重大。首先，国王通过与大众的联盟击退了教权对王权的侵蚀，虽然国王还需通过加冕仪式获得权威，但“教权至上”的原则开始被“王权至上”的原则取代。其次，三级会议削弱了地方大封建领主的势力，克服了封建割据与分裂，促进了国家统一。国王通过三级会议将法国上至贵族下至市民吸纳进来，建立了正式的参与机制，利于国王把握、收集民意。国家的决策也通过这一机制获得认同和合法性。再次，三级会议有利于各地之间的交流，培养法兰西共性，为民族国家的建立和发展奠定良好的基础。以国王为首的等级君主制，使法兰西能够抵御外敌，维护独立和主权。最后，在当时条件下，上有君主、下有不同等级组织的国家比较有利于经济的发展和国家力量的成长。然而，法兰西的等级君主制也有历史限度，其政治结构的等级性约束了人民政治积极性，尤其是在王权不断加强和神化的趋势下，君主专制的时代终于到来。

札记

三、1515—1789年：绝对君主制时期

绝对君主制是封建等级社会较高发展阶段的一种政治制度形式，它成就了中世纪与近代相交时期法国历史的进步，也造成了深刻的社会矛盾和时代弊端，导致法兰西翻天覆地的变化。作为一种政治体制，绝对君主制历时两个半世纪，经历了建立、发展至顶峰、陷入危机的演变过程。路易十四晚年以前，绝对君主制沿着上升路线发展，之后则是迅速衰败。这一过程中，文艺复兴、宗教战争、启蒙运动等相继发生，呈现出错综复杂的场景。绝对君主制期间，各个君主的作为不尽相同，其中弗朗索瓦一世、亨利四世、路易十三与路易十四的国务活动比较突出。

(一)弗朗索瓦一世(1515—1547年在位)时期绝对君主制的建立

百年战争之后，法国在路易十一世、查理八世和路易十二世在位期间，已然积累若干走向绝对君主制的因素，到了弗朗索瓦一世时，绝对君主制随着王权的巩固而确立。

弗朗索瓦一世在位时，由于资本主义经济的发展，世袭贵族逐渐衰落下去，资产阶级和新兴贵族崛起，但是高级显贵，如王室旁系、大领主家族等仍然在经济和政治上拥有雄厚的实力。资产阶级和新贵族政治上还较软弱，经济上尚未成熟，需要王权的扶助，因此他们支持中央集权的君主专制制度。而旧贵族虽然也寄希望于国王恢复旧日的特权，但这必然导致王权的削弱，国王对他们贪得无厌的要求不再有求必应。封建显贵既要保住他们在地方上的实权，又企图支配王权，国王的政策总是遭到他们的反对。所以，弗朗索瓦一世时期的君主专制政体尚具有不稳定性，他所推行的中央集权政策往往要决定于当时各阶级力量对比的局势。尽管如此，热衷于权威的弗朗索瓦一世仍采取了种种措施，使王权大大加强。

第一，扩张王室领地。王权的加强首先表现在国王领地的扩张，几乎覆盖了整个王国。布列塔尼公爵领地，由于路易十二和领地的女继承人布列塔尼的安妮的婚姻，以及弗朗索瓦一世和安妮的女儿克洛德的婚姻，而彻底并入了国王领地。波旁族的领地也因1523年夏尔三世·德·波旁的叛变而被没收了。至此，法国几乎不存在能对王权产生威胁的半独立大领主势力了。

札记

第二，迫使法学家承认只有他才享有最高的立法权力。弗朗索瓦一世把统治国家的最高权力集中于御前会议，国家重大事件都由国王和少数亲信决定。1527年，巴黎法院的主席曾当着出席最高司法会议的弗朗索瓦一世宣称："您是在法律之上的，法律和命令都不能强迫您，根本没有一种权力可以强迫您去做什么。"弗朗索瓦一世开始在国王发布的文件上写"此乃朕意"①，此后，这句话便成为历代法国国王签署诏书的专门用语，表明国王的权力是绝对的，一切取决于国王意志。自此开始建立和规范中央集权的君主专制国家体制。

第三，司法制度改革。1537年，废除男爵的司法审判权；1539年颁布《维莱科特雷敕令》，规定全国各省所有的司法文件必须用法文撰写，不得再用拉丁文或方言撰写，法语因此成为全国统一的语言，拉丁语在法国逐渐退出历史舞台。同时，他还派遣官吏直接干预自治城市的司法，使最高司法权完全隶属于中央，一切重大案件都须交由王室法庭审判，且只有王室法庭才能作出最终判决。

第四，签订波伦亚宗教协议。弗朗索瓦一世于1516年和罗马教皇利奥十世签订了波伦亚宗教协议。协议使法国获得教会自主，弗朗索瓦一世得到了任命法国高级神职人员的权力，虽然这要有罗马教皇的批准，但国王可以把职位恩赐给他的亲信，也可使需要替补的宗教职位长期空缺，而把他们的收入据为己有。就这样，国王获得了前所未有的统治教会的权力，而且控制了教会的部分财产。

第五，控制地方行政。国王向各郡派遣监督官，以控制地方。监督官权力很大，人人都必须服从他们，但他们只听命于国王，这限制了出身显贵的封建贵族郡守的权力。

（二）宗教战争和绝对君主制的艰难维持

1547年弗朗索瓦一世去世，之后的1547年至1589年，法国更换了数位君主——亨利二世、弗朗索瓦二世、查理九世和亨利三世，这四位君主加上亨利四世在位的初期，接近半个世纪的时间里，王权有所衰退，时而陷入困境。发生于1562年至1598年的宗教战争（又名胡格诺战争），对绝对君主制下的王权影响颇深。

---

① 郭华榕．法国政治制度史［M］．人民出版社，2015：29．

札记

亨利二世(1547—1559年在位)继位后，继续与神圣罗马帝国皇帝查理五世的斗争，他是一名顽固的天主教徒，对法国国内的新教徒采取无情的迫害。1547年在巴黎高等法院中特设一个“火焰法庭”①来审判新教异端。其妻是赫赫有名的意大利的梅第奇家族的凯瑟琳，她是一名狂热的天主教徒。亨利二世死后，其子弗朗索瓦二世(1559—1560年在位)继位，娶苏格兰女王玛丽·斯图亚特，构成对苏格兰和英格兰的王位要求，但他在位一年多就早逝，由其弟查理九世(1560—1574年在位)继位。查理九世软弱，受制于自己的母亲凯瑟琳·德·梅第奇，在母亲的授意下，于1572年8月23日夜制造了“圣巴托罗缪惨案”，在巴黎屠杀胡格诺派②新教徒3000人，在外省杀死数万人。这次大屠杀激起了新教徒的反抗，法国再次陷入分崩离析的局面，胡格诺派在南部和西部组成联邦共和国，对抗中央政权。查理九世死后由其弟亨利三世(1574—1589年在位)继位，当时中央政府处于日渐衰弱的状况中，为此，1587年颁布了《亨利三世法典》，将全部敕令汇编成册，便于查找和运用，以巩固君主制；1588年7月，亨利三世发布敕令，宣布全体天主教徒是“国王的天主教徒”，重申王权对于高卢派③教会与天主教教徒的控制权。亨利三世初期对天主教徒和新教徒之间的斗争采取不偏不倚的态度，期望从中斡旋的同时彰显王权，但随着宗教战争日趋白热化，他的政治权术运转失灵，使自己两边不讨好，于1589年被一名天主教徒刺杀身亡。亨利三世死后，由于瓦卢瓦家族绝嗣，玛戈④的丈夫查理·德·波旁继

① 火焰法庭是十六、十七世纪间，法国创立的一种特别法庭，用来审讯异端分子和放毒犯。法庭开庭时，不论日夜，四周都遮以黑布，仅以火焰照明，被审判者多数处以火刑。

② 胡格诺派又译雨格诺派、休京诺派，是基督教新教加尔文教派在法国的称谓，将教育作为与天主教争夺教派势力、扩张宗教影响的重要工具，在政治上反对君主专制。

③ 高卢派指法国天主教会内的王权派。15世纪起，由于法国国王反对罗马教皇对法国教会的控制，在法国天主教会内部形成王权派和教权派。王权派主张保护法国教会对罗马教廷的独立自主，限制罗马教皇的权力，被称为高卢派，其主张被称为“高卢主义”(Gallicanism)。

④ 即“玛戈王后”玛格丽特，又译为“玛戈”，出嫁以前全名是玛格丽特·德·瓦卢瓦，她的父亲是瓦卢瓦王朝的国王亨利二世，她的母亲是意大利梅第奇家族的凯萨琳，可以说她继承了欧洲声名显赫的两大家族的基因。在她的父王去世之后，她的哥哥们相继登上了法国王位，依次是弗朗索瓦二世(1559—1560)、查理九世(1560—1574)和亨利三世(1574—1589)。

承王位，即亨利四世，由此开启了波旁王朝统治的时期。

札记

（三）亨利四世（1589—1610年在位）时期绝对君主制的重新巩固

亨利四世在胡格诺战争的血雨腥风中登基，当时法国君主制和国家统一已受到严重损害，全国仅5座城市承认他的权威。他力求重振王权，8月2日即位，8月4日便宣布“在法国境内坚持对于天主教的信仰”，但实际上他是胡格诺派新教徒。在英军的帮助下，亨利四世的军队在战场取得不少胜利，但这在天主教徒占人口90%的法国，尚不足以使他真正君临天下。在屡攻不下的巴黎城下，他终于下定决心改信天主教，他说：“为了巴黎而做弥撒是值得的”。1593年7月25日，在圣德尼大教堂，亨利四世正式宣布放弃新教信仰，皈依天主教。1594年3月，亨利四世在热烈的欢呼声中进入巴黎，成为全国公认的国王。至此，持续32年之久，破坏力堪比百年战争的胡格诺战争在国王的妥协下画上了句号。

1598年，亨利四世颁布《南特敕令》，宣布天主教为法国国教，同时又规定在法国全境有信仰新教的自由，新教徒在民事和担任公职方面享有与天主教徒同等的权利；赦免教派冲突中的一切战争行为等。《南特敕令》堪称欧洲国家宗教宽容政策的第一个范例，从法律上正式承认了每个人享有信仰自由，具有划时代的意义。对于当时的法国来说，它以宗教宽容的精神结束了宗教战争，使国家免于分裂，为君主专制的重新加强奠定了基础。

在国家统一方面，亨利四世经过一系列征战，不断收复了领土并确保国家主权，其王权、威望也逐渐恢复且不断增强。于是，他决定不再召开三级会议，而是重用财政总监察官苏利公爵等大臣，精简中央机构，约束高等法院，派监察官控制省长，设立新税“官职税”来开辟财源，形成一个世袭官吏阶层，以及发行低息公债以促进经济发展。种种政策之下，1600—1610年间的法国国库充实，四海升平。但在1610年5月14日，亨利四世被一名极端狂热的天主教徒刺杀身亡，由其子路易十三继位。

（四）路易十三（1610—1643年在位）时期绝对君主制的发展

1610年即位时，路易十三尚且年幼，由其母玛丽·德·梅第奇太

札记

后和孔西尼等摄政，直到1617年才实现亲政。之后他采取措施加强王权，这些措施与亨利四世的政策基本相同，但力度明显加强。他重用大臣，初时是吕伊纳，1624年黎塞留进入御前会议成为首相，以铁腕手段巩固和发展了法国的君主专制制度。

首先，摧毁了胡格诺教徒割据势力和叛乱贵族的势力。1598年《南特敕令》虽然结束了宗教战争，但宗教冲突的余波尚存，胡格诺教徒在法国南部实行封建割据，发动武装叛乱。1628年，国王军队占领了胡格诺派军事据点拉罗舍尔，在取得战争胜利的基础上，路易十三和黎塞留对其开展谈判，于1629年颁布了《阿莱斯恩典敕令》，规定凡新教控制的省份皆恢复天主教，取缔新教徒的军队，拆除一切工事，新教徒信仰自由，但必须承认法国国王的权威。《阿莱斯恩典敕令》结束了南方的国中之国，肯定了国王对于新教徒臣民的权威，国王真正摆脱了新教徒的干扰。叛乱贵族势力的存在，主要是因为路易十三即位初期政权不稳，部分王亲国戚，上至玛丽太后、摄政大臣孔西尼，下至外省王族成员，无不企图染指王位。路易十三在黎塞留的帮助下，于1617年处死孔西尼，1630年流放太后，囚禁掌玺大臣马里雅克，击败了摄政集团；1626年至1642年间，特权显贵数次阴谋夺权，但先后被路易十三和黎塞留打败。黎塞留表示“只有用恐怖才能消灭阴谋集团”。他以“国家利益”为由驱动着国家机器。

札记

其次，黎塞留积极加强国家政权建设，强化中央权威。他在中央设立各部大臣，在首相的直接领导下行使权力，此举使贵族权力机构“国务会议”形同虚设。将16世纪以来向地方临时派遣的钦差大臣改为定制，称为总督。总督由国王任免，其官职不得买卖、转让或世袭。各省的行政、司法、财政大权都在总督的监督之下，而总督完全听命于中央，这使得中央对地方的制约大大强化。在思想文化方面，黎塞留首开出版检查制度先河，于1630年创办了法国历史上最早的报纸《法兰西报》，将其作为思想宣传的工具和阵地。

同时，对于贵族也有相应的政策。1626年黎塞留下令禁止决斗，对于抗命而决斗的公爵，他毫不手软地处决。由于贵族拥有特权，必须“如同贵族那样生活”，他们不得经商，否则将受严惩，因而土地是他们唯一的财富来源，许多贵族子弟或在国王军队中服役，或在大贵族家中服务，或游手好闲。这样，不少贵族坐吃山空，生计陷入困境。曾有诺曼底农村某贵族因为出售自己养的肥牛而被剥夺了贵族资格。对此，1629年的《阿莱斯恩典敕令》规定，允许贵族经商、从中谋利，他们仍保持贵族身份，同时规定大商人、大船主可以获得贵族资格。这使得法国贵族阶级不再完全封闭。

此外，路易十三虽然在1614年召开过三级会议，但他并不重视三级会议，外省某些地区的三级会议甚至被撤销。高等法院仍然运转，但权力范围被限制，不能干预朝政。1630年，法国参加了“三十年战争”①，黎塞留以其高超的外交智慧在诸多国家中斡旋，为法国谋取了尽可能多的利益，为日后法国在欧洲的重要地位奠定了基础。

凡此种种，路易十三在黎塞留的辅佐下，王权极大加强，法国的绝对君主制得到明显的巩固和发展。正如黎塞留在其《政治遗嘱》中所言，

---

① 三十年战争(1618—1648)：中世纪后期神圣罗马帝国日趋没落，内部诸侯林立纷争不断，宗教改革运动之后又发展出天主教和新教的尖锐对立，加之周边国家纷纷崛起，于1618年到1648年爆发了大规模国际战争，又称“宗教战争”。战争以德意志新教诸侯和丹麦、瑞典、法国(法国是信天主教的，但是为了称霸欧洲才和新教国家站在了一起)为一方，他们得到荷兰、英国、俄国的支持；神圣罗马帝国皇帝、德意志天主教诸侯和西班牙为另一方，他们得到教皇和波兰的支持。战争使日耳曼各邦国大约被消灭了60%的人口，波美拉尼亚被消灭了65%的人口，西里西亚被消灭了25%的人口，其中男性更有将近一半死亡，十分惨烈。

札记

"我的第一个目的是使国王崇高","我的第二个目的则是使国王荣耀"。他圆满完成了既定目标。

(五)路易十四(1643—1715年在位)时期绝对君主制的顶峰和衰退

法国君主专制达到顶峰是在路易十四时期,准确地说是在他亲政的前期和中期。他于1643年5月14日继承王位,1651年宣布成年,1654年加冕,1661年亲政,在位时间长达72年,被称为"太阳王"。据说早在1655年春天"御临高等法院"时,他便宣布"朕即国家"。多年来法国学术界对此短句尚且存疑,但他亲政后王权的绝对性却是不争的史实。

1. 投石党运动和王权的巩固

路易十四即位时不满5岁,由太后奥地利的安娜摄政,但掌握实权的是黎塞留的忠实接班人马扎然。此时马扎然不仅是幼王路易十四的宰相、教父,同时也是摄政太后的情人,位尊权重。马扎然执政之时,恰恰是法军在"三十年战争"中的决胜关头,为应付战争的需要,马扎然向金融家预支款项,并以允许他们征收捐税和收取国家的收入作为交换条件。这些包税商从中获得巨利,引起了贵族的嫉妒和人民的愤怒。当外省已被搜刮得民穷财尽,政府打算向巴黎的中产阶级和高等法院法官榨取,1648年4月宫廷颁发敕令,停发4年各地高等法院法官俸禄,激化了矛盾。1648年5月,巴黎高等法院联合各地法院,以整肃政府弊

札记

端为名提出27条建议，宣布国王派往各地的监察官违宪，并要求厉行财政改革，保障人身自由。1648年8月，受孔代亲王朗斯大捷的鼓舞，太后与马扎然下令逮捕领导运动的布鲁塞尔等3人，这一暴行立即引起人民的愤怒，引发了第一次投石党运动(即高等法院福隆德运动)。路易十四出走，马扎然被流放。从欧洲战场撤回的军队在孔代亲王①带领下，组成勤王大军，镇压了起义的巴黎人民。第一次投石党运动后，孔代亲王因谋取马扎然的职位未成，便联合对宫廷不满的亲王显贵密谋推翻马扎然政府，导致第二次投石党运动(即亲王福隆德运动)。1650年1月，马扎然拘捕孔代亲王、亲王的兄弟孔蒂及其妹夫隆格维尔公爵，亲王的拥护者在外省暴动，教士亦与贵族联合，对抗宫廷。叛军由蒂雷纳子爵率领，联合西班牙军队进攻法国。1650年12月，杜普莱西斯公爵率军击败蒂雷纳叛军。与此同时，1651年3月至4月期间，其他地方叛军也被逐步镇压。但迫于各方压力，孔代等贵族被释放，马扎然第二次被流放，第一次内战结束。1651年12月马扎然被召回巴黎。孔代亲王联合西班牙利奥波德·威廉大公入侵法国。这一次蒂雷纳率王室军队与孔代亲王的叛军作战，取得一系列重要胜利。马扎然深感民众的愤怒集中于自己，第三次离职。马扎然离职后，孔代亲王失去民众支持，且反叛贵族内部又开始内讧。1652年10月，十四岁的路易十四被迎回巴黎，孔代亲王流亡国外，第二次内战逐渐平息。

马扎然执政期间，虽有动乱、战争，但他的治理给路易十四留下了听话的臣民、被驯服的贵族和受压制的高等法院，路易十四的王权经历了血雨腥风之后，终于稳固。

2. 绝对君主制的顶峰

1661年马扎然去世，路易十四亲政，随即宣布："我就是我自己的首相"。在他亲政的54年里，从未委派首相，亲政前期更是日理万机、事必躬亲。他的意志就是法律，从中央到地方庞大的官僚机构，都是他实行旨意的工具。而这种绝对的权势和局面，通过路易十四的一系列集权政策实现。

---

① 孔代亲王家族是波旁家族的一个重要分支，这里孔代亲王名为路易二世·德·波旁，为第四代孔代亲王，外号"大孔代"，为17世纪欧洲最杰出的军事统帅之一。

札记

首先，路易十四建立了较为完整的中央机构。御前会议分为4个专门委员会："最高会议"由国王召集，主要处理国内外重大事宜，其成员称为"国务大臣"；"文件收发委员会"负责中央政府机构各部门之间的联络，以及对地方政府发布政令；"王室财政委员会"，主管内政事务；"秘密委员会"从事立法、行政、司法等方面的工作，大体包括现今最高法院和参政院的工作，其决议相当于法律，且负责为国王准备诏书和敕令。此外，还有若干"委员会"、"会议"。如"信仰委员会"，相当于宗教事务部，成员包括巴黎大主教和数名高级教士。路易十四还将内政工作分解为几个部分：财政总监督不仅肩负确立预算等重责，而且还是作用显著的行政官吏；掌玺大臣管理司法；国务秘书们每半个月集会于"文件收发委员会"，但相关事宜听命于国王命令。巴黎的治安也由三个机构分掌：巴黎市长及其助理法官负责判决、指挥"城市民兵"；高等法院总检察长保证公共安全、粮食供应等决议的实现；裁判所的王家法官负责法庭和监禁。

其次，路易十四剥夺高等法院、三级会议等机构对王权的制衡作用，以独揽大权。1667年，颁布《路易法典》，规定高等法院必须立即登记国王的一切敕令。高等法院从此不得讨论国王的敕令，失去"谏诤权"。对于不顺从的法官，路易十四一概免职或流放，代之以自己的亲信。根据他的意志，全国三级会议在其主政期间停止召开，因而三级会议在其父路易十三时期的1614年召开过一次之后，直到大革命爆发的前夕，都不曾召开。君主的绝对权威得以肯定。

再次，加强对外省的控制。路易十四恢复了在投石党运动期间被取消的向各省派遣巡视稽查的司法、治安、财政监督官制度。这些听命于国王的钦差大臣，将各省地方长官置于严密的监视之下。而且，路易十四于1661年建造凡尔赛宫，将各省权贵、大领主召入宫中，成为国王的侍臣。他们因此放弃原先和国王、王室随意交往的旧习，须严格遵循宫廷礼仪，担任管理御衣、饮食等王室家务的职务。他们争相取悦君主，变得"驯服"，由对抗王权的地方势力变为顺从君主的被驯服者。

此外，极力加强对教会的控制。路易十四亲政期间，天主教"高卢主义"①发展到顶峰。1661年，他宣布教士会议必须由君主安排。他通

① 指用来限制教皇权力的法国教会和政府的政策，其反义是"越山主义"。

札记

过高等法院控告罗马教廷越权，通过教士会议宣布法国天主教拥有自主权。1673 的敕令规定，国王在全国各主教区拥有征用空缺主教收入、任命主教的特权，法国主教此后一律由国王任命。意犹未尽的路易十四在 1682 年的法国高级教士会议上公布了《四条款宣言》：教皇和教会不得干预世俗事务；普世性主教会议为教会最高机关，在信仰方面的权力高于教皇；罗马教廷必须尊重法国教会公认的教规教习和习俗；教皇关于宗教信仰的决定，经法国教会接受后才能生效，教皇的敕令并非不能更改。罗马教廷对此十分震怒，路易十四则直接于 1688 年派兵占领了教皇领地阿维尼翁，1692 年教皇被迫同意《四条款宣言》。

全方位的集权推动路易十四的绝对君主制达到顶峰，“唯有君主才有权思考和决策，其他人的职责只不过是执行君主的命令而已”，“国王的权力不受任何人任何事的限制”，路易十四如太阳般无法直视、不容置疑。

3. 绝对君主制的衰落与危机

(1)路易十四后期危机初显

顶峰是一种极致，也是一个拐点。绝对的权力使路易十四产生绝对的自信，他不会在意“月满则亏，水满则溢”这类有关“物极必反”的事物发展规律。1700 年前后，法国的君主专制越过顶峰后，开始走向没落。

其实，1700 年后若干事件的发生也并非一蹴而就，早在多年以前就埋下了伏笔。1685 年 10 月 18 日，路易十四以保护天主教的名义公布了《枫丹白露敕令》，取消《南特敕令》，强迫新教徒“皈依天主教”，除阿尔萨斯外禁止新教活动。该敕令迫使至少 25 万胡格诺派教徒逃离法兰西，激化了宗教矛盾，并使法国丧失大量经济人才与熟练劳动力。1702 年卡米扎尔农民暴动，严重影响了法国对外战争的局势。1687 年、1693 年和 1709 年，法国屡次发生饥荒。1701 年工业减产。1710 年巴黎妇女们试图向凡尔赛进军以示抗议。1701—1714 年，法国在西班牙王位继承战争中遭受挫折，连年战争造成巨额国债，路易十四不得不加强对贵族的剥削，以及征收重税，激发了更多社会矛盾。路易十四仍然依靠绝对君主制治理国家、处理外交事务，其手中依然大权独掌，但面临的问题却越来越多，危机接踵而至。

(2)路易十五(1715—1774 年在位)时期绝对君主制的衰落

路易十五于 1715 年 9 月 1 日继承王位，未成年的国王须由以奥尔

札记

良公爵腓力为主席的摄政会议来辅佐，而摄政会议的成员包括若干亲王。为单独掌握摄政权，腓力与高等法院做了交易：由高等法院出面废除先王的遗嘱，使腓力获得全部的摄政权，而腓力敕令给予高等法院“谏诤权”。后来，摄政王腓力向路易十四执政时期被剥夺了权利的贵族寻求支持，建立了所谓的多元会议制，允许贵族加入政府。路易十四死时留下了超过 25 亿里弗尔①的国债，为偿还国债，摄政王允许约翰·劳于 1716—1720 年大量发行纸币，以此偿还了大部分国债，但国家经济却因此受创。1723 年路易十五亲政，他亲自任免重臣、独自处理朝政、压制高等法院，连续进行改革，以及外交上也主动决策，君主的权力还在，但君主专制的程度已远不及路易十四时期。

路易十五执政 51 年，这半个世纪里，前任国王路易十四留下的危机未能解决，而且还新添了不少新的弊端，尤其是 18 世纪 60 年代以后，其权力不断显示出相对性，不断受到侵袭。其一，后宫干政、女宠当道。1733 至 1774 年被称为“情妇世纪”，路易十五比较有名的情妇有马伊伯爵夫人、万蒂米伊伯爵夫人、沙托鲁公爵夫人、蓬帕杜尔夫人、巴里伯爵夫人等，她们堂而皇之地干政，却又缺乏治国理政的才能，用人处事多从亲疏关系、私人情感出发，加速了法兰西的衰落。其二，冤假错案频发。18 世纪 60、70 年代，发生了一系列著名案件，如卡拉斯案、洛舍特案、西尔万案、拉巴尔案和拉利-托朗达尔案等，桩桩件件都涉及到宗教信仰控制的问题。其三，社会反抗运动此起彼伏。思想上的批判和反抗主要来自启蒙思想家，杜尔哥于 1754 年，伏尔泰于 1763 年和 1769 年，马蒙特尔于 1767 年相继出版著作揭露封建专制制度的弊端，卢梭甚至预言社会革命即将到来。行动上的反抗更是不断发生，1744 年里昂丝织业作坊主罢工，1749 年巴黎居民抗税运动，1752、1753 年朗格多克与普罗旺斯两地贫苦农民暴动，还有 18 世纪 60 年代各地高等法院与王权的冲突斗争，1773 年发生于波尔多、1774 年发生于

① 里弗尔是法国古代货币单位名称之一，最初相当于一磅白银，最早出现于查理曼大帝时期。需注意的是，里弗尔只是货币计量单位，实际流通中没有与其同值的硬币，实际流通的货币为“索尔”，属于银币，最初 1 里弗尔等于 20 索尔，但里弗尔的实际价值一直在发生变化，以平均每年 0.88%的速度贬值。1795 年，法国正式将另一个源于 13 世纪的十进制货币单位“法郎”定为标准货币，停止里弗尔的使用。新旧货币之间按照 1 法郎等于 1 里弗尔 3 但尼尔的比率兑换。

札记

图雷地区的饥饿暴动等等。其四，外交上的失败。1756 年，“七年战争”随着法英矛盾的升级而爆发，其结果是法国失败，于 1763 年签订《巴黎合约》，法国丧失加拿大等海外殖民地，严重打击了法国绝对君主制的实力和威信。

重重危机之下，法国王权不断衰落，1774 年路易十五留下遗言：“我未能将国家治理好”。

(3)路易十六(1774—1792 年在位)时期“旧制度”摇摇欲坠

1774 年 5 月 10 日，路易十六即位，他努力维持君主专制，但摆在他面前的已是摇摇欲坠的旧制度。

面对财政困难，路易十六指挥大臣匆忙改革，不惜激怒特权等级。路易十六时期的财政困境几乎达到无力回天的地步，除了路易十四、路易十五时期遗留下来的巨额债务以外，他在 1774—1783 年派军掺和了北美独立战争而花费了 20 亿里弗尔军费；同时他曾在数年内给予王族、近臣多达 4030 万里弗尔的赏赐。至大革命爆发前夕，国债已接近 50 亿里弗尔。为解决紧迫的财政困境，路易十六求助于取消纳税豁免权和借债，但前者引起特权者激烈反对，后者则面对来源枯竭。他多次任免财政总监督，1774—1776 年是杜尔哥，1776—1781 年是内克，1781—1783 年是若利·德·弗勒里，1783—1787 年是卡罗纳，1787—1788 年是洛美尼·德·布里埃纳，每一任财政总监督都实行了一系列改革，然而改革就意味着利益分配机制的变化，无不遭到特权者们的反对，而改革的目的却未能达到，没能缓解国家财政困境。特权等级为维护税收豁免权，分别于 1787 年 2 月、1788 年 11 月召开了两次“显贵会议”，向路易十六及其财政大臣施压，同时要求召开三级会议。

高等法院反对征税，同时也要求召开三级会议。1788 年 5 月，巴黎高等法院宣称“法兰西王国的原则是征税应获得纳税人的同意”，“法国为君主依法统治的王国”。① 巴黎高等法院限制王权的企图得到了外省各地高等法院的支持。

教士们在与王权的较量中也不曾落后。1788 年教士会议公然拒绝纳税，声称维护自身特权，同时主张召开三级会议，准备联合贵族对抗王权。

---

① 郭华榕．法国政治制度史[M]．人民出版社，2015：54.

札记

最为重要的是，1789 年之前的“旧制度”培育了第三等级的革命倾向性。专制制度的压迫与生活的贫困促使资产者与劳动大众不断斗争和反抗，1766 年由于粮价上涨，巴黎与第戎地区发生“面粉战争”，政府不得不调动军队镇压；1788 年 6 月 7 日是格勒诺布尔城的“抛瓦日”，民众从窗口扔下瓦片等驱赶士兵；1788 至 1789 年冬季，饥荒使多地民众造反；1789 年春天起，诺曼底、布列塔尼、阿尔萨斯等地农民纷纷起义。1788 年 7 月 21 日，多菲内省的三级会议未经国王批准而在维齐伊城堡召开，参会的第三等级代表人数大增，该会发表声明：改革必须由三级会议事先通过，一切代表应由选举产生，按人数而不是等级投票。这项声明迅速传播，得到广泛支持。

总之，不论是特权等级还是第三等级，都对改革颇为不满，他们虽然立场不同，但都一致要求召开三级会议。

1789 年初，全国举行三级会议的选举，各地区分等级召开选举会，通过了许多“陈情书”，各等级一致反对君主专制，要求制定宪法，定期召开国民会议，依法收税等。当然，不同等级的陈情书也有不同的要求。贵族们主张“言论和思想自由”，维护其特权地位，三级会议按等级投票表决；教士们主张必须反对国家与教会内的专制，主张教士有权召集会议、参与教会的管理，同时维护自己的特权；巴黎第三等级要求“法律面前人人平等”，主张“一切权力来自国民”，“公共意志制定法律”，主张信仰、人身、言论、思想与著作等自由权利，要求“法律保证公民的所有权”，“国民决定税收”，以及定期召开三级会议等等。

各个等级的诉求，无不彰显君主专制制度末日的临近，路易十六的王权受到挑战，历史终于迎来又一个转折点，“大革命”即将上演。

第三节 1789—1875 年：大革命后的政治困局与制度反复

为解决财政危机，摆脱困境，路易十六不得已于 1789 年 5 月 5 日在凡尔赛宫召开中断了 175 年的三级会议。由于路易十六只想通过会议征收新税，却拒绝三个等级提出的改革诉求，会议难以达成共识。6 月 17 日，第三等级代表和少数教士代表通过决议，自称“国民会议”，后来国民会议因着手起草宪法，改名为“制宪会议”。6 月 23 日，不同等级因政治制度问题发生冲突，路易十六下令三个等级分别议事。巴黎人民密切关注会议过程，积极支持第三等级代表，当获悉国王阴谋破坏制宪会议、免掉主张改革的财政总监督内克，且调集军队准备诉诸武力时，人民反封建专制统治的革命情绪高涨起来。7月12日，巴黎人民上街示威，与军队斗争，并且很快组织起武装起义，占领了巴黎大部分地区。7月14日，攻陷了象征封建专制主义堡垒的巴士底狱，拉开了大革命的序幕。

这一天必被载入史册，因为它是法国社会、政治制度的分水岭，意味着法国君主专制政体的终结和近代政治的开端，此后，法国政治制度等转入全新的资本主义发展轨道。

大革命后法国资本主义政体的演变大体可分为两个阶段：1789—1875年是资产阶级议会制政体逐渐确立的阶段；1875年以后是资产阶级统治全面巩固的阶段。前一个阶段虽说短短数十载，但政局动荡、制度反复的程度令人叹为观止，仿佛人类政治制度的试验场；后一个阶段，资产阶级的统治地位才算完全巩固，议会共和制也逐渐完善。这从大革命后的宪法性文献颁布的时间和数量可见一斑。从1789年《人权宣言》颁布，到现在的两百多年的时间里，先后制定了十多部宪法，主要有1791年君主立宪制宪法、1793年第一共和国宪法、1795年《共和三年宪法》、1799年《共和八年宪法》、1802年《共和十年宪法》、1804年《共和十二年宪法》、1814年国王路易十八钦定宪法、1830年七月王朝宪法、1848年第二共和国宪法、1852年拿破仑第三宪法、1875年第三

札记

共和国宪法、l946年第四共和国宪法、1958年第五共和国宪法①。绝大多数宪法出现于第一个阶段，昭示着那是一个动荡、变革的时代。法国宪法演变的历史，也是一部政府体制演变的历史，虽然其中有的宪法并未付诸实施，但它们仍然是我们认知大革命后法国政制的绝好窗口。

结合宪法性文件和标志性历史事件，1789—1875年的法国政制史，可分为以下阶段：1789—1792年为君主立宪制时期；1792—1804年为法兰西第一共和国的共和制时期；1804—1814年为拿破仑第一帝国的君主立宪制时期；1814—1848年为复辟王朝的君主立宪制时期；1848—1851年为法兰西第二共和国的共和制时期；1852—1875年为拿破仑第二帝国的君主立宪制时期。

一、1789—1792年：君主立宪政体

(一)君主立宪政体的建立

巴士底狱陷落后，破坏旧制度的行动继续以巴黎人民暴力武装起义的形式展开，不少贵族被吊死，路易十六及其皇后被关入监狱。而且革命的浪潮迅速淹没法兰西，各个城市纷纷效仿巴黎人民武装夺权，建立国民自卫军。在农村，到处都有农民攻打领主庄园，烧毁地契。不久，由人民组织起来的制宪议会掌握了大权，实际成为最高国家权力机关。制宪议会内多数议员持温和态度，主张废除君主专制，但保留君主制，很快，制宪议会颁布了“废除一切旧义务”的《八月法令》，紧接着在1789年8月26日通过了著名的《人权宣言》，向全世界庄严宣布了“人身自由，权利平等”的原则。但路易十六拒绝批准《八月法令》和《人权宣言》。10月份国王再次筹划利用雇佣军推翻制宪议会，但以失败告终，王室被迫从凡尔赛宫迁到巴黎，制宪议会也随之迁来。在讨论具体的宪法时，穆尼埃等“王政派”竭力争取给予国王“绝对否决权”，建立由国王指定的世袭的议会上院；巴纳夫等“爱国派”反对设立上院，主张国王仅有“暂时否决权”；西哀耶斯则反对国王拥有任何形式的否决权。由于制宪议会中“爱国派”占据优势，否决了两院制，通过了给予

① 1958年宪法即现行宪法，又称《第五共和国宪法》。此后，1960、1962、1963、1974、1976和2008年先后作了某些修改。

国王暂时否决权的决议。当时流行的口号概括了新体制的特征：“国民、国王与法律”，即新体制是比较温和的资本主义性质的君主立宪制，资产阶级通过国民议会掌权，同时国王仍拥有若干权力。

1790年6月，制宪议会废除了亲王、世袭贵族、封爵头衔，并且重新划分政区。成立大理院、最高法院，建立陪审制度。制宪议会还没收教会财产，宣布法国教会脱离罗马教皇统治而归国家管理，实现政教分离。1791年6月20日路易十六乔装出逃失败，部分激进领袖和民众要求废除王政，实行共和，但君主立宪派则主张维持现状，保留王政。9月3日，制宪议会制定了宪法；9月30日，制宪议会解散；10月1日，立法议会召开。法国成为君主立宪制国家。

1789—1792年君主立宪制的标志是1791年宪法。这次制宪由三个步骤完成：1789年8月26日通过《人权宣言》；1791年9月3日通过宪法；1791年9月13日国王宣誓接受宪法，宪法当即生效。《人权宣言》通常被视为宪法的前言，自然也是1791年宪法的一个组成部分。

（二）《人权宣言》提出的制度原则

《人权宣言》由一个序言和17个条文组成，宣言起草人深受启蒙思想影响，认为人权是人类理性的体现，是天赋的、符合自然的、不可转让和不可剥夺的权利。在序言中，首先谴责了封建专制统治，谴责了它对人权的“无知、忘却和蔑视”，指出这是公众不幸和政府腐败的唯一原因；又宣称，现在决定把“自然的、不可剥夺的神圣的人权阐明于庄严的宣言之中”，一方面，可以使社会各成员经常不断地想到他们的权利和义务，另一方面，是要使立法权的决议和行政权的决定及整个政治机构的目标，都更加符合保障人权的要求。《人权宣言》提出了下列共和制度构建的原则：

1. 国家建立的目的就在于保障人权和公民的权利与利益。《宣言》第2条指出：“任何政治结合的目的都在于保存人的自然的和不可动摇的权利。这些权利就是自由、财产、安全和反抗压迫。”第12条进一步指出：“人权的保障需要有武装的力量；因此，这种力量是为了全体的利益而不是为了此种力量的受任人的个人利益而设立的。”

2. 主权在民原则。《宣言》第3条指出：“整个主权的本原主要是寄托于国民。任何团体、任何个人都不得行使主权所未明白授予的权力。”

札记

3. 立法代议原则。《宣言》第6条规定：“全国公民都有权亲身或经由其代表去参预法律的制定。”第14条规定：“所有公民都有权亲身或由其代表来确定赋税的必要性，自由地加以认可，注意其用途，决定税额、税率、客体、征收方式和时期。”

4. 国家公职人员应对人民负责的原则。《宣言》第15条指出：“社会有权要求机关公务人员报告其工作。”

5. 公职开放原则。《宣言》第6条提出：“全国公民都能平等地按其能力担任一切官职，公共职位和职务，除德行和才能上的差别外不得有其他差别。”

6. 法律面前人人平等原则。《宣言》第6条还规定：“法律是公共意志的表现。……法律对于所有的人，无论是施行保护或处罚都是一样的。在法律面前，所有的公民都是平等的。”

7. 分权原则。《宣言》第16条规定：“凡权利无保障和分权未确立的社会，就没有宪法。”

8. 一系列用以保障人权和公民权利的司法原则。《宣言》第5条规定：“法律仅有权禁止有害于社会的行为。凡未经法律禁止的行为即不得受到妨碍，而且任何人都不得被迫从事法律所未规定的行为。”第7条规定：“除非在法律所规定的情况下并按照法律所指示的手续，不得控告、逮捕或拘留任何人。”第9条规定：“任何人在其未被宣告为犯罪以前应被推定为无罪，即使认为必须予以逮捕，但为扣留其人身所不需要的各种残酷行为都应受到法律的严厉制裁。”第10条规定：“意见的发表只要不扰乱法律所规定的公共秩序，任何人都不得因其意见、甚至信教的意见而遭受干涉。”

《人权宣言》成为资产阶级夺取政权和巩固政权的思想武器，它实际上宣告了旧封建王权的灭亡和资产阶级政治制度的诞生。《人权宣言》的公布表明，法国资产阶级用以法律为基础的资产阶级权利取代了君主个人意志为标志的封建特权。这在政治和法律领域具有根本性的变化。作为资产阶级革命的纲领性文件，它将启蒙思想发扬光大，并用法律的形式固定下来，起到承前启后、继往开来的巨大作用，特别对欧美的资产阶级革命或改革，都产生了广泛而深远的影响。它还推动了其他很多国家民主思想的发展，推动了世界资产阶级民主化的进程。法国资产阶级革命思想和学说对亚洲和中国的革命都产生了不同程度的影响。

（三）1791年宪法确立的君主立宪制原则

1791年大资产阶级为了阻止革命的继续发展，在《人权宣言》的基础上，制订了一部为国王保留很大权力的宪法。

第一，在政体精神上，宪法声明："坚定不移地废除损害自由与权利平等的制度"，规定"法律不承认一切宗教的许愿或其他违反自然权利或违反宪法的诺言"。这从根本上否定了旧式君权神授原则。

第二，在公民资格和公民权利的界定上，宪法赋予公民较为广泛的权利，包括信仰自由、和平集会的自由、免费初级公共教育权利、财产不可侵犯权利等。同时规定将公民分为积极公民与消极公民，所有"积极公民"拥有选举权和被选举权，从而将普通市民、公民排除在国家政治生活之外。

第三，在立法机关的设置上，宪法规定国民议会是最高立法机构，由各省选出的"国民代表"组成。国民议会为常设的一院制，每两年改选一次。国民议会有权制定法律、决定公共支出、决定税收、向各省分派直接税、确定官职的设立与废止、宣布战争（须经国王批准）。

第四，在行政权的归属上，宪法规定政府是君主制，王位世袭，国王人身不可侵犯；行政权委托给国王，在他的统辖之下由部长和其他负责官员按照宪法所定的方式行使之。同时指出，国民议会和法律高于国王，君主必须依法治国。

第五，确定司法权独立地位，规定立法权、司法权、行政权不得互相干涉，法官由人民按时选举，并由国王任命。人民一旦选出法官，国王不得拒绝颁发任命文书。

第六，在地方政府形式的安排上，宪法将全国划分为83个郡，从中央到地方的行政结构依次为：郡、县、区、市镇。行政官员由所辖区人民按时选举产生。国王有权取消郡一级的决定或将郡级官员停职，但须经过立法议会同意。

1791年宪法所建立的君主立宪制是一次现代政治制度的尝试，具有明显的妥协性和过渡性，它保留革命对象路易十六及其王室，保留若干旧制度的因素，但它以法律维护了资本主义所有制，使法国新的统治阶级得以站稳脚跟。事实上，政治制度并非越左越好，也非越右越好，它取决于社会矛盾激化的程度、时代的根本任务、社会政治力量的对

札记

比。1789至1791年，时代任务是从封建绝对君主制向资本主义制度过渡，凡是有利于完成这一过渡任务的，都是值得肯定的。

不可忽视的是，1791年宪法确定的君主立宪制存在突出的矛盾性，国民议会是资产者掌权的场所，但它还须考虑国王的作用，这为以后特权者们的复辟埋下了伏笔。同时，1791年宪法也造成了新的社会裂痕：人民财产的差异会导致政治权利的显著区别，积极公民、消极公民的划分强调了新制度的阶级属性，与它所标榜的“自由、平等”背道而驰。西哀耶斯曾言：积极公民是“一个巨大的社会企业的真正股东”，而消极公民仅为“工作的机器”①。

二、1792—1804年：法兰西第一共和国的共和制

1792—1804年为第一共和国时期，这期间数次发生政权易手、前任掌权者人头落地的事件，共和制的色彩也几度变化，或激进、或温和，展示了共和政体的多种面相和坎坷命运。这期间先后上台的是：吉伦特派、雅各宾派、热月政变后的督政府、雾月政变后的执政府。

(一)吉伦特派政府(1792年8月10日—1793年5月31日)

法国于1791年建立君主立宪制后，按照宪法产生的立法议会议员多数是君主立宪派的代表，他们对封建势力采取纵容妥协的政策，封建势力的复辟活动乘机猖獗起来。国王路易十六试图复辟，当时奥地利、普鲁士等欧洲君主制国家决定一同抑制法国革命，因而路易十六寄希望于国外武装干涉。1792年春，欧洲各国封建君主在奥地利皇帝的号召下，武装进攻法国，而法国国内掌权者却消极抵抗，激发了民众的愤怒。1792年8月10日，巴黎人民再次武装起义，逮捕了国王。起义之后，掌握立法大权的立法议会正式任命了由罗兰、丹东等6人组成的“临时行政会议”，暂时接管国家行政大权。9月21日，国民公会正式成立，由代表工商业资产阶级利益的吉伦特派主导政局。翌日，宣布废除王政，推翻了君主立宪派的统治，并且宣告法国是统一不可分割的共和国，史称法兰西第一共和国。1793年1月15日，国民公会判决路易十六死刑。

① 郭华榕．法国政治制度史[M]．人民出版社，2015：85.

札记

推翻帝制的过程充满暴力，1792年9月发生骇人听闻的大屠杀：当时巴黎的9个监狱共约2800名在押犯，9月2日至7日遭到处死者达1100—1400人，其中1/4为教士、贵族和“政治犯”，3/4是普通刑事犯、小偷、妓女、伪造犯与流浪汉。大革命一再遁入血腥、暴力的路径依赖，也预示着接下来的政权建制工作充满挑战。

果然，吉伦特派的统治并不稳固。9月20日起开始在国民公会中拥有优势的吉伦特派，从11月中旬开始就逐渐失去优势，因为起义造成权力结构复杂化、多方势力缠斗的局面。当时存在三个权力机构：全国立法议会、巴黎的起义市政府、临时执行会议。全国立法权由立法议会掌握，为合法的政权机构，主要由吉伦特派控制，他们在外省有大量拥护者，那里许多人反对山岳派；首都政权由巴黎市政府掌握，他们领导了起义，控制了首都，主要属于罗伯斯庇尔领导的山岳派；全国最高行政权由“临时执行会议”掌握，它是议会任命的合法政府，主要由丹东等领导。三权各有合法性基础，皆力求自立权威，彼此冲突不断。

不久，法国错综复杂的政局陷入瘫痪。当时，司法部长丹东对于局势沉默不语；内政部长罗兰的指示难以落实；巴黎市长佩蒂翁有职无权，因而无法控制那些“佩着绶带主持暴行的市政官员”；立法议会也陷入“无能为力的状态”。吉伦特派的统治摇摇欲坠。

（二）雅各宾派专政（1793年6月1日—1794年7月27日）

民众嫌吉伦特派中产阶级过于保守，当时土地问题未能解决，镇压旺代与布列塔尼两地区的反叛①不够坚决，并且压制了忿激派②反投机与要求最高限价的运动，人民内心的不满迅速积累，1793年春季，面对对外战场上的失利和欧洲反法联盟的威胁，广大民众、尤其是激进群体终于爆发，5月31日巴黎人民再次起义，吉伦特派被推翻，上台的

---

① 法国封建王朝被推翻后，保王党在布列塔尼地区和旺代地区率领十万农民发动了叛乱。

② 忿激派是指大革命中代表贫苦劳动群众利益的激进派别。领导人有J. 鲁、J. F. 瓦尔莱等。出现于1792年底的限价运动。他们要求政治平等、公民权平等与社会平等，主张全面限制生活必需品的价格，征购粮食，统一管理供应，救济贫苦人和义勇军家属，严厉惩办投机商人，以恐怖手段打击反革命分子等。忿激派支持雅各宾派推翻吉伦特派的斗争。但是雅各宾派专政建立后忿激派因抨击雅各宾宪法而遭到镇压，其领导者被捕自杀。

札记

是代表资产阶级和小资产阶级左翼的雅各宾派。

1793年6月，雅各宾派制定了宪法，这是共和国第一部宪法，它高举卢梭思想的旗帜，规定“共和国是统一和不可分割的”，主权是统一不可让与的，从而否定了“三权分立”，建立了资产阶级议行合一的政府体制。宪法还作出以下规定：

第一，立法议会是当时最高权力机构。其代表由公民直接选举产生，而公民是指年满21岁，出生于法国且在法国有住所的男子。立法议会实行一院制，代表在任何时候不得因其在立法议会内发表的意见被追诉、控告或审判。

第二，行政权交由24名成员组成的执行会议。执行会议成员先由全国83个郡的选举会议各选出一位候选人，再由立法议会从中选出执行会议的成员。执行会议成员任期两年，在每年立法议会的最后一个月内改选半数成员。负责指导和监督全部行政事务，但它只有在执行法律和立法议会的法令时才能有所行动。

第三，最高法院为最高审判机关。但它只能够对违反程序或显然违反法律的人做出判决，法官任期一年，由立法议会每年选任。

这部宪法于1793年8月10日公布，由于当时国内外斗争形势紧张，立法议会决定把它推迟到“和平恢复后”实施，可是直至1794年7月雅各宾政权被推翻，这部宪法也未得到实施。是故，当时法国国民公会并不具有实权，大权掌握在救国委员会(Committee of Public Safety)手中，其成员为罗伯斯庇尔、库通、圣茹斯特等12人。它不仅掌握行政权和司法权，还逐渐控制立法权，即以一个议会内部委员会的资格获取了操控国民公会的权势。救国委员会的专权和国民公会的削弱是当时政治态势的两个密切相关的方面，也是山岳派①共和制度的要害之处。由于救国委员会几乎拥有绝对权力，且一再滥用这些权力，导致法国社会矛盾再度激化。为巩固政权，雅各宾派采取了一系列强化统治的措施：

经济上，由山岳派控制的国民公会颁布了三个土地法会，规定把逃亡贵族的土地分成小块，用十年分期付款的办法出售给农民；把几百年

① 法国大革命期间国民公会的激进派议员集团。其所以称为山岳派，是因为他们在开会时坐在议会中较高的长凳上。1792年秋，山岳派作为国民公会中较温和的吉伦特派的反对者出现，专政的雅各宾派是其中重要的一派。

札记

来被地主夺去的村社公地按当地人口分给农民；无条件地废除封建义务，烧毁全部封建地契和文据，对私藏者处以刑罚。这些土地政策，变封建地主土地所有制为小农土地所有制，但是这些措施直接造成后来法国在工业革命中落后于其他主要资本主义国家。

政治上，1793年9月17日颁布了一项法令，命令各地方当局逮捕一切嫌疑分子，严厉镇压里昂、旺代等城市叛乱者，判处王后玛丽·安托瓦内特死刑；在中央，主张温和共和主义的吉伦特派遭到重创，1793年10月31日，在国民公会中曾公开反对罗伯斯庇尔的75名吉伦特派党人被送上断头台；而且，全国其他城市还有许多吉伦特党人的领袖被处死刑或被逼自杀。据记载，在罗伯斯庇尔掌权的一年里，经他之手上断头台的达17000多人。山岳派热衷于从肉体上消除政见不同者，这一时期因此被称为“雅各宾专政的恐怖时期”。①

军事上，1793年春，奥、西、荷、英、俄、普、撒丁王国、那不勒斯组成第一次反法同盟，竭力支持法国各地的王党叛乱，颠覆革命政权，企图在法国恢复君主专制制度。内忧外患的严峻形势下，国民公会发布总动员令，挫败反法同盟，并把他们赶出法国境内。军事上的胜利狠狠打击了国内外反革命势力。

思想文化上，废除天主教，改信“理性教”，教堂成了崇拜理性的俱乐部和庙宇，圣像被马拉②、沙利尔和勒俾勒迪的半身像所代替，在巴黎圣母院广场上，焚毁了祭坛和祈祷画，巴黎主教哥伯戈贝尔和其他许多神父都同宗教断绝关系，支持理性教；国民公会在1793年10月通过采用新历法的法令，以共和国成立日为一年的元旦，新历法没有宗教日，显然是为了反对天主教；另外，社会风俗、生活乃至衣着，都进行了革命，如“公民”代替“先生”，取消扑粉的假发和过分华丽的时装等。

专政因集权而得以建立和运转，凭借恐怖造就了沉默的大多数，然而人民不会永远沉默下去，尤其是浪漫而激烈、素有反抗精神和传统的法国人民。哪怕山岳派凭借超级集权专政打败了内外敌人、保卫了大革命的成果，但集权专政下滥施暴力的过失亦不容原谅，很快法国人民抛

---

① 马啸原．西方政治制度史[M]．高等教育出版社，2000：220.

② 马拉是雅各宾派领袖，名让-保尔·马拉，1793年7月13日晚遇刺身亡，后法国新古典主义画派奠基人雅克·路易·大卫创作了画布油画《马拉之死》，成为法国大革命史上的经典作品。

札记

弃了他们。

（三）热月党人统治（1794年7月27日—1799年11月9日）

1794年夏，以平原派①为首，联合埃贝尔派②和丹东派③等内部阴谋分子，形成了反对罗伯斯庇尔的阵营，攻击他为"独裁者"，并于7月27日（热月9日）发动政变，逮捕罗伯斯庇尔及其追随者小罗伯斯庇尔、圣·鞠斯特等人，并于翌日将他们送上断头台，推翻了雅各宾派专政。

热月政变后的五年政制可分为两个阶段：1794年7月27日至1795年10月26日，是国民公会的延续，可称为热月派国民公会阶段；1795年10月27日1799年11月9日为督政府阶段。

前一阶段里，上台的热月党人迅速恢复了国民公会的合法权力，充分发挥其作为最高立法权力机关的职能。极力削弱救国委员会的权力，于1794年8月24日建立16个委员会，救国委员会仅是其中之一，且仅仅拥有军事与外交权力，从机制上改变了山岳派政制通过救国委员会实现超级政权的核心特点。重建司法领域的法制，废除"大恐怖法令"，取消恐怖统治，取消"革命法庭"，并且于1795年3月在国民公会通过"大治安法"，规定凡有预谋呼喊煽动性口号涌入国民公会者判以死刑，以防止左翼势力利用民众对议会施压。经过一年三个月的修整，消除了雅各宾派专政所造成的政制扭曲，使国家立法、行政、司法权大体恢复了常规状态。

---

① 又称沼泽派。法国大革命时期国民公会中的中间派集团，由于其在国民公会中的座位在会场的最低处而得名。该派在议会中人数最多，其特点是拥护革命，赞成共和，提倡经济自由，但政治上不坚定，没有形成稳定的领导核心。当吉伦特派和山岳派激烈争斗时，该派采取以不危害自身的安全和利益为准则的中立态度，见风使舵。在吉伦特派执政时，支持吉伦特派。山岳派执政时期，它又赞助山岳派，甚至对雅各宾派专政的恐怖政策也表容忍。

② 代表城市平民阶层利益的政治集团，其主要领导人为埃贝尔，1793年1月该派主张处死路易十六，并在5月31日至6月2日推翻吉伦特派统治的起义中发挥作用。在雅各宾派专政时期为雅各宾派左翼，主张实行"恐怖"政策，曾组织巴黎无套裤汉示威，迫使国民公会通过了《全面限价法》和《嫌疑犯法》，加强镇压反革命分子和投机商人；要求废除天主教，分配没收的王党财产，继续对外战争，解放全欧洲。它既反对丹东派的"宽容"政策，又指责罗伯斯庇尔政府未能解救贫民苦难，试图起义。

③ 丹东派是雅各宾派内部派别之一，在1793年秋冬主张放松恐怖统治。

札记

后一阶段以1795年10月颁布的宪法为起点，当时处于法兰西第一共和国建立的第三年，故又称为《共和三年宪法》。1795年宪法共408条，其中宣言31条，正文377条，不仅宣布了公民的权利，也强调了其义务和责任。宪法正文规定：

第一，立法机关实行两院制，由元老院和五百人院组成。两院议员由公民间接选举产生，公民须年满25岁，且具有一定的财产资格限制。两院均不设常设委员会，遇事任命特别委员会，问题解决即撤销。

第二，行政权交由立法机关选任的5人组成的督政府。5名督政官的产生方式为，先由五百人院以无记名投票的方式提名50个督政官候选人，并将该候选人名单送交元老院，由元老院以无记名投票方式从中选任5人。督政官任期五年，每年改选一人。

第三，司法权保持独立，不容干扰和侵犯，且实行回避原则，即法官的亲友禁止成为与他同一法庭的成员。法庭审讯公开，而法官们的讨论秘密进行。全国设立一个大理院。设置特别高等法院，专门用于根据立法机关提出的对其成员，或对督政府成员的控告进行的审判。

1795年宪法是一部强调法律、法制与法治的相对温和的宪法，它努力维护法国的资本主义社会制度和大革命的成果，更难能可贵的是，首次将义务、责任提高到与权利同等的地位，对于大革命爆发以来已经习惯了上街游行、冲击议会、闯入监狱、处决敌人的法国人来说无疑是一种清醒剂，它提醒民众应作“好公民”，资产阶级共和制度才能延续下去。

热月党人用1795年宪法设计了一种温和的共和政治，然而严峻的现实政治生活却没有给他们从容处理一切问题的机会和时间。

督政府后期，各种经济、政治问题凸显出来。其一，国家财政政策未能有效改善经济停滞、甚至倒退的问题。1798年的法国仍然是一个农业国，棉纺织业发展缓慢、毛纺织业与冶金业处于停滞，全国工业生产仍然低于1789年大革命爆发前的水平。而且战争开支过大，国库空虚，1798年9月赤字达到2.5亿里弗尔，且在不断增加。其二，督政府内部腐败问题严重，尤其是陆军部与军需供应的有关人员发生了系统性腐败。其三，新雅各宾派等激进势力卷土重来，还有王党分子乘机骚乱。1799年4月，立法团两院按期进行改选，激进的新雅各宾派获得了多数，掌控了立法机构，此后不断利用立法权打击督政府，侵蚀行政

札记

权，使多数热月党督政官下台。同时王党分子伺机叛乱，暴力夺取了勒曼和南特两城，督政府却束手无策。其四，对外战争失利。1798 年 4 月至 12 月，欧洲组成第二次反法联盟，法军虽偶获胜利，但被奥军、俄军、英军打败，法军不断后撤，固守自然边界，惨重的战况使督政府的威望迅速下降。总之，督政府软弱无力，内忧外患之下法国再陷危机，历史再次来到转折的关头。

（四）雾月政变后拿破仑执政府统治时期（1799 年 11 月 9 日—1804 年 12 月 1 日）

1796 年，督政府派遣大军攻打奥地利，南路军的指挥是拿破仑·波拿巴，他在战争中节节胜利，极大提高了其在法国人民心中的威信。1798 年，他率军远征，攻占了埃及。恰逢国内督政府执政软弱，局势动荡，他于 1799 年 10 月赶回巴黎，11 月 9 日（雾月 18 日）发动政变，推翻了督政府，迫使元老院和五百人院选举执政官三人，成立了新的执政府。拿破仑自任第一执政，建立军事独裁，制订了 1799 年《共和八年宪法》。

1799 年宪法并不是由一个选举产生的议会通过的，对此，拿破仑建议宪法增添第 95 条，即它应获得"法国人民的批准"。1800 年 1 月举行关于新宪法的公民投票，2 月 7 日公布结果：同意 3011007 票，反对仅 1562 票，弃权达 300 多万票。此次公投追认已然生效的新宪法，该宪法追认雾月政变。新的制度开始合法运转，这表明法兰西第一共和国的最后一个阶段开始了，同时意味着共和制度向帝制的过渡。该宪法规定：

第一，立法机构由保民院、立法团、元老院和参政院组成，立法权由立法机构和第一执政分享。立法机构的成员形式上由普选产生，实际上选民只能选举"知名人士"，由政府从中选任元老院议员，再由元老院选任保民院议员、立法团成员和高级法院法官。立法程序则是：参政院在执政官的授意下拟定法律草案，保民院讨论法律草案，立法团表决法律草案，元老院批准立法团通过的法律草案，最后，还须经第一执政官批准方能公布成为法律。

第二，政府托于执政三人，任期 10 年，可连选连任，三名执政官分别加以第一、第二、第三的称号。实际大权掌握在第一执政官拿破仑

札记

手中，他有权公布法律，任免各部部长、参政院议员、大使、其他高级外交官员、陆海军军官、地方行政长官。

第三，司法官员里，除了高级法院法官和治安法官以外，第一执政官有权任命全部刑事、民事法官，他们终身任职。

1799年宪法从根本上削弱了立法权，强化了以第一执政官为中心的行政权，建立起了以拿破仑为核心的寡头政治。宪法还规定，如遇武装叛乱或暴动，国家安全受到威胁时，第一执政官有权暂停宪法的效力。这部宪法实际上把法国最高的统治权力全部交给了拿破仑，为通向帝制打开了大门。

1802年，《共和十年宪法》颁布，规定第一执政官终身任职，并有权任命继承人，有权单独批准条约，有权否决法院判决。至此，拿破仑·波拿巴只差一个“皇帝”的称号了。

三、1804—1814年：法兰西第一帝国和百日王朝的政制

1804年5月，《共和十二年宪法》得以颁布，宣布法兰西为帝国；12月，拿破仑加冕为帝，称拿破仑一世，开启了法兰西第一帝国时期。

在执政府的基础上，拿破仑一世进一步加强中央政府和他个人的权力，建立新的爵位等级，封亲王4个，公爵30个，伯爵388个，男爵1090个，荣誉军团骑士数千名；颁布了《拿破仑法典》，这是世界上第一部资本主义民法典，法典第一次确认了民事权利平等、财产所有权的契约自由等资产阶级民法的基本原则，以法律形式巩固了资产阶级革命成果，打击了封建势力，促进了资本主义的发展。第一帝国的统治方式是集权制、军事专制，性质是资产阶级军事帝国，政体是资产阶级帝制。拿破仑统治期间，对政府体制、官员制度、司法制度、地方政府等进行了一系列重要改革，建立了法国政治制度的基本框架。它最明显的深远影响是使这种中央高度集权体制已经成为法国的政治和文化传统。

帝国成也征战，败也征战。在侵俄战役惨败后，第六次反法联军于1814年3月31日攻入巴黎，4月6日拿破仑被迫退位，被流放到厄尔巴岛，波旁王朝复辟。1815年3月20日，拿破仑从厄尔巴岛逃回巴黎，集结军队，把刚复辟的波旁王朝推翻，再度称帝，试图重建法兰西第一帝国，“百日王朝”开启。“百日”期间的制度吸取了帝国制度的经验教训，1815年4月22日颁布的《帝国宪法补充法令》就是这期间的宪章，

札记

规定：

第一，立法权由议会两院和皇帝共有。议会实行两院制，由贵族院和代表院组成。贵族院成员初由皇帝任命，职务可继承，皇室成员有权成为其中一员，人数不限。代表院由人民选举产生，凡省长、专区区长皆不可选入代表院，体现行政与立法分开的原则。代表院拥有较多的权力，有权决定征税、发行公债和征兵。立法程序为：政府提出法案，议会两院有权提出修改建议，但如果建议遭到政府拒绝，议会应按照未修改的法案进行表决；法案在一院通过之后，交由另一院通过，最后呈送皇帝。与第一帝国时期相比，议会的独立性增强。

第二，有关政府官员的条文，增加了"大臣由于签署政府法令和执行法律，他们负有责任"，"他们能够受到代表院的控告和贵族院的审判"，"由于危害国家的安全或荣誉，一切大臣、陆海军司令将受到代表院的控告和贵族院的审判"。与此前若干宪法比，可清楚看到行政权在一定程度上受到立法权的约束，这种规定与削弱皇权相辅相成，这是重新统治法国的拿破仑作出让步的表现。

第三，关于司法权，原有的司法体制继续保留。

第四，有关公民权利的条文，与1799年宪法相比更加具体和明确。"法国人在法律面前一律平等"，公民享有信仰自由、出版自由，任何人不得受到非法追究与非法逮捕。一切所有权不可侵犯。公民拥有向政府、议会请愿的权利。如无外敌入侵或战争，任何地方不准戒严。法国人民不允许恢复波旁家族王位、旧封建贵族及特权、什一税以及特权宗教。这些说明公民拥有一般的民主权利，同时显示出掌权者反对封建复辟的决心。

《帝国宪法补充法令》具有妥协的特点，然而"百日王朝"只存在了101天，1815年6月18日，滑铁卢战役失败，拿破仑再被流放到圣赫勒拿岛。7月8日，路易十八返回巴黎，波旁王朝再度复辟，拿破仑·波拿巴的帝国政制至此结束。

拿破仑的上台有其必然性和偶然性：必然性在于，法国资产阶级和民众在经历了多次政变、起义造成的动荡局面之后，迫切要求实行强权政治，稳定统治秩序；偶然性是拿破仑充当了当时法国所需的军事独裁者，其帝国制度同战争密不可分，帝国靠战争的胜利来支撑，一旦战争失败，帝国迅速崩解。

札记

四、1814—1848 年：波旁王朝的复辟

(一)路易十八的君主立宪制

波旁王朝曾两次复辟：1814 年 5 月 3 日至 1815 年 3 月 20 日，1815 年 7 月 8 日至 1830 年 8 月 2 日。两次复辟都依靠欧洲反法联军的扶植，中间被中断的三个多月是拿破仑的“百日王朝”。

第一次复辟后，路易十八迫于形势，放弃了恢复君主专制政体的企图，建立了君主立宪政体。他任命了一个由 22 人组成的宪法起草委员会，包括元老院成员 9 人，立法团议员 9 人与大臣 4 人，并于 1814 年 6 月 4 日公布了钦定宪章，规定：国王既是国家元首，又是行政首脑，掌握全部行政权，并与议会分享立法权。议会由贵族院和众议院组成。贵族院由国王任命，众议院由选举产生，但选举的资格限制十分苛刻。

路易十八复辟时期的政治制度是大地主、大金融资产阶级、大工业资产阶级相妥协的产物，具有贵族和广大资产阶级相联合的特点。1814 年宪章强调王权神授，建立了旧贵族掌权的君主制，从流亡地返回的旧贵族纷纷恢复了封号，许多人重新拥有政治权力，天主教恢复为国教。同时，宪章显示了“妥协”的成分，因为就经济基础而言，仍是资本主义所有制。但整体来说，复辟王朝确立的君主立宪制具有反动性、保守性，与资产阶级民主制相比，是历史的倒退。毕竟这种体制包含了巨大的危险因素：重新掌握政治权力的反动贵族势力有可能倒行逆施、削减公民自由、实施恐怖政策等；恢复国教地位的天主教可能借助其对广大民众的影响，加强旧贵族的政治力量。果然，第二次复辟后，发生了两次与政治体制密切相关的“白色恐怖”，进而发展到查理十世即位后试图把资产阶级排挤出政权，恢复专制君主制的地步，这些其实都是复辟王朝反动政治的恶性结果。

第一次白色恐怖发生在 1815 年到 1816 年。1815 年 6 月 18 日拿破仑在滑铁卢战役失败的消息传到法国，王党分子开始疯狂行动：6 月 25—26 日，马赛 50 个波拿巴分子和共和派人士被杀，约 200 人受伤，约 80 所房屋和商店被焚毁。7 月 24 日，布吕内元帅在阿维尼翁被杀并投入罗纳河中，康斯坦丁和凯撒・伏舍将军两兄弟在波尔多被处决。7 月 15 日拉美尔将军在图卢兹被王党匪帮杀害。在尼姆等地，约 80 名新

札记

教徒被天主教徒杀死。王党匪帮还在南方一些地区洗劫城市和乡村。这些暴行得到了官方的支持，为审讯大批的革命者和拿破仑帝国同情者，复辟王朝设立了军事法庭和特别法庭。当年的“弑君者”，即当年投票主张处死路易十六的国民公会议员，在“百日王朝”中投向拿破仑阵营的将领无一幸免。1815 年 8 月 19 日，拉贝多瓦叶将军第一个在巴黎被处决；1816 年 12 月 8 日，帝国元帅米歇尔·内被贵族院判处死刑。复辟王朝进行了严厉的行政清洗：38 个省长、115 个副省长被免职，行政机关清除近 6 万人。此外，数学家蒙日、画家大卫以及西哀耶斯等 18 人被开除出研究院。帝国的军官 12000 人遭到免职而只能领半薪。

第二次白色恐怖发生在 1820 年到 1823 年。导火索是 1820 年 2 月 13 日夜，阿尔图瓦伯爵(即以后的查理十世)的儿子贝里公爵遇刺身亡。由于路易十八无子嗣，其弟阿尔图瓦伯爵的儿子成为王位继承人，因此贝里公爵遇刺事件被极端君主派解读为反正统王朝运动，要求镇压。刺杀事件加上在当时发生的多起反政府密谋又掀起新一轮的白色恐怖的高潮。为满足阿尔图瓦伯爵等极端君主派的要求，议会和政府采取行动，数项法律颁布出来。1820 年 3 月 28 日的法律停止了个人自由权利，宣布可以逮捕搞阴谋的嫌疑人且不经审判地关押他们；3 月 31 日的法律宣布今后报刊出版必须事先获得批准，并且接受内容审查；6 月 29 日公布《双重投票法》①，规定了苛刻的选民资格条件；1821 年 2 月 27 日敕令则宣布大学将受教士控制；1822 年 3 月的法律更是授权政府取消反对国家利益的报纸。1823 年 12 月，路易十八下令解散众议院，以打击自由反对派。

经历两次白色恐怖后，波旁王朝的君主立宪制度向君主专制制度迈进了一大步。

(二)查理十世的君主专制

1824 年 9 月 16 日，路易十八去世，其弟阿尔图瓦伯爵继承王位，称查理十世，他于 1825 年 5 月 29 日在兰斯加冕。查理十世在位的

① 该投票法规定，每个省内有省的选民团和专区选民团，省选民团由本省四分之一纳税最多的选民组成，投票选举众议院 172 名新议员，专区选民团由本专区内各市镇居住的全体选民参加，选出 258 名众议员。

札记

1824—1830年，是复辟的波旁王朝政治制度的一个新阶段，他所代表的极端君主派掌权、削弱众议院、实行反动法律，建立起君主专制。

国王的专制权力可从1829年马蒂尼亚克内阁垮台事件得到体现。1828年1月，查理十世任命了一个“联合内阁”，内含一些政治色彩模糊人士，其中内政大臣马蒂尼亚克领导的政府采取了若干自由主义政策，工作颇有成效。但1829年2月，查理十世将其撤职，并于8月8日建立了主张君主专制的波利尼亚克内阁。

查理十世热衷于一再削弱众议院。就算众议院是根据1814年宪章和1824年法律合法选举产生且成立后依法开展活动，查理十世也会以宪章中规定的“国王有权解散众议院”为由，将其解散。而他解散众议院的依据是看其被哪股政治势力掌握。为此，他先后于1827年11月、1830年5月、1830年7月，三次解散众议院，目的就是为了打击自由主义反对派，以扫除有可能削弱王权与危害波旁王族统治的政治力量。

实行反动法律是查理十世专制的又一标志。1825年4月20日颁布《亵渎圣物法》，规定：凡盗窃教堂物品者，处以终身流放；凡亵渎圣体者，处以死刑，先砍去右手而后砍头。4月28日颁布《流亡者赔偿法》，以10亿法郎对那些曾遭剥夺的流亡者进行赔偿①。7月26日颁布《七月敕令》，恢复对新闻的审查，解散7月中刚选出的众议院，修改选举法，将商人、工场主与自由职业者排挤出选民范围，致使选民减少75%。一系列反动法令表明，查理十世是在用君主专制的强硬政策对抗日益增长的社会要求，而这种举动无疑是自掘坟墓。

(三)七月王朝的君主立宪制

1830年7月，巴黎爆发了“七月革命”，人们高喊“自由万岁，打倒波旁!”查理十世逃亡英国，于8月2日宣布退位，波旁王朝被推翻。众议院宣布奥尔良的路易·腓力为国王，开始了“七月王朝”(又称奥尔良王朝)的君主立宪制时期。

1830年8月，新国王颁布的新宪法对“钦定宪章”作了部分修改。首先，规定君权不是神授，国王应由议会任命，全体法国人民不是臣民

① 流亡者赔偿法的执行中，一切被革命法庭判刑者皆视同流亡者，实际赔偿数额达到1790年国家财政收入的20倍，使得旧贵族在经济上得到加强。

札记

而是公民。国王及其继承人必须宣誓效忠于宪法。其次，新宪法规定天主教不再是国教，仅为“大多数法国人信奉的宗教”，同时教会的权力受到限制。法国公民依法享有的权利有：法律面前人人平等、按财产平等纳税、从事民职和军职的同等权利、人身自由、信仰自由、新闻自由以及财产不可侵犯等。

1830 年宪法削弱了王权、取消了国王制定法令和发布命令权、扩大了众议院的权力，还给予两院以法律提案权，选民资格限制也略有放宽。总之，它保障了资产者的统治，确立的是资产阶级君主立宪制政体。在政治改良的基础上，法国经济获得令人瞩目的发展。

然而，这一时期君主立宪制所代表的利益集团过于狭小。对此，马克思曾明确指出：“路易·腓力时代掌握统治权的不是法国资产阶级，而只是资产阶级中的一个集团：银行家、交易所大王、铁路大王、煤铁矿和森林的所有者以及一部分与他们有联系的土地所有者，即所谓金融贵族。他们坐上王位，他们在议会中任意制定法律，他们分配从内阁到烟草专卖局的各种公职。”①政治权力紧握在大资产者手中，新型的工业资产阶级遭到排挤，普通的中等资产者更是远离国家权力中心。这导致统治集团日趋保守僵化，社会矛盾不断聚集。七月王朝的后期，国王权力不断加大，议会对其唯命是从，君主立宪制中原有的权力制约机制遭到破坏，社会一再发生群情激昂的“宴会运动”②，法国社会冲突走向高潮，法兰西又一次走到了政制巨变的门槛。

五、1848—1851 年：法兰西第二共和国的共和制

随着法国资本主义的发展和资本家对工人剥削的加深，工人阶级和资产阶级矛盾日益突出，1845—1846 年的农业歉收引发经济危机，同时，法国长期在阿尔及利亚从事的殖民战争遭遇了当地人民的反抗，内外交困下危机不断酝酿。1848 年 2 月 22 日，学生、工人们上街开展抗议游行，23 日游行发展成为资产阶级民主革命，基佐内阁被迫辞职，

① 马克思恩格斯选集(第 1 卷)[M]. 人民出版社，1995：377.

② 宴会运动是当时制度下产生和允许的一种政治活动方式，曾在 1794 年盛行，人们参加时会进行政治演讲，表达不满。1847 年宴会运动走向高潮，形成一种广泛的政治运动，对政府施加强大的压力。见郭华榕：《法国政治制度史》，人民出版社 2015 年版，第 282 页。

札记

到24日路易·腓力宣布退位，标志着七月王朝结束，之后共和制政体得以建立。

临时政府的成立为应急之举，当时最紧迫的任务是敲定君主立宪制政体垮台后建立何种政制的问题。为此，临时政府发布了《告法国人民书》，声明："临时政府希望建立共和国，它将立即征求人民的意见，并由人民批准。"1848年5月4日制宪会议召开，并发表公告："共和国现在、将来皆是法国的治理形式。"同年11月4日，制宪会议通过新宪法，庄严宣告"法兰西共和国是民主的、统一的和不可分割的"，至此法兰西第二共和国建立，其制度遵循的典章就是1848年宪法。

1848年宪法重新确立了共和制，与此相适应的是主权在民、分权政府、自由、平等、博爱等政治原则的复兴。

第一，有关公民权利方面，宪法肯定了公民享有选举、财产、信仰、言论、集会、结社等权利，除了政治权利，宪法还肯定了一些社会经济权利，包括保证劳动与产业自由、提供免费初级教育、致力于劳资关系平等、主张社会救济与社会自助等。显然，这是劳动阶级于六月发动起义争取来的。

第二，关于立法权，宪法规定国民议会是国家最高立法机关，由750人组成，议员由普选产生，每3年选举一次，可连选连任。立法程序，除紧急情况以外，必须按照三审方式进行。议会结构为一院制，但为了避免一院制走向专权，宪法设立了一个由国民议会选举产生的参政院，用于预审政府提案和议会法案、制定行政规章、监督行政机构。

第三，行政权集中在行政元首总统手中。总统由人民直接、秘密选举产生，任期4年，不得连任，在卸任4年以后始有重新被选的权利。总统不对议会负责，但也不能解散议会。总统集行政大权于一身，可以不经议会同意任免各部部长及一切官员，统率武装力量，还可通过政府部长介入立法过程，在议会的首肯之下签订条约、宣布大赦。马克思说它"具有王权的一切特性"。被选为总统的路易·波拿巴很快就利用了这一点，向共和制发起挑战。

第四，对于司法制度，宪法规定司法以法国人民的名义免费实行，司法官员皆由总统任命，第一审和上诉法官、最高法院成员、审计院成员为终身任职。设定"专门法庭"来解决行政权与司法权之间因权限而

札记

发生的冲突，其成员一半来自最高法院，一半来自参政院，任期3年。

1848年宪法的特色之一在于总统拥有强大的行政权，但是他无法独断专行，他受到立法权的制约。原本这种体制是权力分立的自然现象和题中之义，但问题是1849—1851年的法国政局逐渐脱离了宪法所铺设的轨道。由正统派、奥尔良派等组成的“秩序党”，名为共和国议会中的派别，实则是君主派、君主立宪派，他们在议会中争权夺利，内部两翼相斗、对外又与波拿巴派相争。议会内部多方势力缠斗，同时总统的权力不断受到秩序党控制的议会的限制，致使行政权和立法权冲突不断，国家治理难以为继。此外，总统路易·波拿巴个人的权力欲望和野心使原本复杂的政局增添了变数。

1850年开始，经济问题逐渐显露，政治运转上的弊端对经济发展产生诸多负面影响，棉花歉收、工厂倒闭、商业萧条，人们厌倦了分权体制下立法权与行政权的斗争，以及由此造成的政事不畅、治理无能，社会逐渐发展出这样的诉求：“工业和商业，即中等阶级的事业，应该在强有力的政府下，像温室里的花卉一样繁荣”。民众人心思变，渴望强权。万事具备，只欠一个时机。

六、1852—1875年：法兰西第二帝国的帝制

1851年12月2日，路易·波拿巴乘议会陷入混乱之机，调动军队发动了政变。当时，军队控制了议会，被留下的约300名议员里，近220人是奥尔良派，数十人属于波旁王朝正统派，这些议员被逮捕入狱。不久，1852年1月15日，新宪法得以公布。

1852年宪法将“法兰西共和国政府委托给现任总统路易·拿破仑·波拿巴亲王”，任期10年，关于总统的权限，新宪法完全排除了之前施加于总统的限制。总统与元老院、立法院共同行使立法权，对人民负责，在必要时诉诸公民投票决定大计；总统是国家元首、三军统帅，有权任命一切官员，所有公职人员都必须宣誓效忠于总统；总统有权宣战、媾和、缔约、决定大赦，有权在国家一切地方宣布戒严；国家司法以总统名义施行。这实际是在共和制的形式、外衣下，建立了波拿巴的个人独裁专制制度，这种高度集权的体制与拿破仑一世的体制一脉相承，在统治思想历史上被称为波拿巴主义，它为帝制的复辟铺平了道路。

札记

确定独裁地位后，路易·波拿巴于1852年11月向参政院提出恢复帝制的要求，这一要求在1852年12月2日诉诸全民投票表决，最终获得了通过，法兰西第二帝国宣告成立，巴黎鸣礼炮101响，路易·波拿巴正式加冕为“拿破仑三世”。

19世纪50、60年代，法国完成了工业革命，经济繁荣的背后是贫富差距的拉大，帝国独裁专制的反动政策，加深了国内的阶级矛盾。从19世纪60年代末起，法国的阶级斗争不断加强，秘密革命组织相继出现，谋刺皇帝的事件连年皆有。为了巩固帝制，保住皇位，拿破仑三世一再搬出他的伯父，也是他的偶像拿破仑，如鼓励民间上演有关拿破仑的剧本，勒令选编和出版《拿破仑书信集》，大肆宣扬对拿破仑的崇拜。但事与愿违，这些行为引发了抨击拿破仑和拿破仑三世本人的浪潮。再加上称帝后，拿破仑三世在政治、经济、社会领域进行的一系列改革都收效甚微，致使其执政合法性受损，在其统治的后期危机四伏、濒临困境，拿破仑三世被迫做出让步，于1870年4月颁布新宪法，扩大了议会的权力，规定大臣对议会应负有限的责任。可是1870年宪法并没有使他摆脱困境，于是他又企图通过发动战争寻求出路。1870年普法战争爆发，在9月2日色当战役中法国全军溃败，路易·波拿巴本人也被普鲁士人生擒活捉。9月4日，巴黎爆发革命运动，这部宪法连同它的炮制者一起寿终正寝，法兰西第二帝国至此剧终。

七、1871年：巴黎公社的共和制

第二帝国被推翻后，巴黎陆续建立了三个权力机关①，它们彼此权限不明甚至互相对立，不断发生暴力冲突。混乱的局势引发巴黎人民严重不满，1871年3月18日爆发工人革命，推翻了临时政府，3月28日，世界上第一个无产阶级专政的政权——巴黎公社宣告成立。马克思有言，“公社的真正秘密在于：它实质上是工人阶级的政府，是生产者

① 首先是“国防政府”（1870年9月4日至1871年2月17日），由特罗胥将军领导，是第三共和国的合法权力机关，下辖巴黎市政府和各区政府，因对德投降而结束，2月17日由梯也尔领导，为“临时政府”；其次是“20区共和中央委员会”，组建于1870年9月13日，是巴黎民众自发创建；第三是“国民卫队中央委员会”成立于1871年3月3日，巴黎公社成立后，它主动将权力移交给公社委员会。

札记

阶级同占有者阶级斗争的产物，是终于发现的可以使劳动在经济上获得解放的政治形式”。① 巴黎公社最主要的特点在于，它是建立于高度民主基础上的议行合一的为人民服务的机关。

巴黎公社的最高权力机关由选举产生，中央委员会由国民卫队选举产生，公社委员会成员由巴黎市民直接普选产生，并且随时可以撤换，救国委员会则由公社委员们选出。公社内部，中央委员会与公社委员会实行相当宽松的民主集中制。在公社委员会之下，设立了十个委员会，来行使国家行政权力，它们分别是：执行委员会、军事委员会、财政委员会、粮食委员会、劳动工业与交换委员会、教育委员会、社会服务委员会、对外联络委员会、治安委员会、司法委员会。这十个委员会由公社委员会直接领导，其成员由数名公社委员会委员兼任，负责相关领域的工作。公社废除了常备军，代之以由市民自我武装起来的民兵“国民自卫军”；废除了旧警察、旧法院，代之以由国民自卫军组成的治安机关和经人民选举产生的法官组成的法院。公社致力于“为人民服务”，因此颁布法令废除公务人员高薪制度，规定公务人员最高年薪为6000法郎，以缩小他们与民众之间的差距，确保其公仆本色。后来局势恶化，公社委员会选举产生救国委员会，公社的共和制度迅速出现集权化趋势。

在国内外势力的联合绞杀下，巴黎公社于1871年5月28日被摧毁。它仅仅存在了72天，先后发布了389项法令和公告，在建立新制度方面做了很多开创性的工作，是人类探索统治模式的一次非常实践。

第四节 1870—1958年：议会共和制政体的探索与巩固

19世纪中后期，经历过封建君主专制、君主立宪制、共和制以及资产阶级帝制的法国人民，对各种制度都有了切实的体会，大多数终于认定共和制，法兰西政治制度史进入第三共和国政制的确立、巩固时期，以及第四共和国政制的探索时期。

---

① 马克思恩格斯选集(第2卷)[M]. 人民出版社，1995：58-59.

札记

一、1870—1940年代：第三共和国议会内阁制

（一）1870—1875年：议会制共和制的确立

第三共和国诞生于艰难的历史关头，战败的灾难与帝制的束缚引发了9月4日的革命，新生共和国如襁褓中的婴儿，缺乏根基。帝制倒塌后，仓促建立的临时政府难以短时间内完全填补权力的真空，而且临时政府与普鲁士签订了丧权辱国的《普法合约》，割让领土、赔偿巨额赔款，愤怒的巴黎人民发动起义，建立了世界第一个工人阶级政权巴黎公社。1871年5月底，临时政府镇压了巴黎公社，法国面临着建立何种政治体制的抉择。

1871年8月，国民议会取得制定宪法的权力。议会中的极右翼为波拿巴派，主张恢复波拿巴家族的一统天下；右翼是正统派，主张恢复君主制度和天主教统治，拥立被1830年革命推翻的查理十世的孙子尚博尔伯爵为君主；中间派是奥尔良派①，主张恢复七月王朝金融贵族的统治，以路易·腓力的孙子巴黎伯爵为政治领袖；左翼属共和派，其中大部分比较温和，莱昂·甘必大领导的激进共和主义者通过积极宣传使共和派影响日益扩大。

1873年国民议会建立了一个"三十人委员会"，专门负责起草宪法，议会斗争激烈，直到1875年，三十人委员会起草的继续维持共和体制的宪法才在国民议会中以一票之差获得通过②，第三共和国得以正式确立。

1875年宪法不是一部单一的宪法，它是由1875年2月24日通过的《参议院组织法》、2月25日通过的《政权组织法》和7月16日通过的《政权关系法》三个宪法性文件组成。既没有规定公民的权利和义务，也没有对司法组织和地方政府作出规定，但在国家主要权力方面有如下规定：

---

① 奥尔良派因共和制和教会问题分裂为中左和中右两种倾向。他们都属于保皇派，原本在议会中占据相当的优势，但是内部分歧严重，无法拧成一股绳。

② 1875年1月，温和共和派议员瓦隆在关于总统选举方式上提出"共和国总统由参众两院选举产生"字样。共和制就像从窗缝潜入那样被勉强接受，而不是直接宣布法国为共和国。

札记

第一，立法权由参议院和众议院联合组成的国民议会行使，一切法律都须经两院通过，两院议员都有立法创议权，但有关预算和拨款的财政议案须先向众议院提出，众议院通过后再提交参议院审议。

众议院议员任期四年，期满全部改选，由选民直接选举产生。选民资格是：年满21岁的男性公民，具有“完全的公民权”且曾办理选民登记者。妇女、殖民地土著居民和军人都没有选举权。候选人或由政党提名，或由选民自己申请。第三共和国初期，众议院议员人数仅570余人，到20世纪30年代后增至618人，其中法国本土599人，阿尔及利亚9人，其他海外殖民地共选举10人，平均约每7万居民选出1人。选举分选区进行，第三共和国一开始采用小选区制，即每个选区选举一名议员，但1919年至1927年改为大选区制，即一个选区选举数名议员，1927年后又恢复小选区制。

参议院由300名议员组成，其中75人由国民议会选举产生，终身任职；其余的225人由各省及殖民地的选举团选举产生，任期9年，每3年改选1/3。1884年后，终身任职的参议院议员死亡后由选举团选举议员补充，直到1918年最后一个终身任职的参议员死亡，所有参议员始由选举团选举产生。各省选举团由该省在众议院的议员、该省的省参议院议员、县参议员议员和城市代表组成，当选的参议员一般都是曾经担任过国家总理、部长、省市长官和议员的知名人士。参议院除了掌握和众议院几乎同等的立法权外，还拥有最高司法权，有权组织最高法庭审理总统和内阁成员的弹劾案件。

第二，实行责任内阁制，总统为国家元首，由参众两院组成的国民议会以绝对多数票选举产生，任期7年，可连选连任。总统与议员一样拥有立法创议权，法律须由总统公布、监督并保证施行。总统统帅武装部队，任命全体文武官员，主持国家重大典礼，接受外国公使和大使，但总统的每项命令须经部长一人副署。总统在征得参议院同意后，有权解散众议院。总统有权召开两院特别会议，议会闭会期间，如果两院多数议员要求开会，总统亦必须召开议会。总统有权延长议会会期，但延长不得超过一个月，同一届议会会期延长不得超过两次。总统有权缔结和批准条约，在国家利益与安全许可时，应将条约内容通知两院，但有关国家财政的条约，有关法国人在国外应享有的人身权和财产权的条约，以及涉及领土割让、合并与交换的条约，须经两院通过后才能有

札记

效。总统非经两院同意，不得宣战。总之，第三共和国的总统虽然拥有不少权力，但他由两院议员选举产生且受到议会的制约。

关于内阁，由总统提名多数党领袖为总理，然后总理组阁，将拟定的部长名单报总统批准、任命。第三共和国期间，由于政党较多，一个政党往往无法组阁，几乎都是多党联合内阁，联合内阁时常因党派矛盾面临解体危险。内阁会议由总理主持，对议会两院负集体责任。总理有权提请总统免去某一阁员的职务，但阁员任免会涉及党派关系，所以总理虽然有对内阁阁员的免职权，却很少行使。

第三，司法权在1875年宪法中未获得足够重视。高等法院由参议院组成，以便起诉和审判总统，审判经由众议院起诉的部长。参议院组成高等法院时“只能行使司法职能”，有权审判一切危害国家安全的罪犯。

（二）1877年5月16日—1884年8月14日：议会共和制的巩固

法国的共和制在19世纪70年代末和80年代初获得巩固。

由于1875年宪法为法兰西决定了共和制的政治方向，势力尚存的顽固君主派因此受到强烈的刺激，他们试图利用麦克马洪①担任总统之机挽回残局。1875年12月31日，国民议会鉴于完成了制宪任务，自行宣布解散。依据宪法将进行新的参、众两院选举，这成为君主派翻转局面的机会。

然而1876年1月30日举行的参议院选举中，共和派势力增长，而君主派势力下降为微弱多数，参议院不再是保守势力的壁垒。1876年2月20日至3月5日进行的众议院选举中，共和派一举成为绝对多数。这次议会选举使政局复杂起来：一方为共和派掌控的众议院和内阁，一方为保守派略占优势的参议院和保守的总统。

---

① 玛利·埃德姆·帕特里斯·莫里斯·德·麦克马洪，法国军人，在克里米亚战争及意大利马坚塔战役（1859年）中扬名，成为法国元帅，并受封为马坚塔公爵。普法战争中指挥第一军团，在色当战役受伤后和皇帝拿破仑三世一起被俘，被德国人释放后镇压巴黎公社，后当选为法兰西第三共和国第二任总统（1873—1879年）。他是典型的保王派，在任内和共和派控制的议会发生激烈对抗，最后失败辞职，从此议会成为法国政坛的决定性力量，而总统沦为橡皮图章。

札记

冲突很快发生，西蒙领导的新内阁提议：必须限制天主教教士在高等教育中的作用。众议院在政府的支持下于1877年5月禁止教权主义者活动。对此，保守的君主派大为不满，总统麦克马洪于5月16日宣布西蒙内阁辞职，并且联合参议院解散了众议院。“5月16日危机”将法兰西共和国带到了退回君主制的边缘，然而10月14—18日再次举行的众议院改选中，共和派仍然获得了绝对多数席位。双方交手几个回合之后，共和派取得最终的胜利，麦克马洪辞去总统之位，温和共和派领袖之一格雷维当选为新的总统。至此，议会共和制政体的地位才算稳固。

此后若干年，共和制度不断获得充实，有关新闻自由、公共集会、行业组织权利、市镇长选举、结社、政党、宗教等各方面政策的确定，陆续摆上议事日程，这些问题的解决明显增强了共和制度的生存能力。

1884年8月14日通过了宪法修正案，进一步规定：“政府的共和国形式不得成为宪法修改法案的对象”，“曾经统治过法国的家族成员不得当选为共和国总统”，共和制政体在法国的地位进一步巩固。

共和政体逐渐巩固的过程中，有个现象值得关注，即议会内共和派和保守派之间不断升级的斗争，以及立法和行政之间已达尖锐的冲突，都发生在议会机制的框架之内，皆是依法相争而不是像过去的法国一样动辄诉诸暴力。法兰西国内的矛盾依然无穷多，但此后它不至于从原则上危害共和制的根本。

(三)第三共和国议会共和制潜伏的危机

1875年宪法容易给人留下这样的印象：总统获得不少权力，但是他的权力大部分受到议会的制约，越是重大事项越是如此，他难以独立决策。如果参议院反对，总统无权解散众议院；总统发布命令时，须有一名部长副署；部长由总统任命，但是他们对议会负责等等。

而且，总统的权力还受到政府的约束。在共和国政治框架内，总理是法国政府的具体领导人，他操控整个政府机器的活动，政府拥有大量实权。随着时间的推移，总理的作用与日俱增，到了19世纪80年代

札记

后，总统的权力缩小到成为国家虚位元首，而实际权力都集中到了内阁。

此外，内阁与议会的关系也可说明一些问题。第三共和国的内阁要对两院负责，而且是连带责任。因而两院中任何一院对政府的某一政策表示不信任时，政府便须集体辞职，总统虽然可以支持政府解散议会，但总统解散议会须取得参议院同意，较难实践，而议会推翻政府则相对容易。再加上多党内阁内部的党派斗争复杂，也使得政令不畅、政局不稳。

1875 年的宪法是当时保王派和共和派相互妥协的产物，从体制上说还很不完善，很不清晰。不过可能正是因为这样，它给统治阶级在运用时留有较大的回旋余地，既可以实行温和的统治，也可以实行暴虐的统治，故而持续的时间较长，存活到 20 世纪 40 年代。但是在第三共和国将近 70 年的寿命里，内阁改组达 108 届之多，其中不到 20 届内阁能维持 1 年以上，最长的一届也不及 3 年，多数内阁只能存在两三个月。政治的不稳定带来社会的不稳定，社会的不稳定导致社会经济发展滞后，人民群众生计困难，进而社会矛盾频发和深化。这为二战爆发后不久法国的溃败埋下了伏笔。

二、1940—1944 年：维希政府——法西斯政权

1940 年 5 月，德国法西斯入侵，法国到了存亡之际。6 月 14 日，巴黎陷落。第三共和国的总理保罗·雷诺被迫辞职，一战英雄贝当继任为总理，向德国求和，1940 年 6 月 22 日，德法双方签订停战协定。之后，法国政府迁到小城维希，其管理的范围仅限于“非占领区”——约三分之一的法国领土。第三共和国至此灭亡。

贝当为首的维希政府苟安一隅，效法希特勒的独裁统治建立了法西斯政权，充当傀儡。1940 年 7 月 11 日至 1942 年 11 月 26 日，贝当先后颁布了 17 条“宪法性质法令”，规定了这个政权的制度结构。按照这些法令，第三共和国遗留下来的参议院、众议院名存实亡，它们只能根据国家元首的命令召开；国家元首则获得了“个人专制权力”，独立掌握了立法、行政与司法大权，运转多年的共和制被破坏殆尽。贝当握有大

札记

权，对他约束的机制却十分缺乏，他凭借个人的认知、经验、情感、心态以及获取的信息来决定整个国家的大事，这使得民族危亡中的法兰西很快陷入了更深的困境。

维希政府推行对德投降政策，违反了广大民众的意愿，背叛了国家民族的根本利益。为了保证政治机制的运转和延长统治，维希政权实施了政治清洗、严厉控制、强迫劳动与建立"职业组织"等政策。

其一，政治清洗。清洗的主要目标是第三共和国留下来的政治机制和人员，至 1940 年底，约 2282 名官员遭解职。此外禁止一切"秘密结社"，并且没收其财产，随后"共济会"①等组织受到严重打击。戴高乐在《战争回忆录》中对此作出了总结："(维希政府)使许多法国人遭受迫害，他们在无数伪官员和告密者的支持下，在一群卑鄙无耻的记者的煽动与赞许下，处死了 6 万人，流放 20 多万人(其中勉强活下来者不足 5 万)。此外，维希法庭将 3 万名男女宣判有罪，将 7 万'犯罪嫌疑人'加以监禁，将 3 万 5 千名公务员免职，1 万 5 千名军人因'参加抵抗运动'的罪名被剥夺军职。"②这些数字背后是千万家庭和整个民族的永久创伤。

其二，严厉控制。维希政府先后组建了完全听命于它的新警力——"防护组"、"军团纠察"和政治警察"民兵"，用以竭力镇压抵抗运动。1944 年 1 月 20 日还建立了军事法庭，取消了对公共权利的法律保障。许多法国民众在反抗中丧命于维希政权的刽子手。而且维希政府秉承德国旨意，将 15 万犹太人流放，其中包括约 2 万名儿童。

其三，强迫劳动。为迎合德国人的需求，1942 年 9 月 4 日"强迫劳动法"被颁布出来，它规定：19—50 岁男子与 21—35 岁未婚女子将随时应征参加劳动。1943 年 2 月甚至设立了"强制劳动处"，到 1944 年

---

① 现代共济会起源于 18 世纪的英国，是一种带宗教色彩的兄弟会组织，颇为神秘，被认为是西方一些国家政府和政党高层的幕后主要操控势力。法国共济会是启蒙运动中瓦解天主教会和反对教皇权威的急先锋。18 世纪共济会体现出排外特征，下层的劳动阶层不被接纳，成员主要来自贵族、教士和中产阶层，有些会所完全由天主教教士构成。中产阶级被共济会自由、平等的思想所吸引，成为主要的成员来源，因为在这里他们能够与贵族平起平坐。二战时维希政府对共济会的打击，使其会员数量减少三分之二，战后多年才得以恢复。

② 戴高乐．战争回忆录(第 3 卷)[M]．世界知识出版社，1964：102.

夏，共169.8万人被强迫劳动，其中在法国的仅73.5万人，而被送去德国者达96.3万人。

其四，建立“职业组织”。为防止社会冲突，贝当等人要求经济部门的各种职业在国家的控制下组织起来，纳入维希的政治轨道。

1944年6月6日，反法西斯联盟国家的军队成功登陆诺曼底，宣告了维希政权末日的到来。8月18日至20日，维希政府终于垮台。在国际国内局势风云变幻的背景下，受够了德国及其傀儡政权专制独裁统治和蹂躏的法国人民，看到了重建共和的希望。

三、1946—1958年：第四共和国——多党议会制国家

1940年巴黎陷落后，正在四处奔忙组织反法西斯斗争的戴高乐，被贝当等投降派排挤出政府，只能在海外进行抗德斗争。戴高乐先是组织了“自由法国”，后因为与法国境内抵抗运动的联系越来越紧密，成立了“全国抵抗运动委员会”，1944年6月改称为“法兰西共和国临时政府”，戴高乐被推选为临时政府总理。盟军在西线登陆后，巴黎于8月25日获得解放，随后临时政府从阿尔及尔迁回巴黎，继续对德作战，直到1945年全境解放。

1945年10月21日，法国举行了有关“是否恢复第三共和国”的公民投票①和制宪议会选举，产生了一个由42人组成的宪法起草委员会，其中大多数人是激进左翼。1946年1月，戴高乐因为与制宪议会在政府体制的建构上产生重大分歧，辞去临时政府总理职务，法国由法共、社会党和人民共和党三党联合执政。然而三党联合组建的制宪议会提出的宪法草案在5月5日的公民投票里并未获得通过②。

---

① 此次有关“是否恢复第三共和国”的公民投票中，妇女参与了投票。此前，在选民资格男女平权问题上，临时政府做了不少工作。1944年4月21日法令规定“妇女和男子享有平等的选举权和被选举权”，同年10月5日临时政府宣布给予妇女以选举权，8月17日临时政府颁布法律，规定妇女与军人从此拥有选举权。见郭华榕．法国《妇女权利与宣言》的重要历史价值[J]．史学月刊，1993(4)．

② 此次有关宪法草案的公民投票结果为53%的投票人反对，这是法国政制史中公民投票第一次获得否定的结果，一定程度上显示了法国公民逐渐“政治成熟”了，意味着政治精英的言辞不能完全左右选民的投票行为。

札记

1946年6月，法国选举产生了第二届制宪议会，组建了由32人组成的宪法起草委员会，三党各有所妥协，提出了一个在当时能够相对满足群众要求的宪法草案，该草案在1946年10月举行的公民投票中获得通过，标志着法兰西第四共和国得以建立。

1946年宪法由序言和正文两部分构成。序言重申了1789年《人权宣言》的基本内容，除了仍强调三权分立，主权在民，保障公民的言论、出版、集会、结社自由及财产、安全等权利外，还增加了保障工人的劳动权、组织工会权等条款。正文共107条，所规定的政府体制最明显的特征是，国民议会成为国家权力的中心，法国成为典型的多党议会制国家。

1. 议会由国民议会和参议院(又译为“共和院”)组成。国民议会议员600余人，由普选产生，任期5年，到期一次性改选，选举采用直接、平等、秘密的投票方式。国民议会“单独享有议决法律案之权，该项权利不得委托代行”。国民议会还有权通过国家预算和审查政府开支，有权通过宣战和媾和的决定，有权认可经总统批准的国际条约。总理和总理提名的政府官员须经国民议会批准方能任命，国民议会如果通过对政府的不信任案，政府必须集体辞职。国民议会对政府行使监督权，议员有权对政府官员提出质询，对于质询，政府官员必须答复且提供事实材料依据。国民议会还得于每届议会之始通过选举组成最高法院。

参议院由选举团间接选举产生，选举团人员是各省国民议会议员、省议会议员、县议会议员和城市代表。参议员任期6年，每3年改选1/2。同第三共和国相比，参议院的权力明显削弱了。对于立法，参议院只能对国民议会通过的议案行使搁置权，且搁置不得超过100天，超过搁置期限，亦可成为法律；有建议修改权，但没有否决权；国民议会通过的法案，提交参议院审查，参议院必须在2个月内给出答复，如有反对意见，国民议会须再次审议，通过之后即可成为法律。

两院下设若干常设委员会，如国防、外交、财政、经济、司法、教育、新闻、农业、交通等，此外还可临时设立特别委员会，审理特殊议案。第四共和国设立了“宪法委员会”作为宪法的保护机构，负责审议有违宪嫌疑的法律，且有权解释宪法。宪法委员会由总统担任主席，成员有两院议长、由国民议会选举的7人、由参议院选出的3人，共13

人组成。

2. 总统由议会两院选举产生，任期 7 年，可连任一次。与第三共和国总统相比，其权力有所削弱。总统为国家元首，政府总理仍由总统提名任命，但其提名须经国民议会批准；总统担任国务会议主席、最高司法委员会主席，但其发布的任何命令须经总理或相关部长的副署才能生效；总统有权对议会发表国情咨文，但咨文须经内阁讨论和总理副署；总统有权任命大使和外交使节，但任命须经内阁同意；总统可宣布大赦和特赦，但大赦和特赦的决定要由最高司法委员会作出；总统名义上可宣战，但宣战的决定由议会两院通过；总统名义上是国家军队的最高统帅，但无指挥军队的实际权力，指挥军队的实际权力在总理。总统的任命权必须按照国务员会议的决议行使，总统的赦免权必须经最高司法会议决议后行使，总统指派内阁总理必须经国民议会投票通过后才能行使，总统实际上只是“权力装饰品”。

第四共和国的内阁只对国民议会负责，不对参议院负责，当国民议会做出不信任决议时，内阁须集体辞职。在 18 个月内，如果发生两次不信任内阁的情况，内阁可以解散国民议会。但解散国民议会须具备一系列严格条件：其一，在一届议会任期开始后的 18 个月内不得解散议会；其二，必须在 18 个月内发生两次内阁危机，即内阁已两次因议会不信任而被迫辞职；其三，总统解散议会的决定须经国务会议通过，并且征得国民议会议长的同意后才能执行；其四，内阁商请解散议会后，总理和内政部长就必须辞职，实行部分改组，总统指定国民议会议长为临时总理，再由新总理从没有出任内政部长和内阁阁员的政党中各指定一人为国务部长，由他们组成选举管理内阁。总之，第四共和国政府内阁要行使解散议会的权力，实在是难于登天。

3. 有关司法权的条文甚少。1946 年宪法规定，特别高等法院由国民议会选举产生。由总统任命法官，法官终身任职。最高司法委员会由 14 人组成：总统兼任主席，司法部长为副主席，国民议会以绝对多数在议会以外选择的 6 人，法官 4 人与总统指定的 2 人。该委员会的任务在于依法保证法官们的纪律性和独立性以及法庭的管理。

由于 1946 年宪法的指导思想就是给予国民议会更多的权力，因而议会成为国家唯一的权力中心。然而第四共和国的制度内含突出的问题，它无法保证议会中稳定多数派的存在，无力解决多党制下政治力量

札记

分散的传统弊端。第四共和国的议会制和英国的议会制相似，但不同的是法国为多党制而英国是两党制，这使两国的议会实践相差甚远。法国议会内政党林立，很难形成与内阁保持一致的绝对多数，政党的博弈斗争动辄导致内阁危机，使政局处于极不稳定状态。据统计，1947—1958年共产生24届内阁，内阁的平均"寿命"是5个多月，其中8个内阁维持了约1个月时间，还有更为夸张的是：仅存在一日的内阁有两届，即1955年2月17—18日的比诺政府和1957年10月17—18日的比内政府；存在两日的内阁，如1950年7月2—4日的盖伊政府。① 内阁不稳是第四共和国政制的最大弱点。

第五节 第五共和国的政府体制和权力结构

20世纪50年代，第四共和国的内阁危机愈演愈烈，1958年4月15日加亚尔内阁垮台后，新成立的普列文内阁仅存在半天，之后的弗林姆兰内阁勉强维持十多天，政制的崩塌已成定势。与此同时，来自外部的冲击加速了崩塌的进程。5月13日，法国驻阿尔及利亚殖民地的将领雅克·马絮领导的军队右翼势力因不满法国政府的无能，在阿尔及尔发动叛乱，夺取了政权，并威胁要进攻巴黎，除非戴高乐被任命统治共和国。总统科蒂于5月29日向国民议会提名戴高乐组阁，并发表咨文促请议会同意，否则他自行辞职。戴高乐组阁的建议终获议会各派谅解，得以通过。6月1日，戴高乐向国民议会提出施政方针，国民议会授予他6个月的紧急权力来处理阿尔及利亚问题和制定新宪法。

1958年9月28日，新宪法经全国公民投票，以79.2%的绝对多数通过②，开启了法兰西第五共和国时期。与第四共和国的政府体制相比，发生了两个重要的变化：第一，极大增强了总统的行政权力，国家权力中心从国民议会转移到总统手里；第二，总理的地位和权限明显削弱，行政权力从内阁转移到了总统手中。

---

① 郭华榕．法国政治制度史[M]．人民出版社，2015：513.

② 吴国庆．法国政治史(1958—2017)[M]．社会科学文献出版社，2018：11.

札记

一、总统及其职权

(一)总统在政府体制中的地位——保证人与仲裁人

1958 年宪法①规定："共和国总统是国家独立，领土完整，遵守共同体协定和条约的保证。""共和国总统要确保宪法得到遵守。总统通过仲裁，保证公共权力机构正常行使职权和国家的持续性。"因此，宪法赋予了总统以"保证人"和"仲裁人"的地位，使总统凌驾于立法、行政、司法三权之上。而且，总统作为"保证人"和"仲裁人"行使权力的行为无需承担政治、法律的责任，除了犯叛国罪须由议会控告之外，宪法再没有规定任何弹劾总统的条款。

从权力结构看，法国总统的地位高于美国总统。因为，尽管美国总统的权力越来越大，但是在体制上它仍然与立法和司法处于相互制衡的地位。法国总统置于三权之上，这种地位类似于英王，但是英王不具有法国总统所拥有的实权。他具有英国首相的权力，但不需要像英国首相那样向议会负责，因为这样的责任是由总理为首的内阁代负的。法国与美、英两国之间的这些差异，是法国总统之所以强而有力的秘密所在，同时也使法国政治制度归入了"半总统半议会制"这一特殊类型。

1962 年戴高乐提请公民投票通过了关于"共和国总统由普选产生"的宪法修正案之后，总统的地位进一步加强，且更加制度化了。如果戴高乐总统的至高无上的权威有一部分还是来自这位将军的个人威望，那么他的继任者们的权威则主要来自于他所创造的法国式半总统半议会的代议民主制度。

(二)总统的产生与任免

第一，法国总统的选举。法国总统由公民选举产生。第五共和国初期采用间接选举方法，1958 年宪法第 6 条规定："共和国总统由议会议员、省议会议员、海外领地议会议员以及市议会选出的代表组成的选举团选出。"在第一轮投票中，选举采取绝对多数制，即只有获得 50%以

① 法国现行宪法是 1958 年宪法，到目前为止经历了 22 次宪法修订，最近一次修宪形成了 2008 年 7 月 23 日正式生效的 2008-724 号宪法修正案。

札记

上多数票的候选人才能当选。如果没有人在第一轮投票中当选，则在投票后的第二个星期日举行进行第二次投票，这一轮投票仅在前轮中得票最多的两个候选人中进行，如果前两名中有人退出竞选，则由得票次多者递补组成第二轮投票中的二个候选人。① 这就是所谓的“多数二轮投票制”。1962 年戴高乐总统为了进一步完善自己设计的体制，提出修改宪法，将总统选举改为由全国公民直接、普遍的选举产生。这一修正案通过以后就剥夺了议会选举总统的权力，使总统不再受到议会的牵制。

新总统的选举应在现任总统任期届满前 20 天到 35 天内举行。总统缺任或经宪法委员会宣布总统确实不能行使职权时，除非宪法委员会确认有不可抗拒的情况存在，新总统的选举应在总统缺位或明确宣布总统不能行使职权之日起在宪法规定期限内举行，宪法委员会确保总统选举的合法性。

第二，总统候选人的资格。法国对总统候选人的资格作了较为严格的限制。最初规定，总统候选人必须是年满 23 周岁的法国公民，服过兵役，按照法律规定有被选举资格的法国公民。1964 年 3 月 14 日，法国颁布了总统选举实施法，再次对总统候选人条件作了两条限制：其一，候选人至少要有 100 名现任国民议会议员、参议员、经济与社会委员会成员，地方议员或市长的提名担保，而且这些担保至少应来自 10 个不同的省和海外领地。1976 年对这项限制又作了更严的规定，即必须要有 500 名上述成员的担保，而且必须来自 30 个不同的省或海外领地，同一个省或海外领地的签名者不得超过总数的 1/10。其二，总统候选人必须向国库交纳 1 万法郎保证金，方能参加竞选。如果候选人在第一轮投票中所得有效选票不足 5%，保证金将被没收。

这样严格的限制主要是针对多党制的，以排斥众多小党参加竞选。候选人向宪法委员会报名登记，宪法委员会负责审查候选人的资格和品行，并在投票前 15 天正式公布候选人名单。例如 1981 年，吉斯卡尔·德斯坦任期将满，有 60 多人宣布参加总统竞选，创第五共和国成立以来候选人数量的最高纪录。宪法委员会经过审定后宣布，符合规定条件

① 自从 1962 年实行总统普选以来，不曾有人在第一轮投票中就获得 50% 以上的选票当选总统的，因此每次总统大选都进行了两轮选举。

的共有10名。

第三，总统任期。原本宪法规定总统任期为7年，可连选连任一次；但2000年9月24日，法国举行了修宪的全民公决投票，投票的主题是：是否同意将总统任期从7年改为5年。投票的结果是：弃权率达69.4%，废票率达5%，均创下历史新高，但在有效投票中，赞成总统任期改为5年制的达73.18%，占了绝大多数。因而从下一次的总统大选，即2002年的大选开始，新上任的总统任期缩减为5年。

此外，对总统任期还有以下限制：其一，总统若犯有叛国罪，议会两院经过公开投票，以绝对多数做出相同表决时，才能对共和国总统提出控告，由特别高等法院进行审理，如果判定总统确实犯有叛国罪，总统职务宣告结束。其二，总统由于身体疾病等原因，由宪法法院认定已无力履行总统职责时，总统职务宣告结束。其三，戴高乐惯例——公民投票。戴高乐任总统最后时期，曾将批准有关设置经济发展大区和改组参议院的宪法修改草案诉诸公民表决，并在失败后辞职。这与他坚持总统必须对公民负责的观念分不开，因此也就成为事实上罢免总统的方式。虽然宪法或其他法律均没有明文规定总统在提议公民投票失败后必须辞职，但是戴高乐在法国政治史上留下了这样的政治传统。基于这个原因，戴高乐以后的继任者一般不再轻易举行公民投票。这样，公民投票既可能成为加强总统权力的手段，也可能成为罢免总统的方式。如果投票失败，即使不必然仿效戴高乐宣布辞职，总统的威信也会因此而下降。

（三）总统的职权

1. 行政权。其一，法国总统具有广泛的任命权。1958年宪法第8条赋予总统任免总理和内阁部长等重要文武官员的权力，“共和国总统任命总理。总统根据总理提出的辞职要求解除总理职务。”“共和国总统根据总理的提议任免政府其他成员。”第13条规定：“共和国总统任命国家的文职人员和军职人员。”第56条规定总统任命宪法委员会的主席和三名成员的权力。除了直接任命，总统还可按组织法的规定，授权其他人以总统名义行使任命权。原本总统的任命权是完全的，无须征得议会的同意，但2008年的修宪为增强人事任命的民主性，在宪法第13条中增加第5款，规定总统应当待议会两院分别设立的常设委员会就人选

札记

问题公开发表意见后才可以决定那些关涉公民权利自由保障及国家经济、社会生活的重要人事任命，如果两院常设委员会对相关人选的否决票总和占了表决票数的3/5以上，总统则不得进行任命。其二，总统有主持部长会议的权力。宪法第9条规定“共和国总统主持部长会议。”部长会议的议事日程由总统安排，事前通知参会的部长、国务秘书。部长会议讨论政府各项重要方针政策、人事任免、行政法规和命令。部长会议的各项决定都由总统作出，须总统签署，并由总理或有关部长副署，但总统对决议不负政治责任，如果受到国民议会的弹劾，则由副署者负责。

2. 外交权。总统对外代表国家，是国家主权的象征。宪法第14条规定：“共和国总统委派外交大使及特使，并接受外国的大使及特使。”第52条规定：“共和国总统谈判并批准条约。为了缔结无须总统批准的国际协定而进行的一切谈判，都应报告总统”。总统可以不受议会和政府的约束，直接代表法国进行外交活动，并有权作出重要决定。而且其他无须总统参加的不太重要的外交谈判，也必须得到总统的认可。

3. 军事权。宪法第15条规定，总统是国家武装部队的统帅，主持最高国防会议和国防委员会。1964年1月14日法令根据宪法的这一规定，又增加了总统有动用战略核力量的权力。2008年修宪虽然没有改变总统对军事权的掌握，但增加了议会对海外军事行动的知悉权和决定权，规定如果海外军事行动超过4个月，需得到议会的批准。

4. 解散国民会议的权力。宪法第12条规定：“共和国总统可在同总理和议会两院议长磋商后，宣布解散国民议会。”总统可以任何原因解散国民议会，不需要任何人的副署。所谓同总理和两院议长磋商，通常只是一个形式而已。总统行使这项权力时，一个重要的限制就是在大选后一年内不得两次解散国民议会。因为议会在弹劾政府的同时自己也有被解散的危险，所以这项权力可以制约议会，保证政府的稳定。第五共和国历史上，戴高乐总统于1962年、1968年，密特朗总统于1981年、1988年，希拉克总统于1997年，都分别使用这一权力来应对政府所面临的政治危机或社会危机，通过新的议会选举使政府在议会中获得多数。

5. 部分立法权。宪法赋予总统法律审批权。议会通过的法律要送给总统，由总统在15天内颁布。15天期满以前，总统可要求议会对该项法律或该项法律中的某些条文重新审议，议会不得拒绝。总统还可以通过宪法委员会，宣布议会通过的决议违宪。总统还有权签署内阁会谈决定的法令和命令。

6. 提交公民投票的权力。宪法第 11 条规定："共和国总统根据政府在议会例会期间提出的或二院联合提出并公布在政府公报上的建议，可将一切有关公共权力机构的组织，批准共同体协定或旨在授权批准显然不违背宪法、但影响到现行体制运行的条约的任何法律草案，提交公民投票。"由公民投票表决通过的法案不经任何批准，由总统在 15 天内公布即成为法律。公民投票使得公民有机会参加政府和议会的决策，它在法国现实的政治过程中实际上是绕过议会立法，削弱议会的权力和各个政党的作用，从而进一步加强了总统的地位。

7. 司法权。宪法第 64 条规定："共和国总统保证司法独立。"第 65 条规定："总统担任最高司法委员会主席，司法部长担任副主席，最高司法委员会除上述两人外，还包括由共和国总统依照组织法规定的条件任命的九名委员。"宪法第 17 条规定："总统在同最高司法会议协商后可以行使赦免权。"总统还可任命宪法委员会的三名成员。总统作为司法独立的保证人，既能通过最高司法委员会行使司法行政权，又能运用宪法委员会行使宪法审查权。这样，总统不仅在很大程度上控制了司法部门，而且还可以司法权制约议会的立法权。

8. 紧急状态权。宪法第 16 条规定："当共和国体制，国家独立，领土完整或国际义务的履行受到严重和直接威胁时，共和国总统在同总理、议会二院议长和宪法委员会主席正式磋商后，根据形势需要采取必要的措施。总统用咨文把上述情况预告全国。这些措施的目的应该是为了保证依据宪法产生的公共权力机构在最短时间内获得完成其任务的手段。这些措施应征询宪法委员会的意见"。宪法最初并未对采取行动的内容作任何限制，因此总统可以根据这一条款停止实施宪法的部分规定，集立法权、行政权和司法权于一身。这样，宪法确认了"违反宪法的合法性"。关于紧急措施行的期限，原本宪法也未作明确的限制，其解除的决定由总统做出，已实施的紧急措施不因解除紧急状态而失效，并且也不受司法的干扰和监督，只有议会可以重新作规定，或修改、或废除、或保留。戴高乐把这项规定称作是"祖国和政权的最高保证"。但总统行使紧急状态权不受限制的情况在 2008 年被改变。2008 年修宪

札记

使宪法第 16 条新增第 6 款，赋予了宪法委员会审查总统行使紧急状态权期限的职权，规定总统行使紧急状态权力满 30 日后，国民议会议长、参议院议长、60 名国民议会议员或 60 名参议员可以提请宪法委员会审查“非常情势”是否依然存在，宪法委员会应在最短期限内对外公布审查结果，“非常情势”持续 60 日以上的，宪法委员会将自动行使此项审查权。

（四）总统办事机构（Department of President）——参谋机构

法国总统府设于巴黎的爱丽舍宫，下设四个主要机构：

1. 总统府办公厅（Office of President）：设有主任、秘书和负责总统安全、新闻、旅行的事务官员，还有负责接待的礼宾司长和负责财务的总会计师等，办公厅负责处理总统日常事务，安排总统接见，负责总统的保卫和安全等。

2. 总统秘书处（General Secretary）：这是总统指导、监督政府各部门的重要机构。其职责是保持与政府各部门的联系，获取有关政府部门活动的信息，并把有关情况和信息直接向总统汇报，他们还可直接参加各种部务会议和部际会议，对各种信息进行分析，为总统决策提供咨询，为内阁会议进行准备。秘书处设秘书长一人，技术顾问四人，并设若干特派员，分别负责与外交、经济、财政、法律、教育卫生等各部门的联系并向总统提供资料、信息和咨询。秘书长是总统和总理、部长进行信息沟通的桥梁，政府各部给总统的报告都要由秘书处转交，总统的一切决定由秘书处发出。秘书长在日常活动中控制着政府各部部长与总统会见的机会，他是总统的耳目、发言人。

3. 私人军事参谋部（Private Military Staff）。这是总统行使军事权力的参谋机构，设有军事参谋长一人，通常由陆军中将军军衔的人担任，下设陆军少将军军衔的军官若干人担任参谋，负责与海、陆、空三军的联系。参谋部负责向总统提供军事方面的信息和情报，安排国防委员会的会议程序，为总统在军事方面的决策提供资料和咨询。

4. 私人秘书处（Private Secretary）：负责总统个人的事务。

总统办事机构被称为“法国的隐蔽政府”“影子政府”。政府每个部一般都要受到一名来自爱丽舍宫的人的监视，这些人被称为“地下部长”“真正的超级部长”，他们在各部还设有通讯员网。这样的权力关系不可避免地使“爱丽舍宫人”同各部部长或他们的部长办公室之间不断发生大大小小的权力冲突。尽管法国总统一再重申，应该由部长而不是爱丽舍宫成员管理国家事务，但要划清二者的权限却非常困难。

二、议会

（一）议会的结构和议员的选举

1. 议会的结构

法国实行两院制：参议院与国民议会。会期9个月，国民议会无论从职权范围、组织规模还是从政治影响力方面都处于优势地位。宪法明确规定国民议会拥有制订和通过法律的特别权力；由国民议会议员提出要求，议会可召开特别会议来讨论特定的议程；国民议会掌握审议预算的传统权力；拥有对政府的弹劾权，内阁必须向国民议会负责。政府无需对参议院负责，参议院也无权提弹劾案。不过，总统可应总理要求解散国民议会，却不能解散参议院。

国民议会拥有优先表决法案的权力。如果发生两院不一致的情况，总理可要求国民议会作出最后裁决。只有在一项法案国民议会赞成，参议院反对，而政府同参议院意见一致的情况下，参议院的否决才有效，此时国民议会必须对法案重新修改后才有可能通过。如果政府同国民议会的意见一致，总理可以要求国民议会对它原来的法律文本或经参议院修正过的法律文本直接进行投票，投票通过则无需再送交参议院，直接由总统签署公布。

参议院在议会权力结构中地位相对荏弱。参议院是法国立法机构的一部分，因此它最重要的任务在于立法和监督政府，但在大多数情况下它只能起到顾问作用。参议院的力量往往由其他政治机构中哪个党派占多数来决定。当国民议会中的多数党派与执政党不同的时候，它可以支持政府或者支持国民议会，由此起到较大的作用。假如政府执政党也是国民议会中的多数党派，而且执政党与参议院多数党派不同的话，它就只能起到批评和拖延的作用。假如两院的多数党派都是执政党的话，它只能起到顾问和缓和的作用。

2. 议员的选举

法国议会两院的议员选举方式并不相同，国民议会议员由直接选举

札记

产生，参议院议员则由间接选举产生。

(1)国民议会议员

国民议会的选举也叫立法选举，或叫大选。1958 年选举法规定，国民议会的议员有 546 名，法国本土 465 名，阿尔及利亚 67 名，撒哈拉 4 名，海外领地 10 名。后来随着人口增加，法国本土增为 473 名，其他地区亦相应增加，现今国民议会议员有 577 名。

议员的选举采用小选区制，即全国分为 577 个选区，每个选区产生一名议员。计票方法采用“单记名多数两轮投票制”，在第一轮投票中，获得有效选票半数以上或者占登记选民人数 1/4 以上者可当选。凡所获选票不足有效票的 5%者，要没收其保证金且要赔偿国家提供的宣传费用。如无人在第一轮投票中获胜，一周后举行第二轮投票，但是只有在第一轮投票中获 12.5%以上选票的候选人方可参加第二轮选举。如果所有候选人都不符合这一条件，则由第一轮中得票最多的两人参加第二轮竞选。在第二轮投票获得相对多数者即可当选。在候选人所获选票相同的情况下，年长者当选。在多党制的条件下，由于候选人众多，第一轮投票中通常很难有人当选。经过第一轮竞选淘汰进入第二轮后，一般仍有 5 个候选人。这时各个政党往往重新组合交换条件，结成联盟，撤回希望不大的候选人，以便集中选票保证联盟中最有希望的候选人当选。

议员任期 5 年，到期一次改选。投票日为议会届满后 60 天以内的星期日。如果国民议会任期未满而被总统解散，则须提前大选。议员候选人必须是年满 25 岁，完成了义务兵役，并交纳了 1000 法郎保证金的具有法国国籍的男女。省长退职后 3 年内，在原来职务管辖区没有被选举权。省秘书局长、副省长、巴黎区长及副区长退职后 1 年内，在原来的管辖区内没有被选举权。司法官员、将校级军官以及高级公务员的限制期一般是 6 个月。

国民议会议员替补制度。候选人在申请参与竞选时，还须同时提出一名“替代人”，并附上替代人的年龄、基本情况、替代人接受替代的委托书。替代人的条件必须符合法定的议员候选人条件。如果候选人在第一轮投票中取得了参与第二轮竞选的资格，却突然死亡或因故不能继续参加竞选，则由替代人继续参加竞选。宪法规定国民议会议员不得兼任政府官员，因此如果当选的议员在总理组阁时被任命为政府成员，他必须一个月内作出选择，或放弃议员席位或拒绝担任政府官员，如果他决定放弃议员席位去担任政府官员，则他的议员席位由替代人接替，直至下一轮选举时为止。

(2)参议院议员

1958年宪法规定，参议院由319名议员组成，任期9年，可连选连任，每3年改选1/3。参议员由选举团间接选举产生。参议院议员候选人必别是年满35岁的法国籍男女，资格限制高于国民议会议员。参议院选区以省为单位，每省都有自己的选举团，选举团中约5%的代表是各级议员，包括国民议会议员、大区议员和省委员会议员；约95%的代表是由县镇议会任命，每个县镇的代表数目由其居民数量决定，但却不成比例。

2001年的宪法修正案把参议员的任期由9年缩短为6年，参议员的最低年龄由35岁降低到30岁。由于在选举参议员时农村地区的选民占多数，因此从1959年参议院设立以来它的多数始终代表市民阶层和保守派。但在2011年9月25日举行的法国参议院部分议员换届选举，在野的左翼阵营获得历史性的胜利，从而首度打破了法国参议院自1958年第五共和国诞生以来都由右派把持绝大多数的局面。

依据2001年的宪法修正案，2004年9月开始的参议院选举程序进行大规模改革：由于参议员的任期减少，每三年选举一次的规则没有改变，但是从2004年开始不是每次选举1/3的议员，而是半数的议员。为协调地区和县镇的选举，原本2007年应举行的参议院选举后推一年至2008年，当年选出的议员全部任期六年。随着人口的变化，到目前为止参议员数目逐步提高：2008年提高到341名，2011年提高到346名，目前是不得超过348名。通过这些改革参议院能够更有效地介入政治。

法国各省参议员产生方法并不统一，目前有三种方式：第一种，所选出议员在4人以下的选区，采用两轮多数投票制。法国大多数省及海外省、海外领地都采用这种方法产生自己的参议员。第二种，在人口最多的12个省采用比例代表制，这些省产生的参议员数目都超过5人。第三种，海外法国人议员6名，由改选后的参议院根据海外法国人最高会议的提案选任。

两院议员不仅不得兼任政府职位，亦不得兼任欧共体及国际组织中的公职，也不得兼任宪法委员会委员、经济和社会委员会委员和法官，

札记

不得兼任另一院的职务，不得兼任政治性的职业，以及在营利性企业中任职。

宪法规定，两院议员都不得由于本人在行使职权中所发表的意见或所投的票而受到“追诉、搜查、逮捕、拘留或者审判”。议会的任何议员在会期非经所属议院许可不得因刑事案件或者轻罪案件受追诉或逮捕，但现行犯除外。任何议员在闭会期间非经所属议院的秘书厅许可不受逮捕，但现行犯、已经认可的追诉或者已经确定的判决除外。对议员的拘留或者追诉，如经所属的议院请求，应立即停止进行。

(二)议会的职权和立法程序

1. 议会两院的职权

(1)立法权。宪法第34条规定：法律应由议会投票通过。法兰西第五共和国议会是最高立法机构，但又不是唯一的立法机构。其一，总统可以通过发起公民投票，将其意志和政策变成法律，通过行使紧急状态权将必要采取的措施和法令变成法律。其二，政府委托立法。宪法规定在法律范围以外的其他事项，属条例性质的可由政府制定，同时政府为执行其行政纲领可要求议会授权自己在一定期限内以法令的方式采取通常属于法律范围的措施。

宪法第34条列举了议会的立法范围：第一，公民为行使其政治自由而被赋予的公民权利和基本保障；第二，由于国防需要而对公民本身及财产所加的义务；第三，有关个人的国籍、身份和法定能力、婚姻制度、继承权和赠予；第四，有关确定轻重罪及其相适应的刑罚；第五，刑事诉讼程序；第六，赦免；第七，设立新的司法裁判机构和确定司法官的地位；第八，有关各种税收的征收基数、税率和征收方式；第九，有关货币发行制度；第十，有关议会两院和地方议会的选举制度；第十一，有关各类公益机构的创设；第十二，有关给予国家文职人员和军职人员的基本保障；第十三，有关企业国有化和公共企业转为私营企业的所有权转让。

而对于下列事项，议会只能确定基本原则，具体细则和实施措施、计划归政府制定：第一，有关国防的总的组织体制；第二，有关地方单位的行政自主权，它们的管辖范围和财源；第三，有关教育；第四，有关财产权、物权、民间和商业债权的规章制度；第五，有关劳动权、工会权和社会保障；第六，制定组织法；第七，制定财政法确定国家的财政收入和支出；第八，制定规划法确定国家的经济和社会活动目标。

通过列举的方式，宪法明文规定了议会的立法范围，范围之外的一律归政府处理。

(2)财政权。议会的财政权兼有立法和监督的职能。涉及到财政议案时，议会的权限受到严格的限制。根据宪法第47条，国民议会对财政法律草案的讨论只有40天的时间，参议院有15天。议员不仅没有提出财政议案的权力，而且对于政府提出的财政议案不得作出修改。如果国民议会未能在40天内通过政府提出的财政议案，政府即提请参议院在15天内做出决定，如果两院意见不一致，总理有权召集一个两院人数相等的混合委员会来拟定文本，交两院通过。如果议会未能在70天内做出决定，政府可以用条例的形式颁布预算草案并付诸实施。

(3)监督权。议会可通过以下方式实施对政府的监督：其一，敦促政府实施法律，监督政府为贯彻法律所颁布的法令、决定和公共行政条例。其二，对政府开展政治监督，包括监督政府的施政纲领、总政策声明，监督政府的活动。其三，预算监督，包括审查批准政府的财政预算，跟踪和监督政府各部门的财政开支，严格审查财政决算，保证财政预算法的贯彻落实。其四，监督实施宪法部分条文的行为，如对总统在执行公务中的所作所为进行监督，总统如犯有叛国罪就要受到审查和起诉。又如对政府成员在执行公务中的所作所为进行监督，政府成员如犯罪则要被审查和起诉。其五，对公共事业、国有企业以及混合经济公司的行政和财务管理进行监督。在法国政治稳定的大局势和总统把控行政权的权力架构下，议会的倒阁权这项“致命的监督武器”通常无用武之地，为了加强议会对政府的日常监督，2008年修宪赋予了议会评估公共政策的使命。修改后的宪法第48条第4款规定，每四周的议会会期中，至少应当有1周时间优先用于监督政府施政和评估公共政策；新增的宪法第24条第1款规定，议会两院为执行监督与评估任务，有权自主决定成立调查委员会，调查委员会在开展工作时可以得到审计法院的支持与协助。

(4)弹劾权。宪法第49条规定，国民议会可对政府通过信任案或弹劾案，总理经内阁讨论后应向国民议会提出施政纲领或政策声明，以承担政府责任；或经内阁讨论后，总理就一项文本的表决向国民议会承担

札记

责任；或者国民议会提出弹劾案追究政府责任。所有这些都按弹劾案的程序进行，如果国民议会通过了弹劾案，总理就要向总统提出政府辞职。但事实上，这一权力与第四共和国时期相比已经大大地削弱了。国民议会行使弹劾权不仅受严格的程序限制，而且在实际中没有多大的意义。

首先，第五共和国宪法没有明确规定内阁组成后，总理必须立即向国民议会报告施政纲领以取得多数的信任，这仅仅是一个十分含糊的要求。因此，最初仍根据第四共和国旧例行事，但自 1962 年开始政府再也没有报告过施政纲领，通常只提出一项高度原则性的政策声明，并且不进行信任表决。其次，总理如就某项文本的全部或部分向国民议会提出由政府承担责任时，要是议员不提出反对就算通过，要是有议员提出反对才按弹劾案进行表决。最后，弹劾程序受到严格的限制。弹劾案的动议必须有国民议会 1/10 的议员签名方能成立，提出后按规定要相隔 48 小时才能进行表决，投票只计算赞成票，弃权和缺席者都算支持政府，而且要得到国民议会全体议员的多数同意才能通过。如果被否决，凡签名的议员不得在同一届议会期间再次提弹劾案。正是由于这种严格的限制，自 1959 年第一次提弹劾案至 1979 年的近 20 年里，国民议会先后动议 38 次，唯一通过的是 1962 年就有关“改变总统选举办法的修宪案”对蓬皮杜政府的弹劾案。但政府倒台后，戴高乐立即下令解散国民议会，把法案交公民直接投票表决，并得以通过①，总统改为公民直接选举产生，进一步加强了总统的权力②。而且此次大选后戴高乐再次任蓬皮杜为总理。③ 事实表明，弹劾权只不过是国民议会的虚张声势罢了。

2. 两院的立法程序。

(1)**普通立法程序**。普通的立法程序首先要经历立法创议、起草、备案几个阶段。宪法第 39 条规定：“法律创议权同时属于总理和议会议

① 1962 年 10 月 28 日投票结果是：赞成票占有效票总数的 61.7%，反对派占 38.2%；弃权票占登记选民的 22.7%。

② 总统由普选产生，就意味着总统权力直接来源于人民，而不是来源于“选民代表”，总统的地位直接由人民确认而不是由“选民代表”认可，从而使总统摆脱了议会的任何牵制。

③ 吴国庆．法国政治史(1958—2017)[M]．社会科学文献出版社，2018：48-51.

员。法律草案征询行政法院同意后，经过部长会议批准，提交议会两院中任何一院的办公厅备案。关于财政的法律草案应首先提交国民议会”。实践上，绝大多数法案先提交国民议会办公厅。政府法律草案在提请讨论前，一般要经过行政法院的审议，提出咨询性的意见。另外，经济与社会委员会负责审查对经济和社会事务发生重大影响的提案。

首先，议会议员提出的立法创议在备案前的审查要注意两点：第一，财政的不可受理性——首先由财政可接受性办事处进行审查；接着转交给议会办公厅下属的评议会评审，如果议长和政府在提案能否接受问题上发生争执，提交宪法委员会审查并做出裁决。第二，立法的不可受理性。当议长和政府在提案是否受理问题上发生争执，任何一方都可以提交宪法委员会审查并做出裁决。

其次，委员会听证和审查阶段。法国议会对议案的审议程序类似英美的“三读”。经过备案的议案，须由议长在会议上公开宣布，此为“首读”。然后提交委员会审议，任何议案未经委员会审议均不得提交大会进行辩论、表决。常设委员会接到议案后，要进行听证和逐条逐句认真审查讨论，作出结论，进行表决。

其三，议会辩论阶段。经过委员会审议的议案，交由议长列入议事日程，在大会讨论该议案时，由委员会的“报告人”向大会提出审查报告和议案说明，此为“二读”。之后进入一般性辩论和逐条辩论阶段。然后对法案逐条表决，最后表决经修改过的议案全文。如未获通过，则被否决，不能进入另一院。如果通过，送交另一院，以同样的程序进行审议。另一院通过，则送至政府签署。

如一院通过的议案在另一院未获通过，则会出现以下几种情况：第一，寻求所谓的“梭子”解决办法。但这种“穿梭”从启动到达成同一文本最多不能超过 2 次。第二，如果第一种未能解决两院分歧，政府可以要求两院各派 7 名议员组成混合委员会制定统一法案来取得一致。统一法案由政府提交两院，若顺利通过则送交总统签署公布。第三，若混合委员会内部不能统一意见、制定出一个统一文本，或者文本未被两院一致采纳，政府可让国民议会最后裁定，表决采用简单多数表决。第四，在上述情况下，若国民议会仍未通过议案，或者政府事先知道国民议会不可能通过，那么政府可将这项议案与信任投票联在一起，提交国民议会表决。在这种情况下，国民议会可在 24 小时内提出弹劾案，若不提

札记

出或提出未获通过，那么议案就自动通过。通过后，第三度宣读议案标题，是为“三读”。

最后，颁布法律阶段。法国宪法规定“各项法律在颁布以前，可以由共和国总统、总理、两院中任何一院的议长，提交宪法委员会，审查其是否违宪”。1974 年 10 月 21 日，议会两院通过宪法修正案，规定“由 60 名国民议会议员或 60 名参议院议员”也可提出同样的请求。宪法委员会应在一个月内做出裁决。但在紧急情况下经政府要求期限减为 8 天。被判违宪的法律不得公布，或送回重新商议修改后再由宪法委员会审查，或自动失效，只有经过审查议定没有违宪的议案才能签署公布，付诸实施。

从上述立法程序可以清楚地看到，议会在某种程度上可以阻挠法案的顺利通过，但却不能否决某一项法案，同时政府对议会的每一项阻挠措施都有反制措施。

(2) **特别立法程序**。宪法修正案、组织法性质的法律和财政法案①都使用特别立法程序。

第一，宪法修改的立法程序。宪法第 89 条第 1 款规定：“修改宪法的倡议权，同时属于共和国总统和议会议员，共和国总统依照总理的建议案行使此项倡议权。”有两种宪法修正案立法程序：其一是修改宪法的草案或提案由两院以相同的文本表决通过，并经过公民投票通过后，宪法修改的立法程序完成；其二是当总统决定将宪法修正案交付议会两院联席会议讨论时不再交付公民投票表决，但议会两院联席会议只有以 3/5 有效票赞成时，该宪法修正案才能通过。宪法还规定，当宪法的修改有损于领土完整时，任何宪法修改程序都不得着手进行。

第二，组织法性质的法律立法程序。首先，有关组织法性质的法案和提案必须在提出后 15 日的期限届满时，才能由第一个受理的议会进行审议和表决。其次，如果议会两院发生分歧，可由对等混合委员会提出一个文本。如果议会两院仍未能取得一致意见，国民议会在最后一读时，必须以其议员的绝对多数通过。再次，有关参议院组织法，应由议会两院以同样规定表决通过。最后，组织法在宪法委员会宣布符合宪法后始能颁布生效。

---

① 关于财政法案的程序，可见前文“议会两院的职权”部分的第二条“财政权”处。

札记

(三)议会的组织机构

1. 两院议长

国民议会设议长1人，任期与本届议会同期；副议长6人、秘书12人、财务行政官3人，任期1年。参议院设议长1人，任期为3年；副议长4人、秘书8人、财务行政官3人，任期1年。两院均由议长主持工作，议长分别由两院议员选举产生。

议长拥有广泛的权力，包括安排议会日程、组织和主持议会讨论、维持议会内外安全和维持会议秩序；议长须负责协调议会与政府之间、各委员会之间以及议会内各党团之间的意见分歧；总统宣布解散国民议会和行使非常权力时，须事先跟议长磋商；总统因故缺位和不能正常履行职权时，由参议院议长临时代理总统职务；表决宪法修正案时，由国民议会议长主持两院联席会议；两院议长均有权分别选任三名宪法委员会委员，并有权决定将国际协定或各项法律议案在正式颁布前提交或延缓提交宪法委员会审议；有权拒绝将不属于立法范围的议案列入议会日程；作为议会与政府的联系人，议长负责接受政府的议案和把通过的议案送交政府；议长还负责向各委员会分配议案，听取各委员会议员的汇报等。

2. 议会执行局

两院均设有执行局。执行局有权控制议会程序，以及组织和指导议会的各项日常事务。其构成反映了不同党团之间的力量对比关系。国民议会执行局有22名成员，包括国民议会议长，6个副议长，3个总务主任和12位书记。国民议会议长的选举与立法选举同时进行，而执行局的其他成员每年选举一次。参议院执行局有26名成员，包括参议长，8个副议长，3个总务主任和14位书记。每三年选举一次。

3. 委员会

议会里的委员会包括常设委员会和特别委员会。1958年宪法原第43条第2款规定两院常设委员会数量均不得超过6个。其中，国民议会的常设委员会有：文化、家庭和社会事务委员会；外交委员会；国防和武装力量委员会；财经和计划总委员会；宪法、立法和共和国行政总委员会；生产和贸易委员会。参议院的常设委员会有：外交、国防和武装部队委员会；文化事务委员会；经济事务和计划委员会；社会事务委员

札记

会；财政、预算监督和国民经济统计委员会；宪法、普选、规章和行政管理委员会。2008年修宪考虑到应对日益复杂的立法活动，将常设委员会的数量提高到不得超过8个。

特别委员会的组成与运行规则和常设委员会相似，其设立是为了更好地满足现代立法日趋复杂的现实，1958年宪法曾规定“法律提案优先提交特别委员会审议”，但实践中更多地是由常设委员会首先审议法律提案，为保障宪法文本与宪政实践的统一，2008年宪法修正案第18条规定，法律提案应交由议会两院常设委员会审议，但政府或受理提案的议院要求提交特别委员会审议者除外。

两院中还各有一些非常设委员会，除欧洲事务委员会外，均不能审查议案，主要是负责监督、研究、调查等方面的工作。两院还有一些共有机构，如科研评估署等。

4. 宪法委员会

宪法委员会主要负责合宪性审查，但采取事先审查的方式，对已经颁布实施的法律不再具有审查的权力。宪法委员会由九名成员组成，任期九年，每三年改选1/3，成员中有三名由总统任命，三名由国民议会议长任命，三名由参议院议长任命。其中委员会主席由总统任命。除了违宪审查权以外，宪法委员会还有一些职权：监督总统、议会选举的合法性；监督公民投票程序的合法性；议会组织法和两院规章在公布前，须交宪法委员会审议，宪法委员会就其是否违宪作出裁决。

宪法委员会分享一定的立法权，这是调整法国各种利益冲突的一个方式，它的裁决可迫使通过的法案考虑到反对派的利益。但是，由于宪法委员会的主席是总统提名的，所以委员会的裁决大都是倾向于政府和总统一边的。

三、中央行政系统

(一)总理及其职权

法国宪法规定“共和国总统任命总理”，“总统根据总理提出的辞职要求解除总理的职务”。这就是说，总统有权任命总理，但是若总理没有提出辞职要求，总统就不能罢免总理。因为宪法设计的理念是国家元首的重要作用在于保证政权机构的正常运转，总理向议会而非总统负有政治责任。但在实际政治生活中，政府权力已逐渐集中到总统手中，总统可以迫使总理辞职，这种惯例已经改变了宪法，加强了总统对总理的控制，削弱了总理的相对独立性。

法国总理的宪法权力与实际权力存在严重脱节。宪法列举了总理享有的一系列权力：向总统建议任免政府成员，任免除总统职权外的所有文职和军职人员；指导政府的活动，协调各部的关系；代表政府向议会提出施政纲领或发表政策声明，并向议会承担责任；总统在解散国民议会或行使宪法第 16 条规定的宣布紧急状态的权力时，必须征询总理的意见，由总理以政府的名义宣布戒严令；代表政府享有立法创议权和修改宪法建议权；对国防负责，领导国防部，负责组织国防并兼任国防委员会副主席，必要时代替总统主持最高国防会议和国防委员会；总理领导的政府享有广泛的条例制定权和命令发布权等等。

但实际上总理只算得上总统的大管家，是联系总统和议会的纽带，是保险丝和避雷针。法国的总理及其内阁处于国民议会与总统之间，仅仅起着联系的作用，但是它却负有双重责任，既要对议会负责又要对总统负责。内阁政府的组成，阁员的任免，内阁会议及其制定法令和命令的权力完全由总统一人操纵。法国的内阁实际上降到了类似美国白宫班子的地位。而且，法国中央集权制政府的行政系统至今仍然保持了拿破仑时期的基本框架，带有浓厚的行政权威主义色彩，以“行政治国”著称于世。

总理府是总理的办事机构，设于巴黎的马提翁大厦，下设办公厅、秘书处和军事办公室三个机构，负责与总统办公厅和中央各部的联系，监督中央各部的工作，负责内阁会议的准备和传达、政府重要文件的起草、与议会的联系，向总理提供各种信息、资料和咨询，安排总理的各种会见、会议。总理直属机构是由总理直接领导的，为协助总理主管某项专门业务而设立，其数量和名称根据行政管理的需要确定。总理府直属机构有：计划总署、原子能局、部际情报委员会、职业培训和普及委员会、青年最高委员会、公共服务部门产额和价格调查委员会、维护和发展法兰西语言最高委员会、国立行政学院和社会经济代表团等。

札记

（二）中央政府机构设置及其职权

1. 中央政府各部的机构设置

法国中央政府由总理、部长、国务秘书等组成。政府不设副总理和副部长。内阁由总理和部长组成，总理为内阁会议主席。国务秘书为非内阁成员，不能参加内阁会议，只有在内阁讨论某一有关问题时，才被邀请列席会议。法国中央政府成员的数量由总统根据需要决定。第五共和国历届中央政府成员数量在25至45之间。

中央各部是公共事务管理的职能机构，共有17个：内政和权力下放部、司法部、经济财政和私营化部、工业调整和对外贸易部、对外关系部、国防部、国民教育部、农业部、商业手工业和旅游部、劳工就业和职业培训部、公共卫生部、环境部、计划和领土整治部、研究和工艺技术部、社会事务和国民团结部、城市住宅和运输部、文化部。每个部的名称基本上反映了各自管辖的事务。

各部一般有5个层次：部长、部长办公厅、司(局、委员会)、处、科。各部设置的内部机构数目不等，一般设有10个司(局、委员会)左右。部长办公厅在各部占有重要地位，负责向部长汇报部内情况，监督和协调部内工作，与其他部长办公厅、政治家、新闻机构、部长所在选区联系，及领导秘书处工作。

宪法规定，政府成员不能兼任议员，不能兼任全国性职业团体的代表，也不能从事其他职业性的活动。凡接受任命参加政府任职的议员必须在30天内放弃议员身份。目的是使政府成员超脱党派利益，使立法和行政分立。

2. 行政系统内部的权力关系

从横向看，法国行政系统具有分工细、机构多的特点，从纵向看，具有层次众多、等级森严的特点。多层次细分工的行政机构使各项事务经常需要跨层级、跨部门的合作。中央集权的政府体制下，行政系统内的关系大多是横向难于协调，纵向难于发挥下一级的能动性。

行政系统内部权力冲突主要发生在总理和部长，部长和部长之间。宪法规定："总理的令文在必要时由负责执行该项令文的部长副署。"当某一事务成为社会、政治的重要问题时，总理便会亲自处理，从而与负责这方面事务的部长权力相交错。这种情况下，部长通常会协助总理的

札记

工作。如果部长同总理发生分歧，一般是部长辞职，政府进行改组。各部之间由于权力交错也经常发生冲突，最常见的就是财政部与其他各部之争。此外还存在各部同总理府下设的直属委员会之间的冲突，部内的各职能机构、各集团之间的冲突等。

对于行政系统内冲突的协调工作，在部内主要由部长、部长办公厅或秘书长来实行。部际间的冲突主要通过以下几种方式来协调：其一，部长会议。由总统主持，每星期三上午在总统府举行，参加的仅有总理和各部部长。会议上，一方面由各部部长向总统提出建议，另一方面由总统协调各部的政策和行动。其二，内阁会议。由总理主持，出席的有各部部长和国务秘书。会议上，总理可协调各部的矛盾。其三，限制性部长会议。它是应总统的要求或为讨论特别问题而召开。会议在总统府召开，由总统主持，限于有关部长参加。其四，部际委员会。由总理或总理指定的部长主持，在总理府召开，参加者有有关部长、国务秘书、部长助手和办公厅主任等。这类会议通常定期召开，并定期规划协调有关部的行动。

四、司法系统

法国的司法领导机关是最高司法委员会，它是协助总统实行司法监督的机构，由总统任主席，司法部长任副主席，总统任命 9 名委员，3 名从最高法院中任命，1 名从行政法院中任命，2 名从非法官身份的法律教授中任命，最高法院办公室再从法官中挑选 3 名成员，委员任期均为 4 年。其职责是：就最高法院法官和上诉法院首席法官的任命向总统提出建议，对司法部长有关任命其他法官的建议提出意见，就赦免问题接受咨询。最高司法委员会同时又是法官纪律委员会，具有对法官的惩戒权。司法部则从事司法行政管理，掌管法院系统的行政组织、人事调动和活动经费等。

法国的分权在很大程度上具有行政、立法“分司法之权”的特点，即在美国许多由最高法院执掌的权力，在法国却由立法、行政机关分别行使了，致使司法系统的权力相对弱化。

(一)法国的法院系统

司法行政机关之下是法院系统，分为普通法院与行政法院，二者各

札记

自独立行使司法权，没有隶属关系，此外还设有争议法庭和特别高等法院系统。

1. 普通法院系统

普通法院负责审理普通民事和刑事案件，主要由三个等级的法院组成：基层法院，主要包括初审法院、大审法院、违警罪法院和各种专门法院；中级法院，主要指重罪法院和上诉法院、国家安全法院等；最上一级是最高法院。

其中，初审法院和大审法院属于民事法院，违警罪法院、轻罪法院和重罪法院属于刑事法院。法官的产生，除民事法院中的商事法庭、乡镇对等法庭、劳资调解委员会、社会保险诉讼委员会的法官由选举产生外，刑事法院和其他民事法院法官则由最高司法委员会或司法部长推荐或任命。法官实行终身制，非经弹劾不得免职。

2. 行政法院系统

由于历史原因，法国行政法院既是行政立法机关又是行政司法机关，具有司法和咨询两种职能。迄今为止，法国共有 42 个行政法庭和 8 个行政上诉法院。它们的主要任务是：解释现行法律和行政法令，并提供建议和拟订草案；审理行政机关之间的纠纷和公民对行政机关的控告。行政法院的成员不是职业法官而是行政官员，其任命和调动按照公务员制度规定办理。

行政法院的裁决是最终裁决，但其裁定可由争议法庭撤销。行政法院自己没有执行机构，所以其裁定一般由行政机关去执行；但行政机关并无履行裁定的义务。如果行政当局拒不执行裁决，行政法院除了重新提出诉讼之外别无他法。但一般来说，行政法院的裁决还是有一定的强制性，行政机关较少拒不执行。行政法院同普通司法机关相比，具有许多特点。

第一，行政法院的审判人员不是职业法官，而是由中央从有经验的公务员中任命，可以随时调动和免职，因此是非终身的职务。但由于他们受公务员法的保护，撤职的情况很少，他们的职位还是相当稳定的。第二，行政法院的裁决依据长期处理案件中形成的一套判例，而不是普通法院适用的成文民刑法典。但是行政法院并不受先例的强制影响，可以根据实际情况，灵活运用，不断创新。第三，行政法院主要通过周密调查弄清事实真相，不以当事人的对质作为判决的依据，对法律也靠自己的独立研究而不靠律师的辩论。第四，行政法院无法律解释权，也不能干涉行政机关固有的执行权，如警察权、保护公共安全等权力。

3. 权限争议法庭和特别高等法院

在两大法院组织系统之外，还设有权限争议法庭和特别高等法院。

权限争议法庭产生于 1848 年，1857 年政变中一度被取消，后于 1872 年重建，一直延续至今。争议法庭由最高法院和最高行政法院选出的法官以及司法部长等组成，负责处理普通法院与行政法院两系统间关于管辖权的争议。

特别高等法院由 1958 年宪法设立，由国民议会和参议院选出的议员组成，专门审理总统所犯的叛国罪和政府部长在执行职务期间所犯的刑事罪和危害国家安全罪。

(二) 法国审判制度

在刑事诉讼程序方面，一般均应首先由警方把犯罪嫌疑人的材料移交检察院，由检察院进行调查取证，检察官起草起诉书，然后提起公诉。检察官的起诉书应由负责该案的全体检察人员签名，以避免诬告或不符事实。在民事诉讼程序方面，一般均应首先由原告或原告律师向有关法院提起控诉，由法院传唤被告，进行审理、调解，并作出裁决。

第五共和国曾颁布一系列法律和法令，对过去的律师制度进行改革，设置“专业律师”取代过去属于法院或法庭的一般辩护律师，取代过去所谓的诉讼代理人。对巡回法院的陪审员亦有详细规定，陪审员必须为年满 23 岁以上，具有写读能力，享有公民政治权利的男女公民。陪审员应在当地居民中挑选，议会议员或政府中任较高职务的公务人员、现役军人、警察等都不得担任陪审员。

关于审判制度，第五共和国时期对其不断改革，力图做到司法独立、审判公正、民主平等，努力实现人权原则，注重事实证据，避免诬告和各种冤假错案的发生。

五、政党和政党制度

(一) 法国政党制度的形成过程

法国是世界上最早出现政党的国家之一，也是现代资本主义国家施

札记

行多党制的典范。法国政党的历史可以追溯到200多年前，大致分为四个时期：

早期(1789—1870)：包括资产阶级革命、第一共和国、第一帝国、波旁复辟王朝、七月王朝、第二共和国和第二帝国七个阶段。围绕各个阶段的重大政治问题，形成了许多有组织的政治派别，诸如雅各宾派、吉伦特派等，虽然他们还不是现代意义上的政党，但为政党的建立奠定了基础。

第三共和国时期(1870—1940)：法国现代意义上政党产生于第三共和国时期。共和党是第三共和国时期的主要执政党，其内部又分为温和派和激进派。温和派在1879年至1899年期间执政，因其政治上日益腐败终于被激进派所代替。第三共和国时期的两个主要左翼政党是社会党和共产党。这两个政党的前身是在马克思主义影响下法国工人阶级建立的第一个独立政党——法国工人党。第三共和国时期，法国多党制最终形成，其特点是没有一个政党能够单独执政，也不是两党轮流执政，而是靠几个政党结成联盟以夺取议会多数，并组成联合政府。

第四共和国时期(1946—1958)：法国政党达到200多个，参加竞选的就有20—30个。战后初期，共产党、社会党比战前变得更强，但激进党仍是主要执政党之一。由于议会权力过大和议会中没有一个能够掌握议会多数席位的政党，各政党间常常发生矛盾和摩擦，因而不断酿成内阁危机，通过议会否决推翻政府，政局不稳。从1946年起的12年中，政府更迭达20届。

第五共和国时期(1958—)：内阁的不稳定，加上阿尔及利亚问题的触发，暴露了第四共和国的无能和政府体制的严重危机。各界政要都希望戴高乐复出，救国家于水火。1958年戴高乐重新执政，大力推动政治改革，实行“半总统半议会”的多党政制，宣告法国进入第五共和国时期，这才结束了政府更迭频繁的局面。1978年，一个新的政党——法国民主联盟成立，法国形成了四个主要政党并存的多党制。

(二)当代主要政党和最新政党格局

法国传统政党分为左派和右派。左派(又称左翼)支持改变传统社会秩序，创造更为平等的财富和基本权利分配。在法国大革命时期，“左派”是指在议会中坐在左侧，支持共和制、大众政治运动和世俗化的人士。“左派”在欧洲适用于一些革命运动，特别是社会主义、无政府主义和共产主义，也可用来称呼社会民主主义。在当代政治话语中，“左派”通常是指社会自由主义或社会主义。右派(又称右翼)是指各种保守和反动的政治立场。在不同国家与不同时期有着不同的意义。法国大革命时期，“右派”是指坐在议会右侧，拥护君主制与贵族特权的人士。在当代政治话语中，“右派”则是用来强调民族主义、传统和宗教，也有部分人用“右派”来称呼支持自由放任资本主义的人。

1. 法国当代主要政党

当代法国政党主要分为左派、中间派、右派。除了社会党、共产党和保卫共和联盟(即现在的人民运动同盟)，多数政党在组织上都比较松散。法国政党主要是在前工业化和前城市化的社会发展起来的，首先迎合的是中上层选民的需要，然后迎合的是中层选民的需要。其主要职责是为地方、省和国家政府机关选拔与选举候选人。

法国是典型的多党制国家，参选政党众多。从 1958 年至今的第五共和国时期，能左右政局的政党主要有四个：保卫共和联盟、法国民主联盟、法国社会党和法国共产党。

(1)保卫共和联盟，又称戴高乐党，传统右翼。1947 年的法兰西人民联盟是其前身，最初称为保卫新共和联盟。成立于 1958 年，1963 年与劳工民主联盟联合，1967 年二者合并，改名为共和国民主人士联盟。该党组织松散，不是一个群体性政党，而是一个干部党，忠于戴高乐主义，代表法国大资产阶级的利益。该党之所以能够长期执政，一是依靠戴高乐总统的影响力及其在 1958 年实行的政治体制改革，二是依靠与其他右翼政党的联盟。该党一向奉行戴高乐主义，主张走既不同于东方的社会主义，又有别于传统资本主义的“第三条道路”。对外坚持法国民族独立，主张欧洲联合。1981 年社会党执政以来，该党政策向自由主义保守派靠拢，主张实行非国有化。

(2)法国民主联盟。由共和党、社会民主人士中心、激进社会党、社会民主党、前景与现实俱乐部和直接党员六部分于 1978 年 2 月结成选举联盟，1978 年 6 月正式成立为政党。共和党在联盟中影响较大。共和党领导人主张必须站在戴高乐多数派一边，同时保持适当的独立性。该党标榜代表中间阶层利益，实则代表金融和工商业大资产阶级的利益，共和党和法国民主联盟至今仍是法国政坛中居第二位的右翼势

札记

力，是资产阶级右翼政党，是保卫共和联盟的重要伙伴。它主张协调组成该联盟的政党、团体及个人参加者的行动，为民族团结和公正而努力。它对内赞成维护法兰西第五共和国体制，主张一定程度的社会改革，提倡在社会、经济、文化等领域实行自由化政策；对外主张实现欧洲政治和经济一体化。

(3)法国社会党。1902年3月由饶勒斯领导的独立社会党联盟、布鲁斯领导的社会主义工人联合会(可能派①)、阿列曼领导的革命社会主义工人党等合并而成的法国左翼政党。1971年6月，社会党(时称“工人国际法国支部”)同密特朗领导的“共和体制协议会”合并，在法国东北部城市埃皮纳勒召开了全党代表大会，“工人国际法国支部”正式更名为社会党。该党是主张资产阶级改良主义却打着民主社会主义旗号的资产阶级政党，但在法国政坛上一直站在左翼一边。其成员多为职员、工程师、教师、官员等，在组织上允许不同思想派别的存在，在政治上主张多元化、多党制，在维持现行体制的情况下，逐步实行权力下放等改革。该党对外主张欧洲联合，对美国保持密切、坦率关系，其主张与戴高乐派没有大的不同。

(4)法国共产党。1920年12月，“工人国际法国支部”在图尔召开代表大会，左右两派围绕是否加入共产国际展开了激烈讨论。结果，以加香为代表的多数派退党，另立“共产国际法国支部”。1921年，“共产国际法国支部”更名为“法国共产党”。建党后，由于奉行共产国际的教条主义政策，法国共产党实力迅速下降。1933年希特勒在德国上台，法国共产党呼吁各阶级团结起来组成反法西斯统一战线。1941年德国对苏联开战后，法国共产党强烈呼吁抗击纳粹，其主张得到响应，党员人数激增到50万。战时法国共产党领导人民进行了英勇的抵抗运动，积累了威望。1944年9月起连续参加五届联合政府，1946年大选后成

---

① 可能派，Possibiliste，是19世纪末法国工人运动中从法国工人党分裂出来的社会主义派别，代表人物有P. 布鲁斯、B. 马隆、A. 若夫兰等，主张将理想目标分成若干阶段，集中力量争取眼前可能实现的某些要求，把自己的政策称为“可能的政策”；主张不经过革命，而通过可能的、逐步的改良来变革社会；要求修改法国工人党党纲，取消其中关于实现社会主义和共产主义的内容，认为工人党不要局限于一种学说的狭隘眼界，而应为各种学说的拥护者敞开大门；主张运用普选权，争取议席，实行市政社会主义；提倡由国家干预，使垄断资本转变为社会所有的公用事业。

为法国第一大党，1947 年 5 月被排除出政府。1968 年 12 月，法国共产党明确提出通过议会道路实行向社会主义和平过渡。20 世纪 70 年代中期，提出放弃无产阶级专政。1979 年，法共二十三大在党章中删去“马克思列宁主义”的字眼，提出民主社会主义。1981 年 6 月—1984 年 7 月，法国共产党参加社会党莫鲁瓦政府，菲泰尔芒等 4 人入阁。1985 年法共召开二十五大，赞扬社会主义国家的改革，重申在争取社会主义的斗争中没有模式、中心和向导党。法国共产党的力量和影响从上世纪 80 年代初开始下降，其得票率从 1978 年立法选举的 20.6%跌到 1988 年总统选举的 6.8%。苏东剧变后更是受到严重冲击，但仍坚持共产党名称和社会主义奋斗目标，并继续进行党的革新，但这并未遏制历次选举得票率越来越低的趋势。法国共产党从建立至今一直是法国多党制中的重要政党之一，一直得到法国最大公会——法国总工会的支持。

2. 法国最新政党格局

近年来，全球化和欧洲一体化对法国社会冲击巨大，传统主流政党应对乏力，致使原有的政党格局发生很大变化。最直观的表现是 2017 年 4—6 月相继进行的总统大选和立法选举，左右两大传统政党——社会党和共和党均被淘汰，而民粹主义势力急剧上升。法国最新的政党格局如下：

(1)“共和国前进”运动(La République En Marche !)，执政党，国民议会第一大党。前身为马克龙于 2016 年 4 月领导创建的政治团体“前进”运动(En Marche !)。核心创始成员大多来自社会党改革派和民间社会，后又陆续吸纳了大量来自右翼温和派、中间派等派别人士，成员数量和政治影响力迅速扩大。2017 年 5 月 7 日马克龙赢得总统大选后，宣布辞去“前进”运动主席职务，并将其更名为“共和国前进”运动。主张超越传统左右翼理念分歧和党派之争，兼容并蓄，博采众长。经济政策上奉行右翼自由主义，倡导改革创新、促进就业、增强市场活力、刺激经济、减轻税赋；社会政策上奉行左翼价值理念，重视民生教育，维护社会公平正义；外交政策上坚持以独立自主为核心的“戴高乐—密特朗”主义，以欧盟为重点，以法德轴心为抓手，努力捍卫欧洲一体化，平衡发展同世界各大国关系，努力维护法国在欧盟内部和国际舞台上的地位和影响力。2017 年 6 月 19 日，法国内政部公布的国民议会选举最终结果显示，总统马克龙创立的“共和国前进”运动与中间派政党“民主运动党”组成的联合阵营收获 350 个议席，成功获得法国国民议会绝对多数。

札记

(2)共和党(Les Républicains)，现为国民议会第二大党，参议院第一大党，属中右翼。原称人民运动联盟，2015年5月更改为现名。共和党的前身系2002年总统大选中的竞选联盟，核心为原保卫共和联盟(戴高乐党)，并吸收了自由民主党和法兰西民主联盟的主要力量。党员约20万人，多为职员、官员、自由职业者、商人、农民和工人等。2016年11月，共和党元老、前总理弗朗索瓦·菲永当选中右翼政党联盟总统候选人，但随后被曝出家人领取空饷等丑闻，首轮即遭淘汰。2017年6月立法选举中，该党与独立民主联盟组成的中右翼联盟获得131席，总书记贝尔纳·阿克耶。

(3)社会党(Parti Socialiste)，在野党，属中左翼政党。2012年5月，弗朗索瓦·奥朗德当选法国总统，成为社会党内继弗朗索瓦·密特朗之后的第二位第五共和国总统。2012年6月，社会党在立法选举中获胜，但局势变化之快令人猝不及防，2014年的市镇选举、欧洲议会选举和参议院改选中，社会党接连失利。到2016年，法国《世界报》民调显示，奥朗德的支持率已下降到4%，成为“法国现代史上最不受欢迎的总统”。2017年1月，社会党保守派代表人物、前教育部长伯努瓦·阿蒙在左翼初选中爆冷当选为左翼政党联盟的总统候选人，但他在首轮投票中遭遇了惨败。2017年6月的立法选举中，社会党与左翼激进党等组成的左翼联盟仅获45席，第一书记让·克里斯托夫·冈巴德利斯随即宣布辞职。

(4)国民阵线(Front National)，极右翼政党。1972年10月由让·玛丽·勒庞①组建，党员约7.5万人，多为中小工商业者，现任主席为

① 勒庞家族是法国著名的极右翼势力，老勒庞(让·玛丽·勒庞)于1972年创立国民阵线，从1974年开始多次参选法国总统，是个民族主义者，主张限制移民，曾因发表“纳粹在法国的占领算不上特别残忍”等言论被检察机关以“质疑反人类罪”“为战争罪行辩护”起诉。2011年老勒庞卸任党魁，其最小的女儿玛丽娜·勒庞接棒国民阵线，调整战略、修改党章，实行“去极右翼标签化”，她本人具有浓厚的极端民族主义思想，奉行“法国人优先”理念，主张限制移民，主张法国退出欧盟，反对全球化；2015年因老勒庞的言论，父女二人在党内产生激烈斗争；在2017年总统竞选中，玛丽娜·勒庞杀人第二轮竞选，获取国民阵线有史以来最优成绩。通常认为，第三代勒庞接班人是老勒庞的外孙女玛丽昂·马雷夏尔·勒庞，她于2016年接替老勒庞参选大区议会选举，并获得不错的成绩，早在2012年就成为了法国议会最年轻的议员(时年22岁)，其主张比她的姨母玛丽娜·勒庞更加偏右，继承了老勒庞的世界观和语言风格。

玛丽娜·勒庞。2017年总统大选中，玛丽娜·勒庞闯入了第二轮投票，并且拿下了33.9%的选票，虽然败给了马克龙，但这是国民阵线创建45年来最佳成绩，显示当代法国极右翼势力崛起。2018年6月1日，国民阵线更名为“国民联盟”(Rassemblement National)。该党代表法国民族主义思潮，强调“要把法国从欧洲控制和世界主义中拯救出来”，呼吁“进行一次反对新共产主义和世界主义的十字军讨伐”。在欧债危机爆发、法国经济复苏乏力、失业率居高不下、难民危机和恐怖主义接踵而至的影响下，国民阵线借机大打移民、安全、就业牌，民意支持率持续冲高。

(5)法国共产党(Parti Communiste Français)。苏东剧变后，法国共产党党内改革的呼声不断，党务革新也持续开展，但却未能扭转支持率下降的局面。1996年底，法共二十九大放弃“法国特色社会主义”的提法，代之以“新共产主义”，主张实行共产主义变革。1997年6月，法国共产党参加了以利昂内尔·若斯潘为总理的社会党政府。在2017年总统大选中，法国共产党支持的极左翼阵线候选人让·吕克·梅朗雄，未能进入第二轮竞选；而且在议会选举中，法国共产党只拿到国民议会10个议席。

六、第五共和国政府体制和权力结构的总体特征

1958年宪法规定的政府体制实行分权原则，国民议会和参议院组成的议会是立法机关，总理领导的政府是行政机关，最高法院是司法机关。在以上三权之外，还设立了宪法监督机关——宪法委员会和咨询机关——经济与社会委员会。但是法国的这种分立的三权之间既没有美国式的“制约与均衡”的关系，也没有英国式的立法和行政相一致的关系。在今日法国，所谓“三权分立”，实质上只是围绕着总统的权力，并受其控制和支配的三个职能部门的分工。

宪法规定，“共和国要确保宪法得到遵守，总统通过仲裁，保证公共权力机构正常行使职权和国家的持续性”。总统凌驾于三权之上，既是国家“统一”的保证人，又是“分歧”的仲裁人。如果说美国的三权之上是象征国家统一的美利坚合众国宪法，那么法国的三权之上则是体现国家统一的共和国总统。总统任命总理，并且主持内阁会议，掌握一切重大的决策权，而总理必须执行总统的政策，这样，总统实际上掌握着

札记

行政大权却不用对议会负责，反而要实际上并不掌握行政大权的总理向议会负责。总统可以解散国民议会，而议会对总统除叛国罪可由两院组成特别最高法院进行司法审判之外，对总统其他任何罪不可能进行弹劾，因为法国宪法根本就没有关于弹劾总统的规定。

总统保证司法的独立，并担任最高司法会议主席，从而实际上控制了司法。总之，法国总统相似于王权的地位已经达到这样的程度，即除叛国罪之外，对其执行职务的行为实际上是不负任何责任的。而且总统即使犯有叛国罪，也只能由议会起诉并进行审判，政府成员犯罪也由议会审理，一般行政人员犯罪则由行政法院审理。因此，法国“三权分立”中的司法并没有制约行政的司法职能，相反司法却要受制于由总统任主席、司法部长任副主席的最高司法委员会的行政制约。

第五共和国宪法关于国家结构的规定是拿破仑时代就已形成的中央行政高度集权体制。宪法一方面确认地方“由选举产生的地方议会自由地进行管理”；另一方面又规定，“政府在各省各领地的代表负有维护国家的权益，监督行政并使法律得到遵守”。这就是说，各级地方虽然都有自己的议会，但并不是独立的政策制定中心，而只是中央行政的延伸，是执行中央政策的代理人，地方并没有多少自主权。密特朗上台后通过的《权力下放法案》虽然放松了对地方的控制，使地方得到了部分权力，中央与地方的关系也得到了某些调整，但是中央行政集权制的基本结构没有改变。

总之，1958 年宪法确立了第五共和国的行政集权民主制，把议会的权力逐步转移到行政部门，但是又在保留议会内阁制的形式下，实行公民直接选举总统的高度个人集权。对于这样的体制，有西方学者断言，“在新的政权下，曾经是世界上最强大的法国议会变成最软弱的；曾经是世界上最软弱的行政变成最强大的”。不过，在制定宪法时并没有做出非常明确的条款规定，而只是在双方妥协的基础上让宪法暗含着这样的内容。正因为这样，它给后人留下了无休止的争论，也为法国统治者留下了对行政和议会权力关系进行调节的余地，如果需要，可以把行政权力进一步推到至高无上的地位；反之，也可以用议会权力抑制一下行政权力。当然，最终要看统治者究竟怎样运用这一制度。

札记

第六节 小 结

一、如何看待法国政制史上的"绝对君主制"

大革命提出推翻"旧制度"、打倒君主制，毫无疑问这是先进的理念，但凭此就否认等级君主制、绝对君主制在法国历史上的作用，未免片面和武断。法国领土无疑是在等级君主制时期得到基本统一的。之后随着频繁的国内冲突和对外战争，一部分领土和王室领地分离，甚至落入外族，正是在绝对君主制时期，强大的王权使得领土得以收复并稳定下来。伴随百年战争的胜利，法国王室采取了一系列措施强化中央集权，建立起绝对王权国家，也正是这段时间的改革和整顿，激发了法国民族意识，削弱了封建割据势力，使强大的法兰西民族国家得以建立。可见"旧制度"也曾在历史上焕发过进步的光芒。

随着法国中央集权和君主专制制度的建立，国王对三级会议的态度发生转变。在等级君主制建立以前，封建割据严重，领主们离心离德，王室式微。此种局势下，国王十分乐意通过三级会议联合新兴的市民阶级来抗衡封建领主。三级会议机制的发明，使得君主、贵族、僧侣以及广大市民有相互交流和抗争的平台，一次又一次三级会议的召开，意味着各个等级对国家和王权的认同，对既有根本体制的遵循。不同等级之间通过三级会议得以交流，并在斗争、妥协中培育起了强烈的法兰西民族认同感。到了绝对君主制时期，三级会议不再受国王重视，召开的次数也屈指可数，这是因为此时王权已然实现集权、专制，不再需要三级会议作为权力斗争的工具了，相反三级会议的召开意味着各等级有了与王权讨价还价的机会。尽管如此，三级会议所内涵的协商、民主、权利意识等已然播下种子，在法国人民心中生根发芽，这也是为何在大革命爆发的前夕，社会各等级都强烈要求召开三级会议的原因。

"王权高于教权"理念也是随着君主专制制度的建立、健全得以深入人心的。君主专制之前，教权高于王权。国王须通过教皇的加冕才能获得民心，宗教信仰超越了国界，所以教会权力过大必将影响到民族国家的形成。亨利四世通过《南特敕令》将新教与天主教的矛盾暂时化解，

札记

使王权得以在相对和平的时期里积蓄能量、逐渐加强。路易十三的《阿莱斯恩典敕令》削弱了新教在法国的势力。路易十四时期颁布的《枫丹白露敕令》则直接在法国取消了新教。宗教政策逐渐强硬的背后，是王权的崛起和教权的衰落。最终宗教势力受制于王权。

但要注意的是，绝对君主制也并不意味着国王不受任何限制，事实上，哪怕是在君主专制达到顶峰的路易十四时期，国王的权力也会受到法律与事实两方面的限制。君主须遵守若干“基本法”，同时还要受到习惯与传统等限制。从封地制、等级君主制到绝对君主制的演变里，国王的权力不断增强，但与权力日渐强大同步的，是所承担的责任、所要处理的事务的增加，最后，专制集权体制下社会问题一旦累积到爆发就反噬政治体制，法国的君主专制也宿命性地成为经济发展和社会进步的绊脚石，走向终结。

二、大革命与法国政制

纵观法国共和政制演变的历史，第一、第二、第三共和国都被军人领导的专制政权所取代，它们分别是拿破仑的第一帝国、路易·波拿巴的第二帝国、贝当的维希政权；君主制政体都是被人民革命所推翻，个人集权的政体都是随着军事失败而瓦解的，从 1784 年到 1958 年法国前后历经十多次的政体变化，它们的平均寿命是 1 年零 5 个月。

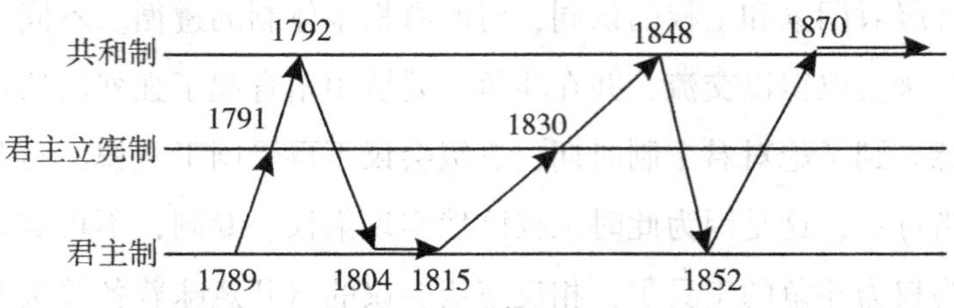

法国共和制确立过程的示意图

(一)近代法国宪法制度演变的总体性分析

就世界历史范围而言，法国宪法制度的演变具有典型意义，法国历史上的每一部宪法，都是各阶级阶层、各种政治势力、各种理论派系彼此斗争的历史缩影，呈现出曲折、反复发展的总体特点。

札记

首先，从数量上看，法国近代历史上制定的宪法比任何国家都多，从1789年大革命起至现在，法国至少有14部宪法，而从1791年至1875年间的84年里，先后颁布了12部之多，平均每7年多点时间就发生了一次大变更。这11部宪法是：1791年宪法、1793年雅各宾宪法、1795年共和国3年宪法、1799年共和国8年宪法、1801年共和10年宪法、1803年共和国12年元老院整体决议案、1814年国王路易十八钦定宪章、1830年七月王朝宪章、1848年法兰西第二共和国宪法、1852年路易·波拿巴的宪法、1870年拿破仑第三宪法、1875年法兰西第三共和国宪法。因此，法国有“宪政试验场”之称。

其次，从内容上看，法国宪法历经君主立宪、共和与帝制的交替更迭，体现于宪法中的民主性与保守性此消彼长，从而映射出错综复杂的革命风云。这些宪法的资产阶级本质没有改变，但资产阶级总是根据当时阶级斗争的需要来规定或变化宪法的内容和形式，而且每当发生大的激烈的革命运动，资产阶级总是审时度势，修改宪法或颁布新的宪法，以适应资产阶级统治的建立、巩固和发展需要。

再次，从形式上看，由于国内阶级矛盾异常尖锐激烈，国际上又受到欧洲反法联盟的多次围攻，法国宪法制度循着一种与英美制宪历程大相径庭的独特模式，即激进的暴力模式，也因此历时长久才得以走向稳定与成熟。在法国制宪运动中，激进思想与暴力手段贯穿始终，构成法国历史上最动荡、最悲壮而又最富戏剧性的一页。

最后，从实践上看，法国近代意义上的宪法制度是在革命运动中逐渐建立和完善的，但它经历了相当长时间激烈动荡和频繁更迭的历史过程。总体上看，理论上的先导性和超前性是其最基本的特点之一。法国宪法先理论后实践的特点，客观上产生了某些负面影响，它既导致法国制宪运动有章可循，有源可溯，又使新宪法往往超越时代，结果激进的宪法只能停留在纸面上而难于付诸实现，甚至有流产的危险。

(二)近代法国宪政运动的曲折之路

以1789年法国大革命为开端，法国制宪运动伴随着政治制度的历史交替而从未中断过，几乎每次政治制度的转型都必然会掀起一阵制宪热潮。这期间，法国经历了君主立宪、共和政体和帝制的交替更迭，所颁布宪法之多，政府机构名称变更之频繁，乃欧美各国所少见。综观法

札记

国近代宪政运动的演变，基本上可以划分为两个阶段。

1. 资产阶级革命时期(从大革命到法兰西第一帝国时期)

这一时期，先后制定了六部宪法：1791 年宪法(吉伦特派的君主立宪政体)、1793 年宪法草案(雅各宾派的小资产阶级民主政体)、1795 年热月党人的共和国 3 年宪法、1799 年共和国 8 年宪法、1801 年共和 10 年宪法、1804 年法兰西第一帝国宪法。

总体来说，法国资产阶级革命时期的宪法所体现的民主性与专制性的增长呈抛物线状：革命前期，民主性稳定扩大，专制性逐渐减弱；革命后期截然相反，专制性越来越强，民主性逐步缩小。究其根源，前期资产阶级面临复杂险恶的国内外形势，需要利用各种革命力量，借以摧毁国内外封建势力，巩固新生的资产阶级政权。而在后期，法国资产阶级逐渐背弃了人民群众。由于害怕人民群众的革命，甚至与封建势力相互妥协，最终滑向拿破仑式的军事官僚独裁统治。

另外，这一时期的制宪运动，带着某种宪政实验和政体类型探索的性质。伴随着历次革命风暴或重大历史事件，君主立宪、共和与帝制三种类型的宪法相继出台。君主立宪是资产阶级企图与贵族妥协的产物；共和政体则反映了资产阶级与旧贵族决裂，从而在某种程度上依靠人民群众支持的政治愿望；帝制则是大资产阶级既反对旧势力复辟又害怕人民起义的专政。三种政体的交替更迭，反映出法国阶级斗争的异常激烈，进而导致其宪法的频繁变更。

2. 自由资本主义时期(从复辟王朝到第三共和国建立)

这期间先后颁布了六部宪法：1814 年国王路易十八钦定宪章、1830 年七月王朝宪章、1848 年法兰西第二共和国宪法、1852 年路易·波拿巴的宪法、1870 年拿破仑第三宪法、1875 年法兰西第三共和国宪法。

这一时期，自由资本主义经历了第一次产业革命，机器大工业取代了效率低下的工场手工业，资本主义经济迅速发展，工业资产阶级经济政治实力进一步增强，资产阶级政权得以巩固强化，宪法也趋于成熟。同时，无产阶级作为独立的政治力量开始登上历史舞台，新型斗争形式，即无产阶级与资产阶级两种势力的较量给宪法注入了新的内涵，“自由、平等、博爱”的时代精神在宪法中有所体现，尤其重要的是，大革命后期取消的普选权问题在这个阶段稳定地确立下来。

札记

在法国的整个宪政运动中，交织着两种宪法体系——共和宪法与帝国宪法的更替，这也成为法国历次政治体制转型的标志。这两种截然不同的宪法之争，隐藏着两种政体及其代表力量的此消彼长。在如此水火不容、势不两立的政治主张和治国理论的冲突中，非暴力无以自存，非革命无以夺权，这造就了法国波澜壮阔的宪政之路，而这条路也注定是曲折的。

(三)近代法国宪政运动曲折反复的原因

1. 宪法理论渊源

法国制宪运动的一个突出特点是宪法理论流派众多、主张各异，这使宪法的原则精神和严肃性受到削弱，因而人们可以看到法国大革命时期各利益集团、各阶级阶层恣意践踏宪法的混乱状态。同时，1789 年大革命胜利伊始，就暴露出各阶级宪法观的严重分歧。有的宪法理论家推崇伏尔泰的开明君主制，有的崇尚卢梭的主权在民思想，有的主张以孟德斯鸠的三权分立原则为立宪之本。在法国这块特殊的土地上，那些伟大思想家的各种先进思想已经很深地扎根于各阶级阶层的头脑中，既成了法国资产阶级和法国人民反封建斗争的锐利武器，也成了法国不同阶级阶层接受不同思想之间碰撞斗争的原因。法国接连不断的社会与政治危机，反过来更加促进了各种社会政治思想斗争的复杂化、尖锐化和表面化，并最终不同程度地反映到宪法中去。

2. 历史的和阶级的分析

法国从 1789 年开始的制宪历史始终交织着激烈的政治斗争和暴力冲突，从根本上说，是各阶级争夺法国政权的必然结果。1791 年宪法只施行了一年零九个多月；1793 年雅各宾宪法还没来得及实施就成了一纸空文；1799 年《共和八年宪法》尚还能体现资产阶级较大的力量和一定的普选权，到 1804 年的《元老院整体决议案》中拿破仑把它们排除得干干净净；1814 年路易十八复辟，即使在国际反动力量的支持下也不敢轻视国内资产阶级的力量和人民群众的力量，因而就颁布了一部具有“避雷针”作用的《路易十八钦定宪章》。到 1830 年保王党力量已经坐大，所以查理十世 7 月 26 日干脆就颁布了六条法令，取消出版自由，修改选举法，甚至剥夺资产阶级的投票权，公然破坏“宪章”原则。但是这样一来立刻引起了革命，金融贵族资产阶级夺取了革命果实，又根

札记

据自己的意愿颁布了七月王朝宪法。1848 年整个欧洲都燃起无产阶级革命运动的烈火。法国发生了二月革命和六月起义，资产阶级和保王党又一次极端恐惧，于是匆忙于 1848 年 11 月 4 日通过一部宪法，再一次确认了普选制。无产阶级革命运动失败后，工人力量被摧毁了，资产阶级从而可以随心所欲地推行反动政策，但此时却为波拿巴独裁政权的建立帮上了忙。拿破仑三世大资产阶级性质的经济政策是成功了，但它掩盖不了其他阶级阶层对政治权利的斗争，特别是地位日益低下的无产阶级。1870 年拿破仑三世去世后，政局很快动荡起来。1871 年无产阶级再一次领头反抗，反动阶级立即联合，共同镇压了巴黎公社后，资产阶级共和派和保王派调转矛头互相攻讦，又是几年内部斗争，最后共和派力量占了上风，1875 年第三共和国宪法出台了。

以上梳理对 11 部宪法作了概要串联式的分析，从中不难发现，法国阶级力量变化和实际对比关系，是法国这一时期宪法频繁变更，社会革命呈现复杂性和曲折性的决定性影响因素。

3. 社会结构分析

法国传统上是个农业国家，农业经济在 11 世纪正式确立。法国同英国一样在近代首先开始资本主义经济体制，但法国贵族不同于英国贵族，长期以来未形成独立的政治表达和独立的政治地位。从路易十一到路易十四，一直是以国家集权方式推进政治，形成了行政权超越一切的局面，而三级会议从 1614 年以来就不曾召开。在资产阶级没有成长起来并成为社会的中坚力量之时，没有贵族团体的独立政治地位，自由就无法实现，因为不存在反对专制主义的屏障和社会基础。

法国大革命试图用一场大规模的群众运动，在同传统彻底告别的基础上建立宪政、实现民主，结果却导致了极端专制，其原因是多方面的，但同过去历史的决裂，把形成市民社会的要素全部扼杀无疑是主要原因。革命之初，远在英国的伯克认为，法国大革命的原则是与秩序和自由相抵触的，大革命与传统决裂，从根本上破坏了自由，法国宪政之路的曲折反复是不可避免的。

而法国后来宪法的反复废立和宪政体制的反复变更为此付出了代价，法国人民才算认识到在君主政体的专制主义与没有社会结构支撑的民主政体的专制主义之间几乎没有选择的余地。从 1789 年到 1870 年的 81 年中，法国政权的频繁更迭和宪法的多变反映了法国大革命的激进、反复及社会结构的动荡。宪政的基础是以资产阶级为主体的市民社会，而宪法在当时不过是掌权者玩弄民意的工具，宪法的反复变动说明了社会结构与宪政体制的不稳定，这就是法国宪政道路漫长曲折的社会原因。

4. 法兰西的民族心态

近代法兰西民族是一个把理想的革命、最现实的生活乃至最保守的怀旧情绪集于一身的民族。浪漫的理想主义使他们始终幻想着一个“自由、平等、博爱”的黄金天国，但理性最终仍使法国人不得不回到现实：如何去建立一个新的理性秩序？一方面存在对旧的重权轻法传统和专制权威的服膺倾向，另一方面具有来自启蒙思想家的强烈的全民性宪法意识，处于一种十分矛盾的心态。

当初罗伯斯庇尔在共和旗帜下所发动的红色恐怖，使法国人对新的秩序产生了怀疑，很快地热月党人颠覆了雅各宾派的政权，1793 年宪法未来得及实施便被废除，新政权很快又颁布体现自己意志的新宪法，即 1795 年宪法。一个是革命热情的作品，另一个是怀疑与失望的产物；一个歌颂人民主权，另一个主张调和折中；一个倾向于最大限度地体现立法议会至高无上的权力，另一个则避免议会的过分权力；一个要建立专政，另一个要实行分权。两部宪法鲜明地反映出当时法国理性思想在具体建立什么样的新社会时存在着差异性，阻碍了法兰西人民稳定一致心态的形成。

只有逝去的才是最珍贵的。昔日的波旁王朝一统天下的美好时光重新被记忆唤起，那失落的甜香味同眼前的血腥味形成了巨大的反差，所以当拿破仑吃透了法兰西民族心态的矛盾性后从教皇手中抢过皇冠戴在自己头上时，全国的臣民都欢呼雀跃，跪地称臣。法国革命从反对君主制开始，最终又以一个法兰西帝国皇帝的诞生而结束，与此相适应，又一部宪法诞生了，即 1804 年宪法。

“自由、平等、博爱”是法国理性主义的结晶，是他们对新秩序寄予的厚望，但当羽翼未丰的新秩序连法国人最基本的生活秩序都无法保障之时，法国人便从理想精神的最高峰跌落到现实世界的低谷，他们无从选择。为了理想，他们应该选择共和民主，但面对现实，他们只能怀旧。这就为法国宪法的稳定性埋下了心态方面的隐患。

民族心态的矛盾是造成近代法国宪法频繁更替、宪政道路曲折反复

札记

的重要原因之一。1875年以后法国建立共和制的政治、经济条件成熟，法兰西民族的心态也基本上摆脱了传统的重权轻法的影响，启蒙思想真正进入人民的心田，因而法国宪法也就进入了一个相对的稳定时期。在这之后只颁布了1946年宪法和1958年宪法。其中1958年宪法除了作个别修改外，总的原则不变，迄今仍在实施，法国终于找到了一部同它的气质、它的政治道德以及同现代世界发展和民族心态相适应的宪法。

名词与术语

三级会议 阿维尼翁之囚《萨利克法典》圣巴托罗缪惨案 胡格诺派 三十年战争 高卢主义 英法百年战争 宗教战争 投石党运动 1789年法国革命《人权宣言》热月政变 雾月政变《拿破仑法典》滑铁卢战役 波拿巴主义 巴黎公社 议会共和制 半总统半议会制 法兰西第一共和国 法兰西第一帝国 百日王朝 七月王朝 法兰西第二共和国 法兰西第二帝国 法兰西第三共和国 维希政权 法兰西第四共和国 法兰西第五共和国

思考题

1. 法国历史上的绝对君主制有哪些特点？与中国古代君主专制有哪些不同？

2. 大革命“大”在何处？

3. 大革命期间的政制发展为何呈现曲折反复的特征？

4. 相较于英国1640年资产阶级革命，法国大革命对法国政治制度发展有哪些特殊作用？

5. 第五共和国总统在法国政治制度架构中扮演哪些角色？

6. 试比较法国总统与美国总统、英王在国家权力架构中的异同？

7. 法国总统选举由间接选举改为直接选举的政治意义是什么？

8. 法国总统任期改为5年对法国政治制度的变革和权力架构有何影响？

9. 我们知道法国总统几乎拥有不受限制的权力，为何法国仍然能保持代议民主制政体？

10. 如何评价法国总理在法国政治权力架构中的地位？

11. 法国的司法系统在法国权力架构中处于何种地位？形成这种结构地位的原因是什么？

12. 从法国政治制度发展简史的追述中，可以发现法国政治制度变迁的主旋律是什么？

札记

延伸阅读

1. [法]托克维尔：《旧制度与大革命》，冯棠译，商务印书馆1992年版。

2. [法]大仲马：《基督山伯爵》，蒋学模译，人民文学出版社2015年版。

3. [法]维克多·雨果：《九三年》，郑永慧译，人民文学出版社2017年版。

4. [英]威廉·多伊尔：《法国大革命的起源》，张弛译，上海人民出版社2009年版。

5. 洪波：《法国政治制度变迁》，中国社会科学出版社1993年版。

6. 郭华榕：《法国政治制度史》，人民出版社2015年版。

7. 吴国庆：《法国政治史(1958—2017)》，社会科学文献出版社2018年版。

第七章　德国政治制度史

由于好战的传统和严格的训练，服从性已在人们思想中根深蒂固。1700 年普鲁士国王用棍棒，将整个国家变成欧洲最优秀的军队，到了 1900 年左右，克虏伯工厂已不再使用这种棍棒了，但这些棍棒依然在后代身上起作用……二十世纪人情激愤，德国在众目睽睽之下，依然像一群驯服的羊群，不受任何大事对国家产生的影响，听任牧羊人带着走下去。

——路德维希

札记

第一节　德国政治制度演进：概述与缘起

一、德国早期政治制度演进概况

当代德国政治制度发展是外部环境和内部演化共同作用的结果。分裂与统一、新教与天主教、地缘政治上的东西矛盾是德国政治制度史发展的三大历史主线。从德国的政治发展阶段看，德国曾先后实行封建君主制、君主立宪制、法西斯统治和议会共和制。从外部环境来看，国际环境的变迁则是德国政治制度变革的重要诱因。以下部分将着重介绍德国政治制度的历史分期和各阶段政治统治形式的背景与特征。结合社会发展形态和政治制度结构差异，德国政治制度变迁大致分为以下阶段，即部落民主制、封建君主制、君主立宪制、半总统制、法西斯统治和议会共和制。

（一）公元5世纪中叶前：部落民主制

部落民主制是日耳曼部落侵入西罗马帝国前普遍实行的政治制度。当时德意志大部分地区均为日耳曼部落控制。有别于早已进入奴隶制阶段的西罗马帝国，日耳曼的土地占有单位依然是大家庭公社，私有制经济发展极为有限，生产力依然处于较低水平。低水平的生产力和分散的生产格局既无法供养庞大的统治阶级，也无力维持强大的军队和官僚制机构，因而部落民主制成为了这种相对落后经济基础的上层建筑。不过，部落民主制的实践，为以后日耳曼部落最终进入生产力更发达的西罗马统治地区，并建立贵族君主制统治提供了政治前提。

（二）5世纪中叶19世纪中叶前：封建君主制

封建君主制是西罗马帝国崩溃后西欧各国普遍实行的政治统治形式。这一时期（公元9—12世纪末）德意志在东法兰克王国和神圣罗马帝国的疆域上实行“贵族君主制”。

法兰克王国的建立及其在德意志地区的扩张，大大加速了封建生产关系在德意志地区的发展，德意志地区逐渐进入封建社会。法兰克王国瓦解后，德意志地区被东法兰克王国统治。东法兰克王国康拉德一世于

札记

公元911年担任第一任德意志国王。但是，东法兰克王国国王的权力极为有限，以法兰克尼亚、洛林、士瓦本、巴伐利亚和萨克森为首的大公国，通过封建主大会对国王权力形成了强大约束。公元951年，奥托一世出征伦巴第，并协助教皇镇压教皇辖地的叛乱，他于962年加冕，成为罗马人的皇帝，至此，东法兰克王国改称为“德意志民族的神圣罗马帝国”(公元962—1806年)。

钱端升先生曾指出神圣罗马帝国在德国政治制度研究中的重要地位：“德国为什么是一个联邦国而不是一个单一国，为什么共和政体的国家反叫做‘莱希’，此类问题不从神圣罗马帝国时的制度中去探讨，是永远不会找到答复的。”①不过，德意志地区落后的封建经济和封建领主统治的政治经济格局导致神圣罗马帝国长期处于羸弱无力的境地。直到1525年德国农民战争爆发，德意志各地区仍然分布着大大小小的教皇辖区领地和世俗封建主领地。各类领主均享有领地内实际的司法管辖权和其他统治权，皇帝、领主和教皇为了利益互相倾轧，进一步加剧了神圣罗马帝国四分五裂的局面。

伴随着德意志地区自治城市和贸易的发展，神圣罗马帝国霍亨斯陶芬王朝曾一度要求废除众多公国的私人封地，并收回封建贵族的领地司法权。同时，霍亨斯陶芬王朝还与以天主教教皇为首的教权作斗争，试图建立与同时期英、法类似的等级君主制。不过，因霍亨斯陶芬王朝腓特烈二世重意大利轻德意志的策略，对德意志地区封建领主进行妥协和对自治城市的压制导致德意志无法建立等级君主制。最终，神圣罗马帝国在1338年颁布《金玺诏书》。《金玺诏书》规定皇帝不再由封建主全体会议选举产生，改由7位选帝侯组成的集团选举；选帝侯有权对帝国行使监督。《金玺诏书》的颁布使神圣罗马帝国成为一具徒有虚名的躯壳，沦为了松散的邦联。

宗教改革则进一步加深了神圣罗马帝国内部的裂痕，由此引发的“三十年战争”使神圣罗马帝国皇帝统一德意志的希望彻底破灭。

虽然“三十年战争”给神圣罗马帝国带来巨大破坏，但它有力地催生了德意志地区的君主专制。以普鲁士为代表的地方王国，意识到近代民族国家和绝对君主制对维护其统治地位具有重要意义。因此，普鲁士

① 钱端升著．德国的政府[M]．北京大学出版社，2009：1.

王国在腓特烈大帝领导下，通过军事和行政上的改革大大增强了君主权力，在此过程中，容克贵族和新兴的资产阶级成为王权的支持力量，君主专制制度在普鲁士正式确立。拿破仑战争最终使神圣罗马帝国退出历史舞台，进一步促进了普鲁士君主专制制度的发展。

（三）19世纪中叶—1918年：君主立宪制

德意志地区异常强大的封建势力导致德意志资本主义受到极大限制，普鲁士王国直至1848年欧洲革命发生的两年后，即1850年才正式颁布维护君主统治的保守宪法，实行议会政治。随着德意志地区长时间的分裂对德意志资本主义的发展阻碍越来越大。资产阶级自由派领导制定《法兰克福宪法》，成为德国统一的重要事件，标志着德国资产阶级明确普鲁士王国作为统一德意志的领袖。虽然《法兰克福宪法》颁布未获普鲁士王国君主采纳，但为德国君主立宪制度的建立和德国的统一描绘了蓝图。普鲁士王国实行立宪后，虽然资产阶级围绕议会政治及其权力与德国容克贵族和国王发生争议，但资产阶级和贵族的结盟为俾斯麦统一德国提供了强大的经济军事基础。1871年德意志帝国成立，并颁布了以《普鲁士宪法》为原型的《德意志帝国宪法》。

《德意志帝国宪法》规定德意志帝国皇帝作为国家元首，全面行使国家立法权、行政权和司法权，民选的议会受其制约，联邦政府首脑（宰相）仅对皇帝负责，德意志帝国实行有别于英国的君主立宪制。《德意志帝国宪法》对皇权、容克贵族和各邦领主的保护所体现的保守性，导致德国对内实行保守、有限的资产阶级议会政治，对外则推行帝国主义和扩张政策。最终，伴随十一月革命的发展，德意志帝国的统治垮台，德国进入半总统制的魏玛共和国时期。

（四）1919—1945年：魏玛共和国与法西斯统治

第一次世界大战末期，德国人民发动的十一月革命，创建了德国历史上第一个实行资产阶级统治的民主政权，并颁布了德国历史上第一部民主性质的《魏玛宪法》，实行半总统制。半总统制的实行充分考虑了当时德国的国内外环境，第一次世界大战后德国一方面要进行大量赔款，另一方面又面临着国内各阶层矛盾的激化，需要强有力和有效的政府来维系秩序。半总统制一方面采取议会制避免了德意志帝国时期对公

札记

民权利的忽视，另一方面赋予总统较大的行政权力和宪法维护者的角色提升了政府效率。但德国半总统制也存在着重要问题，即比例代表制，导致议会政党数量大量增加，使政府陷入极不稳定的状况。此外，强大的总统缺乏议会有效制约，容易导致专断以及权力的滥用。同时，高度动荡的魏玛共和国无力应对世界经济危机和纳粹主义的挑战，纳粹党上台后通过步步为营的立法方式，以及颁布各种法规法令，最终瓦解了魏玛共和国，实行法西斯统治。

德国纳粹党推行的法西斯统治是人类文明发展进程中史无前例的极权主义政治。对内实行领袖独裁制，采取现代的宣传工具和秘密警察控制普通公民，破坏民主和法治，鼓吹种族主义和反犹主义，否定公民权利；对外则采取侵略性扩张，奴役其他国家和地区的人民。由于法西斯统治充满对人类基本权利的漠视而受到世界反法西斯同盟的联合抵制。因此，法西斯统治在第二次世界大战之后迅速土崩瓦解。

(五)1949 年至今：议会共和制

第二次世界大战使法西斯统治土崩瓦解的同时，也使德国再次陷入了分裂境地。美国为首的西方盟军占领区和苏联直接控制的德国东部占领区分别建立了德意志联邦共和国和德意志民主共和国。其中，德意志联邦共和国在盟国干预下，建立以联邦总理为政府首脑的议会共和制。德意志联邦共和国通过建立《政党法》和“建设性不信任投票”条款，极大程度规避了议会共和制和多党制组合不稳定的风险，有利于维护政府的稳定和总理的权威。战后德意志联邦共和国在“冷战”期间，成为美国在欧洲争霸的桥头堡。因其特殊地缘地位，通过大力恢复和发展本国经济，迅速成为资本主义工业强国，并积极参与欧洲一体化进程。苏东剧变后德意志民主共和国并入德意志联邦共和国，德意志联邦共和国议会共和制相对平稳地运行至今，对德国的经济、社会和文化发展具有较大的促进作用。

纵观德国政治制度的变迁，长期的封建君主统治和保守的君主立宪制导致德国民众政治文化上权威主义取向强，忽视民主政治建设。历史长期的分裂和大国在德国的角逐更是加深了德国人对于建立一个强大国家的渴望，并促使合作性联邦制成为德国国家结构的基本组织形式。德意志帝国的统一极大地增强了德国人的民族自豪感和国家认同感，但是

札记

也造成了迷信专制权威和军国主义的文化氛围。两次世界大战和对世界经济危机的回应，充分暴露德国人政治浪漫主义和权威主义的弊端。纳粹主义的出现则是德国政治文化消极因素全面暴露的标志。

第二次世界大战后，德国再次经历了深刻转变：从法西斯独裁国家转为实行议会共和制的民主国家。战后，结合德国社情和民意制定的具有民主取向的宪法为德国带来了经济发展、政治统一和公民教育等诸多方面的成就，当代德国公众对民主政治和联邦德国的认同水平已大大提高；德国民众的政治效能感逐渐提高，积极参与政治生活；狭隘偏执的种族主义已被欧洲一体化为代表的国际主义所取代。这反映了政治制度对德国传统政治文化带来的积极影响，充分体现了政治文化的可塑性。

二、早期日耳曼社会与封建国家

(一)早期日耳曼社会经济结构

日耳曼早期土地占有单位是大家庭公社，土地使用的公共色彩浓厚，土地私有制尚未成为日耳曼土地所有制的支配形态。除生产组织外，大家庭公社由氏族首长议事会和人民大会管理，氏族首长议事会负责日常事务和矛盾纠纷处理，审判权和议事决定权则归属于人民大会。伴随着生产力的发展和私有制逐渐确立，氏族首长一般固定由少数氏族贵族家庭选举产生。军事首长的选举由候选人的军事才能决定，但是军事首长对其他社会成员不存在支配和惩罚的权力。

直至西罗马帝国衰落前夜，日耳曼社会一直处于氏族社会末期，政治共同体形式为部落联盟，战争和土地掠夺促使暴力在部落联盟的地位提高，享有战利品分配权力的军事首领——“王”有别于此前公社时期的军事领袖，“王”凭借战利品的分配权力要求部落其他成员效忠并组建服从自己的扈从队。当时从莱茵河、易北河再到多瑙河和东欧的第聂伯河均散布着规模各异的此类部落联盟。伴随匈奴西侵，本就摇摇欲坠的西罗马帝国在日耳曼诸部的冲击下封建王国时期①。

① 吴志成著．当代各国政治体制：德国和瑞士[M]．兰州大学出版社，1998：10-11.

札记

(二)日耳曼封建国家与法兰克王国

日耳曼征服西罗马帝国后未能建立统一的国家，并长期陷入诸王国的征伐状态，但如恩格斯所说，传统的日耳曼部落联盟政治已无法适应生产力更为发达的前西罗马统治地区，日耳曼部落要建立稳固的统治就必须建立更复杂的政治共同体，贵族君主制是日耳曼诸王国的基本政治制度。封建生产方式是贵族君主制王国建构的经济基础，战争后军事首领将其征服的土地分封给扈从、将领和教会，以求建立有利于自身利益的统治秩序，进而确立王权的经济和政治基础。但部落联盟时期的政治结构依然对封建政治制度产生影响，诸如氏族首长会议和新兴的教会阶层，上述机构王权无法直接消灭。因此，以法兰克王国为范本的贵族君主制是日耳曼诸王国早期的代表性政治制度，其基本特征表现为：一、国王、贵族和教会共同分享国家权力，上述机构的权力基础直接来自其所占领的土地。其中，国王和贵族主要负责军事和世俗事务，教会则为世俗政权提供信仰和精神的支持。二、国王权力受到贵族和教会的制约。国王通过分封土地，与直接册封的领主建立封建义务。一方面国王不得干预贵族领地包括立法、行政、司法和战争等一切事务；另一方面，对于王国的一切大事的决定，君主必须与贵族和教会商定，君主在内政和外交上均受到贵族和教会的制约。

911 年东法兰克王国加洛林王朝最后一位继承人去世后，日耳曼地区被正式称为“德意志”地区。然而，以当今法国为统治核心地区的法兰克王国统治模式，在日耳曼地区却发生了极大变异。这与日耳曼地区落后的社会发展水平、部落民主制传统和严峻的外部环境密切相关。首先，日耳曼地区作为法兰克王国的边疆地区，人烟稀少，土地荒芜，大量的森林沼泽阻隔了各地的交通，周围又面临斯拉夫人、丹麦人和马扎尔人的入侵威胁，使国王疲于应付而无力加强对各诸侯的控制。其次，萨克森、巴伐利亚、士瓦本和法兰克尼亚等地，不久才逐步从部落民主联盟晚期过渡到封建社会，每个地区延续着部落民主时期遗留下的历史习惯和法律，拥有自己的武力。更重要的是，除上述地区外的其他日耳曼地区同样被当地大家族支配，这些家族拥有的农奴和产业均与国王没有任何关系，因而这些地区的领主对国王并没有效忠的责任和义务。再次，长期的战争使国王不仅要承担保护教会的义务，还要保护国家。频

札记

繁的战争耗损了国王大量的资源和精力，国王无力集中资源控制各诸侯。

羸弱的王权表现为此时十分原始的政府管理机构，政府的管理甚至无法延伸到王室领地以外的其他辖区。国王在司法上仅以百人法庭和乡村法庭等大众法庭行使司法权，而且法庭通常由国王任命的伯爵主持，权限仅能由他们主持的联合法庭界定。大众法庭的审判和诉讼甚至无需国王的法典。大众法庭审判案件的主要依据是各种社团的习惯法，依照传统的日耳曼程序宣告无罪、开展刑讯或进行赔偿。同时，王国不存在代表王权的巡回司法，国王也无法从法院获得任何收费，王室税收根本不存在，国王只能依赖领地自给自足。因此，对国王具有强力约束的贵族君主制是这一时期的政治统治方式。

第二节　9—12 世纪末：神圣罗马帝国

法兰克王国因长期征伐导致大量自由农民破产，王国分封制度盛行使查理曼大帝时期统一的法兰克王国最终昙花一现。法兰克王国瓦解后，东法兰克王国统治德意志地区，但其与法兰克王国相似的政治经济结构导致五大公国的产生，即萨克森、法兰克尼亚、士瓦本、巴伐利亚和洛林。这些大公国掌控的贵族代表会议掌握选举国王的权力。公元911 年，东法兰克王国国王路易去世后，萨克森公爵亨利一世被推选为国王。其子奥托一世继续扩张国王权力并通过利用教会制约贵族权力，为此建立了三个主教区和边区马尔克①。为巩固国王权力，奥托一世在962 年征服罗马，以承认教会地产为条件接受教皇加冕，成为“神圣罗马帝国皇帝”。

神圣罗马帝国贵族君主制特征极为显著：第一，国内外一切重大事务必须经过公爵和主教参加的封建主大会决定，包括神圣罗马帝国皇帝的继位亦由大会决定。贵族公国和主教区均享有豁免权，皇帝无力控制帝国。第二，帝国主要大臣均由主教和公爵世袭担任。第三，教会享有所谓的“奥托特权”，即主教区内地产、行政和司法权力均授予主教。第四，各封建领主享有领地内司法权并建立领地法院，主教区则有教会

① 塞缪尔·芬纳．统治史(卷二)[M]．华东师范大学出版社．2014：345-359.

札记

法院。第五，皇帝的军事权力建立在封建采邑制基础之上，皇帝无法独立建立强大的军队。

上述特征决定了神圣罗马帝国君主的权威取决于君主自身领地的强弱。皇帝的领地越强大，神圣罗马帝国皇帝权力自然就越稳固。封建各邦领主和主教的权力平衡同样是影响神圣罗马帝国皇帝权力的关键。当神圣罗马帝国进入 11 世纪后，虽然神圣罗马帝国对外依然有所扩张，但伴随分封的增加和天主教势力的增强，神圣罗马帝国皇帝的权威遭遇重大挑战。神圣罗马帝国皇帝亨利四世面临国内强大的诸侯的威逼和天主教教皇的“绝罚”，不得不接受“卡诺莎之辱”①。尽管亨利四世后来击败教皇并重新登基，但教权和封建领主交错复杂的同盟关系使神圣罗马帝国缺乏稳固的权力基础。

封建领主经济的盛行才是导致神圣罗马帝国长期陷入四分五裂局面的根本原因，但神圣罗马帝国皇帝在制度上的妥协加剧了神圣罗马帝国的衰落。第一，国王依靠非常有限的贵族作为世俗等级制度的顶层。这些少数贵族却因封建制的原因攫取了地方长官的任用权力。第二，国王建立分阶等级制度，加深了低级骑士对大贵族的依赖和效忠。第三，贵族对国王领地施加限制性法令，并且被没收的领主财产会被最后分给贵族，而非国王。同时，“大空位”时期天主教教皇势力逐渐增强，贵族扶植的教会和修道院势力大增，教权势力与贵族势力结盟进一步削弱了神圣罗马帝国皇帝的权力基础。虽然神圣罗马帝国在霍亨斯陶芬王朝一度有所发展，结果却是神圣罗马帝国皇权的进一步衰落。

第三节 神圣罗马帝国的衰落与君主专制制度的兴起

一、13—17 世纪：神圣罗马帝国的发展和衰落

13 世纪神圣罗马帝国进一步扩张，版图已从德意志本土扩展至中

① 1077 年 1 月，德皇亨利四世冒着风雪严寒，前往意大利北部的卡诺莎城堡向教皇格列高利七世“忏悔罪过”。三天三夜后，教皇才给予亨利四世一个额头吻表示原谅，而这位教皇出身于皮鞋手工制作之家，这就是“卡诺莎之辱”。此后，“卡诺莎之辱”在西方世界成为屈辱投降的代名词。

札记

意大利和西西里岛。但以士瓦本公国、西西里和南意大利为基础的霍亨斯陶芬王朝，同样无法统一神圣罗马帝国。伴随教权与皇权矛盾的激化，霍亨斯陶芬王朝最后的君主在诸侯和教皇联合之下被推上断头台。霍亨斯陶芬王朝统治结束后，1254—1273 年神圣罗马帝国出现“大空位时期”，各地的离心倾向进一步加强。1275 年法兰克福召开选帝侯会议，哈布斯堡家族的鲁道夫伯爵当选为皇帝，但国家实际权力却掌握在神圣罗马帝国的七个诸侯手中。1356 年神圣罗马帝国皇帝查理四世颁布《金玺诏书》，诏书规定皇帝由七侯选举，七侯均为选帝侯并有资格担任皇帝，选举会议由美因兹大主教召集主持，会议地址固定在法兰克福。选帝侯会议每年召开一次，国家一切重要事务均由选帝侯会议决定，会议享有独立的行政、司法、军事和货币等方面的重要权力。此外，还规定城市不得结盟反对封建领主。因此，《金玺诏书》正式标志着神圣罗马帝国皇帝成为“虚君”。这恰恰与法兰西、英吉利国王权力逐渐集中而贵族权力削弱的趋势相反，自此神圣罗马帝国不再是统一的国家，而是由封建诸侯、教会和城市同盟组成的松散政治邦联。

此后，伴随德国工商业的发展，封建诸侯与市民同天主教的冲突加剧。1517 年由路德掀起的宗教改革运动获得德意志许多诸侯的支持，但宗教改革运动仅仅使主教区的财产转移到封建诸侯手中，广大中小层农民在深受教会压迫之时却并无法改变自身受压迫的地位，于是1524—1526 年德意志地区爆发了声势浩大的德国农民战争。恩格斯曾指出德国农民战争的唯一受益者是大封建诸侯，德国农民战争后广大的自由农民因土地被侵占和贫困再次成为依附农民，德国封建化程度进一步加深。

17 世纪后伴随英法工商业的迅猛发展，哈布斯堡家族统治的西班牙在欧洲统治的霸权岌岌可危。与此同时，德国宗教改革和农民战争进一步撕裂代表旧秩序的神圣罗马帝国，以宗教信仰纠纷为掩饰的诸侯分裂成新教和天主教两大阵营。因波西米亚“掷出窗外”事件成为两大阵营矛盾加剧的导火索，最初以哈布斯堡家族为代表的天主教阵营和捷克等地的新教阵营于 1618 年掀起了一场宗教战争。力量不断崛起且同属天主教的法国早已寻求机会削弱西班牙的霸权，于是在法国支持下，丹麦和瑞典等新教国家首先介入，其后战争不断激化，演变为席卷西欧、北欧和中欧的“三十年战争”（1618—1648 年）。“三十年战争”期间德意

札记

志地区成为主战场，人口死伤惨重。战争最后以天主教联盟的神圣罗马帝国皇帝失败告终，并达成近代第一份国际条约，即《威斯特伐利亚和约》。

《威斯特伐利亚和约》规定德国各诸侯国是享有主权的民族国家，各诸侯拥有自由施政、外交、战争和媾和的权力，并规定皇帝不得世袭，帝国一切事务均由各诸侯国组成的帝国议会决定。《威斯特伐利亚和约》再次充分表明宗教纷争不过是大国利益争夺的借口，作为天主教国家的法国通过《威斯特伐利亚和约》使西班牙和奥地利合并，不再可能扩张在欧洲的霸权。但对于神圣罗马帝国而言，《威斯特伐利亚和约》不过是进一步加速了其内部分崩离析的趋势。对德意志地区而言，封建诸侯统治加剧，专制主义在各诸侯内部普遍确立。讽刺的是，这为普鲁士和奥地利建立包括强大的常备军和官僚机构在内的国家提供了契机。

二、18—19世纪：君主专制的兴起与德意志统一的加速

“三十年战争”后，德国分裂割据进一步加剧，君主专制体制在大邦国得以发展，如普鲁士王国和奥利地王国。也有西方学者将这一时期称作绝对君主制时期。绝对君主制是指享有最高权力而不受限制的君主统治国家的制度。绝对君主制与民族国家的兴起紧密相关，标志着德意志国家的逐渐强大。强大的常备军和官僚制是绝对君主形成统治权力的基础。伴随德意志地区普鲁士和奥地利王国君主专制的巩固，传统的自治市和小邦诸侯面临日益加剧的生存危机。

18世纪后，法国率先称霸欧洲大陆，路易十四的统治成为欧洲各国竞相效仿的统治模式。建立强大的常备军需要大量的税收，普鲁士国王通过与容克地主作出必要妥协，使容克地主获得对农奴的支配权，国王则掌握对城市和农村征税的权力。此外，为更有效地汲取资源和加强对国家的控制，普鲁士王国向各城市派遣税务官员，在农村设置税务署，这些最初以征税为目标的机构很快发展成为管理地方的行政机构。为应对频繁的战争，征召兵源并加强军队管理，普鲁士王国又设置军事专员公署。

腓特烈大帝时期普鲁士王国军队迅速扩大，成为欧洲不可小觑的国家。此时普鲁士国王是全军统帅，由容克贵族子弟担任军官，农奴则为

札记

士兵，使普鲁士的社会结构与军队等级管理具有高度契合，从而加强了普鲁士国王对国家的控制。国王的行政辅助机构为枢密院，枢密院分为外交部、内务部和司法部，内设三个管理委员会，分别是财政管理委员会、军事管理委员会和王室领地管理委员会，其中军事管理委员会是最有权威的委员会，反映早期普鲁士国家政权建设的军事化取向。内务部警察则对维护普鲁士王国治安和秩序具有重要作用。警察对臣民具有随意干涉和逮捕的权力，充分体现君主专制国家警察的反动性。

不过，普鲁士君主专制是建立在封建的经济基础之上的，当其遭遇新的资本主义生产方式和资产阶级挑战时，普鲁士王国及其他封建邦国的专制统治则岌岌可危。1806 年拿破仑击败哈布斯堡王朝后，迫使其取消“神圣罗马帝国”并建立“莱茵同盟”，“神圣罗马帝国”这一由数百个独立王国、公国、主教辖区构成的松散邦联，从此告别了历史舞台。拿破仑扩张导致德意志民族主义的兴起，特别是 1807 年法国逼迫普鲁士王国签订《提尔西特和约》，使普鲁士丧失近一半领土，并给予法国大量赔款和裁减普鲁士军队。1807 年由施泰因发起、哈登堡推进的施泰因—哈登堡的改革运动，加速了普鲁士王国的近代化进程和德意志民族的统一进程。

改革的主要内容包括：1) 打破落后的封建农奴经济。废除农民对地主的人身依附，允许农民赎买封建义务。农民可自由迁徙，不受干涉地给子女选择职业，允许贵族从事资本主义工商业的经营，取消封建行会的各种规章，规定绝对的职业自由和契约自由。2) 颁布市民条例，建立市民参加的城市自治制度。3) 改革政府机构，提高行政效率。4) 进行军事改革，取消传统募兵制度，组建国民军并建立军事参谋部和陆军学院。5) 改革大学教育，促进个性教育的发展，建立柏林大学。上述资产阶级性质的改革极大地提升了普鲁士的国力，为其最终统一德国提供了坚实的基础。

当拿破仑战争结束后，欧洲反动分子通过“维也纳会议”以求重现旧的欧洲秩序。“维也纳会议”规定德意志邦联由 34 个邦、4 个自由市组成，设立一个各邦代表参加的邦联议会，由奥地利国王担任主席。该邦联反映了以奥地利为首的大国对神圣罗马帝国旧秩序的回归，从而使德意志再次陷入封建割据状态。1848 年法国二月革命传到德国后，由于反动的封建统治严重阻碍了德意志地区资本主义的迅速发展，普鲁士

札记

王国和奥利地王国先后爆发革命，普鲁士国王威廉四世被迫颁布废除新闻检查制度的命令，下令召开议会并制定宪法，缔造一个德意志联邦国家。

德意志各邦均吸收资产阶级自由派参加政府，但德意志资产阶级的软弱性决定他们并不主张彻底推翻封建制度，而是主张依靠贵族建立君主立宪制国家。德意志资产阶级积极召开全德议会，制定宪法，推举国王担任帝国联邦首脑，以实现德国统一。为此，他们于1848年5月18日在法兰克福召开预备会议，议员由全德人民选举产生，每5万人选举一名代表，共813名代表，选举按选区进行。但议员在奥地利和普鲁士在德意志统一进程中的领导地位问题上僵持不下，由于奥地利政府极度仇视革命，议会最后决定由普鲁士王国担任德国统一的领导者，并通过所谓的《法兰克福宪法》。

《法兰克福宪法》规定德意志帝国由德意志联邦领土构成，德意志各邦保持主权，不受皇帝约束；帝国皇帝由议会选举产生，皇帝是德意志帝国的元首，对外代表德意志帝国和各邦；皇帝是世袭君主，是军队最高统帅，是国家行政最高首脑，有权解散议会，有权搁置议会决定，有权组织内阁对国家行政进行管理，但必须由大臣副署。

议会由联邦议院和众议院两院组成，联邦议院的议员为176名，其中半数由各邦任命，半数由各邦议会选举产生，任期六年，议员有权按照自己的意志投票。联邦议院不能被皇帝解散。众议院议员任期三年，全德公民均可以普遍、平等、秘密的方式被选举担任，每5万人选举一名代表。

除上述关于皇帝和议会的规定，宪法还规定公民权利在法律面前一律平等，主张废除特权。经济上，则明确提出组成统一的海关和商业区，全德实行统一的货币。联邦政府的财政来源为关税和间接税，联邦议会有权征收直接税，政府预算应交众议院审议通过。建立帝国最高法院，处理联邦成员之间、政府和议会之间的冲突。

《法兰克福宪法》是全德意志地区资产阶级代表对德意志统一和建国的探索性纲领，一方面充分体现了德国资产阶级对德意志统一和发展资本主义的诉求，另一方面也侧面反映了德国资产阶级的软弱性。但《法兰克福宪法》提出在德国建立资产阶级民主政治，如重视众议院对皇权的约束和保障公民权利，却是上述符合历史潮流的诉求引起了德意

札记

志封建贵族的仇视和抵制。《法兰克福宪法》最终因缺乏大国支持而沦为一张废纸，德国仍是分裂的国家，但《法兰克福宪法》却为未来统一的德国政治制度描绘了蓝图，极大地加速了德国的统一。

第四节 1871—1918年：君主立宪制

德国统一后，《德意志帝国宪法》旋即于1871年4月16日颁布，并确立德意志帝国为君主立宪制的联邦国家。《德意志帝国宪法》规定：第一，“德意志皇帝”是帝国联邦的代表，以帝国的名义宣战与媾和，同国外缔结盟和其他条约。又德意志皇帝和帝国联邦主席均由普鲁士国王担任，这表明德意志帝国实行君主立宪制；第二，《德意志帝国宪法》规定德意志帝国的国家结构形式为联邦制。宪法第一条规定德意志帝国由原有的6个大公国、5个公国、7个选帝侯国和3个自由市和小邦组成。

德意志帝国的君主立宪制为二元君主制，有别于英国的君主立宪制，主要体现为立法权、行政权和司法权的权力分配和政党体制的差异。这一时期德国政治制度的总体特征是“政府是和民权说背道而驰的。主权不由代表全国人民的，而由代表各邦君主的机关行使；所谓国会，既不能代表人民，又没有进退政府之权，结果，不负任何法律上或政治上责任的普王和跟随他的文武官吏得以控制一切，而造成专制的、不负责任的军阀政治和官僚政治”①。

一、立法权

宪法第五条规定立法权由联邦议会和帝国议会行使，立法应获两个议会必要和充分多数同意，但议会的立法权行使保守、有限和集中。

立法权的保守性表现为：首先，德意志帝国皇帝对帝国议会和联邦议会的立法权行使形成实质约束。如宪法规定联邦议会和帝国议会的召集、休会和延会权属皇帝，法律建议权、颁布权和监督执行权属皇帝。其次，议员的产生和投票方式保守。联邦议会是由各联邦成员国代表组成的议会，议员共58名，普鲁士连同汉诺威、法兰克福等地17名，巴

① 钱端升．德国的政府[M]．北京大学出版社，2009：9.

札记

伐利亚6名，萨克森和符腾堡各4名，巴登与黑森各3名，其他小邦均为1至2名。联邦议会议员均由各邦君主和自由市参议员在本邦和本市的高级官吏任命，议员不得自由投票，只能依照各邦君主指示投票。帝国议会对选民资格作了极大限制：凡妇女、25岁以下的男子、破产者、接受救济者和褫夺公权者均无选举权，帝国议会议员无薪金。再次，帝国议会和联邦议会表决程序刚性。如帝国法律通过必须获得两个议会必要和充分的多数同意，宪法修正案必须经3/4多数赞同方能通过。

帝国立法权的有限性则主要表现为宪法对两院的立法范围作出明确限定：制定关于迁徙自由、归化与居住自由、公民权、护照、外侨警务、各种行业及保险的法规；制定关于贸易和赋税的法律；规定度量衡和货币制度；制定关于组织保护德国海外贸易、航运和领事馆的法律；制定有关铁路事业、邮电事业的法律；制定统一的民法、刑法和诉讼法。但有关军事制度的设置，议会不存在立法权力。

立法权的集中性是指帝国法律高于各邦的法律，帝国中央在外交、税收、交通和通讯上享有比联邦组成单位更多的权力。如帝国中央决定外交，设置驻外使馆；皇帝经帝国联邦议会同意，可任命税务官进驻各邦税务机关监督税法执行；交通若因国防或公共交通，各邦不得阻止帝国政府或私人征收公共交通设施建设所需的土地；帝国设置通信管理机构管理全国邮电通讯。

二、行政权

根据《德意志帝国宪法》的规定，皇帝和首相共同行使行政权，这充分体现德意志帝国二元君主制的权力特征。首先，皇帝掌握帝国主要行政权力，是行政权力的权威来源。皇帝享有军事权力和对外和战的权力，德国全部军队必须服从皇帝命令，各邦必须征得皇帝同意才能任命军团将领；皇帝还拥有官吏任免权，命令官员效忠帝国，必要时令官员退职；皇帝还掌握戒严权力，如遇各邦内出现或威胁社会治安情况，皇帝可宣布任何地方戒严。最重要的是，皇帝掌握首相的任免权，帝国首相依皇帝要求并以皇帝名义领导全国行政管理工作。其次，首相是行政权力，特别是日常行政管理的主要责任者，首相不对议会负责而仅对皇帝负责。首相可任免政府各部官员组成实际的“内阁”。各部对首相负责，首相对皇帝负责，因而德意志帝国的行政权力行使不存在类似英国对议会负责的内阁。

三、司法权

统一后的德意志帝国针对此前四分五裂的司法系统，在以普鲁士为核心的《北德意志联邦法典》基础上，于 1871 年制定帝国刑法，其后又于 1896 年颁布民法。德国属于典型的欧洲大陆法系，有别于重视习惯和判例的英国和美国，无论是刑事判决抑或民事判决，对应的成文法典均是唯一依据。德意志帝国的司法体制设计原则主要是维护统治阶级的利益和资本主义的发展。因此，德意志帝国的司法体制呈现高度的保守性和特殊主义。

德国司法权建立在等级分工明确的垂直司法体系基础之上。德国垂直司法体制依据权责和行政级别，从上至下分别是帝国法院、高等地方法院、地方法院和区法院。上述法院的法官以任命制为主，法官终身任职。从司法权、立法权与行政权的关系看，德国司法体制仅有一定的独立性，如作为德国最高法院的帝国法院，各法官均由议会推荐和皇帝任命。帝国司法权对立法权和行政权缺乏有效制约。

德国司法体制保护德国皇帝和各邦国王、贵族的特权。德国法律规定公民对皇帝和各邦国王只要有不敬行为，均要处以二月以上、五年以下的苦役或有期徒刑；对国王的家族或摄政有不敬行为，处一年以上、三年以下徒刑。凡在公众面前以文字、公示或陈列方式煽动他人违抗国家法律、法令和政府命令的，将处以 600 马克以下的罚金或两年以下徒刑，这条规定本质是德国对公民集会的限制。上述法条充分体现德国司法体制的保守性和反动性。

德国司法体制一定程度上反映德国资本主义发展的需要。虽然德国统一形式上是自上而下的王朝战争，但由德国容克地主阶级和工业资产阶级组成的“钢麦联盟”是王朝战争的主要基础。因此，德国司法体制同样要保护资本主义的发展，如德国民法规定法无明文规定即可为、法律不溯及过往，均是对 19 世纪蓬勃发展的德国资本主义的保护。

四、德意志帝国政党体制

德意志帝国政党体制在德意志帝国实行君主立宪政体时得以确立。从德意志帝国议会主要活跃政党的社会基础和纲领看，宗教、阶级和行

札记

业是德国各类政党生成和分化的主要原因。

首先，德意志各邦经历过宗教改革后，分裂为信奉天主教和基督教的地区，不同派别在世俗政权、世俗生活、宗教和教育的关系上，存在一定差异。1876 年成立的德意志保守党，强调世俗政权应按照基督教(新教)的社会和政治原则建立，主张国家对教会的保护，教会应继续管理教育和反对世俗婚礼。1870 年成立的天主教中央党则主张保持教会的独立和权利，成立教会学校，反对世俗婚礼。但无论德意志保守党还是天主教中央党，均是维护德意志皇帝和贵族特权为中心的保守支柱。

其次，德意志地区自拿破仑战争结束之后，资本主义取得一定发展，社会分配收入差距扩大，形成如下阶级结构：由大土地所有者、封建贵族和大工业家组成的统治阶级，从事工商业为主的中等阶级，由中小工商业者、手工业者、公务员、知识分子和其他自由职业者组成的小资产阶级和由广大工人构成的无产阶级。不同阶级对经济政治的利益要求形成鲜明对比。如代表德国工人阶级的德国社会民主党是德国左翼政治力量的代表，要求通过选举改变德国社会性质，建立有利于无产阶级秩序的社会民主主义。德国社会民主党在 1875 年组建后经过初期发展，随即被俾斯麦当政的德意志德国政府镇压，伴随俾斯麦政府推行有利于德国工人的福利政策，德国社会民主党在伯恩斯坦主义影响下，与政府达成妥协，于 1912 年成为帝国议会最大党。

进步党是德国小资产阶级利益的代表，在经济上反对贸易保护和垄断资本主义，主张实行议会民主制，反对军事扩张，反对以德国社会民主党为代表的左翼进步力量。进步党于 1861 年成立，其经济利益的基础和政治主张均表明它不过是德国统治阶级的附庸。与之类似的政党组织还包括前文提及的天主教中央党。

统治阶级成立的政党组织主要包括普鲁士容克贵族和大工业家建立的自由保守党和代表大农业地主利益的德意志保守党。前者长期占据德意志帝国议会的权力中心，具有强烈的民族主义色彩，主张以武力实现德国统一并主张建立君主立宪制，充分体现容克贵族和大工业资本家的利益共识。德意志保守党则更保守，主张在德意志帝国建立传统的封建秩序，如该党强调国家有机体论，吹捧君主主义，对内主张实行对犹太人的排斥和对其他阶层的等级统治，对外主张实行军事扩张，反对工业化以及与资本主义达成妥协，是德意志帝国极右翼政治势力。

从行业分化来看，德国资本主义工业化在德国统一前即已有所发展，因而工业利益和农业利益出现一定对抗。如德意志保守党和进步党、自由保守党在对工业化和自由贸易的立场上就大相径庭；天主教中央党则试图在工业和农业对抗中实现平衡，以求减少对立对社会其他阶层造成的冲击。再如伴随资本主义工业的进一步发展，德国无产阶级迅速壮大，德国社会民主党则主张进一步推动工业化发展，加速德国工业的发展，与德意志保守党同样形成尖锐对立，但又使自由保守党和社会民主党在经济发展上具有一定共识。总之，德意志帝国对左翼政治势力的压制导致德国政党体制左右对立非常显著，右翼保守势力强大，为德国后来的政治冲突和纳粹主义的兴起埋下伏笔。

第五节　议会共和制的初创与崩溃

一、1918—1933 年：魏玛共和国

第一次世界大战给世界各国人民都带来了巨大灾难。战争后期德意志帝国人民采取各种行动试图摆脱困境。首先，1918 年爆发基尔港水兵起义，其后随着工人革命形势的不断高涨，德国人民推翻了德意志帝国，社会民主党成为执政党并组建了临时政府。1919 年 1 月 19 日，全德劳兵代表大会决议中规定，凡年满 20 岁、总数达 3000 万的德国选民均可参与立宪议会选举，社会民主党再次成为执政党，与天主教中央党和民主党组成联合政府。宪法草案经过六次修订后，最终在 1919 年 7 月 31 日通过，并于 8 月 14 日生效。该宪法的制定地点在德国魏玛，因此，德意志共和国也被称为魏玛共和国。《魏玛宪法》是德国第一部旨在维护自由民主秩序的宪法，规定政府体制为议会联邦共和制。《魏玛宪法》的成败对德意志民主共和国《基本法》的制定具有深刻的借鉴意义。

（一）联邦与各州的关系

魏玛共和国主张联邦集权，与德意志帝国对联邦和各州的权力分配

札记

存在显著区别。德意志帝国最高权力机关为代表各邦的联邦院，而非代表全体人民的国会，《魏玛宪法》则规定代表全德人民的联邦国会为最高权力机构，表明州权地位的削弱。但是，《魏玛宪法》在法律上明确承认各邦宪法的地位，《魏玛宪法》规定国权之关于联邦事务者，由联邦机关依照联邦宪法行使；关于各州事务，则由各邦宪法管理。因此，魏玛共和国联邦和州均各有其宪法。

《魏玛宪法》对联邦立法权采取列举式条款，其专有的立法权包括：外交、殖民、国籍住居迁徙、自由移民和引渡、兵役法、货币制度、关税制度、关税及贸易区域之划一，以及货物流通自由、邮政、电报和电话制度。

同时，联邦对以下各项共同享有立法权：民法、刑法、诉讼法及刑罚执行、官署间互助法、护照制度和外事警察、救贫制度、游民的救护、出版、结社、集会制度、人口政策、公众卫生制度、兽医制度及对于植物之病害及摧残之保护、劳工法、工人及佣工之保险与职业介绍、全国职业代表机关之设立、军职人员及其家属之保护、公用征收法、天然宝藏、经济企业之社会化，及公共经济货物之生产、供给、分配、定价，与其按照集体主义之组织；商业，度量衡制度，发行纸币，及银行与交易所制度；饮食品，享乐品及日用必需品之交易；营业法及矿业法；保险制度；航海法，大海及沿海之渔业法；铁路，内河航业，陆上水上空中自动机交通，及关于国防道路之建筑；戏院及电影制度。

除专有或共同的立法权外，联邦还在法规统一发布的必要限度内对下列项目具有立法权，即公共福利之维护、公共秩序和安宁的保护；对宗教团体的权利和义务、学校制度(高等学校制度和学术图书馆制度)、各种公共团体的公务员法规、土地法、土地分配、居住地、家园制度和土地所有权之限制、对住宅制度和人口分配、埋葬制度等具有立法权。除以上立法权外，联邦对租税、其他全部或一部充实国库取得收入有立法权。

《魏玛宪法》在赋予联邦较多立法权的情况下，还提出关于处理联邦与各州立法的纠纷解决的办法。《魏玛宪法》第十三条规定当各州法律与联邦法律发生疑义或有冲突时，联邦或各州的行政首长必须依照联邦法律的详细规定，由联邦最高法院予以裁判。另外，《魏玛宪法》第十二条还规定关于第七条第十三项各事，如各州法律有损联邦全体利益时，联邦有抗议权和维护权。

宪法无明文规定的范围外，各州均有立法权。各州可建立议会依照比例选举代表，代表应是具有德国国籍的公民，不分男女，依照比例采用平等、直接、秘密方式选出，各州亦可制定自身宪法，但不得与联邦宪法冲突。各邦政府应得人民代表的信任，人民代表的选举章程适用于地方团体选举，但各州法律需以本地方居住一年为条件以限制选举权。各州执行直接联邦任务的行政官员，应由该邦人民充任。

司法上，任何一州在宪法上有争议而该州法院不足以解决此争议问题时，则当事方可请求联邦高等法院判决，但以不归其他联邦法院管辖者为限，高等法院的判决，由总统以命令执行。因此，通过比较联邦和州在立法、行政和司法权上的分配，可知联邦无论是在立法、行政和司法上的权限，抑或在处理与州争议纠纷时均占有优势，而联邦政府权力大于各州政府权力，不利于调动各州政府的积极性，也加剧了联邦和州的矛盾。

（二）立法机构

魏玛共和国的立法机构分为两院，即联邦国会和联邦参政院。总体上，联邦国会在立法权上优于联邦参政院，总统是两院立法争议的主要仲裁者。

1. 联邦国会

宪法第二章规定了联邦国会的产生、组成、职权、立法程序及其对政府的作用。联邦国会以四年为任期，每届任期满后，其新选举最迟应于满期后第六十日举行。联邦国会的开会在每年十一月第一个星期三，如若提前召集开会，则需经联邦总统或联邦国会议员的三分之一要求，国会议长可提前召集开会。闭会和休会则一般由联邦国会决定。联邦议员由年满二十岁以上的公民，以普遍、平等、直接和秘密原则进行选举，依照比例代表制，选举日为星期日或公共休息日。

联邦国会日常事务管理由议长、副议长和秘书长负责。上述职位的选举由联邦国会议员自行选举，议会休会期间，议长、副议长和秘书长应继续履行其职务。议长主持议会工作，拥有会场权、维护秩序权和议会警察权，议长管理议会内部的一切事务，包括行政、预算和开支。联邦国会设立选举审查局，负责议员资格审查，审查依照公开辩论原则进

札记

行，由三名参与审查局的议员和两名法官同意才能宣告判决。

联邦国会下设各种委员会，包括常设委员会和审查委员会。审查委员会也可称为调查委员会，凡五分之一的议员动议，审查委员会即可就某问题进行调查和取证，可以举行公开听证会，有权到政府各部门和法院查阅档案和收集证据。审查委员会若获得三分之二的委员赞同，可以举行秘密会议。因魏玛共和国内外交困的境地，外交委员会是最重要的常设委员会，外交委员会秘密举行，只有经三分之二以上的委员赞同时，才能公开，外交委员会有审查委员会所拥有的调查权力。委员会在闭会期间照常工作。联邦各种委员会有权要求总理和各部部长出席会议，听取议员意见，联邦总理、各部部长和代表以及各邦代表，均可出席联邦国会和各委员会，并由陈述对有关议案意见的权利。

联邦国会及议员具有以下职权：联邦国会及其委员会有权要求联邦行政学院院长和各部部长及其所委托的人员出席；联邦国会具有审查委员会权力；由国会议员五分之一的动议，有设置审查委员会的义务。审查委员会和提议设置委员会所认为必要的证据审查委员会应公开搜集，如审问委员会具有三分之二的人数赞同时，公开辩论停止公开；联邦国会具有审问权力；联邦国会及各邦议会议员在开会期间，非得其所属国会或议会的许可，不得以犯法行为受审问或被逮捕。凡联邦国会议员，在德意志所有铁路有免费乘车之权，领受损害赔偿并得支领岁费。

2. 联邦参政院

联邦参政院是德意志各邦参加联邦立法的组织。联邦参政院的议员是按照人口比例产生的。联邦参政总票数为 63 票，普鲁士占有 25 票。各邦代表在参政院至少应有一票，大邦人口每 70 万有一票，如其超过余数，35 万以上可增加一票。无论各邦不得占总票数的五分之二的投票权。宪法规定联邦参政院中各种委员会至少应有一票投票权。

联邦参政院的议员由各邦政府任命，联邦政府可应联邦参政院三分之一的议员的要求召集参政院会议。联邦参政院各委员会的主席，由联邦政府各部部长担任，各部部长有权列席参政院会议，有权请求发言。联邦参政院的议员享有提案权，相对于德意志帝国联邦议会，魏玛共和国参政院的权力有所削减。魏玛宪法规定法律草案须由联邦政府和国会提出，由联邦国会决定。联邦参政院对政府提出的法律草案，有同意权力。若不同意，亦有否决权力，但必须在两周内将否决理由书送交国会

札记

并再次提交联邦国会表决。如两院争执不下，则总统可将法律送交国民表决。如果联邦国会以三分之二的多数反对联邦参政院的否决，总统应于三个月内颁布法律。联邦参政院有权批准政府发布的行政法规，听取政府政务报告，参与政府各部讨论重要问题。

（三）总统与联邦政府

《魏玛宪法》规定德国实行半总统制，总统既是国家的元首，也负责组建政府。魏玛总统由全体德国人民选举产生，必须对全体德意志人民负责。凡年满35岁以上的德国人皆有当选权。德国总统任期为七年并可连任。虽然德国联邦国会保留动议罢免总统的权力，但必须超过三分之二多数赞成才可通过。联邦总统因故不能行使职权时，由联邦总理代理；联邦总统于任期未满离职和总统未选出，得依照宪法第五十一条行使。

不过，德国联邦国会的罢免决议尚需征得全体公民的同意，若公民不赞同罢免，则联邦国会应即行解散。上述程序足以表明德国总统的权威来自全体国民，其权力超越联邦国会。

总统在国际上代表联邦，并以联邦名义与其他国家缔结同盟，订立条约和接受使节、宣战媾和，并以联邦法律形式颁布。对外国缔结同盟和订立条约，涉及联邦立法事务者，应征得联邦国会同意。其次，总统负责组建政府。总统可任免联邦文官和军官，并向政府其他部门行使任免权，总统还掌握国防军的最高命令权。再次，总统是宪法的捍卫者。总统对于联邦各州不服从联邦宪法或联邦法律规定的义务，以武力予以干预。同时，总统为了德意志联邦内部的公共安宁和秩序，在必要时需使用兵力以此达到目的。此外，总统掌握赦免权和紧急状态命令权。

宪法还规定联邦政府由总理和各部部长组成，总理和各部部长均由总统任免。总理和各部部长在行使职权时，须得到联邦国会的信任，但不负连带责任。如其中任何部长不能得到国会信任时，本人应立即退职。总理领导联邦政府，代表政府向国会提出施政纲领、对国会负责，各部部长按照总理要求提出讨论，表决时如票数相等，总理有决定权。

联邦政府有权向国会提出一切法律草案，并有权颁布行政法规，请求国会授权政府颁布具有法律效力的法规和命令。国家的铁道、航道和海运均由联邦政府管理。不过，魏玛德国联邦政府与其他议会制国家存

札记

在不同。《魏玛宪法》第五十四条规定联邦总理和各部部长须得到联邦国会的信任，第五十五条则规定联邦总理领导联邦政府，依照由联邦国会和总统认可的规章执行职务。因此，联邦总统不仅需要对国会负责，而且需对总统负责。当联邦国会对总统表示不信任时，总统可解散国会。同时，德国多党对峙的格局同样使总统享有较大的组阁自由权力。特别是当兴登堡当选总统后，国会政党碎片化趋势越发显著，总统组阁权更不受政党束缚。

总之，《魏玛宪法》对联邦总统规定的权力过大，尤其是总统对军队和政府的决定权。当年迈的兴登堡无法掌握德国政局时，充满野心的希特勒得以借助《魏玛宪法》第五十条获得总统权力，加速德国走向极权和扩张的道路。

(四)司法制度

魏玛共和国主张建立自由民主秩序，其司法体制也必然体现这一宗旨。因此，《魏玛宪法》强调司法独立并注重突出保护公民权利。首先，《魏玛宪法》规定法官独立，只服从法律；其次，在普通裁判上，联邦法院和各邦法院共同行使权力；再次，普通裁判的法官为终身任职，由司法机关决定。法官的任免必须依据法律规定的理由和形式，将法官免职和停职、调任或退休。

《魏玛宪法》还强调司法保护公民权利。不得设置特别法院、无论何人不得剥夺其受法官审批的权利，但法律的军事会议和戒严法院不在此项规定之内。除战时和军舰内外，军事审判权应予以撤销。联邦和各邦依据法律，成立行政法院，以保护个人对于行政部门的命令和处分。

(五)公民权利

除司法体制的规定外，《魏玛宪法》专门列有第二编以捍卫公民权利，细致与全面是公民权利保护条款列举的主要特征。首先，《魏玛宪法》在个人层面强调公民平等、自由和安全的权利。废除贵族特权和称谓，强调德国人民在法律面前一律平等，不论男女均享有同等的公民权利和义务；其次，一切德国人民，在联邦内部均享有迁徙的自由权利，无论何人有随意居留或居住于联邦各地，并有取得不动产和自由经济的权利；最后，人身自由不得侵犯，凡用公共权力以妨害或褫夺人身的自由，只有依据法律才可为。除上述自由和安全权利外，公民还具有言论自由发表权利。不过，与德意志联邦共和国《基本法》相比，《魏玛宪法》未明文规定公民自由权利的实现必须遵循宪法的宗旨。

除个体权利规定外，有关共同生活方面的权利诸如家庭、社团、自治区、政府公务员系统内的公民既享有权利，也必须承担相应的义务。宗教和宗教团体方面，《魏玛宪法》规定联邦居民享有信教自由和良心自由，应受宪法保障和国家保护。同时，为减少宗教对政治的影响，明确规定德国不设国教；教育和学校上，为保证德国公民受教育的权利，规定国民小学教育为义务免费教育；经济生活方面，强调公平和维系人类生存是公民经济生活权利保障的主要目标。

(六)魏玛共和国政党体制

相比德意志帝国政党体制，魏玛共和国政党体制为高度碎片化。虽然主要政党如社会民主党、天主教中央党和德国民主党等依然活跃在议会，但魏玛共和国的议会政治和比例代表制选举制度导致过多小党或“碎裂党”(Splitterpartei)参与议会，使得主要政党始终难以建立稳固的执政联盟，来应对德国社会遭遇的政治经济和社会危机，这是魏玛共和国最终覆灭的重要原因。

魏玛共和国政党体制一方面高度碎片化，另一方面则高度极化。虽然高度碎片化的政党体制导致过多政党有机会参与政府联盟的组建，但这并不意味着高度碎片化直接导致了民主政治的崩溃。更重要的是，极化政党体制下极左和极右政党的不妥协才是引发魏玛共和国崩溃的直接原因。

伴随德国经济形势恶化和“一战”后不公的掠夺性条款，民族主义和阶级矛盾空前激化。以宗教为外衣的政党和左翼政党此时丧失了对政治的影响，以民族复兴、革命和改善民族生存状况为依规的政党在德国政坛迅速崛起。

民族主义政党方面，德意志民族社会主义工人党(即纳粹党)和德意志人民党是典型的极端民族主义政党，对内主张种族纯洁和反社会主义，对外强调日耳曼民族主义及其在全球的扩张。从其阶级基础来看，右翼保守的地主、大资产阶级和小资产阶级是这类政党的主要支持者，这类政党的党魁则多为德意志帝国时期的旧军官和高级官吏。

札记

以纳粹党为例，该党1919年创立于慕尼黑，最初是德国工人党，但作为退伍军人出身的希特勒加入该党后，迅速将德国工人党改造为煽动民族仇恨、复仇主义、反共产主义的政党。1933年该党成为执政党后，通过“国会纵火案”很快取缔其他政党的存在，将魏玛共和国改变为极权主义国家。但从其早期领导和阶级基础来看，小资产阶级是其主要支持者。伴随纳粹党在议会选举中的胜利，德国大资产和大地主阶级大力支持纳粹党的发展。

左翼政党方面，德国社会民主党内部发生分裂，代表无产阶级的社会民主党左翼正式与代表中下小资产阶级利益和部分工会领袖的社会民主党右翼决裂，并独立成立德国共产党。德国共产党的前身是社会民主党左翼于1916年1月成立的“斯巴达克同盟”，创始人为李卜克内西、卢森堡、梅林和蔡特金。斯巴达克派主张结束帝国主义战争，建立德意志社会主义共和国。该党要求立即释放一切政治犯，取消戒严状态，没收全部银行、矿山和钢铁企业，减少劳动时间，规定最低工资限额，没收大中地主的财产，对军队实行民主改造。斯巴达克同盟在国际上声援俄国十月革命，号召德国工人举行总罢工和武装起义。该派于1916年12月30日成立德国共产党。德国共产党的成立标志着一味对大资产、大地主阶级妥协的社会民主党已经无法代表德国无产阶级的利益。其后，德国共产党还与德国独立社会民主党左翼联合为德国统一共产党。总之，该党主张反对帝国主义和坚持与法西斯作斗争。

德国独立社会民主党1917年4月6日成立于哥达，斯巴达克同盟曾一度加入德国独立社会民主党。该党同样反对帝国主义战争，支持俄国十月革命，其领导人考茨基等人对魏玛共和国的议会政治仍抱有期望，虽一度与德国共产党合并，但对魏玛政权予以支持，导致德国共产党最终与德国独立社会民主党分道扬镳。

德意志人民党是1918年11月建立的代表工商业资产阶级利益的政党。该党在议会的发展极好地折射了德国的社会变迁。一战后的德意志人民党在1919年大选中获得4.4%的选票，1920年选票继续增加，获13.9%的选票。但1929年世界经济危机爆发后，德意志人民党在群众中影响日益减弱，该党自动解散。

总之，世界经济危机和一战不公正的国际秩序给德国带来左翼和右翼政治力量的激烈对抗，魏玛共和国对政党参与的低门槛限定，妨碍了德国强有力政府的形成，最终导致德国纳粹党上台，魏玛共和国希冀建立的自由民主秩序宣告破灭。

二、1933—1945年：法西斯统治

魏玛政府因总统权力过于强大和碎片化、极化政党体制的掣肘，无力应对世界经济危机带来的挑战，最终断送了德国民主发展之路。纳粹党宣传的法西斯主义主张民族复仇、反犹太主义和反共产主义，很快被德国各阶层视为克服战争失败和经济危机的良药。德国国家社会主义工人党的得票率，逐渐上升并最终成为国会第一大党，为建立法西斯专制奠定基础。当希特勒接替兴登堡的权力后，迅速使魏玛共和国转变成为极权主义政体。

“法西斯”一词最早来自古罗马，是罗马执政官执行法纪的工具，也代表罗马执行官的至高无上的权威。古罗马在西方文明中是扩张主义的象征，其内核则是极端民族主义。墨索里尼最早在意大利实行法西斯统治，以黑衫军为武力后盾参与选举，于1922年担任意大利王国的首相，继而在意大利推行领袖独裁。墨索里尼对内鼓吹种族主义，强调意大利承继了古罗马人的精神，是世界上优等的民族，对外主张打破凡尔赛体系，积极对外扩张。同时，墨索里尼上台后，宣布意大利法西斯党为意大利唯一合法的政党，破坏意大利的议会政治和政党政治。法西斯主义作为意大利对凡尔赛体系的反动，鼓吹强人政治并对外扩张解决国内政治经济矛盾的手段，很快扩散到欧洲其他国家，并得到纳粹主义的回应。

法西斯统治的核心是否定宪法约束；领袖意志是秩序的基础，无论是立法、行政和司法均由领袖掌握，强调领袖独裁，领袖对一切直接和间接的行为负完全责任；国家权力的分配上，法西斯统治要求自上而下控制联邦政府和各州政府的一切权力，取消各州的自治；法西斯统治强调纳粹党对国家和社会的完全统摄；强调极端民族主义，否定其他民族生存的权利，主张对外实行侵略扩张。

（一）领袖独裁制

德国法西斯统治本质上反对法治和民主，鼓吹领袖对国家和社会事务的全面统治。德国纳粹主义认为民主政治不过是群氓的政治，议会民

札记

主政治无力解决德国面临的各种挑战。具有超然智慧的领袖才是历史的推动者，领袖应具有绝对权威并领导政党、国家和社会。具体而言，领袖对党的纲领和政策具有制定权和解释权、拥有组织机构的调整权、人事任命权和一切问题的决策权、意识形态控制权，有要求一切党员绝对服从领袖指令的权力。因此，当希特勒掌权后，他从立法、行政、司法和社会四个方面逐步破坏魏玛共和国的法治，先后制定《消除人民和国家痛苦法》《文职人员法》《禁止组织新党法令》等反动法令和进行所谓"司法改革"，最终实现领袖对联邦事务的绝对控制。

希特勒在1933年3月制定的《消除人民和国家痛苦法》中授予总理不受国会约束的立法权。政府可不必取得立法机关的同意，自由与国外订立条约，并发布命令予以施行；政府颁布的法律与宪法可以存在抵触。这为希特勒消除宪法约束，掌握立法权和行政权清除了障碍。

当1934年兴登堡去世后，希特勒迅速将领袖独裁制度化，通过全民公决形式宣布希特勒兼任总理和总统，并授予他"元首"称号，至此，希特勒完全掌握立法权、行政权、军队权力和纳粹党的领导权。1937年1月颁布的《文职法》则将领袖独裁贯彻至国家机构，彻底将行政机构法西斯化。《文职人员法》规定所有政府官员和一切文职人员均由纳粹党党员担任，并必须加入纳粹党的附属组织"德国公务员联合会"，各级普通法院法官和律师则必须加入"国家社会主义法律工作者协会"。

1934年4月希特勒建立"人民法庭"和特别法庭，进一步破坏司法独立。特别法庭的设置原则即"元首的意志就是法律"。所有攻击和反对政府的政治案件均由特别法庭审理，法官为纳粹党员，不设陪审员，特别法庭判处监禁的人，刑满后不得释放，直接送往集中营。"人民法庭"则代替最高法院审理叛国案件，由两名职业法官和五名纳粹党员组成的法庭实行秘密审判，不得上诉。1935年希特勒再次对德国司法改革，将全国法院系统简化统一，要求司法人员必须忠实执行党的行动路线，每一个判决中均要遵循领袖的意志和政策。

(二)邦国一体化

希特勒领袖独裁不仅需要联邦的各项权力，而且还必须掌握各州和地方政府的权力。《魏玛宪法》规定各州均可制定本州宪法和法律，设置州议会和州议会选举产生的行政机构；地方的县市和乡镇则享有自治权。因此，希特勒通过控制各州行政机构，限制各州立法权，并取消地方自治，实现邦国的一体化。

希特勒在获得联邦立法权后，又制定《联邦摄政法》。该法规定总统根据总理要求有权任命各州摄政，摄政负责监督各邦对总理规定的方针政策执行情况，有权任命和撤换各州政府官员和法官，有权解散各邦议会，有权起草和公布法律。各州摄政必须由纳粹党领导，并对希特勒宣誓效忠。1934 年纳粹党政府又颁布《德国改造法》，宣布废除各州议会制，议会政府属于联邦政府，各州摄政隶属内政部，使各州政府成为联邦政府的派出机构。1935 年 1 月 30 日后颁布的《乡镇法》取消德国乡镇地方自治权，德国法西斯力量彻底实现了对最基层的控制。

(三)纳粹党对社会的全面统摄

纳粹党在极力攫取国家权力时，还提出“一体化”口号以求全面控制社会。为防止社会其他阶级对纳粹党力量予以反抗，纳粹党一方面极力取缔公民，诸如结社和组建、参与其他政党的权利，另一方面则通过警察和党卫军侵犯公民权利，对社会、经济和文化实行全面管控。纳粹党上台后，首先开始对共产党镇压，接着镇压社会民主党等中左翼政治力量。1934 年纳粹政府颁布《禁止组织新党法令》，明确规定只有纳粹党是国家唯一合法的政党，凡继续维持其他政党或另组新党的，均以叛国罪论处。

除取缔其他政党组织外，纳粹党必须建立新的组织控制社会各个阶层。因此，纳粹党建立各类服从纳粹党及其纲领的组织，以期将社会中各行业人员纳入其控制。纳粹党建立“德国劳工阵线”控制德国工人；建立国家社会主义青年团、国家社会主义妇女联合会、国家社会主义大学生联合会、国家社会主义教师联合会、德国机动车驾驶团、德国国家社会主义医生协会，上述重要的社会组织均贴上“国家社会主义”标签，以此表明纳粹党对社会组织的控制；经济生活方面，纳粹党建立“德国经济协会”，囊括原有的企业家协会和手工业协会，实现对国家工商业的控制；文化方面，纳粹党在教育、艺术、文学、电影、广播和新闻等领域成立“帝国文化协会”，实行严格的监督和控制，从事上述行业的人士必须接受纳粹组织的监控，书籍、戏剧、电影和新闻等文化产品均要经过严格的审查，而犹太人的作品、具有社会主义倾向或民主倾向的

札记

作品、与纳粹相左的文艺作品均当众销毁。

为保证上述社会控制的实现，党卫军和秘密警察成为法西斯统治的主要工具。党卫军最初是希特勒个人的警卫队。希特勒成为总理后，党卫军逐渐发展成为纳粹党监督和渗透国家常备军的重要组织，党卫军直接听命于纳粹党领袖，镇压一切对纳粹政权有反抗意图的个人和团体。党卫军还建立大量集中营以杀害政治犯、战俘和犹太人。为控制普通公民，党卫军还设有秘密警察。秘密警察于 1933 年在普鲁士由戈林建立，目的在于镇压反纳粹的民众。秘密警察享有国家警察一切权力，不受行政和法院的管辖，有权调查和逮捕一切威胁社会治安的个人和团体。秘密警察属内政部，隶属于党卫军。

领袖独裁制是德国法西斯统治的核心，伴随德国在战场上节节失利和希特勒自杀，德国法西斯体制被盟军推翻，其后的纽伦堡审判彻底清算了德国法西斯统治的罪恶。魏玛共和国的覆亡和德国法西斯统治对后世带来巨大警示，对德意志联邦共和国的民主政治建设提供了深刻的历史教训。

第六节 议会共和制的巩固

一、德意志联邦共和国的宪法与议会共和制

（一）德意志联邦共和国的宪法——《基本法》

第二次世界大战后德国被盟军分区占领，不久美苏因全球的战略利益决定对德国分而治之，盟军于 1949 年 5 月 23 日在德国西部占领区正式成立德意志联邦共和国，德文名称为 Die Bundesrepublik Deutschland (Federal Republic of Germany)，东部占领区则在苏联支持下于同年 10 月 7 日成立德意志民主共和国，德国至此分裂为两个国家。1989 年后伴随苏东形势的急剧变化，联邦德国与民主德国在有利的国际环境下达成统一的共识。苏、美、英、法四国外长和民主德国、联邦德国外长“4+2”签订的《关于最后解决德国问题条约》，首次明确承认统一后的德国在内政和外交上享有完全的主权，解除四国对德国的权利与责任。

1990年联邦德国与民主德国正式实现统一，组成主权完整、独立和统一的德意志联邦共和国，其宪法仍然沿用联邦德国的《基本法》，统一后的《基本法》仅在序言和结尾予以部分修改。

与日本类似，战后德国《基本法》的制定必须接受盟国的干预，从其制定过程和内容上看，民主、分权和和平是德国《基本法》最大的特征。首先，德国《基本法》的民主性表现为：第一，规定联邦德国采用间接和代表性的民主政体，强调对政党建设的民主约束和限制。针对纳粹党疯狂侵犯公民权利的问题，德国《基本法》明确规定政党建设和政党纲领必须以民主为依归，不得违反宪法，这有利于保护党员和公民权利。第二，突出保护公民权利，并将公民权利置于政府权利条款之前。如《基本法》第一至第三条分别规定了公民的尊严、平等、信仰和言论自由的权利，此外还规定公民享有艺术与科学自由、自由迁徙权和职业自由。《基本法》特别强调尊重和保护人的尊严是国家权力的义务，不可侵犯和不可转让的人权是正义的基础。第三，为充分保障公民权利的实现，《基本法》要求国家保护社会弱者，不断谋求社会公正，体现在对老年、伤残、住房津贴、家庭福利金等方面的规定。

其次，分权原则充分表现为联邦与地方、德国与欧盟的权力划分。联邦与地方的分权上，针对德意志帝国和魏玛共和国过于强调联邦政府的权力、抑制各州权力的问题，德国社会民主党和基督教民主联盟虽就联邦与州政府权力有激烈争论，但在盟国干预下很快达成妥协，确立以各州自治为基础的联邦制是德国的国家结构形式。《基本法》规定联邦权力高于各州，并明确规定联邦与各州政府的立法权限，规定由各州代表组成的参议院参与联邦决策时，在州的权益和州的立法权限受到影响的地方，参议院的提议在联邦决策中应予优先。同时，对外事务上若涉及某州，联邦应听取该州意见。另外，德国各州均设立各自独立的警察部队维护秩序，除特别重大事件时，请求联邦警察或边防部队支援外，其余情况联邦警察对各州警察部队的支援必须征得参议院的同意。再看德国与欧盟的分权。战后西欧各国因经济重建的相互需要，启动西欧一体化的进程。德国作为工业国家，急需来自西欧其他国家的能源和矿产资源以发展本国经济。因此，战后德国很快再次积极融入西欧一体化进程。伴随西欧国家经济、政治和文化交流的扩大，欧洲一体化渐趋深入，欧洲联盟孕育而生，欧洲联盟要实现发展必须要求主权国家让渡部

札记

分权力，德国《基本法》明确规定德国部分立法权让渡于周边国际组织，并为维护和平加入集体安全互保体系，联邦政府限制其主权。

最后，《基本法》突出强调和平。《基本法》明确禁止德国参与侵略战争，凡扰乱各国间和平关系，特别是准确侵略行为均属于违宪行为，并应处以刑罚。对于战争必需的武器，宪法规定除获得联邦政府许可外，不得制造、运输或交易作战的武器。同时，德国《基本法》从公民权利角度，规定任何德国公民不得被迫违背其良心，武装服务于战争。

(二)议会共和制

《基本法》规定德国为议会共和制国家。《基本法》第二章第二十条规定德国行政权和司法权应受立法权宪法限制，表明立法机构高于司法和行政机构。不过，与其他议会共和制国家区别之处在于德国立法权还受制于宪法。从立法权、行政权和司法权的行使上看，德意志联邦共和国的立法机构为联邦议院(Bundestag)和联邦参议院(Bundesrat 或 Federal Council)，行政机构由联邦总统、总理和政府构成，司法机构则由宪法法院和普通法院共同组成。

联邦德国的各级权力分配示意表

	立法权	行政权	司法权
联邦	联邦议院 联邦参议院 专有立法权 共同立法权 原则性立法权	联邦政府 联邦行政管理	宪法法院 最高法院 联邦法院
州	州议院 州立法权 共同立法权	州政府 州行政管理 州自身的行政管理	州的法院
地方	县议会 乡镇的行政管理 城市规划和会议乡镇、市议会	县长/县委员会 市长 市政府办公室	

札记

1. 立法权

两院的权力配置、立法权限、议员的产生、立法机构及其附属性组织、立法程序、对行政机构的监督是其核心问题。

第一，两院的权力配置上，联邦议院是最高立法机构，地位上高于联邦参议院。联邦议院享有立法的最终决定权，联邦参议院则享有立法参与权并主要负责代表各州利益。联邦议院的职权包括立法权、批准预算权和政府部门监督权，并参与总统选举、政府组建、联邦法院法官和宪法法院法官的选举，并有权力决定国家紧急状态。联邦参议院则具有参与联邦立法，参与宣布"立法紧急状态"，参与对联邦预算、开支、税收和债务监督，参与联邦司法机构法官的选举以及涉各州利益的国际条约批准、对联邦总统予以弹劾和对各州不执行联邦宪法和法律采取监督和制裁的行动等权力。不过，从立法程序上看，《基本法》规定若联邦议院通过法律草案并得到联邦参议院的同意，或经过两院协调委员会讨论已取得一致意见，或者联邦参议院异议被联邦议院驳回，则联邦议院的法律草案即可成为法律。因此，联邦议院作为最高立法机构，地位高于联邦参议院。

第二，立法权限方面，德国《基本法》对立法权的分配有利于各州，对联邦立法权的规定为列举式。如《基本法》第七十条规定在联邦未明确授以立法权时，各州保留享有该范围的立法权。同时，《基本法》还将立法权分为三种，即专有立法权、共同立法权和原则性立法权(或称通则性立法权)。其中，《基本法》第七十三条规定联邦享有十一项专有立法权：1)外交及国防，包括平民保护；2)联邦国籍；3)迁徙自由、护照、移民及引渡；4)通货、货币及铸币、度量衡及时间与历法之规定；5)关税与通商区域的统一、通商与航海协议、货物的自由流动和国外贸易支付，包括关税保护与边界保护；6)航空运输、属联邦国有或部分国有的铁路的运营和建设；7)邮政和电信；8)联邦与联邦政府直辖公法团体服务人员的法律关系；9)工业财产权、版权和发行权；10)自由民主秩序、联邦与各州的存在与安全的保护、防止在联邦境内使用暴力或准备使用暴力而危及德意志联邦共和国外在意义之行为；11)联邦使用的统计。第七十四条规定联邦与各州共同享有的立法权：1)民法、刑法及判决执行、法院组织、司法程序、律师、公证及法律咨询；2)人口状况事项；3)集会、结社；4)外侨居留、居住权；5)武器和炸药法；

札记

6)难民和被逐处境的事项；7)公共福利；8)战争损害和赔偿；9)对战争中伤亡者及其家属的抚养，以及对以前战俘的照顾；10)阵亡军人墓地、其他牺牲者和暴政牺牲者的墓地；11)经济法规(包括矿山、工业、动力、手工业、商业、贸易、银行、证券交易制度和保险制度)；12)为和平目的生产和利用核能，装置有关设备，消除放射性物质；13)企业经营组织、劳动保护和职业介绍法规；14)各种社会保险法规；15)培训补助和科研补助法规；16)征用法；17)土地、自然资源的开放利用和生产资料转为公有的法规；18)促进农业、林业生产，保证粮食供应，农林产品进出口，保护远洋渔业、沿海渔业和海岸的法律；19)地产交易，土地法、农业和租赁制度、住宅制度和移民事务；20)防止经济权力的滥用；21)防止人畜患危险的传染病措施，医师执业规范、其他医疗执业的许可，药品、麻醉剂和毒品的买卖，对医院在经济上的保证和护理费的规定；22)保护食品、饮料、烟草、生活必需品、饲料、种子和植物的交易，防护植物的病虫害和保护动物；23)航运和交通；24)清除废弃物，保持空气清洁和防止噪音及公务人员的薪金和年金等。《基本法》第七十五条则规定联邦享有以下事项的原则性立法权：1)州、市、乡镇和其他公共机构中供职人员的法律地位；2)高等教育的一般基本原则；3)新闻的一般性法律地位；4)狩猎事宜、自然景观保护、乡村风景的维护；5)土地分配、区域规划与水土保持；6)保护德国文化资产免于外流。总之，上述三项立法权一方面以列举式条款赋予各州与联邦共享的权力，另一方面则规定各州在联邦范围内进行必要州立法，有助于保证德意志联邦共和国的统一和稳定。

第三，议员的产生上，《基本法》规定联邦议院议员由普遍、自由、平等和秘密的选举产生。联邦议员任期四年，每届议院新的选举应在上届任期届满前三个月举行，最迟在上届议院任期届满前一个月举行。遇到联邦议院解散的情况下，新的选举应在解散后的60日举行。每届联邦议院均应在选举后的30日内举行会议。德国选举法规定，凡年满18岁，在德国境内居住不少于3个月的德国男女公民，均有选举权；凡年满18岁，至少在选举前一年已取得德国国籍的德国公民，有被选举权，除经法庭判决被剥夺选举权者没有选举权和被选举权外，凡没有能力担任公职的人也没有被选举权。国外生活的德国人符合一定条件的可以参加选举。2017年第十九届联邦议院召开后，联邦议院议席为709个，

札记

全部分选区进行选举，目前基督教民主联盟、社会民主党、基督教社会联盟和绿党是联邦议院前四大党。

候选人提名上，第一票候选人、政党和选民均可提名，但选民提名的候选人需200名合法选民联合签名方为有效，政党候选人必须在该党选区党员大会或党员代表大会上选举产生，每个选区政党只能提名一个候选人。候选人需在选举前34天前的选举机构进行登记，并经选举机构审查资格合格后才能作为正式候选人提出。由于第二票候选人人数选举前无法知晓数额，因此，各党通常采取排序方式以确定特定候选人当选为议员。一般而言，第二票当选希望不大的选区，通常鼓励候选人在第一票中当选。总体上，德国选民在两票选择时表现出高度的一致性，即第一票当选的候选人所在政党与第二票当选的政党具有一致性。同时，按照《政党法》规定，若政党在六年内无法提出自己候选人，则其政党提名候选人的权力自动丧失。若某政党在联邦议院的席位不足五席，则必须在47天前向联邦选举委员会提出申请，经联邦选举委员会认可其政党地位，才有资格提出候选人。

议员的选举程序方面，根据德国《联邦选举法》规定，德国实行相对多数制和比例代表制结合的制度；联邦议院一半议席由相对多数制选举产生，另一半由比例代表制选举产生。选民投票时拥有两票，一票投予议员本人，另一票则投予政党。议席的最后分配首先减去政党在第一票已获得议席，再按第二票分配比例分配另一半议席。同时，德国吸取魏玛共和国碎片化政党体制产生的问题，对议席的分配还作出如下规定：若参选政党在第二票达不到总票数的5%，或第一票中当选本党议员不足三人，则无法按比例分配议席。

最后，德国联邦议院议员一旦当选，则享有与其他民主国家议员类似的权利。如《基本法》第四十六条规定在符合自由民主秩序前提下自由发表言论而不受追究的权利。《基本法》同样规定任何人如果滥用自由权利对他人进行诽谤性侮辱，则其将会受到追诉。为保证议员不因其履行其义务遭遇政府或刑事诉讼机构的迫害，《基本法》规定只有议会有权决定解除议员的刑事豁免权①。同时，议员必须代表本选区选民表达其利益，议员一方面应注意在联邦议院将本选区选民的需要和困难提

① 弗兰茨·诺曼·谢德曼. 德国政治概况[M]. 学林出版社，1999：50.

札记

出，另一方面避免新增法律和规章对本选区选民利益有任何负面影响，议员应自主决策不受委托和其他社会团体的约束。

第四，立法机构的组成与附属性组织。联邦议院和联邦参议院的内部组织机构均实行与美国式截然不同的集中管理模式，这与德国议会制政党的中枢地位密切相关。德国议会议员的产生与其特殊的选举制度、政党的支持无法分开。除议会主席团（Presidium of the Bundestag）为日常事务管理设置的议长、副议长和秘书外，议会党团（Parliamentary Groups）是联邦议院日常运作的核心。

议会党团由主席、副主席和干事长组成。议会党团通常还设立若干研究小组，负责研究本党在议院中的政策，党团经常召集党团会议，对某些重大问题进行讨论和协调本党议员的步调。议会党团决定议长和副议长的人选，并组织议长、副议长、秘书和各个议会党团的领导人组成议会指导委员会，负责拟定议会工作计划、安排议事日程和分发议案，领导议院活动；议会党团还负责指挥协调院内议员就特定议案的投票事宜，若议员不服从议会党团安排，则下一届议会选举将失去本党的支持。此外，议会党团还成立各类研究小组以参与和指导议会中的各类委员会。

委员会（Committees）是世界议会制国家工作运作的主要机制，委员会一方面承载国家立法的专门事务，另一方面从本质上是各利益集团和政治派别交换意见和协调分歧的主要场所。至18届联邦议院，经过多年的立法实践，德国已设置23个常设委员会①，包括与政府部门对应的委员会、选举检查委员会、法律委员会和请愿委员会等。上述委员会的主席和成员实际反映各党在联邦议院的相对实力（议席分配）。以第18届联邦议院为例，基督教民主联盟掌握其中12个委员会，社会民主党占据7个委员会，左翼联盟则占据其中2个委员会，而绿党则掌握2个委员会。其中，预算委员会的权力最大，可不经全院会议辩论和表决

① 23个常设委员会如下：选举规则委员会，议员豁免权及议事规则委员会，请愿委员会，外交委员会，内政委员会，体育委员会，法律委员会，财政委员会，预算委员会，经济委员会，食品，农林委员会，劳动与社会秩序委员会，国防委员会，家庭和老年人委员会，妇女和青年委员会，健康委员会，交通委员会，环境、自然保护与反应堆安全委员会，区域规划、建筑与城建委员会，研究、工艺技术及其后果评估委员会，教育与科学委员会，经济合作委员会，旅游委员会和欧洲联盟问题委员会。

札记

便可追加预算和决定财政筹款，因而也是议会各党团激烈角逐之地。预算委员会通常是由议院中最大的反对党掌握。

除主席团、议会党团和委员会外，长老委员会(Council of Elders of the Bundestag)也是联邦议院重要的组成部分。长老委员会主要承载两个功能，即辅助议长处理议会日常事务确保议会党团达成共识、对议会内部事务决策并领导日常议会活动。

第五，立法程序是立法机构开展立法活动的规范和准则。依据《基本法》对联邦议院和联邦参议院的权限规定，联邦政府的议案首先要交联邦参议院审议，并在获得联邦参议院同意后一并送交联邦议院表决。类似地，联邦参议员提出议案时首先必须征询政府意见，再将议案连同政府的表态情况送交联邦议院，因此，虽然联邦参议院和联邦政府有延长议案表决的权力，但从立法程序上看，联邦议院的表决是立法程序最重要的环节。联邦议院要形成最终决议要经过三读程序，即委员会审议、条款审议和表决通过阶段。议员所属的政党和议会党团的政治目标贯穿于整个立法过程，只有议会党团和议会小组通力合作，才能使政治设想在议会中付诸实施。议会对法案实际表决过程中，每个议员对决议的投票均发挥作用。

委员会审议(一读阶段)：委员会审议阶段是最重要的阶段。委员会审议阶段的目标旨在介绍议案并征询修改意见。首先，“一读”在议院将议案分发给议员三天内举行，由议长介绍议案概况并说明长老委员会的意见，如议员对该议案未列入反对意见，则交有关委员会进行具体审议。其次，若议案为政府重要议案，则政府有关部门须到议院说明议案提出的理由。如果议案经委员会审议修改通过，首先在委员会中选定报告人，让其向联邦议院全院大会作报告。最后，委员会审议不仅包括委员会的委员审议，还包括各项听证会，听取公众、利益集团和专家的意见。

条款审议(二读阶段)：条款审议由相关委员会提出报告，事前提交长老委员会，由报告人在全院会议上报告委员会审议情况，议员在此阶段可就单个条款进行表决。表决既可围绕单一条款予以表决，也可就全部条款作全部表决。若全部条款表决均被否定，则该议案视为最终否决，议案不再讨论。单一条款的讨论和表决可视为不同党派博弈的重要方式。

札记

表决通过(三读阶段)：表决阶段并非不可以修改，不过要求至少34名议员或议会党团支持，才可提出修改意见。表决阶段包括条款表决和议案最终表决。表决方式包括举手、起立、记名投票和无记名投票。通过方式分为三种：相对多数、过半数或全体议院的三分之二。通过方式的选择取决于议案的重要性，一般议案通过仅需相对多数，重要议案需过半数，《基本法》修正案则要求全体议院三分之二的赞同才能通过。最后，联邦议院表决通过的议案需送交联邦参议院并经过类似审议程序，获得通过后递交总统，经总统签署和有关政府部门的部长副署，最终成为正式的法律。

当联邦议院和联邦参议院在立法意见相左时，《基本法》规定成立由联邦议院和联邦参议院各自派出11名代表组成的调解委员会。德国立法实践表明联邦参议院在调解过程中更占上风，这与参议院议员来自州政府官僚机构的背景密切相关，其立法专业知识要胜于联邦议院议员。此外，法案通过后，相关公民、组织、政党或议员仍有可能向联邦宪法法院起诉，要求修改法律。

第六，对行政权的监督和约束。联邦议院对政府的监督和约束主要是通过预算审查、政府开支审计、调查委员会的质询和调查以及不信任投票进行的。预算控制是立法权约束行政权的主要手段，通过控制行政部门的开支和拨款，继而影响行政部门的行为，是立法权监督得以落实的保证。此外，政府开支审计则为联邦议院监督行政机构日常开支，提供了另一种监督手段，也为联邦议院质询和调查行政机构提供依据。

除联邦议院对行政部门的监督外，议员也可通过质询手段或成立调查委员会要求政府予以回应。质询一般由一个议会党团或5%的议员，以口头或书面的形式提出并加以说明，由议长转交行政部门，并安排时间纳入议院日程。质询是议员对政府行为的批评，政府必须予以回应，回应方式既可以是书面形式，也可以是部长亲自出席作答。调查委员会必须获得四分之一的联邦议院议员要求才可成立，其成立宗旨是弄清行政管理中的弊端和指控。调查委员会可以传唤证人，并向政府或法院调阅档案。法院和政府机构均需给予联邦议院法律和公务上的支持。最后，联邦议院为保护国防部军人的基本权利，可任命专门的防务专员。防务专员有权按照联邦议院的指示，对国防军内部情况予以调查，并向联邦议院报告，使议会对军队行使监督权力。

札记

最后，以不信任案方式倒阁是联邦议院约束行政部门最严厉的方式。不过与其他西方国家不同，德国《基本法》专门在第六十七条提出“建设性不信任案”的条款，在总理提出信任动议不获半数联邦议员支持时，若不愿解散，就必须在48小时内以过半数票选出新总理，才可要求联邦总统免除现任联邦总理。“建设性不信任案”一方面强调政府部门必须对联邦议院负责，另一方面则要求联邦议院重视政府的稳定性，减少政治动荡。如此前不信任案可针对内阁部长，现在联邦议院提出不信任则只适用于作为整体的内阁。

2. 行政权

联邦总统(Federal President)。《基本法》规定联邦总统是国家元首，在国际上代表联邦，联邦总统代表联邦与外国缔结条约。不过，《基本法》第五十八条明确规定联邦总统命令必须经联邦总理或联邦主管部长副署才具有效力，表明联邦总统实际上是虚位元首。

《基本法》第五章规定联邦总统任期五年并可连任一届，凡具有参选联邦议院选举资格而年满四十岁的公民均具有被选举权。不过，与美国总统的产生不同之处在于：德国总统是由联邦议院议员和等额按比例代表制选举产生的州议会代表，通过间接的过半数选举产生，而非由全体公民选举，因而德国总统无需对公民负责，而要对议会负责。

联邦总统具体的产生程序如下：联邦总统由联邦大会选举产生，联邦大会应于联邦总统任期届满前三十日，遇有联邦总统于任期届满前缺位，至迟应于缺位后三十日，由联邦议院议长召集。获得联邦大会过半数票者，当选为联邦总统。如两次投票，无人获得半数票，第三次投票，得票最多者当选。此外，联邦总统因故不能视事或任期未满缺位时，联邦参议院议长代行其职权。

联邦总统具有以下职权：任免联邦法官及联邦文武官员；代表联邦就个别案件行使赦免权或以权力委托其他机关行使。不过，联邦总统“虚位”的特征和象征地位也对联邦总统的担任者提出若干要求，如联邦总统不得兼任政府官员，不得为联邦或各州立法机关议员，不得从事任何其他有补偿性的职务、经营商业或执行业务，不得为营利性事业的董事或监事。

除上述限制性要求外，一旦总统故意违反《基本法》或其他联邦法律时，联邦议院和联邦参议院有权向联邦宪法法院提出弹劾总统。弹劾

札记

案必须经联邦议会四分之一议员或参议院投票四分之一赞同提出。一旦弹劾案启动，联邦宪法法院可以临时命令决定停止其职权行使。弹劾案最后获得通过，需联邦议院或联邦参议院三分之二多数。

联邦总理(Federal Chancellor)。联邦总理是德国政府的首脑，是国家行政机构的最高领导人。联邦总理与各部部长共同领导德国联邦政府。《基本法》第六章规定联邦总理经联邦总统提名，由联邦议院选举产生，若提名候选人均未当选，则联邦议院于投票后十四日以议院过半数选举一人为联邦总理。联邦总统应于七日内任命其为联邦总理或解散联邦议院。

一旦联邦总理产生，总理应提名内阁阁员并提请总统任免，总理决定政策方针，并连同阁员各负其责。联邦德国政府常设部门包括外交部、财政部、国防部、司法部、内政部、经济部、经济发展与合作部、劳动和社会事务部、教育科学部和新闻局等，各部部长的提名均由总理掌握。德国总理组阁一般考虑各政党在联邦议院实力的对比、政党与执政党的意识形态的契合性。与总统的回避性准则类似，总理和联邦阁员不得从事任何有偿职务、经营商业或执行业务，未经联邦议院同意不得为营利性事业之董事或监事。

《基本法》第六十七条规定：只有在选出新联邦总理后才可立即组织新政府，原政府才可以被推翻。当总理要求信任投票的动议，未获得联邦议院议员过半数的支持时，总统得经总理之请求，于 21 日内解散联邦议院。联邦议院如以其议员过半数选举总理时，此项解散权应即消减。动议的提出与选举，须间隔四十八小时。当议院换届后，联邦总理任命阁员一人为副总理，联邦总理及其内阁应总统的要求，在新的一届联邦议院开会前，应继续执行其职务，直至继任者接任为止，即履行“看守内阁”责任。上述规定，即颇具德国特色的“建设性的不信任投票”。“建设性不信任投票”是战后德国政府稳定的重要原因，不过，“建设性不信任投票”可以使政府在选出新领导人前一直行使职能，但它无法阻止政府在发生国内危机时丧失管理能力。德国政府的不稳定通常源自执政联盟内部党际合作的失败，这种政治合作既没有制度明确规定，也没有正式的联合协议保证。

除组阁权外，联邦总理还掌握政府所有官员的任免权。总理有权提名任命高级军官、驻外使节，参与任命联邦法院法官，无需征得联邦议院同意，仅需总统批准。联邦总理有权决定政府机构设置，有权决定各部门的职权范围，领导和监督政府各部门的工作。同时，联邦总理和政府各部拥有立法创议权和最后审查权。前文已述，议案提出阶段和审议表决阶段，凡涉及政府部门的法案均需征求政府意见。此外，联邦总统颁布的任何命令、公告和法律议案必须经总理或有关部门部长副署方可生效。联邦政府有权制定各种规章和实施细则，并发布命令和决定。

《基本法》和《紧急状态法》还赋予总理紧急状态权力。紧急状态权力涉及立法、和军事等权力。《基本法》规定总理可将被联邦议院拒绝的紧急法律草案，提请联邦总统并经参议院同意，宣布出现“立法紧急状态”。当立法紧急状态宣告后，如果联邦议院再次否决该议案或者联邦议院虽然同意该议案，但其措辞若为联邦政府不能接受，则只要联邦参议院批准该议案，法律即告生效。联邦总理任期内，其他任何被联邦议院否决的议案，在第一次宣告立法紧急状态后六个月，只要参议院通过，也可成为法律。但在同一个联邦总理任期，立法紧急状态 6 个月的期限届满后，不得再宣告立法紧急状态。紧急状态时期总理可以不经联邦议院而自行颁布法律、法令和命令。军事上，依据《紧急状态法》规定，总理可取代国防部长，担任三军统帅。

内阁会议、总理府是总理制定执行政策的主要辅助机构。内阁会议是联邦政府的最高决策机构，除总理和各部部长外，国务秘书、联邦新闻局长、联邦情报局长、总统办公厅主任均可列席会议。会议秘密举行，一旦决议通过，所有内阁成员必须严格遵守，会议须有过半数部长出席，才符合法定人数，才能作出决议。总理因故不能主持会议时，可由总理授权副总理主持会议。

总理府是联邦总理的办事机构，是总理对政府各部门实施领导和监督的中心。总理府负责向总理汇报政策实施情况和政府各部工作情况，为总理决策进行准备并监督其执行，协调政府各部门工作，为内阁会议作准备，草拟政府各种决定和命令，监督和协调联邦情报局、宪法安全局和国防军安全局的工作。总理府设有包括高级官员在内的数百名工作人员。总理除有副总理协助其工作外，还设置两名总理国务秘书，称为国务部长，一名负责欧洲联盟问题和情报协调工作，一名负责联邦与各州之间的合作与文化事务。

德国联邦政府行政管理机构由联邦各部、各部下设的间接联邦机构

札记

和联邦审计局组成。联邦各部包括联邦财政部、联邦内政部、联邦外交部、联邦司法部、联邦国防部、联邦经济合作部、联邦经济部、联邦农林部、联邦劳动社会部、联邦交通部、联邦研究技术部、联邦教育科学部、联邦邮政通讯部等。联邦各部设一位部长，并配有一位或两位联邦议院议员作为议会国务秘书，议会国务秘书有义务协助部长完成其部门职责，侧重帮助部长建立与联邦议院、联邦参议院、两院委员会、各议会党团和各政党的联系，代表部长向联邦议院、联邦参议院及联邦政府会议就有关事项作出说明，议会国务秘书还可以受委托执行特殊使命。此外，各部协助领导的机构还包括部长办公室、部长和国务秘书的专职报告起草人、内阁事务秘书室、议会事务秘书室、新闻秘书室。各部又下辖司、分管司和处。依据行政层级，联邦部和下属机构分为三级：联邦高级机构、联邦中级特定机构和联邦下级机构。间接联邦机构则主要是指联邦依据法律设立的特定事务间接联邦行政管理机构，包括各类法人组织或基金会，如自我保护全国联合会、农业市场秩序联邦管理处和普鲁士文化遗产基金会等。联邦审计局则是负责审查联邦预算、检查联邦机构和联邦行政管理机构在预算资金和从事经济活动上是否合规、检查联邦特别财产和企业经营状况。联邦审计局独立于联邦政府，只对法律负责①。

联邦公务员。德国联邦公务员制度始于军事官僚制的普鲁士王国。普鲁士国王为促进国家近代化，于启蒙时期开始采用考试办法录用国家官员，1737 年建立司法官员的考试录用制度。19 世纪初拿破仑打败普鲁士王国，由施泰因主持的改革进一步加速现代国家官僚部门的建设，公务员规模进一步扩张。19 世纪中期普鲁士政府加强公务员的制度建设，特别重视司法人员的素质，要求充任法官的大学生经司法部门考试合格并接受四年的见习和训练，成绩优良者参加国家正式的法官考试并通过者，才能担任法官。德国统一后，俾斯麦政府又制定新的职业文官考试录用标准，在文化素质和实践经历上提出更高要求，见习期满，经考试及格者才能委派职务。不过直至魏玛共和国成立前，德国公务员制度虽是官僚制度实践的典范，但该制度主要是旨在维护容克为核心的统

① 吴志成．当代各国政治体制：德国和瑞士[M]．兰州大学出版社，1998：76-84.

治阶级利益。

魏玛共和国时期，德国政府首脑、各部部长和政府高级官员改为选任，国家公务员分为政务官和事务官，事务官依旧采取严格的考任制。纳粹时期德国公务员制度被纳粹党破坏，公务员均由纳粹党充任。二战后，联邦德国重建公务员制度，《基本法》《联邦公务员法》《联邦公务员工资法》《公务员劳保法条例》《公务员工作时间条例》和《公务员休假条例》，对公务员的管理、录用、晋升、工资、福利和退休有明确规定。

德意志联邦共和国的公务员是指在国家各级政府部门中工作的事务性行政官员。德国公务员分为四级，即普通事务员、初级公务员、中级公务员和高级公务员。高级公务员必须大学毕业，经国家高级公务员考试合格，试用三年，经国家第二次考试合格，方可正式任用。中级公务员，需要修读高中水平课程，经国家初步考试录取后，经过三年半的试用期，经国家公务员考试合格，再经两年见习期，即可正式任用。初级公务员则需完成九年国民学校教育，通过初试录取，有两年试用期，再经国家考试合格者，再见习两年，方能正式录用。

1953 年 7 月 14 日通过的《联邦公务员法》指出，为统一贯彻公务员法律条例，建立全国统一的联邦人事委员会。在法律规定的范围内，独立负责管理全体联邦公务员。联邦人事委员会由 7 名正式委员和 7 名副委员共 14 名成员组成。联邦审计院审计长、内政部及财政部主管人事的负责人为常任委员，联邦审计院审计长为主席，其他正副委员均由内政部长和财政部长联合选聘，呈请总统任命，任期为 4 年。主席或主席代表主持，以多数票作出决议，并且须在 5 个委员出席的情况下作出决议才有效。票数相等时，主席负责裁决，只要决议具有普遍意义，即必须予以公布，对有关部门具有约束力。联邦人事委员会是对各机关的人事行政进行监督指导。此外，联邦各部和各州政府都设有执行性人事机构，负责各级、各部门的人事行政工作，具体管理公务员的工资、福利、教育、培训和考核等业务。

联邦公务员相关法律规定公务员的主要义务：必须效忠国家，模范遵守国家法律法令；公务员为全体国民服务，公务员的政治行为应受到限制，执行职务应当考虑普遍性利益，不偏袒任何政党；公务员当选为联邦议员后，必须在一定期限内辞去所任职务，公务员如参加极左或极

札记

右政党，并企图推翻民主自由的基本原则和秩序，当受免职处分，德国公务员必须服从自由民主的原则；公务员应尽全力，专心职务，排除私利，站在公正的立场上执行公务；保护职务上的尊严与信誉；公务员未经上级许可，不得接受与职务有关的报酬和赠予；只有经过总统批准，才能接受外国国家元首或外国政府授予的称号、勋章和纪念章；公务员在行使职务时必须回避可能针对自身的或针对其家属的活动；因重要的公务上的原因，最高行政机关可指定机关禁止某一公务员行使他的职务；公务员和退职公务员有义务保守公务秘密，出庭作证时，应得到所属长官的批准，如有委托，应交还有关职务案件的各种记录和抄本；公务员有义务应他所在的部门的最高行政机关的要求，在社会机构中担任和从事某项兼职工作，最高行政机关可以要求官员在社会机构中兼职的权限交给它的下级机关执行，但在担任职务时不得妨碍公务员地位的中立性和公平性。正常的工作时间之外，如因工作迫切需要而不能休假，公务员应得到相应的报酬。

德国政府高度重视公务员以下权利：依法取得报酬和劳保福利的权利，《联邦工资法》规定公务员、法官和军人自其被任命、调入、接收或转入某机关之日起，有要求领取工资的权利，国家有责任保护公务员业务活动和作为公务员的地位；查阅本人人事档案的权利，《联邦公务员法》规定公务员有查阅全部人事档案的权利，对其不利或危害其利益实质性的控告和结论，必须听取公务员意见，公务员意见同时放入人事档案；结社权利，《联邦公务员法》规定公务员有权组织工会或职业联合会，任何公务员不得因其工会或职业联合会在公务活动中受到纪律制裁或受到危害；随时要求辞职的权利，公务员可以随时要求辞去职务，但必须以书面形式向所在部门或单位的领导说明要求辞职的理由，公务员在向领导递交辞职书后的两个星期内，在还没有接到辞职命令前，可以收回辞职的申请，主管领导可以按申请日期宣布免职，但不得超过3个月；获得公务员服务证书的权利，公务员结束公务员关系后，工作部门领导应授予其担任职务性质和实践服务证书，应公务员要求，服务证书必须同时说明公务员从事活动和成绩。

此外，国家通过考核、晋升、培训等工作，为公务员的继续教育创造条件，不断提高在职公务员的政治素质和业务素质。总体来看，德国公务员的待遇优厚，生活比较优裕，有利于提高公共服务的质量。

3. 司法权

《基本法》第九章规定司法权委托给法官，联邦宪法法院、各联邦法院和各州法院行使司法权。联邦司法机构总体上分为联邦宪法法院系统、普通法院系统和专门法院系统(参见《基本法》第九十二条)。德国司法权受立法权限制，这是它有别于美国司法权的基本特征。德意志联邦共和国的司法体制汲取魏玛共和国的教训，高度重视宪法的保障。《基本法》明确规定成立宪法法院系统和刚性的宪法修改程序，这是德国《基本法》的特色之一。德国宪法法院系统分为联邦宪法法院和各州宪法法院。1951 年 9 月德国联邦宪法法院在卡尔斯鲁厄成立，主要任务是防止滥用宪法并负责解释宪法。德国联邦宪法法院在西方国家中司法管辖权最为广泛。从与其他国家权力关系来看，联邦宪法法院不从属于任何权力机关，部分行使最高的国家权力，与宪法直接产生的最高国家机关相同。宪法法院的重要意义在于联邦宪法法院判决对联邦议院、联邦和州的一切政府机构、各级法院以及各种社会团体具有约束力。宪法对立法机关、其他国家机关的权力和优先地位是宪法法院的根本。联邦宪法法院的成员，由联邦法官和其他成员组成，半数由联邦议院选举产生，半数由联邦参议院选举产生。

职权上，联邦宪法法院的功能包括：1)裁决联邦各权力机构之间的权利和义务争议，对《基本法》作出解释；2)裁决联邦和州之间的争议，对联邦和各州的权利和义务，特别是在州执行联邦法律和联邦对各州实施监督权限的问题发生分歧时，宪法法院有权裁决；当联邦各州、各州与各州之间、或各州内部发生对其他公法上的争议，如果没有其他法律手段可以采用，联邦宪法法院有权裁决；3)当联邦法律、州的法律与《基本法》在形式上或实质上是否一致的问题上发生分歧或疑问时，根据联邦政府、州政府、或联邦议院三分之一的议员请求，联邦宪法法院可以进行裁决；4)当某一法律或联邦及各州违反《基本法》所赋予的乡镇自治权力时，乡镇或乡镇可以联合向宪法法院提出违宪控诉，但在涉及州的法律上，只有无法向州的宪法法院提出申诉时，联邦宪法法院才有权对此申诉作出裁决。任何个人都可以因公共权力机关侵犯《基本法》所赋予的公民权利，向联邦或州的宪法法院提出违宪控诉，如联邦宪法法院认为指控成立，可以宣布总统职权失效。各州宪法法院负责处理本州违宪控诉，如当事人不服，可以上诉至联邦宪法法院。此外，德

札记

国联邦宪法法院有权对违反宪法的政党实行党禁。总之，联邦宪法法院负责受理涉及联邦、州与州、政府与公民间有关违宪的案件，是被动受理申诉继而从事裁决的司法机构，不行使主动的违宪审查。

德国各州设有州宪法法院，州宪法法院的产生依据联邦各州主权和宪法自治的原则。州宪法法院以州宪法来衡量州权力机关的政策。各州宪法法院在特殊情况下，对其违宪起诉可向联邦宪法法院提出上诉。各州宪法法院的管辖权依照各州法律规定行使，因此，管辖权在细节上有区别，但一致任务都是对州内部宪法纠纷作判决并使法规与州宪法协调一致。州宪法法院有若干名法官，又是其他法院的职业法官。其他名誉职务法官配合他们工作。

德国普通法院负责审理普通民事和刑事案件，普通法院分为四级：初级法院、州法院、州高级法院和联邦法院。联邦普通法院分民事法院和刑事法院，是普通法院系统的上诉庭，是各州的州法院和州高级法院的上诉法院，是终审判决。德意志联邦共和国的专门法院系统则包括劳工法院、行政法院、社会法院、财政法院等。其中，劳工法院负责审理劳资纠纷，审理工会与雇主协会之间的纠纷、雇主之间的纠纷，并审理有关执行企业法规的纠纷案件。劳工法院分为三级，包括初级劳工法院、州劳工法院和联邦劳工法院。劳资纠纷均由初级劳工法院解决，对审理不服，可上诉至州劳工法院或联邦劳工学院。行政法院审理联邦与各州之间非宪法的公法纠纷、各州之间非宪法的公法纠纷、社会团体和联邦或州政府的纠纷。社会法院负责审理有关社会保险、失业保险、战争受害者服务等的纠纷。财政法院负责审理与关税、税务、其他国家财政有关的各种案件。财政法院分两级，即州财政法院和联邦财政法院，州财政法院设于各州首府。《基本法》规定法官是独立的，只服从法律，审判法官必须遵循严格的法治精神。禁止设立特别法院，只有依据法律才能处理专门事项的法院，任何人不能因同一行为受到多次处罚，禁止“有追溯力”的刑法，禁止双重处罚，废除死刑。

二、德意志联邦共和国的州和地方政府

(一)德意志联邦共和国的领土单位——州

前文已述德国在历史上长期实行邦联政治，封建诸侯小邦和王国共

札记

同构成德意志地区的政治共同体。从中世纪一直到19世纪晚期，德国才从分散的地理概念转变成为统一的民族国家。统一的德意志帝国为加强国家整合，虽然在宪法上规定德意志帝国实行联邦制，但以普鲁士为中心大大加强了德意志帝国中央对各邦的控制。同样，面对战后严重的经济、政治、社会危机，以社会民主党为首的德国政党主张以《魏玛宪法》来增强对地方各州的控制。但纳粹主义的兴起促使德国人意识到过于强大的中央政府，特别是在缺乏各州自治的情况下同样会存在极大弊端。德意志联邦共和国《基本法》一方面规定德国实行联邦制和各州自治，另一方面则主张强化联邦政府的权力。因此，理解德国州和地方政府的自治的运作逻辑，有助于提升对德国联邦制的全面掌握。

首先，州是德意志联邦的基本组成单位，其相对独立性表现为德意志联邦各州均具有自己的宪法、议会、政府和警察。州议会是州的最高权力机关，州长和州政府均由州议会选举产生，并对州议会负责，州政府行使权力必须得到州议会信任，州议会和联邦议院须由本州选民按照普遍、直接、自由、平等和秘密的原则选举。统一后的德国包括16个州，州议会任期与联邦议院一样为四年。而且各州议会的选举与联邦议院同时进行，除巴伐利亚外，联邦德国各州均采用一院制，由各职业团体所推荐的60名代表组成，任期6年，每两年改选三分之一，是政府咨询机构。

联邦议院拥有专有立法权、州议会享有共同立法权和保留性的立法权力；各州行政权力相对独立，各州权力范围内的事务，联邦政府不得干预；属于联邦委托各州管辖的事务，联邦政府才拥有监督执行的权力。各州执行联邦法律时，联邦政府可在联邦参议院同意的情况下，强迫该州履行其义务。司法权力方面，联邦德国的司法机构相对独立，不受立法与行政的干涉。

有关财政权的分配上，《基本法》规定联邦和州预算各自独立，互不依赖。消费税方面，各州享有立法权。此外，资产税、遗产税、啤酒税、赌场税和机动车辆税等均属于州财政收入，关税、资本流通税、汇兑税、交易所营业税、交通运输税和保险税均为联邦专有。支出方面，联邦和州在行政、立法开支上均是自行负担。《基本法》规定联邦委托各州办事的经费应由联邦支出，为执行联邦法律需要支付资金时，法律应明确规定由联邦和各州承担的比例。联邦对经费上有困难的州和各州

札记

所属的地方政府可进行财政补贴。

德国各州政府之间的政策也不一样，德国州行政机构包括州政府和州级行政管理机构。州政府在法律和宪法范围内规划涉及其中本州国计民生的事项。州政府一般由州长和州政府部长组成，但德国还没有3个城市州。如柏林市政府的政府首脑称为执政市长；不莱梅市政府的政府首脑称为市政府主席；汉堡市政府主席称为第一市长。各州政府的首脑由州议会选举产生，城市州政府成员由议会选举产生。州政府由州长主持并由其决定大政方针。但柏林市执政市长的重大决策必须取得市政府的同意；不莱梅和汉堡市决策权则由市政府集体负责。

州政府各部部长和联邦部长类似，具有双重职能。一方面是州政府集体的成员，另一方面又自主领导州的一个部及其下属机构。既参与治理该州的全部政府工作，又是主管部门的最高行政领导，对议会和公民承担政治责任。

州级行政管理机构则由州政府的各部及其下属部门和受州的间接领导的组成，其职能由各州法律决定。州高级行政管理机构负责全州事务，如州统计局、州青年事务管理局、州刑事局、州宪法保卫局。除高级财政局外，多数非直辖市州包括政府办事处或区政府。各州较低一级的管理机构是县政府机构。特设机构有财政局、林业局、教育局和卫生局。这些局都分属州一级的某部，接受相应部的监督及该部的政策及业务指示。州审计局独立于州当局，是是对行政管理机构的预算、财会制度及执行情况进行审计的最高州级机关。

州政府的职能一方面要依法贯彻州内法律，另一方面要贯彻联邦法律。德国州政府的重要职能是发展教育，包括托儿所、中小学、职业教育直到大专、本科及成人教育机构。此外，文物古迹保护、促进艺术发展的剧院、博物馆、其他部门以及支持发展体育事业、地区结构政策、促进经济发展措施、土地规划和整治都属各州政府的职责。《基本法》规定，凡宪法未作规定，各州应贯彻联邦法律。各州在法律无明文规定的情况下，可自行决定机构设置和管理方式，实际上意味着各州行政管理机构在医院建设规划、社会救济、青年救济、环境保护、城市治理、城建规划、城市交通法规、外国人事务诸方面可充分利用法律，自我负责地作出决定。联邦只能监督各州对法律是否遵守，不监督各州做法是否恰当。只有少数联邦法律是联邦委托各州执行，如对联邦高速公路和联邦公路的管理、对联邦空中交通的管理、审批核电站、贮存及再处理放射性物质的设施、征收税种等。

（二）德意志联邦共和国的地方政府

中世纪晚期德意志地区“自由市”被视作德国地方自治实践的发端①。奠定当代德国现代地方基础的是斯坦因于1808年颁布的《普鲁士市镇法》，该法规定选举产生的地方议会拥有“不受限制地决定地方共同体所有事务的权力”。此外，由地方议会选举产生的市行政机构则被委以地方事务的行政功能。伴随近现代德国工业化与城市化的发展，1850—1913年期间，德国地方政府的人员开支及其他开支提高了约20倍。地方政府承担大量任务，包括城市规划、水的供应、卫生、交通和文化设施等，以及国家委托的各种任务。不过，直至魏玛共和国建立，保证市镇和县在法律范围内实行自治才真正在宪法层面得以确立。1920年德国财政制度的改革使地方政府在所得税基础上再行抽税的权力丧失，从此之后地方政府只能对财产和贸易征税。

《基本法》承继市镇自治的传统，进一步保证城市、乡镇和县的地方自治②。《基本法》（第二十八条第二款）规定德意志联邦共和国的地方政府是指州以下的县市和乡镇，地方政府是州的组成部分。县市和乡镇间无上下关系，同属州下级行政机构，均享有自治权。《基本法》规定地方政府人员均由选举产生，作为欧洲共同体成员国的公民拥有选举权和被选举权。均可参与县和乡镇的选举各镇镇民代表大会可以代替民选政府机构。地方人民代表机构（乡镇代表机构或乡镇委员会、市议会、市政委员会、议员大会、市代表大会、县议会）有权决定一切重大问题，通过章程落实法律并监督所有行政管理机构的工作；行政管理机构则相反，职责是为地方人民代表机构的决议进行准备，执行人民代表机构通过的决议。

乡镇的地方人民代表机构和行政管理机构的职权、组成和名称随各州不同而不同，包括乡镇议会或市议会、市政委员会、乡镇代表会议或

① 赫尔穆特·沃尔曼．德国地方政府[M]．北京大学出版社，2005：4.

② 除市镇、乡、县，当代德国地方还有两类创新的地方政府形式，即地方联合政府形式，以单个层级的地方政府形式的，承担市镇与县的职责。另一种地方政府形式则称为“联合行政体”。

札记

市议员大会以及乡镇代表大会或市代表大会。对外代表乡镇的地方行政长官在非县级市或较大一些城市中被称为市长，也有由市政委员会选举产生的主席被称为乡镇长或市长。地方行政长官同样由地方议会选举产生，不同州对选举的具体方式有不同的规定。县的地方议会和行政管理机构是由全县选民选举产生的，县议会是地方代议机构，决定一切重大事务并监督行政机构的各项工作。不同州的地方行政长官或称县长，或称以集体领导的县政府委员会中的主席。

《基本法》规定联邦德国的地方政府拥有自治权力，有权制定符合当地需要的法律，有权管理当地的行政事务、公用事业、卫生、生态、治安、教育和社会福利的事务，地方政府从属于各州政府，必须接受州的监督和管理，各州对本州的地方政府职能都由法律规定，地方政府在规定的范围内进行活动。联邦德国县市和乡镇地方议会实行自治由当地公民选举产生的，县长、市长和乡镇长，由当地议会选举产生并对议会负责。因此，德国地方政府常被视作具备“双重功能”：首先，在地方政府事务中，地方政府按法律条文被迫执行的任务和完全依赖于自己决定行动与否的任务在法律上存在区分，但德国联邦和州政府的双重法律规制网络对地方政府存在着较强的影响；其次，地方政府要执行联邦或州政府授权的任务，受州的监督。

德国政府在法律和财政上受到诸多限制，而且德国地方政府必须履行多重的职能。具体来说，包括地方保健计划、市镇/城市发展计划、社会政策职能、公共设施、基础和公共投资、经济发展政策、文化活动及其他地方政府职责和活动，如城市改造、环境保护、失业政策等。同时，国家委托的职能则包括许可和审核、环境保护、驾照发放、市民登记。值得注意的是，德国教育和警察传统由国家负责，因此，地方政府关于小学和中学教育的责任仅限于办学的技术层面，而教育和警察相关的实质性事务则由州政府控制①。

除传统地方政府机构外，1949 年由下至上建立、深受专家意见影响的地方政府联合咨询机构——地方行政管理协会(KGSt)，为地方政府的组织设计和地方政府的组织规划提供极大的支持。自 20 世纪 50 年代以来，地方行政管理协会(KGSt)逐渐以古典的公共管理模式为导向

① 赫尔穆特·沃尔曼．德国地方政府[M]．北京大学出版社，2005：90-100.

札记

转向20世纪90年代晚期以"新治理模式"为核心，地方政府的预算困境和越趋僵化的行政管理是这一转变的主要原因。

德国地方政府在联邦体制中主要通过地方政府协会加强其在政策制定体系中的正式地位，此外，地方政府通过欧盟的地区议会同样发挥重要影响力。具体来说，由大城市和镇组成的城市协会、由较小的镇组成的社区协会、代表县的县协会于20世纪早期建立，对联邦和州政策的制定均发挥重要影响。20世纪70年代中期，联邦议会出台了相关条款，确保地方政府协会在联邦和州议会初期扮演的建议者角色。

虽然当代德国地方政府在20世纪90年代经历新公共管理运动洗礼、使得地方政府在吸纳公民参与和发展地方政府民主的水平不断提高，但长期以来形成的路径依赖，诸如地方政府对法律执行的定位、地方政府为主的社会救助体系、政治与行政功能的混合等，依然未发生根本的变化，使其形成了与斯堪的纳维亚类似的"中北欧模式"①。

(三)德意志联邦共和国的政党体制

德意志联邦共和国实行议会共和制，与法国第四共和国高度动荡的议会共和制形成了鲜明对比，德意志联邦共和国《基本法》和《政党法》所规定的政党政治是导致两国议会共和制差异状态的关键原因。

德意志联邦共和国的政党体制设计原则，是避免动荡的关键因素。针对二战前后德国的政党体制，德国《基本法》专门规定政党是反映人民意志的组织，作为宪法组织的政党是国家立法机构的基本组成部分，从宪法层面明确了政党的法律地位。建立民主的政党体制和政党即人民可自由建立政党；政党内部组织符合民主原则。为保证自由民主的政党原则，政党经费和财政必须分开，禁止企图危害和废除民主自由秩序的政党活动。《基本法》对政党建立、管理和行为的规定从宪法层面排除了法西斯性质政党参政的可能，这也是战后德国宪法与其他国家宪法的主要区别。同时，为避免纳粹时期极化政党政治的危险后果，《基本法》还规定德国政党及其追随者的行为或目标在危害德国安全时，可以禁止该党公开活动，但不能强制解散，且对该党是否触犯上述法令最终

---

① 赫尔穆特·沃尔曼. 德国地方政府[M]. 北京大学出版社，2005：167-172.

札记

解释权在联邦宪法法院，普通行政法院没有解释权①。

政党具体建设方面，德国于1967年7月24日颁布了世界上第一部《政党法》，对政党与国家关系、政党作用、内部组织、候选人产生和经费均作出明确规定，充分体现德国政党建设的民主取向。

首先，政党在宪法规定范围内持久地代表人民。这一方面规定成熟的政党标准，即无论是联邦或州层面，德国各政党必须代表人民并具备深厚的民意基础。如德国《政党法》要求德国每一个政党必须有书面的纲领和成文的章程。同时，若政党连续六年无法提出候选人参与议会选举，则该政党将丧失其作为政党的法律地位。上述规定有助于相对成熟稳定的政党生存，减少全国层面的政党数量，继而减少议会共和制动荡。另一方面，明确规定政党相对于国家的从属地位，意味着政党不可能凌驾于国家，反体制的政党在法律上无法获得保障，政党只有参与联邦或州的议会机构才可能具有合法地表达民意。这有助于防止极左、极右政党的尖锐的对抗对政治体制形成根本挑战。

其次，注重保护普通党员在政党组织内部的政治权利及对政党组织的监督的权利。《政党法》对党员的权利给予明确规定：

1)党的权力机关有权批准吸纳新成员，拒绝某人入党不必加以说明，被剥夺选举权和被选举权的人不能成为党员；2)党员和政党团体的代表有同等投票权，党章可以规定投票权的行使取决于党员是否交付党费，每个党员有脱党自由；3)党章包含有关行政的条款，如对党员的纪律处罚、处罚的理由，当党员本人违背党章和党的纪律时，如果不服从决定可依据仲裁程序向仲裁法院提出申诉，仲裁法院有权作出开除出党的决定；4)紧急和严重局势下，政党或地区组织的执行委员会可以拒绝党员行使权利，直至仲裁法院作出决定时为止。

类似地，政党经费来源、开支情况必须向党内公开并交由联邦议院议长在联邦议院公报上公布。以上规定有助于提高德国公民参与政党的积极性、维护党员的合法权益并提高政党活动的透明度，从而促进德国政党与公民社会建立稳固的纽带关系。二战后德国的主要政党分布也充分反映德国《基本法》和《政党法》对政党体制和政党组织建设民主取向的规定。

---

① 弗兰茨·诺曼·谢德曼．德国政治概况[M]．学林出版社，1999：21.

札记

再次，注重政党地区组织的建设。政党可以建立发展地区组织，地区组织的规模由政党章程规定。政党地区组织的发展必须充分保证党员在合适的程度上能够参与党内政治意志的形成。党员大会和执行委员会构成政党及其地区组织的骨架。依据规定，地区组织中党员大会可以由党员代表大会代替，党员代表应由党员大会或下级组织代表至少每两年选举一次。党员大会或代表大会是一定地区组织的最高机关，政党大会至少每两年召开一次。政党大会决定党纲、党章、党费、仲裁程度、政党分裂和与其他政党的合并。政党大会选举地区组织的主席、执行委员会的代表和其他成员等。政党大会至少每两年听取一次执行委员会的活动报告，采纳或通过有关决议。执行委员会必须至少每两年选举一次，其成员在三人以上，包括议员和政党内其他高级别的人物。执行委员会管理地区组织并按照法律、章程和政党最高机关决议履行职责。

阶级、宗教虽然依然是影响德国主要政党发展的主要因素，但“民主”一词却成为战后德国各类政党的附属性标签，如中右联盟的德国基督教民主联盟、德国社会民主联盟和自由民主党，抑或中左联盟的德国社会民主党，这与德意志帝国时期以保守党为核心的保守性政党体制形成鲜明对比。

战后伴随德意志联邦共和国超越英法成为西方第二大经济强国，国内各阶级之间的矛盾有所缓和，左右翼政党在意识形态上的趋中态势渐趋显著。对纳粹主义兴起发展的反思和政治社会秩序的重建促使宗教再次在德国扮演重要角色。“冷战”的深入加深了处于东西对抗中心的德国公民对核战争的恐惧，而德国工业化对生态环境造成的巨大破坏则促使绿党出现在德国政治舞台之上。德国《基本法》对联邦各州的自治权力的确认也减少了各党在联邦和各州权力分配的争议，战后联邦和各州权力的分配问题不再是各党纲领的重要议题，取而代之的是战后东西德的分裂一跃成为各党政纲的重要内容。总之，外部国际环境的严峻、德国工业化的发展和价值观的变迁是所谓“民主”外表下德国政党体制转型和政党变革更为深刻的背景。

阶级因素方面，德意志联邦共和国的右翼政党和左翼政党已超越严格的阶级界线而均转向注意积极吸引各阶层的选民。前面章节已经论述到德国社会民主党是德国老牌的左翼政党，虽在1933年被纳粹政府取缔，但其在1945年很快重建，并成为影响德国政局的重要力量。战后

札记

社会民主党在1959年召开哥德斯堡大会后，主张该党是思想自由的党，奉行民主社会主义，赞同自由竞争和开放自由市场，主张工人参加企业管理，扩大社会福利、打击新纳粹势力和暴力排外活动。社会民主党的社会基础也从传统的产业工人群体发展成为囊括普通公司职员、知识分子、公务员和家庭妇女在内的中左翼政党。进入90年代后，德国社会民主党则进一步主张工会、企业家和银行界共同合作，提高中低收入阶层收入，彻底放弃国有化和计划经济；主张改善中小企业经营环境和生存条件，减少税收，帮助中小企业开拓国际市场；振兴德国东部经济；进行生态税收改革，提高汽油、天然气税收，降低能耗。

宗教对德国政党的影响方式同样发生了深刻转变。以宗教型政党为例，与传统的新教、天主教不同的是，战后以基督教民主联盟、基督教社会联盟为代表的中右翼政党尝试以宗教的名义整合德国社会的各类保守势力，如德国广大的天主教地区、农村、中产者和大企业家。依托上述阶层的支持，基督教民主联盟和基督教社会联盟如今在德国政党政治中均发挥重要影响。与其阶级基础对应的政党组织结构上，基督教民主联盟和基督教社会联盟是政治家与其支持者形成的松散政治结构，和社会民主党严密的组织结构形成鲜明对照。其中，基督教民主联盟中央领导机构为联邦理事会、主席团和监察委员会，下设基督教民主工作委员会、青年联盟、妇女联合会、市镇政策联合会、中产者联合会、难民与被驱逐者联合会等组织。基督教社会联盟的中央机构则由巴伐利亚州理事会和主席团构成，中央下属设三级组织：专区委员会、县委员会和基层委员会。外围组织有基社联经济委员会、汉斯—赛德尔基金会、德意志基金会、基督教民主大学生圈、学生联盟等。

两党共同主张发展“社会市场经济”，反对国家对社会经济活动的过多干预，要求控制政府债务，限制外来劳动力进入。对外政策上倡导加强与西欧各国的政治、经济、军事联合，赞同与美国的联盟，积极与北约合作，加强欧洲防务，努力促进欧洲一体化进程。

除阶级和宗教等因素继续对德国政党体制和政党发展具有基础的影响作用外，社会变迁带来的新议题也成为影响政党体制稳态的重要因素。当环境问题和核战争威胁逐渐凸显时，德国出现了世界上第一个以环境保护和生态平衡组建的政党，即绿党。该政党的阶级色彩远未有社会民主党和基督教民主联盟浓厚，其组织结构也未有德国大党内部等级

札记

鲜明的结构，该党的领导机构为松散的联邦理事会。党纲的核心是强调环境保护，在政府和市场关系问题上居于中左翼政党联盟和中右翼联盟之间，要求建立公正的社会，缩短工作时间，实现充分就业，给予工人更多的自治权。除绿党外，德国还出现一些新的政党，如主张互联网自由的海盗党，该党目前在欧洲议会占有议席。

总之，战后德国《基本法》和《政党法》对德国政党体制和政党民主建设的制度规定和德国战后社会的变迁产生了极大影响，共同促成一个由以由社会民主党为核心的中左联盟、以基督教民主联盟为核心的中右联盟构成的相对稳定的政党体制。当代德国政党体制既能保持相对稳定，充分反映德国阶级和宗教格局，也能容纳社会发展带来的新诉求，有助于保证德国公共政策的连续性，凝聚共识，促进社会利益整合和政治稳定，防止碎片化和极化性政党体制对政治秩序的冲击。德国政党政治一定程度上保证了战后德国经济社会的迅速发展，防止了极端政治势力对德国政治发展带来的破坏性影响。

名词与术语

神圣罗马帝国 《金玺诏书》《法兰克福宪法》《政党法》“建设性不信任投票” 卡诺莎之辱 魏玛共和国 社会民主党 纳粹党 领袖独裁制 《基本法》 议会主席团 长老委员会联邦议院 联邦总理 德意志联邦共和国 德国基督教民主联盟 德国社会民主联盟 基督教社会联盟 德国绿党

思考题

1. 结合德国政治发展史，说明当代德国实行联邦制的原因。
2. 概括神圣罗马帝国政治制度的特征并予以简要评价。
3.《金玺诏书》对神圣罗马帝国的发展有何种历史影响？
4. 如何评价“卡诺莎之辱”背后的神圣罗马帝国政治制度隐匿的危机？
5.“三十年战争”和“拿破仑战争”对神圣罗马帝国的历史影响是什么？
6. 请分析德意志帝国宪法难以建立议会君主制的原因。
7. 如何理解魏玛共和国宪法的民主性和脆弱性？
8. 联邦总理在当代德国政治生活中的作用。
9. 解释说明“建设性不信任投票”对德国议会共和制的积极作用。

札记

10. 概述德国基督教民主联盟和社会民主党形成的社会基础。

延伸阅读

1. 马啸原:《西方政治制度史》, 高等教育出版社 2003 年版.

2. [德]鲁茨欧:《德国政府与政治》, 熊炜等译, 北京大学出版社 2010 年 版.

3. 顾俊礼:《列国志: 德国》, 社会科学文献出版社 2007 年版.

4. Smith G., Paterson W., Merkl, et al. Developments in German Politics. Durham: Duke University Press, 1992: 1-2.

5. Steinmetz G., Regulating the Social: The Welfare State and Local Politics in Imperial Germany. New Jersey: Princeton University Press, 1993.

6. Braunthal G., Parties and politics in modern Germany. Colorado: Westview Press, 1996.

7. Page E., Germany: Administration and Politics Revisited, in Policy without Politicians. Great Clarendon Street: Oxford University Press, 2012.

8. Schmidt, Manfred G. Political institutions in the Federal Republic of Germany. Great Clarendon Street: Oxford University Press, 2003.

9. Katzenstein P. Tamed power: Germany in Europe. Ithaca: Cornell University Press, 1997.

10. Stolleis M. Origins of the German Welfare State: Social Policy in Germany to 1945. Berlin Heidelberg: Springer, 2013.

第八章　美国政治制度史

民主并不给予人民以最精明能干的政府，但能提供最精明能干的政府往往不能创造出来的东西——使整个社会洋溢持久的积极性，具有充沛的活力，充满离开它就不能存在和无论环境如何不利都能创造出奇迹的精力。这就是民主的真正好处！

—— 托克维尔《论美国的民主》

札记

汉密尔顿提出了一个至今仍然值得人们深思的问题："人类社会是否真正能够通过深思熟虑和自由选择来建立一个良好的政府，还是他们永远注定要靠机遇和强力来决定他们的政治组织。"虽然政府的建立出于机遇和强力是大多数人类社会普遍的现象。但是美国立宪实践表明，人们能够通过理性的行为和榜样，并基于深思熟虑和自由选择，来建立并维持立宪政府体制。

第一节 美国政治制度史分期

马克思曾言："随着经济基础的变更，全部庞大的上层建筑也或慢或快地发生变革。"①可见，政治制度的变革以社会经济形态的变更为基础，二者相互作用却又非完全同步。因而，与通史分期主要依据"社会经济形态的更替"，将"生产关系"作为"历史发展阶段的核心标志"不同，政治制度史的里程碑只能从政治制度本身的演变轨迹去寻找。政治制度是一定社会经济条件下统治阶级组织国家权力机构和组织社会成员参与社会公共事务的形式、规则和实践。它不仅包括一国的国家政治结构和法律组织，而且包括政治生活的现实，既有静态的制度，又有动态的过程。因而我们在对美国政治制度进行历史的分期时，既要注意成文的典章制度，又要注意活生生的政治过程，这样才能更加准确地确定历史分期的标志。

社会经济形态更替所导致的政治制度变迁，既包括国家性质，即国体的改变，又包括国家形式和一整套政治生活规则的改变，是个复杂的过程。处于某种历史阶段的国家总会有典型的国家形式，但由于各国社会经济形态的演变和阶级力量的变化过程不尽相同，加上各国民族特征的影响和国际环境的差异，典型国家形式也会产生多种变体，甚至在一定社会经济形态下的同一国度也会发生由一种变体向另一种变体的转换。因此我们还须注意辨别这种转换，并由此判断一国政治制度的基本特点及其形成、完善、演变的阶段，确定历史的分期。

基于上述考虑，谭君久认为美国政治制度史就是美国式资产阶级民主随着资本主义生产关系的发展而发展的历史，它可以划分为：其一，

① 马克思恩格斯选集(第2卷)[M]. 人民出版社，1995：83.

札记

制度基本形式的确立时期，指从英属殖民地时期到1803年三权分立体制的建立；其二，制度巩固和完备时期，从1804年至1880年代；其三，制度变形时期，从1880年代至1946年；其四，制度挑战与调适时期，包括冷战时期至今。①

一、1620—1803年：美国政治制度的确立

这一时期的经济基础是北美大陆资本主义开始在宗主国限制下的发展和独立后的初步发展，政治制度方面的成就则是移民将欧洲文艺复兴以来的资产阶级政治学说应用于北美，经过殖民地时期和独立前后的曲折探索，确立了有北美特色的资产阶级民主制的基本结构。这个过程中，对于政治制度发展十分重要的事件包括《五月花号公约》的出现，北美独立战争的爆发，1787年宪法的确立及其修正案的通过等等，这一时期结束于1803年的马伯里诉麦迪逊案，该案件标志着美国三权分立体制的建立。

(一)《五月花号公约》和英属北美13块殖民地

1620年9月，五月花号搭载了以清教徒(puritan)为主的102人，从英格兰的普利茅斯出发，历经两个多月到达美洲新大陆，建立了普利茅斯殖民地。在登岸之前，船上的41名成年男子签署了《五月花号公约》(The Mayflower Compact)，宣布：

① 谭君久．美国政治制度史分期问题初探[J]．世界历史，1987(6)．

札记

我们在上帝面前共同立誓签约，自愿结为一民众自治团体。为了使上述目的能得到更好地实施、维护和发展，将来不时依此而制定颁布的被认为是对这个殖民地全体人民都最适合、最方便的法律、法规、条令、宪章和公职，我们都保证遵守和服从。①

《五月花号公约》说明，英国移民一踏上北美大陆，就开始了设计和创建理想政治制度的尝试，他们不仅将正在英国发展着的资本主义生产关系移植到北美“无主”土地，而且带去了资产阶级的政治思想。《五月花号公约》还不是一部宪法，但它是一份政治宣言，开创了美国日后无数自治公约的先例，它的签约方式及内容代表着“人民可以由自己的意思来决定自治管理的方式、不再由人民以上的强权来决定管理”。依据它，英属北美殖民地开始形成自我管理的社会结构，这在王权与神权统治的时代暗示了许多民主的信念。

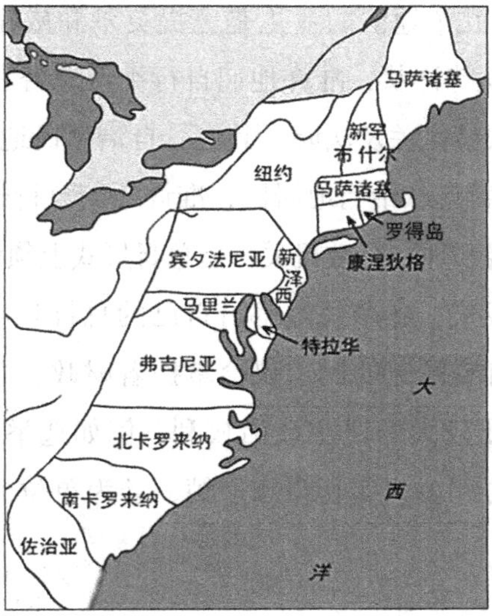

（图来自于 http：//www. yidianzixun. com/article/0H4dKV9x）

到 1733 年，英国人占领了东起大西洋、西至阿巴拉契亚山脉的狭长地带，在这上面建立了 13 块殖民地，这些殖民地在英国的最高主权下有各自的政府和议会。

① ［美］戴安娜·拉维奇，陈凯．美国读本［M］．三联书店，1995：2.

札记

按社会经济发展状况来看，13 块英属北美殖民地可分为三种类型：北部 4 块(马萨诸塞、罗得岛、新罕布什尔、康涅狄格)在 1643 联合为新英格兰，奴隶不多，但黑人奴隶贸易广泛，工商业、渔业比较发达，但 90%的居民仍然从事农业；中部 4 个(宾夕法尼亚、纽约、新泽西、特拉华)土地肥沃，可耕地面积较大，居民主要从事农业，与小农场并存的是封建性的大地主土地占有制；南部 5 个(佐治亚、北卡罗来纳、南卡罗来纳、马里兰和弗吉尼亚)，盛行以奴隶制为主的种植园经济，除不适宜于发展种植园的山区还保留着少数独立的自由农民之外，几乎都是使用奴隶作为劳动力的种植园。

按政治体制来看，13 块殖民地也可分为三种类型：其一，皇家殖民地(纽约、新泽西、弗吉尼亚、北卡罗来纳、南卡罗来纳、佐治亚、马萨诸塞等)，直属于英国王室，由英王直接任命总督进行统治，各殖民地虽有参议会，但议员由总督指派，形式上须经英王批准，总督作为最高行政首长，只对英王负责。其二，业主殖民地(马里兰、特拉华、宾夕法尼亚等)，这几个地区的业主是巴提莫尔和威廉·派恩两贵族及其后裔，英王曾颁发特许状，准许他们自行委派总督和官员对殖民地进行管理，并可设置议事机关及法院。其三，自治殖民地(罗得岛、康涅狄格等)，由英王颁发特许状给当地居民，准许他们自行选举立法机构，并由立法机构选举总督和地方行政机关，但总督形式上须由英王批准。①

经过长时间的发展，各殖民地都有自己的总督和议会，拥有或大或小的自主权，甚至有殖民地的民选议会掌握着财政、立法大权。殖民地的居民也能享受到比较大的民主政治权利，例如选举权和被选举权等。还有些自治殖民地的许多州实行以市、镇、县为单位的、比较完整的自治权。

(二)北美独立战争

1. 发生背景

13 块殖民地的人民虽然在边界、贸易和宗教等问题上经常发生争执，但他们都说英语、遵守英国的风俗习惯、信奉英国的议会制、忠于

---

① 马啸原．西方政治制度史[M]．高等教育出版社，2013：158-159.

札记

英国国王，逐渐演化成为一个民族。18 世纪 60 年代，英法七年战争①使英国负债累累，要求北美殖民地帮助偿付战争花销。对此，已经长期习惯于享有较大程度自治和独立于英国政府之外的北美殖民地人民激烈反对。1765 年英国议会通过《印花税法》，遭到殖民地民众抵制，一年后该税法被废除。抵制的成功使殖民地生发出一种团结精神。1767 年，英国议会再次通过了扩大关税征收范围的立法，殖民地人民以波士顿茶党(Boston Tea Party)暴动来抵制。1774 年，英国议会通过多个强制法案(Coercive Acts)进行报复，关闭波士顿港、将其置于英国直接控制之下，不准殖民地居民向西开拓，禁止他们发行自己的纸币。英国当局在北美的政策严重损害了殖民地居民的利益，双方矛盾日趋激化，终于引发了北美殖民地人民反抗英国统治者当局的独立战争。

(图来自于 http：//www. onegreen. net/maps/HTML/56893html)

① 1754—1763 年，欧洲强国所形成的两大军事集团，为争夺殖民地和霸权而进行的一场大规模战争，对抗双方分别为英普同盟(后德意志、葡萄牙加入)，和法奥同盟(后瑞典、西班牙等加入)，战争波及欧洲、北美、中美洲、西非海岸、印度、以及菲律宾等，总共造成约900 000至1 400 000人死亡。1763 年法国、西班牙与英国签订《巴黎和约》(Treaty of Paris 1763)，萨克森，奥地利与普鲁士签订《胡贝尔图斯堡和约》(Treaty of Hubertusburg)，才标志着战争的结束。

札记

2.《独立宣言》(Declaration of Independence)

北美独立战争(1775—1783)，也称“美国独立战争”，始于1775年波士顿人民在来克星顿与英军交战，到1783年英美双方在法国签订《巴黎条约》(Treaty of Paris)承认美国独立为止。战争开始时以殖民地为一方，英国为另一方，英军占据优势；后来法国、西班牙、荷兰等乘机参战，演变成为国际战争，英军陷入孤立境地，战局发生变化，最后北美殖民地得以成功脱离英国而独立。

1776年7月4日，第二届大陆会议召开，来自13个殖民地的代表一致通过了《独立宣言》，宣告美利坚合众国诞生。这是美国第一个宪法性文献，参与文件起草的有托马斯·杰斐逊、约翰·亚当斯、本杰明·富兰克林、李文斯顿和薛曼等人，文稿由杰斐逊执笔。

《独立宣言》阐述了天赋人权原则、国家起源于社会契约的原则、人民主权原则和人民革命原则。它指出：“我们认为这些真理是不证自明(self-evidence)的：人人生而平等；造物主赋予他们某些不可让渡的权利，其中包括生命、自由和追求幸福的权利。为了保障这些权利，政府便在人民中间成立起来，由被统治者同意而取得正当的权力；任何形式的政府一旦破坏这些权利，人民就有权改变或废除它，另设新政府。新政府所依据的原则和所应有的权力，必须按照人民的意愿，是他们认为最能促进自己的安全和幸福的。”①《宣言》指出，大不列颠统治北美殖民地的历史是一部怙恶不悛、倒行逆施的历史，它的一切措施都是为了一个直接的目的，即在各州建立一种绝对的专制统治。《宣言》宣布了不列颠政府在立法、司法、行政、贸易、军事等方面的27项罪行，认为英国在北美的统治是罪恶昭著，无恶不作。最后宣布北美十三个殖民地从此“解除与大不列颠的政治关系”，成为“独立的国家”。

《宣言》虽然还不是美国宪法，也并未涉及美国的政体和政府机构的职能和关系，但是它对美国宪法的制定和美国政治体制的构建起了重要的指导作用，它的天赋人权思想和对黑奴的歧视都同样影响了美国宪法的制定。

---

① 吴新平．美国法典(宪法行政法卷)[M]．中国社会科学出版社，1993：5.

札记

(三)美国宪法的制定

1. 1777年《邦联和永久联合条例》(Articles of Confederation and Perpetual Union)

《独立宣言》发布后,原先的13块殖民地作为一个新国家存在,但这个新国家在战争中面临诸多问题,如筹建军队、外交事务、发行货币、各殖民地之间的商业贸易等等,急需一部基本法来确定权力规则。因此第二届大陆会议着手起草全国宪法,于1777年11月19日通过了《邦联和永久联合条例》,简称为《邦联条例》。随后,大陆会议将其交付各殖民地议会批准,直到1781年3月,《邦联条例》才正式生效,它成为美国联邦宪法生效之前的一部国家根本法。

按照这部宪法,各州保留了很大的独立性。各州享有征税、征兵和发行纸币的权力,邦联国会只有宣战和媾和,派遣对外使节,掌管邮政,调整各州关系等权力。因此,美国俨然是由13个独立国家组成的松散国际联盟。该条例规定设立一个国会,每个州都可派2至7名代表参加。每州不论人口多少,都在国会中有一票表决权。所有重大事项要有至少9票才能通过;而对条例的修正则需要13州一致同意。该条例授权全国政府处理某些外交事务、宣战、管制货币铸造、确定度量衡标准、举债借款、建立邮政系统、筑路以及征募陆军和海军,但上述权力不是专有的,每个州都可以做这些事情。而且,该条例没有授权国会征税和筹款,国会只能向各州募集款项。国会也无权管制外贸、建立全国法庭或强制实施自己的命令。①

《邦联条例》使美国初步形成了一个统一的国家,有力领导了独立战争并取得了胜利。但是,1783年英国承认北美独立后,集中力量谋求独立的紧迫感消失了,各州为了各自的利益,冲突升级。当时的体制下,由于缺乏全国性的行政和司法机构,国会只能依靠各个州的地方政府(各地政府之间往往缺乏协作)来实施其指定的法律。同时,国会对于各州之间的关税也无权介入。由于条例规定只有所有州的一致同意才能修改《邦联条例》,而且各州对于中央政府非常不重视,经常不派员参加中央会议,因此国会经常因为表决人数不足而被迫休会。总之,软

---

① 马啸原. 西方政治制度史[M]. 高等教育出版社,2013:161-162.

札记

弱的邦联国会难以将各州维系在一起，也无力协调、管束此起彼伏的冲突，分裂的危险威胁到新独立的国家，为战时需要而成立的邦联政府已经不能适应美国经济社会现实发展的需要。许多有识之士，特别是独立战争中的领袖人物，都意识到有必要建立一个强有力的中央政府。

2. 1787 年宪法

1786 年 9 月，5 个州的行政长官在马里兰的安那波利斯举行会议，讨论如何修改《邦联条例》，以促进各州之间的通商往来。会后他们邀请各州的代表到费城进一步讨论发展邦联政府的事宜。激烈的辩论之后，邦联国会在 1787 年 2 月 21 日批准了修订《邦联条例》的方案。除罗得岛州之外的 12 个州都接受了邀请，共派 55 名代表参加 1787 年 5 月在费城举行的会议，由乔治·华盛顿主持。最初的决议案写明了这次会议的目的是起草《邦联条例》的修正案，但是会议最终决定重新起草一部宪法。会议召开不久，代表们投票通过了“国家政府应由最高立法机关、行政机关和司法机关组成”的决议，还通过了将旧邦联国会的一切权力授予新国会，以及新国会拥有为确保合众国的完整不受各州法律挑战所必需的其他权力等提案。但制宪会议上，大州与小州之间就国会中的议员名额分配问题，北方工业州与南方奴隶州之间因商业管理权问题、因征税和议员名额分配中如何计算奴隶人口的问题等等，产生了严重的分歧。此外，对于“国家只建立一个最高法院还是同时设立一些低级法院？总统如何选举产生？”等问题，代表们亦争论较多。

1787 年 9 月 17 日，激烈讨论后，新宪法草案在费城正式完稿，对于邦联体制下的政府极度不满的制宪会议代表们签署了宪法文本，并且

同意将其交付各州表决。① 但这一法案还须获得 13 个州中的 9 个州的批准才能生效。此后，数个州立法机构在激烈辩论过后批准了它，1788 年 6 月 21 日新罕布什尔州成为第九个接纳宪法的州。邦联议会随即设置了宪法运作的时间表，在宪法框架内运作的联邦政府终于在 1789 年 3 月 4 日成立。

1787 年宪法全文由序言和 7 项条款组成，确立了即将创建的政府的基本原则。其一是共和制原则。建立有成文法律的有限政府，由人民自由公正地定期选举代表来为他们决策。其二，人民主权原则。宪法序言阐明了其目的和宗旨："我们，美利坚合众国的人民，为了组织一个更完善的联邦，树立正义，保障国内的安宁，建立共同的国防，增进全民福利和确保我们自己及我们后代能安享自由带来的幸福，乃为美利坚合众国制定和确立这一部宪法。"其三，分权原则。宪法的分权设计包含两个方面，一方面是联邦与州之间的分权，另一方面是将宪法性权力分别授予联邦政府的三个不同部门——立法机关、行政机关和司法机关，分别负责制定法律，执行、实施法律，以及解释法律。其四，权力制衡原则。麦迪逊有言，"以野心对付野心"，制宪者们认为，仅有分权是不够的，必须在三个被授予宪法性权力的不同部门之间建立制衡机制，使每个部门都能制约其他两个部门的行动，从而确保任何部门都不可能占据优势地位。

此外，1787 年宪法还规定，众议员由选民在自己选区内选出，任期两年，席位按照人口比例分配，人口愈多的州，众议员数量愈多，但保证人口最少的州至少有一名众议员；1922 年国会通过一项法律规定众议员人数最多不得超过 435 名。1787 年宪法规定参议员由各州议会选举产生，后来 1913 年第 17 条宪法修正案规定：参议员由各州有选举权的人来选举，任期 6 年，每两年改选 1/3，可连选连任；各州不论大小，都有两名参议员。总统由选举人团选举产生；联邦法官实行终身制。

3. 1791 年《权利法案》

1787 年宪法草案在提交各州批准时，各州代表提出了很多建议，

---

① 为争取新宪法获得各州批准，参与宪法制定的亚历山大・汉密尔顿、詹姆斯・麦迪逊和约翰・杰伊等人，在《纽约邮报》上共同以"普布利乌斯"（Publius）为笔名，发表了 85 篇阐释新宪法、驳斥反对意见的文章，后编纂为《联邦党人文集》。

札记

特别是民主派对宪法缺少保障公民权利的条款表示强烈不满，联邦党人允诺宪法一旦被批准就立即增补权利法案。根据宪法第5条：修改宪法的方式是只增加修正案，对宪法原文不作改动；提出修正案的方式有两种：一是由达到法定出席人数的国会两院各2/3多数议员提出，二是应2/3多数的州议会请求召开全国性会议。批准宪法修正案的方式也有两种：经由3/4的州议会，或3/4的州制宪会议批准。可见，宪法修正案的提出和通过都十分不易，但一旦修正案获得通过，将被视为美国宪法的一部分，其效力等同于美国宪法主文。

1791年生效的《权利法案》就是宪法第1—10条修正案，这10条修正案被视为人权保护的基石：

> 第一修正案保障宗教、言论和出版自由，保障和平集会和向政府请愿的权利。
>
> 第二修正案保障公民携带武器的自由。
>
> 第三修正案规定没有主人的同意，军队不得驻扎民宅。
>
> 第四修正案禁止非法的搜查、逮捕和扣押公民财产。
>
> 第五修正案规定审判犯有重罪的犯人，必须先由大陪审团提出起诉；不得对同一罪行进行重复审判；未经正当的司法程序，不得实施惩罚；不得强迫被告提供对自己不利的证据。
>
> 第六修正案要求对刑事犯罪必须有一个快速的公开审判，必须有一个公正的陪审团，保证被告有获得律师帮助的权利，审判中证人必须当场与被告当面对质。
>
> 第七修正案规定民事诉讼中，其争执涉及价值超过20美元的，当事人有权要求陪审团审理。
>
> 第八修正案规定不得要求过高的保释金或罚款，不得施与残酷的或超常的刑罚。
>
> 第九修正案宣布公民的权利不止于宪法中所列出的，宪法没有专门提及的权利属于人民。
>
> 第十修正案宣布政府的权力止于宪法中所列出的，宪法没有专门提及或禁止的权力均留给各州政府和人民。①

---

① 马啸原．西方政治制度史[M]．高等教育出版社，2000：174.

札记

《权利法案》从法律上明确保障了人民的各项权利，如它肯定了“私有财产不可侵犯”的原则和公民人身自由、精神自由的基本权利等，削弱了联邦政府侵犯人民自由的权力，为之后涉及公民权利的重大司法审判提供了宪法依据，也为人民维护自身权利提供了法律基础。第9、10修正案促进了科技和经济的发展，它鼓励人民创新。宪法中没有规定的权利都属于人民，这使得创新的阻力大大减少，使得政府难以对新兴事物强加管制。其意义远远超过了后来的大多数修正案。

(四)行政制度的初建

宪法规定，联邦行政权力交由总统掌握，总统由选民采用选举人团制度间接选举产生。汉密尔顿等认为，这是为了防止骚动和紊乱的发生，因为有一个中间机构，“就不那么容易造成震动整个社会的非常的、暴乱性的运动。而且由每州选出的选举人将在选出他们的州内集合并进行投票，这种各自分离的情况，比起把他们同时召集到同一地点，更不容易招惹激情和怒气，以及影响全体人民”①。

总统拥有广泛的行政权力，对外可代表国家缔结条约，对内可担任海陆军总司令，可任命大使和其他使节，任命国家官员和最高法官，但这些权力的行使都要受制于参议院。如缔结条约，须经参议院出席议员2/3多数的赞同方能生效；如国家高级官员的任命，须经参议院过半数议员同意通过才能正式任命。

建国先贤们在创立新的政治制度时处处警惕、防范将前宗主国英国式君主制的弊端遗留下来，汉密尔顿等曾将美国总统与英国国王加以比较，展现了他们在总统职权设计上的巧思：英国国王是世袭的，美国总统是民选的；英国国王人身是不可侵犯的，美国总统如有错误，可以被弹劾乃至审判，如查明有叛国或接受贿赂等重罪，可对其撤职并使其接受法律的惩处；英国国王对议会的议案拥有绝对否决权，国王否决的议案不得再行复议，而美国总统对国会议案仅拥有相对否决权，被总统否决的议案，国会两院复议获得2/3多数赞同的，仍可通过成为法律；英国国王拥有宣战、媾和、征召陆军和组织舰队的权力，而美国总统虽为

---

① 汉密尔顿，杰伊，麦迪逊．联邦党人文集[M]．程逢如等译．商务印书馆，1995：347.

札记

国家海陆军总司令，但须经国会同意才能宣战、媾和、征召陆军或组织舰队；英国国王个人便可委任高级官员，美国总统委任高级官员须经国会同意；英国国王可授予一切特权，使平民成为贵族，美国总统则不能授予任何特权；英国国王是国家宗教的最高领袖，美国总统则无宗教权力。

将行政权力赋予总统一人，是考虑到“集权力于一人最有利于明智审慎，最足以取信于人民，最足以保障人民的权益”①。汉密尔顿等认识到，统一才有力量，一人行事在决断、灵活、保密、及时等各个方面无不较之多人行事更为优越，反之，人数越多，这些好处越少。古希腊曾经实验过选举多名执政官，但是后来仍改为一名，古罗马亦曾实行过“一职多人”，一度设立十人执政团，可结果是执政者之间出现危害国家的致命分歧。最高权力的分散，不便于监督，且互相推诿，责任不清，“而一人掌权，唯其只有单独一人，就会更密切地受到监督，更容易遭到嫌疑，也不可能像许多人一起那样联合起来形成较大的影响”②。多人执政若是沆瀣一气、勾结为害，比起一个人的野心，国人更难提防。总之，行政权力集中于一个人，人民易于控制，因为人民只需要监督、警惕一个人。

在华盛顿任内，形成了召集行政各部部长举行会议的惯例，内阁作为总统咨询机构的地位随之形成。这一时期通过的设立外交部的法律把免职权赋予总统单独行使。联邦的行政制度得以初步建立起来。

（五）司法制度的成形

宪法规定，司法权属于联邦最高法院及国会随时设立的下级法院。法官的任命办法与一般官吏的任命办法相同；法官任职期间如无不当行为可以终身任职到 60 岁；其薪俸在任职期间不得减少。这些规定都是为了使司法部门免受立法、行政两部门的干预和影响，以保护其独立性。

---

① 汉密尔顿，杰伊，麦迪逊著，程逢如等译．联邦党人文集[M]．商务印书馆，1995：357.

② 汉密尔顿，杰伊，麦迪逊著，程逢如等译．联邦党人文集[M]．商务印书馆，1995：361-362.

札记

相较于行政机关和立法机关，司法机关在 1787 年宪法中着墨较少，处于弱势地位。事实也是如此，当时司法部门既无军权又无财权且无人事权，既不能支配社会的力量和财富又不能采取任何主动的行动。也就是说司法部门既无强制又无意志，仅有判断，并且在实施判断时还须借助于行政部门的支持。可见美国最初的宪政设计中司法部门只能做到“权力分设”而无法达到“权力的制约与平衡”。

此后，联邦司法权经历了几个关键的步骤和案件才切实拥有了与另外两权制衡的依仗，例如 1789 年的司法条例使联邦司法制度和机构体系建立起来，18 世纪末最高法院开始以宪法解释者的身份来运用权力的实践，又如希尔顿诉合众国案的判决等，而最终 1803 年的马伯里诉麦迪逊案件中，马歇尔大法官令人拍案叫绝的判决使得联邦最高法院明确确立了司法审查权。

（六）政党政治的初显

殖民地时期和反英革命时期，美国尚未出现有组织的近现代意义的政党，但这两个时期的政治派别斗争传统成为美国近代政党发轫的基础。从英国于 1607 年在北美建立殖民地开始，宗派斗争就成为殖民地政治生活的一部分，始终没有停止过。如最初的教派斗争，后来的代表殖民地居民的议会与代表英王的总督之间的斗争，1764 年开始出现的围绕着是否反对英国而形成的激进派和保守派之间的斗争，以及建国后制宪会议围绕 1787 年宪法批准出现的联邦派和反联邦派的斗争。不过，这些斗争都还不能算作政党的斗争。

美国的政党产生于联邦政府建立之后，形成的确切日期不明。从第一届国会开始，围绕财政部长汉密尔顿的经济政策，在国会内就形成了支持与反对两个稳定的投票集团，以此为基础形成了以汉密尔顿为首的联邦党和以杰斐逊为首的共和党，后者于 1794 年改称为民主共和党。联邦党主张建立稳定的国家信贷、建立国家银行、保护关税、从宽解释宪法并集中权力于中央，而共和党则主张从严解释宪法，使各州和地方政府能够分享到较多的权力。两党的政治斗争推动美国政党制度逐步形成。1796 年大选，约翰·亚当斯当选总统，联邦党成为执政党，民主

札记

共和党成为在野党，美国历史上首次出现执政党与在野党的划分。之后，众议院在通过执行《杰伊条约》①的拨款时，民主共和党召开了国会内该党的核心会议，这便是第一个有案可考的正式的政党核心会议。1800 年总统选举，民主共和党人杰斐逊当选总统，这是美国历史上国家政权第一次从一个政党手中转移到另一个政党手中，标志着民主共和党时代的开启，也意味着美国政党政治的建立。

二、1804 年—19 世纪 80 年代：美国政治制度的巩固

这一时期，统一的国内市场逐步形成，工业革命在全国范围内完成，充分自由竞争的资本主义得以运转，与此相适应，美国政治制度也取得了显著的发展，作为国家最高统治权的联邦主权地位无可动摇地巩固了，同时建立了资产阶级民主制度的辅助环节，形成了系统的稳定、参与机制。

（一）南北战争（The American Civil War）

联邦主权地位的巩固和资本主义国体的稳定，经由南北战争得以实现。

战争起因主要包括三个方面：其一，制度内因。由于 1787 年宪法制定时北部与南部在奴隶的税收和代表权问题上采取了妥协，确认了奴隶制，由此建立的国家实则是资产阶级与奴隶制种植园主的联合专政，这成为美国内战的制度内因。正如马克思所言，“南部和北部之间的战争不是别的，而是两种社会制度即奴隶制度和自由劳动制度之间的斗争”；其二，经济原因。棉花高产以及剥削奴隶所带来的经济利益使得南方奴隶主不可能主动废奴，然而奴隶制不可避免地成为美国社会经济

---

① 美国独立后，英美双方因为驻军问题、海上贸易问题以及对法关系问题等数度摩擦，再次走到战争边缘。为缓和关系、和平解决争端，1794 年 5 月，美国派特使约翰·杰伊赴英谈判，双方于 1794 年 11 月 19 日在伦敦缔结《杰伊条约》。这是一个不平等条约，它承认了英国在北美大陆内河航行的自由和在西印度群岛贸易中的优势地位，使美国丧失了自己在领土主权和贸易方面的部分利益，因此在美国国内引发了以亲法的民主共和党为主的广泛不满。1795 年 6 月 24 日，除西印度群岛的贸易条款外，《杰伊条约》被美国参议院批准，使得原本与美国存在同盟关系的法国大为不满，美法关系就此开始恶化，终致爆发了 1797 年的 XYZ 事件和 1798—1800 年的美法准战争。

札记

发展的主要障碍，南北之间的斗争在争夺西部土地中表现得最为激烈，19 世纪上半叶美国领土向西扩张，但每当新州成立之际就在该州内发生容许或禁止奴隶制的斗争。北方资产阶级和农民主张在新州禁止奴隶制，南方奴隶主则力图把奴隶制扩大到西部，奴隶主利用其在美国国会及政府中的统治地位，连续取得胜利，激起广大北方人民的愤慨。1854 年在北方成立了共和党，同年南方奴隶主企图用武力把奴隶制扩张到堪萨斯，于是在堪萨斯爆发了西部农民与来自自由州的移民反对奴隶制的武装斗争，斗争持续到 1856 年，预演了内战。其三，1857 年斯科特诉桑弗特案的司法判决，对南北战争的爆发起到推波助澜的恶劣作用。对于这个案件，美国最高法院裁决黑奴不是美国公民，并以违宪为由废除了旨在限制奴隶制扩张的 1820 年《密苏里妥协案》，这不仅从宪法高度维护了奴隶制，而且激化了本来已尖锐对立的南北争执，堵塞了以妥协手段解决南方奴隶制问题的道路。其四，1860 年，共和党人林肯当选为总统，民主党遭遇惨败，这成为南北战争的直接原因。1860 年，南部蓄奴州南卡罗来纳州宣布退出联邦，接着佐治亚、亚拉巴马、佛罗里达、密西西比、路易斯安那、得克萨斯等南方十多个州相继脱离联邦，并于 1861 年 2 月宣布成立“南部同盟”，另立以戴维斯为总统的政府，美国处于分裂的悬崖。

林肯葛底斯堡演说

南北战争于 1861 年 4 月爆发，到 1865 年结束，历经大大小小惨烈的战役，最终北方军队获胜，美国恢复统一。其在政治制度上的意义是

札记

通过战争维护了国家的统一，并且巩固了联邦的主权；随着奴隶的解放和宪法第13、14、15条修正案的生效，美国联邦的国家性质由资产阶级与奴隶制种植园主的联合执政，发展为工业资产阶级的独占政权；内战的结束并没有使奴隶主势力完全消失，然而1876年围绕总统大选产生的危机通过"海斯-蒂尔登协议"①得到了较为妥善的解决，这一协议再次以共和党、民主党双方的妥协避免了内战的重开，同时也意味着奴隶制复辟势力承认工业资产阶级在全国的最高统治权，巩固了内战的主要成果，之后，资本主义发展的障碍被进一步扫清，美国迅速成为工业化强国。不可否认的是，奴隶制的废除并没有消除种族歧视，对美国社会、政治产生重要影响，这是后话了。

(二)两党制的形成

1800年总统选举，民主共和党的杰斐逊击败联邦党的亚当斯而当选总统，此后民主共和党保持了较强的政治影响，连续占据总统职位24年。这期间，联邦党由于组织松散、内部倾轧，并在1812—1814年美英战争中采取亲英立场而不得民心，遂逐步瓦解，到1816年已名存实亡。这样，美国历史上就出现了民主共和党一党统治的政治局面，这就是1816—1824年所谓的"和谐时期"。

美国的两党政治格局孕育于民主共和党内部的两大派。到19世纪20年代，民主共和党分裂，追随约翰·昆西·亚当斯的一派被认为是联邦党的继承者，自称青年共和党，支持安德鲁·杰克逊的一派则仍称

① 1876年美国总统大选，主要竞争者是共和党的拉瑟福德·海斯和民主党的塞缪尔·蒂尔登。当时，全国一共369张选举人票，谁先拿到185票谁就获胜。各州的计票相继出台，初步结果显示，蒂尔登获得了184张选举人票，而海斯则获得165张票，剩下的4个州的20张票则悬而未决。很快，双方均在佛罗里达州、路易斯安那州及南卡罗来纳州宣告胜出，而俄勒冈州一名选举人则因被指控"当选或任命的官员"而被视为违法，遭到撤换。同时，到处流传着贿选传闻。这种局面闻所未闻，国会陷入了两难的境地，宪法并没有提供明确的解决办法。明面上，国会组织了一个选举委员会来仲裁这次争议性选举；而两党之间的幕后谈判也在进行着。两党达成一项非正式协议，民主党人默许海斯担任此届总统但不得寻求连任，而共和党海斯同意取消南方的军管，提名南方人进入他的内阁，承诺对南方的学校和铁路提供更多的政府援助，承诺不采取进攻性措施支持南方黑人的民权。最终，选举委员会以8∶7的表决结果，将有争议的4个州的20张选举人票判给了海斯，使海斯以一票之差险胜。

札记

民主共和党。1824年总统选举，几名总统候选人都没有获得过半数的选举人票，由众议院复决，结果青年共和党人昆西·亚当斯当选，此后，民主共和党公开分裂，青年共和党开始改称国民共和党；以杰克逊为首的一派人则在1828年大选中改称为民主党，大选获胜后，杰克逊当选为总统，后在1840年举行的第三次全国代表大会上正式定名为民主党。国民共和党在1828年和1832年的两次总统竞选中失败，于是同反对杰克逊的一些小党结成联盟，于1834年成立辉格党，并于1840年赢得总统竞选，之后成为一个全国性的主要政党。但到50年代，辉格党联盟开始瓦解。

这一时期，由于争夺西部土地的斗争，北部的资本主义工商业与南部的奴隶制种植园经济的冲突日益尖锐化，民主党和辉格党中本来就存在的南、北两大派别终于因土地问题公开分裂。1854年美国国会接受堪萨斯州和内布拉斯加州加入联邦，准许两州居民自行决定该州是蓄奴州还是自由州。南部奴隶主为了在新州实行奴隶制，组织武装匪徒进入这两个州，导致了1854—1856年的堪萨斯战争。在此期间，代表工业资本家的北部辉格党人，与主要反映农民渴望获得土地的要求、并主张在新加入联邦的州禁止奴隶制的自由土壤党人，以及其他废奴主义组织联合起来，于1854年建立了共和党。在这个过程中，共和党在北方各州取代了辉格党，而北方的民主党人也大多站到共和党的旗帜下，南部辉格党人却转向民主党。总之，内战前后是美国两党制建立的关键时期，随着奴隶制的存废问题上升为国内最为紧迫的问题，南、北方的各个政党不断重组，逐渐形成了民主党和共和党两大政党对峙的格局。

民主党的分裂促成了1860年共和党在总统选举中获胜，林肯当选为总统，南北战争随即爆发，最终先进的北部资本主义工业战胜了落后的南部奴隶制种植业，奴隶制被废除。战争结束后，经过南部重建，民主党逐步恢复了在联邦政治生活中的作用。1884年，格罗弗·克利夫兰当选为内战后的第一位民主党人总统，结束了20多年共和党单独掌握政权的局面，从此开始了共和党与民主党轮流执政的历史。①

从政党组织结构来看，这一时期形成了政党领袖、骨干和选民的组

---

① 张定河．也谈美国两党制形成的时间[J]．史学月刊，1996(4)．

札记

织结构。而且“合法的反对党”的观念被普遍接受，两党均通过4年一次的全国代表大会提名总统候选人，竞选总统获胜的政党为执政党，失败的为在野党。在国会中，占有多数席位的称为多数党，反之称为少数党，执政党不一定是多数党。在比较成熟的选举程序运作下，在野党作为执政党的合法竞争对手在当时已经被普遍接受。

(三)利益集团的活跃

利益集团是指基于共同利益和要求而组成的社会团体。早在18世纪末，美国就出现了全国啤酒制造商协会、全国棉花生产商协会等利益集团。19世纪80年代，随着工业化的迅速发展，一大批新兴工业家在美国出现，产业、行业、职业的分化随之加速，各种行业组织协会建立并发展起来。这一时期，美国社会日益组织化的另一个表现就是利益集团活跃起来了，它们逐渐对现实政治生活产生影响。

戴维·杜鲁门在《政府过程》一书中提道：“利益集团是一个持有共同态度、向社会其他集团提出要求的集团。如果它向政府的任何机构提出要求，它就变成了一个政治性的集团。”①美国的利益集团作为一种社会参政力量，通过向政党提供捐助，甚至向政客进行个别贿赂，来影响国会和政府有关公共政策的制定和公共权力的运用，进而使自身利益得到满足。人们称之为压力集团(Pressure Group)，或“院外活动集团”，受它们雇佣对议员、官员进行游说活动的人员称为“走廊议员”(Lobbyist，又译为“罗比议员”)。这其中比较有名的就是1867年成立的格兰其协会(The Grange)，它是一家全国性的农民协会，主要通过院外游说等影响美国铁路建设等。

压力集团不同于政党，政党通过对公职人员的提名和竞选直接控制政府，压力集团并不直接提名公职候选人，也不直接谋求控制政府，它们只是参与政治过程，影响公共政策，借以维护自身的特殊利益和某些共同利益。一般说来，利益集团影响政治的主要活动有：在选举公职人员时一致投票，募集经费，协助竞选；组织或雇用罗比议员进行院外活动；建立共同基金，从事学术、文化、宗教、慈善活动；扶持舆论机器或智囊集团制定和宣传政治经济主张等。

---

① 李道揆．美国政府和美国政治[M]．商务印书馆，1999：271.

一些学者认为，利益集团的存在弥补了美国政党制度的不足，有利于增强民众与政党之间的联系与沟通，扩大了民众参政的渠道。利益集团的活动，促进了公民与政府之间的信息沟通，从而使政府决策更加切合实际，更加符合公民的利益。它们促使官员慎重思考，使美国政治更具活力，有利于政治稳定和社会稳定。但也有学者指出，利益集团的活动存在不少负面影响。例如，它会导致在美国政治过程中充满金钱交易，催生政治腐败，一旦政客获得了利益集团的金钱支持，就很难保持自己的"初心"和政治上的独立性，转而成为利益集团的代言人，成为政党政治与利益集团玩弄金钱和权力的政治游戏。

(四)现代文官制度的建立

建国初期，美国并没有文官制度，也没有管理文官的机构。政党出现后，产生了在竞选中取得胜利的政党只用本党党员或本党支持者担任政府官员的情况，即"政党分肥制"，而且愈演愈烈。这种做法不仅导致公职人员随着竞选结果大批轮换，也催生了公职人员的短期行为，使政府工作缺乏继承性和连续性。而且由于用人唯亲，平庸无能之辈充斥政府，行政效率极其低下，腐败盛行，引发美国公众强烈不满，要求改革官员任命制度的呼声日益高涨。1881 年，加菲尔德总统被一名求官未遂者刺杀，朝野震惊，文官制度的改革迫在眉睫。

1883 年 1 月，国会通过了《彭德尔顿法》(Pendleton Law)，该法确立了文官管理体制的基本原则：其一，区别了文职官员和政治官员，规定文职官员不得参与和干预政治，在政治上保持中立；其二，文官选用实行公开的竞争性考试、择优录用；其三，凡通过公开考试录用的文官，除违法者以外，不得因政治原因，即政党竞争和政府更迭等而被免除公职。根据《彭德尔顿法》，美国设立了 3 人组成的文官委员会，其中必须有反对党 1 人，任期 6 年，负责组织监督文官考试，拟定人事法规，受理人事诉讼。

《彭德尔顿法》标志着美国现代文官制度的形成，它使得政府文职官员的任用法治化，适应了资本主义工业化的发展对建立廉洁有效的政府的要求；同时，在政治上层建筑内部，它又是两党制的稳定机制，由于区别了文官和政治官员，就保证了在两党轮流执政、政治经常更迭的情况下，政府机器能够正常运转。

札记

总的说来，半个世纪的冲突和妥协直到经过南北战争和南部重建，美国才建立起统一的资本主义经济和资产阶级独占政权的国体，并巩固了联邦国家的统一和联邦主权。同时，完全意义的两党制以及利益集团活动、功绩制文官制度等又构成了资产阶级民主制的辅助机制，从而完善了美国政治制度的体系。

三、19世纪80年代—1946年：美国政治制度的变形

19世纪80年代，美国工业革命在全国范围内完成，资本主义生产方式战胜了其他一切旧的生产方式。但是，美国迅即由自由资本主义过渡到垄断资本主义，同时发生、发展了国家垄断资本主义。生产关系的演变要求政治制度随之变革，因此建国初期所确立的基本宪政结构虽在，但重心发生了转移；基本宪政原则虽未抛弃，但加进了新的解释。这一时期美国政治制度从纵向、横向发生了以下变形：

(一)纵向结构变形

美国独特的建国历程，使得立国之后的很长一段时间里州权主义相对联邦主义占上风。最直观的表现就是：1787年宪法通过列举的方式赋予联邦政府18项权力，并且言明所有列举未尽的权力由各州和各州人民保留。这些权力包括：制定有关财产法、契约法、刑法、民法、婚姻法、教育法、社会福利法的权力，制定有关社会治安、公路交通法规的权力，领导和管理下属地方政府的权力，征税、举债以支付地方建设、公共福利和政府开支的权力等。

但是随着经济、社会的快速发展，联邦政府的权力不断扩张，在某些领域建立了直属联邦管理的机构，如1887年成立了州际贸易委员会，1915年成立了联邦贸易委员会、联邦储备委员会，1934年成立了联邦通讯委员会、证券交易委员会，1938年成立了民用航空委员会等。这些机构是美国国会通过立法的方式设置的、组织上独立的政府机构。法律规定它们不仅拥有各自所管辖领域内的行政权，而且具有委托立法权和委托司法权。它们是为了适应联邦政府干预和管理更多的社会经济事务的需要而建立起来的。比如，1887年美国国会通过《州际贸易法》，为管理铁路而设立了州际贸易委员会。这个委员会的基本职责是行政性的，负责执行有关法律，其成员亦由总统任命，但它同时又有权制

定具有法律效力的有关条例，并受理有关诉讼，获取证据，做出裁决。这些独立机构在20世纪30年代发展得很快，联邦政府通过它们将很多地方事务的管理权集中到自己手中，因此体现了联邦权力的扩张。

纵向权力结构变形还表现在确立联邦政府职能的总原则。第一，参加联合国。1945年7月28日，美国参议院通过参加联合国的法案，不仅标志着美国的对外政策最终与孤立主义传统告别，而且在美国的政治制度发展史上具有重要意义。因为根据美国宪法，《联合国宪章》在美亦具有法律效力，成为美国政府后来一系列“国际警察行动”的法律依据，成为总统滥用总司令职权、在国外采取军事行动的借口，从而“影响了总统与国会之间在宪法上的平衡”。第二，1946年《就业法》，是对美国宪法原则的重大发展。该法明确宣告：“合众国政府的一贯政策和职责”是“使用一切可行的……国家政策和手段，协调和利用自己的一切计划、职能和资源”，“促进最大限度的就业、生产和购买力”。据此总原则设立了总统的经济顾问委员会和国会的经济报告联合委员会，负责准备、研究和指导关于经济问题的立法。《就业法》在战争已然结束、没有发生大的经济危机的情况下通过，更显示出划时期的意义。

(二)横向结构变形

横向结构变形主要表现在保持“三权分立”基本结构的同时，总统逐渐成为联邦政府的权力中心。

美国1787年宪法确立的三权分立体制，并非三权之间绝对的分立。三权之间不仅分立，而且相互制衡，即任何一种权力的行使都需要得到其他机关的配合。总统掌握行政大权，但是他在人事任命问题上，比如任命最高法院大法官、任命各部部长等，都需要参议院逐一进行审核通过方能正式任命。开国先贤们之所以这样设计是因为对权力的不信任，希望以权力制约权力，以野心对抗野心。然而到了19世纪末，随着美国经济快速发展到国家垄断资本主义阶段，美国总统也相应成为联邦政府的权力中心。

这一结果主要通过以下事件完成：其一，格罗弗·克利夫兰上台后，即出现行政权在和平时期扩大的迹象。1894年，克利夫兰针对普

札记

尔曼大罢工①的镇压，显示了“行政权力在全局上的重要性及行政部门在新的工业时代的潜在权力”②，意味着联邦政府权力的彰显。其二，西奥多·罗斯福就任总统期间，把总统职位变成了美国“宪政制度的中心”。其三，伍德罗·威尔逊任总统期间，为了创立国际联盟，通过向国会报告国情来影响甚至领导国会的立法，这也形成了之后总统的惯例做法。其四，富兰克林·罗斯福任总统期间，为了应对经济萧条及其带来的严重的社会、经济问题，通过“新政”全面干预经济生活，并且取得了委托立法权，也就是总统可以通过颁布行政法规和规章而避开国会立法。③ 此外，在富兰克林·罗斯福任内，总统取得了用行政协定代替条约的权力。在美国宪法中，与他国签订的各种条约只有经过参议院的批准才能生效，但是纷繁复杂的国际形势使得总统在这个问题上缩手缩脚。经最高法院在 1936 年合众国诉柯蒂斯-赖特公司以及 1937 年合众国诉贝尔蒙特和合众国诉平克等案中肯定，行政机关可以以行政协定代替条约处理相关事务。

（三）两党制的变形

尽管美国是典型的两党制，但并非说美国只存在民主党与共和党。事实上，除这两党外，美国一直以来存在不少小党，比如社会主义劳工党、社会党、共产党、平民党、禁酒党等，被统称为“第三党”，他们从来没有问鼎过美国总统的宝座，但是他们所持有的纲领也反映了美国一些选民的利益要求，具有改良主义的特征。到了 19 世纪末，尤其是 20 世纪 30 年代，第三党运动如火如荼。19 世纪 80 年代，美国两党轮流执政的格局形成后，为了吸引更多的选民，两党有意吸收第三党的一些纲领，甚至将他们整合进自己的组织，比如 1896 年以绿背纸币党、

① 普尔曼大罢工发生于 1894 年 5 月至 7 月，芝加哥普尔曼客车公司工人辞职，以抗议每日 12 小时的超长工时及极低工资。美国铁路联盟的成员与罢工者联手，罢工遍及 27 个州，波及 20 多条铁路段，最终被联邦政府和铁路公司联合镇压。

② 谭君久．美国政治制度史分期问题初探[J]．世界历史，1987(6)．

③ 这一权力数次发生反复，比如在 1911 年合众国诉格里默德和 1928 年汉普顿公司诉合众国两案中被最高法院宣布有效，但是后来在 30 年代的“瘟鸡”案和“热油”案中又一度被否决，最后在 1941 年的奥普棉纺厂诉行政官案中最高法院又重新予以确认。

札记

农民联盟运动为基础的平民党被民主党合并。

美国第三党虽然不曾成功问鼎总统宝座，但作为美国政治舞台上的现实存在，具有其特殊的价值与功能。首先第三党提出的具有历史意义的政策和主张，往往被两大党吸收和采纳。其次，虽然第三党力量有限，但是可以对势均力敌的两大政党的竞选结果起到重要的杠杆作用。此外，如果说两大党为美国政治提供了稳定性和确定性，那么第三党则为美国政治提供了可变性，从而增强其制度的适应性和活力。

总之，由于垄断和国家垄断，自由竞争受到了限制，以此为基础，美国式的三权分立原则和联邦主义原则都发生了变形，即美国政治制度的纵向结构和横向结构都改变了，与此同时两党制运转下的政治也随着第三党运动的发展而刷新了。这一过程以 1887 年《州际贸易法》为起点，以 1946 年《就业法》的颁布为总结。

四、二战后：美国政治制度在危机中的调整

二战后，美国政治制度发生了一些重要变化。

战后初期，美苏冷战爆发，杜鲁门政府以反共和遏制苏联的全球扩张为名，促使国会通过了一系列法律来加强国内思想控制，对左翼人士进行清洗，使公民权利和自由遭到限制。1947 年 3 月，杜鲁门总统签署第 9836 号行政令，要求对所有联邦政府雇员进行“忠诚计划”审查，司法部长有权对任何参与了“极权主义的、法西斯的、共产主义的或具有颠覆目的的组织”的联邦政府雇员进行审查，到 1953 年，大约 475 万名联邦雇员接受了该项审查，其中有 7 人因此辞职或被迫收回原来的求职申请，500 多人被免职或拒绝雇佣。① 同时，保守派控制的国会掀起反共浪潮，频频通过立法和举行听证会来打击民主派人士，使“麦卡锡主义(McCarthyism)”②逐渐猖獗。到 60 年代，美国国内政治氛围有所改善，政治自由主义重新抬头，民权运动、妇女解放运动、反战运动等政治浪潮相继发生，尤其是黑人争取平等权利的斗争取得了巨大胜利，

---

① 刘杰．当代美国政治[M]．社会科学文献出版社，2011：35.

② 麦卡锡主义是在 20 世纪 50 年代初，由美国参议员约瑟夫·麦卡锡煽起的全国性反共“十字军运动”。他任职参议员期间大肆渲染共产党侵入政府和舆论界，促使成立“非美调查委员会”(House Committee on Un-American Activities)，在文艺界和政府部门煽动人们互相揭发，许多著名人士受到政治迫害和怀疑。

札记

促使国会通过了多项针对种族歧视的《民权法》。

总之冷战期间，美国政治体制在联邦与州之间，总统、国会和法院之间进行了一些调整，使战后美国的三权制衡关系中呈现出总统权力日益扩张的势头，其权力范围较过去有显著扩张，特别是在外交权方面，通过参加和主导北大西洋公约组织突破了不在和平时期与任何国家结盟的政治传统。此外，卷入朝鲜战争、越南战争也主要出于总统的决策，压制了国会的战争权。冷战背景下，总统需要高效的决策机制和强大的政治权力，同时政府承担的经济、社会事务不断增多，这些客观需求使得美国总统逐步拥有了远超于立法和司法机构的巨大权力。

然而总统权力的扩张也并非没有受到限制，司法和法院系统虽说在三权体制中地位相对弱小，但也对总统权力进行了应有的制约。很典型的例子就是“水门事件”①，事件曝光后，在迫使尼克松总统引咎辞职的过程中，司法部门发挥了显著作用，这开创了美国政治制度史上一个重要先例，即由总统任命的特别检察官向总统本人提起诉讼。“合众国诉尼克松案”中，最高法院裁决特别检察官有权起诉其名义上司，即总统，从而打破了行政部门必须在政治上与总统保持一致的惯例。1972 年的“合众国诉联邦地区法院案”中，最高法院在裁决中表示行政部门在国内安全检查中使用电子监听设备的权力必须受到限制，总统虽有权命令司法部门出于维护国家安全的目的进行监听，但这权力须经司法部门批准后才能运用。

战后最高法院在维护、增强联邦权力，削弱州权方面发挥了巨大作用。这一时期，美国法院系统开始奉行司法能动主义，凭借自身拥有的司法审查权，采取积极的司法行动，将原属于各州权限范围的公民权利纳入联邦政府管辖范围。特别是在保障民权上，南方各州一直以民权属于州权管辖范围为由来拒绝消除社会中普遍存在的种族歧视现象，但在五六十年代的民权运动高潮中，最高法院在一系列案件中采取否定州权的行动，把民权置于联邦的保障范围中，如 1952 年的“布朗诉托皮卡教

---

① 在 1972 年的总统大选中，为了取得民主党内部竞选策略的情报，1972 年 6 月 17 日，以美国共和党尼克松竞选班子的首席安全问题顾问詹姆斯·麦科德(James W. McCord, Jr.)为首的 5 人潜入位于华盛顿水门大厦的民主党全国委员会办公室，在安装窃听器并偷拍有关文件时，当场被捕，此政治丑闻被称为水门事件。

札记

育委员会案”①，1957 年的“小石城事件”②等。这些行动推动了国会一系列民权法的制定，同时也体现了联邦的行政、立法和司法机构共同合作削弱州权的趋势。

第二节 美国纵向权力结构——联邦制

联邦制是美国的创举，由 1787 年宪法确立。

当时，建立联邦中央政府的原因不言而喻，即独立战争后邦联政府已然不能适应美国政治经济社会发展的需要，只有相对统一的联邦政府才能有效抵御外侮、防患内乱。然而，对于联邦和州之前权限的界定，制宪会议的代表们颇费一番周折。

当时，弗吉尼亚州州长埃德蒙·伦道夫率先提出了一个方案，为美国设计了一个强有力的中央政府，其中多数主张来自弗吉尼亚州代表詹姆斯·麦迪逊，代表了大州的立场。它规定：新政府由立法、行政和司法机构组成。议会是立法机构，实行两院制，有权制定国家法律，立法机构的下议院(众议院)成员由人民选举产生，上议院(参议院)由各州议会提名、由下院选举，两院席位均按照自由人口数、税收或两者综合比例分派。建立一个全国性的行政机构，其成员由议会选举产生，用于实施法律；建立一个全国性的司法机构，法官由议会任命，终身任职，强制法律的执行。议会可以否决各州议会的立法，而行政部门与司法部门可以组成“修订委员会”来否决国会和州议会的立法，其中否

① 1951 年，堪萨斯州托皮卡小镇黑人牧师布朗的女儿行将入学，但由于“黑白分校”不得不进入条件很差的黑人学校，布朗一怒之下带领 12 名黑人学生家长，联名把州法律和镇教育管理委员会告上区法院，要求法院禁止“黑白分校”，却遭败诉。在“全国有色人种促进会”的支持下，不服判决的布朗等黑人家长直接上诉到最高法院。直到 1954 年 5 月，最高法院在沃伦的推动下，以九票对零票的判决宣布，以托皮卡教育管理委员会为代表的公立学校“黑白分校”违宪，“公共教育事业绝不允许‘隔离但平等’原则存在”。

② 1957 年 9 月，美国阿肯色州小石城学校委员会宣布逐步改变学校中种族隔离的现象，在以白人为中心的中学首批录取了 9 名黑人学生。黑人上诉联邦法庭，认为反种族隔离进程过慢，得到联邦法庭支持。但一些白人声言要用暴力阻止黑人入白人学校，得到州长法布斯的支持。他派出州国民警卫队阻止黑人学生入该校。于是，艾森豪威尔总统将该州国民警卫队联邦化，并派出空降兵到该州，强制推行联邦法庭决定，保护黑人儿童入该校。

札记

决国会的立法，国会可以再以三分之二多数推翻，但否决州议会的立法就将是最终否决。弗吉尼亚方案将小州置于十分不利的地位，按照这个方案，大州不仅会控制立法机关，而且还会控制行政和司法机关。

随后，新泽西州代表威廉·帕特森提出了一个替代方案，特别针对弗吉尼亚方案，赢得了州权主义者和小州的支持。它建议：不更换《邦联条例》，只对其进行小幅度修改。保留国会的原有架构，即一院制，议员由各州立法机关选出，且席位平均分配，每州在国会只有一票表决权。增加国会的权力，国会通过的法律是国家最高法律，与之冲突的州法律须废除；使国会有权直接通过进口税、印花税和邮政收入筹集资金，根据各州自由人口数和奴隶人口数的五分之三予以税赋，但要先通过一定数量州的同意。此外，国会调节全国贸易的权限也有所扩大。行政长官由国会选出，任期一年且不得连任，如有多数州行政长官(即州长)要求，可由国会罢免；行政部门对各州的法令没有否决权。联邦法院只设立一个最高法院，法官由行政机关任命，终身任职；可聆讯弹劾方面的案件，还可对涉及海事法、国际公约、殖民地间贸易规章、邦联税收法的事务等进行管理与监督。

对于这两个方案，大州和小州各不相让、僵持不下。大州代表认为他们人口多、纳税额高、对国家贡献大，理应在国会享有更多的议席、掌握更多的权力；小州代表坚持各州地位平等，小州在议会里应当与大州享有平等的代表权。僵局最终被康涅狄格州代表罗杰·舍曼(Roger Sherman)提出的折中方案打破。该方案主张：建立两院制立法机关，众议院中每个州的代表数目由州内自由民加上五分之三的奴隶的数目决定，参议院中每个州都有两个代表，由州议会选举产生。一切有关筹款、拨款的法案都由众议院提出。康涅狄格妥协方案力求解决大州、小州之间的争执，当时许多人所担心的众议院会受民众操纵的问题，也被参议院所拥有的对众议院进行制衡的权力所缓解。

此外，南方奴隶州和北方工业州之间围绕众议院代表名额和中央政府商业管理权问题形成了两派。当时奴隶在很多州仍然是合法的，但主要在南方各州更加普及。因而南方派要求在分配众议院代表数目时将奴隶计算在内，这样可以增加南方各州在议会中的席位。北方代表则表示反对，他们认为奴隶在法律上、事实上都与自由人不同，如果要将奴隶

札记

计算在内，那么奴隶也应该分担直接税的份额。激烈辩论之后，罗杰·舍曼的“五分之三妥协方案(Three-Fifths Compromise)”被南北双方接受，这一方案规定，一个奴隶按3/5个自由人来计算众议院的代表比例人口，同时也以3/5来计算奴隶应缴纳的直接税。之所以选择3/5这个数字，是因为这能大体保证当时南北双方的权力平衡。关于中央政府的商业管理权，北方工业州代表希望授予中央政府管理国内外商业贸易的权力，以促进工商业的发展；以农产品出口经营为主的南方各州代表担心国会通过对南方经济发展不利的立法，如征收出口税等，害怕中央政府利用这项权力与外国政府签订损害南方出口商利益的商业条约，因而反对授予中央政府商业管理权。双方代表最后达成妥协：国会有权管理国内外商业贸易，总统有权与外国政府签订商业条约；但20年内不禁止奴隶贸易，总统与外国签订的条约须经参议院三分之二多数的批准方能生效，禁止征收出口税。

联邦制终于在建国先贤们充分的讨论、博弈之后得以建立。这是一种由若干行政单位共同组成的国家结构形式。联邦制下，除了设有全国共同的、在全联邦范围内拥有政治权威的最高国家权力机关和执行机关外，下属的各个行政单位也拥有自己的宪法、最高权力机关和独立的执行机关，联邦与州政府的职权范围一般在联邦宪法中有明确规定。一般而言，外交、军事、财政、立法等全国性重大事务属于联邦政府的职权范围，州和地方政府则在不违反联邦宪法和法律的前提下，根据宪法的规定制定自己的宪法和法律，在一定范围内管辖本地的财政、税收、文化、教育等方面的事务。美国的联邦制度确立两百多年来，基本框架没有发生过大的变化，但呈现出联邦政府权力不断扩张、州和地方政府权力日益收缩的局面。

美国联邦制具有以下特点：其一，联邦政府的权力来自于各州及人民的授予，同时以宪法载明联邦和各州的权力。宪法明确列举了授予联邦政府的各项权力，即“明示权力”，但同时规定国会有权“制定为行使上述各项权力和由本宪法授予合众国政府或其他任何部门或官员的一切其他权力所必要与适当的法律”，这一弹性条款使联邦政府拥有了“默示权力”，即可以合理推导出来但未在宪法中明确表述的权力。关于各州的权力，宪法第10项修正案称“未授予联邦也未禁止各州拥有的权力，由各州自己或人民保留”。其二，联邦制下各州不能随便退出，它

札记

们组成一个紧密的国家，由联邦政府行使国家主权，它是对外交往的主体。其三，联邦地位高于州，各州之间地位平等；联邦设有国家最高立法机关和行政机关，行使国家最高权力，领导其联邦成员；各州亦有自己的立法和行政机关，有自己的宪法、法律，管理自己的财政、税收、文化、教育等公共行政事务。其四，联邦与州之间的分权发生纠纷时通过司法程序解决。其五，联邦与州不能单方面修改宪法；州的疆域亦不能随便改变。其六，各州有权选择自己政府的形式，但要保证实行共和政体，禁止实行贵族制度。

美国联邦制的成立是建国先贤们权衡利弊、充分博弈之后审慎、智慧的选择，它解决了两大问题：其一，使美国从独立之初尚显孱弱的松散联盟转变成为一个统一的、强有力的国家，使美国在拥有统一大市场的同时，保有了各州的相对自主性。其二，使美国得以在疆域辽阔的国家内施行民主。美国联邦体制自 1787 年确立以来，未曾发生原则性改变，但联邦制度随着社会、经济的变化也有一定的发展，就联邦和州之间权力划分的角度来说，大致经历了三个阶段：二元联邦主义、合作联邦主义和新联邦主义①。

二元联邦主义阶段涵盖了从 1789 年合众国建立到 20 世纪 30 年代的经济大萧条时期。这期间，联邦和州各自在宪法规定的权限范围内行使权力，美国学者将这种各负其责、互不干涉的政治模式称之为“分层蛋糕”②。倡导这一模式的政治家们主张在联邦政府和州政府之间划一道界限，“彼此保持独立，并在自己管辖的领域中享有至高地位”③。可见，美国建国之初，州权和民主主义力量仍然十分强大，经常抵制联邦政府权力的扩张。1798 年联邦党人控制的国会为抵制法国大革命的影响和国内日益高涨的民众运动，通过了《归化法》《客籍法》《外侨管制法》和《惩治叛乱法》四项法令，授权政府逮捕任何威胁或反对联邦政府

① 谭融，于家琦．美国联邦制的发展沿革[J]．天津师范大学学报(社会科学版)，2002(6)．

② 谭融．权力的分配与权力的角逐——美国分权体制研究[M]．天津大学出版社，1994：176.

③ 谭融，于家琦．美国联邦制的发展沿革[J]．天津师范大学学报(社会科学版)，2002(6)．

札记

的外侨和公民，极大地扩展了联邦政府的权力。然而这些遭到了以杰斐逊为首的民主共和党人反对，他们秉持州权主义立场，认为这些法令违宪。1800年大选，民主共和党获胜，杰斐逊当选总统，之后在他任内通过国会废除了这些法令，收缩了联邦政府的政治权力。到内战爆发前，联邦政府都未介入纯属地方性的事务，主张州权和个人自由的民主共和党长期执政，也有效限制了联邦政府权力的扩张。虽然内战中北方军队的胜利终止了南方各州从联邦分离出去的思想，同时也加强了联邦政府的权力和社会角色，但这场战争未能从根本上改变联邦和州的权力划分。

合作联邦主义阶段是从20世纪30年代到70年代。这一时期，各层级的政府在履行其特定职能时不是相互隔离，而是相互连接、相互合作，这是因为持续的经济大萧条带来了严重的社会、经济问题，人们期望联邦政府在困难面前能够采取一些强有力的措施，联邦政府在罗斯福"新政"中全面干预经济生活。新政包含许多政府开支和福利政策，还有联邦政府对失业和农产品过剩等问题采取的广泛的干预行动。"新政"常常包括联邦政府和各州的联合行动，双方通过合作来解决复杂的共有问题。联邦政府向各州提供款项，以帮助解决公共工程、住宅援助、福利计划、失业补助和其他项目的开支，但条件是各州必须推行这些项目，同时负担一定比例的配套费用。尽管二战促使联邦政府对工资、价格和就业等问题进行调控，并且利用国家力量来分配资源、培训人员、支持工程建设和科研发明，但联邦与各州政府相互合作的模式没有改变。60年代林登·约翰逊政府的"大社会"计划中，联邦政府加大了向州和地方政府的拨款力度，各级政府都参与到各种项目中来，共同努力去推进教育、环保、娱乐和公路的建设与保护等项目和政策。不可否认的是，这期间各级政府的合作中，权力，尤其是政策制定权向联邦政府集中。

新联邦主义的时间始于20世纪70年代，是指寻求改变美国联邦政府权力日益集中的趋势，力图恢复联邦与州之间权力关系的平衡，使州政府和地方政府重新获得权力的联邦政治模式，可将1973年2月尼克松总统发表的国情咨文作为开端，一直到现在。尼克松在咨文中指出：

札记

"如果我们沿着过去几十年的速度使联邦政府的权力继续膨胀的话，我们会很快被彻底耗尽。现在，我们有能力在州政府、地方政府及美国人民之间恢复更大的责任。"①随后，尼克松提出改组和分散联邦政府行政部门的权力，同时缩减或停止了60年代"大社会"计划中许多支出庞大的项目。因而新联邦主义也被称为"权力下放联邦主义"，在不同程度上延续至今。1987年里根总统签发了一项行政命令，规定"在缺乏明确的宪法或国会立法授权的情况下，假定的主权应属于各州"。新联邦主义的一个主要措施是将一些专项资助纳入一个名目之下，成为"一揽子资助"，对接受资助的州或地方政府减少限制，将更多的决策权留给它们。1996年克林顿总统和国会共同致力于全面改革福利和教育制度；同年共和党人控制的国会还通过了福利改革法案，将更多的权力交予各州。2000年总统大选时，共和党候选人乔治·布什强调，在州和地方范围内，应由人民自己决定应该实行什么政策、计划。尽管"9·11"恐怖袭击后，联邦政府在保卫美国本土安全方面的权力持续扩大，但美国人对联邦制度的依赖和对本州的忠诚并未改变。

第三节　美国横向权力的运转及相关制度

一、总统及行政制度

美国是总统制国家，宪法将行政权赋予总统，总统既是国家元首，又是政府首脑，同时还是三军统帅。总统领导一个独立于立法机关的行政部门，有权决定和处理联邦行政部门的各项工作。托马斯·戴伊曾言，在美国，总统比其他任何政治家都更能引起美国公众的注意力和激情，人们把总统视为领导阶层的代表和社会安定的保证。总统是行政权力的核心，与总统地位相适应的是，美国的行政制度及其运转围绕着总统及其职权来开展。

---

① 李红梅．略论美国联邦制的历史发展[J]．学术交流，1998(6)．

札记

（一）总统

1. 美国总统任职资格与任期

宪法第 2 条第 1 款对美国总统的任职资格作出了规定：一是必须生来就是美国公民，也就是必须具有美国的原始国籍，任何归化的美国公民不能担任美国总统；二是必须年满 35 岁；三是至少在美国境内居住满 14 年；四是现役军人不得为总统。

1787 年宪法并没有“总统不能连选连任”的条款，但是关于总统的任期，第一届总统乔治·华盛顿用行动将限任制的思想扎根于人心，并且形成惯例。当时，华盛顿在连任两期后，谢绝所有人的挽留，于 1797 年自动隐退，坚决不谋求第三任期，这为后来者树立了榜样，也成为不成文的规定。① 但是，美国历史上任期最长的总统是富兰克林·罗斯福（1933—1945 年在任），由于当时处于二战的特殊历史背景之中，罗斯福连任四届，病逝于第四届任期中，成为美国唯一连任超过两届的总统。罗斯福之后，美国国会于 1947 年通过了宪法第 22 条修正案，该修正案于 1951 年获得 36 个州议会的批准而生效。其主要内容如下：无论何人，当选担任总统职务不得超过两次；无论何人，于他人当选总统任期内担任总统职务或代理总统两年以上者，不得当选担任总统职务超过一次。但本条不适用于在国会提出本条时正在担任总统职务的任何人；也不妨碍在本条开始生效时正在担任总统职务或代行总统职务的任何人，在此届任期届满前继续担任总统职务或代行总统职务。这样，美国不仅在实践上而且在宪法上确立了严格的总统限任制。

1947 年美国总统继任法案规定，美国总统一旦离开其职务，依以下的顺序接替其职位：1. 副总统（参议院议长）；2. 众议院议长；3. 临时参议院议长；4. 国务卿；5. 财政部长；6. 国防部长；7. 司法部长；8. 内政部长；9. 农业部长；10. 商务部长；11. 劳工部长；12. 卫生与公众服务部长；13. 住房与城市发展部长；14. 交通部长；15. 能源部长；16. 教育部长；17. 退伍军人事务部长；18. 国土安全部长。

2. 总统的权力和职能

根据宪法，总统不仅是国家元首，还是政府首脑、首席立法者、武

---

① 潘培伟．美国总统限任制的思想和实践研究［J］．政治与法律，2012（10）．

札记

装力量总司令、首席外交官。

其一，作为政府首脑，总统具有执行法律、任命官员和组织政府、领导和监督政府工作等广泛权力。

宪法第2条规定："行政权属于美利坚合众国总统。"总统"应负责保证法律得以忠实执行"，宪法赋予他执行法律的权力和责任。总统要运用他所拥有的一切权力、掌握的一切政府机关和国家力量来保证法律的执行，包括动用武装力量强制执行法律。为了执行法律，总统可以发布具有法律效力的行政命令。美国宪法对总统的行政命令权没有明确规定，这项权力是由"保证法律得以忠实执行"的权力引伸而来，因此可以不必经过国会批准。总统也可以根据国会的授权来发布行政命令。国会在通过立法时可以只规定总的原则，而授权总统制定执行法律的实施细则，由此总统就获得委托立法权。凭借此项权力，总统可以制定实施法律的细则和各种规章，以发布行政命令的形式付诸实施。

政府是执行法律的机构，也由总统来组织。美国宪法规定，总统"提名并经参议院咨询和同意"后由他任命高级官员。这就是说，美国总统兼有提名权和任命权，尤其是美国总统提名政府各部部长，实际上是作为政府首脑行使组阁权。美国总统不仅提名而且任命政府各部部长，体现了他作为政府首脑和国家元首的双重身份。

对于政府工作的领导和监督，总统主要通过任命权和免职权实现。免职权并没有在宪法中明确规定，这一点主要是通过一系列的判例达成的。例如，1795年国务卿伦道夫因为反对美国与英国政府之前签订的《杰伊条约》，而遭到时任总统华盛顿的免职，创下了总统免职权的先例；例如，1926年"迈尔斯诉合众国案"①的判决中，当时联邦最高法院大法官塔夫脱认为总统应该拥有非常广泛的免职权，这是使总统对行政机关的行为负责以及忠实执行法律的需要；又如，1935年"汉弗莱诉

---

① 1876年，美国国会通过的一项立法规定，对于第一、二、三级的邮政局长由总统经参议院同意后任命，任期4年，其免职也要由总统经过参议院的同意后实施。1917年，威尔逊总统任命迈尔斯(Frank S. Myers)为俄勒冈州波特兰市邮政局的一级局长。1920年，威尔逊总统没有征求和获得参议院的同意就命令总邮政局长将迈尔斯免职。1921年4月，迈尔斯向联邦权利申诉法院提出控告，认为总统威尔逊未经参议院的同意就将其免职的做法违反了1876年国会通过的法律，并要求补发其薪水。此谓"迈尔斯诉合众国案"。

札记

合众国案”①的判决一方面重申了总统对行政部门官员应该拥有“专有的、无限制的免职权”，另一方面裁决总统不得以政治理由任意把具有准立法、准司法性质的机构的官员免职。

其二，作为首席立法者，总统拥有指导、创议立法的权力，签署、公布法律的权力。

宪法规定，总统每年须向国会提出各种咨文，包括国情咨文、预算咨文、经济咨文、特别咨文等，在这些咨文中，总统向国会通报国家的各种情况和问题，提出行政当局的规划，并以此为依据要求国会开展相关立法行动。

宪法还规定了总统签署或否决立法的权力。总统在接到国会通过的法律后，必须在 10 日(法定休息日除外)内采取行动。总统的行动可能有 3 种不同的选择和做法，进而产生 5 种结果：第一种行为是总统签署法案，则法案生效成为法律，此为第一种结果。第二种行为是总统否决该法案，并写出他的反对意见连同原法案一起退回原来提出这个议案的议院。这种行为则可能产生两种结果：其一是国会经重新审议，如果两院均有 2/3 议员赞成通过该法案，即推翻(override)总统的否决，法律生效。其二是如果国会表决没有达到推翻否决所需要的 2/3 多数，这个法案即被废弃。实际上，国会要达到 2/3 多数总是比较困难的，因此在美国历史上，总统的否决较少被国会推翻。第三种行为是在 10 天内，总统将法案搁置，既不签署通过，又不打回重审，可能产生两种结果：其一，如果此时国会仍在开会，法案可自动生效；其二，如果国会已经休会，总统可以声称他不提出否决意见是因为无处可退，法案即自动废弃，这实际上是一种变相的否决，称为“搁置否决”，又称为“口袋否

① 联邦贸易委员会(Federal Trade Commission)的组织法规定，委员会的成员由总统提名，经参议院同意后任命，只能由于“无效率、玩忽职守、违法行为”才能够被辞退。在罗斯福总统推行新政期间，由于联邦贸易委员会主席汉弗莱对于总统的政策不予支持，于是，罗斯福总统在汉弗莱任期未满以前就罢免了他的委员职务，并且没有指出任何一项法定的免职理由。而汉弗莱要求支付他的欠薪，引发了诉讼，并且一直上诉到联邦最高法院。这就是“汉弗莱诉合众国案”。大法官乔治·萨瑟兰(George Sutherland)的判决支持了联邦贸易委员会组织法的规定，他认为联邦贸易委员会是独立的行政机关，它不对总统负责，总统对他没有直接的控制权力，且总统对独立行政机关的罢免权应受到适当限制。

札记

决”(pocket veto)。如果总统在会期内否决法案并退回国会的话，是可能被国会推翻的，因而是一种有限的或相对的否决权；但“口袋否决”由于不将法案退回国会，因而是不可能被国会推翻的，进而成为一种绝对的否决。不过，“口袋否决”的使用机会是有限的，只能用于国会即将休会时所通过的那些法案，由于国会将法案送交总统时剩下的会期已不到10天，这种情况下总统才可能对他所不满意的法案采取“口袋否决”的方式使其废弃。①

过去，美国总统对国会通过的法案，没有“单项否决权”(line item veto)，就是说他只能接受或者否决整个法案，而不能接受其中的某些条款，同时又否决另外一些条款。但近年来情况发生了变化。1996年，国会通过法律授予总统否决预算法案个别条款的权力，但单项否决权只适用于预算法案，由共和党控制的国会给予总统此项权力的目的，是让总统有权从预算法案中砍去浪费的个别项目的开支，控制预算支出，以减少赤字。此项授权从1997年生效，因此从1997年开始，总统拥有了单项否决权。但总统行使单项否决权时必须先签署整个法案，使之生效，然后在5天之内签署一份咨文送交国会，说明他不赞成其中的某些项目的开支，已删除了这些项目。国会收到总统的咨文后，如坚持这些开支，可再通过一个新的决议(但只能包括这些被删除掉的项目)送总统签署，通过这个决议只需要简单多数，而不是像通常的否决那样要2/3多数。

但是这项权力在1998年的“克林顿诉纽约市案”(Clinton V. City of New York)中被美国最高法院认定违宪。2006年，乔治·布什总统再次提出总统应该拥有此项权力，但因为有1998年的判例而没能实现，很多学者认为此项立法应通过修宪程序进行。

其三，作为武装力量总司令，总统有统率、指挥和调动军队的权力。

宪法将宣战权、招募和维持军队的权力赋予国会，将统率、指挥军队的权力赋予总统，但从历史实践来看，总统常常不经国会宣战或同意就出兵海外、进行战争。其理由包括保护美国人民的生命财产安全，履

① 于兆波．美国总统的立法否决权及其新现象和对我国的启示[J]．行政法学研究，2015(5)．

行条约义务和行政协定的责任，维护国际公法及美国的荣誉等。一般情况下，战争爆发后，国会都给予支持。但1973年，由于在越南战争中美军损失惨重，战事旷日持久，引起全国上下不满，国会不顾当时尼克松总统的否决，通过了《战争权力法》，要求总统在派遣美国军队执行任务之前征求国会意见，一旦军队已经派出，总统必须在48小时内向国会报告，除非国会已经宣战或者美国遭受侵略没法召开国会，否则总统在向国会报告后60天内或国会同意延长的期限内必须撤军。该法仅仅是将总统对外派遣军队限制在一定期限内，而不是阻止总统对外用兵。

其四，作为首席外交官，总统有权制定和执行外交政策。

美国宪法赋予总统外交承认权，在参议院建议和同意的基础上提出和批准外交条约的权力，以及与其他国家签订行政协定的权力。外交承认权，即总统有权承认或拒绝承认一个新建立的国家或外国政府，总统对外国政府合法性的承认是美国与该国建立和发展外交关系的前提。总统的缔约权，是指总统具有与其他国家或国际组织谈判和缔结条约的权力，但这些条约须提交参议院，由出席参议员的2/3多数通过方能生效。总统还有权与其他国家签订行政协定（executive agreement），行政协定并不需要国会批准，可以快速应对危机期间的事务处理，可以相对保密。20世纪以来，美国总统签订的行政协定远远多于条约，不过行政协定的效力受到行政当局或者国会换届的影响，行政协定如遇换届，则需要新总统的重新认可方能继续有效。总之，美国总统不仅在形式上履行缔结条约的手续，而且在实际上制定和决定外交政策，领导和监督外交政策的实施。

其五，作为国家元首，总统拥有赦免权。

决定并宣布赦免的权力是美国总统作为国家元首所拥有的一项重要权力，宪法第2条第2款规定："他有权对危害合众国的犯罪行为赐予缓刑和赦免，但弹劾案除外。"美国总统的赦免权有以下四个特点：第一，赦免权是总统作为国家元首个人掌握的权力，无需征求国会的意见和同意。第二，赦免权的效力包括缓刑和赦免两种，至于赦免方式没有明确规定，实际上由总统个人决定，赦免既可使用于定罪之后，免除刑罚的执行，也可使用于定罪之前，免除刑事追究。第三，总统的赦免权只适用于违犯联邦法律的犯罪行为，也就是说总统无权赦免触犯州法律的犯罪行为。第四，如果是弹劾案，总统无权赦免。

札记

除了以上权力，总统还有宣布紧急状态的权力。总统可不经国会同意宣布全国进入紧急状态，行使紧急权力。这项权力由林肯总统树立先例，为了保护国家安全，总统可以采取一切必要的手段。进入紧急状态后，总统有权对物价、工资、生产实行管制，甚至可以限制人民的自由。1976 年，国会通过法案对这项权力加以明确限制，规定总统宣布紧急状态必须事前通知国会，必须说明他的意图和使用哪些法律，而且紧急状态应于 6 个月后自动终止。

（二）联邦政府的行政机构

美国总统在国家政治中的地位、角色和职权，决定了他需要处理的国内外事务极其纷繁复杂，因此需要相应的机构和助手来帮助他规划战略和确定政策，这些就是总统的内阁和办事机构，此外还有为管理、干预社会经济事务的需要建立起来的独立机构，它们共同构成了联邦政府的行政机构。

1. 总统的内阁和内阁部

美国宪法对于内阁并无明文规定，但在华盛顿时期，华盛顿在重大决策前会召集政府主要部长召开会议，进行咨询和商议，这种做法逐渐成为惯例。1793 年，英法战争期间这种会议成为经常，此后就有了“内阁”的称呼。1795 年，华盛顿解除伦道夫的职务后，内阁就开始由对总统个人忠诚并同意其政策的人组成。到杰斐逊成为总统后，他建立了第一个“由接受总统的个人领导、极力贯彻总统的政策的人所组成的内阁”，总统制下的内阁制度基本模式由此形成。

美国总统制下的内阁具有以下特点：

第一，由于总统掌握了对政府高级官员的免职权，从而保证了各部部长在所执行的政策上和政治上向总统负责，而不是向国会负责。

第二，根据不相容原则，美国的内阁成员不得同时为国会议员，如某一国会议员被总统延揽入阁，他就得辞去国会议员职务。内阁成员也不负政治上的连带责任，而是个别地就各自主管部门的政策和管理向总统负责。

第三，决策权属于总统，而不是内阁，因为宪法将行政权赋予总统，内阁只能算作总统的咨询机构，即使参加内阁会议的大多数人与总统意见相左，总统亦可不必采纳。

札记

第四，参加内阁会议的成员并不固定，由总统按照个人意志、按照所讨论议题的性质邀请。

内阁部是指部长有资格参加总统召集的内阁会议的政府重要部门，包括：国务院、内政部、财政部、司法部、农业部、国防部、商务部、劳工部、卫生与公共服务部、国土安全部、住房与城市发展部、运输部、能源部、教育部、退伍军人事务部等。①

上述各部部长由总统任命，并经参议院批准。根据法律，部长为总统内阁成员，是总统在相关领域的顾问。总统也可以让某些高级行政官员享有内阁地位，其中通常包括副总统、总统办公厅主任、管理及预算办公室主任、美国贸易代表等。

2. 总统的办事机构

早期，总统没有为其个人服务的办事机构，华盛顿就任第一届总统之后的将近一个世纪里，总统处理政务都是事必躬亲，直到 1857 年才配备一名由国库支付薪水的总统私人秘书。1929—1933 年，为应对经济危机，罗斯福总统推行"新政"，联邦政府大规模介入各项社会、经济事务，总统的工作量随之急剧增加。为吸纳各方面智囊为总统出谋划策，同时减少总统本人的事务性工作，1939 年，罗斯福总统依照国会授权通过的改组法，创设了总统办事机构，这些机构代表总统指导和监督各行政部门的工作，协助总统处理日常事务并发挥智囊团作用，从制度上为创造现代总统制打下了基础。二战后，随着总统权力不断扩大，总统办事机构的人员和权力也有所扩张。

一开始，总统办事机构下设有"白宫办公厅"和"行政管理与预算局"，之后根据形势发展的需要增添了一些机构，包括：经济顾问委员会、国家安全委员会、美国贸易代表办公室、科学技术政策办公室、国土安全办公室、环境质量委员会、政策制定办公室、行政管理办公室、国家毒品控制政策办公室、信仰和社区倡议计划办公室等。这些办事机构既充当总统的智囊和幕僚、为其出谋划策，又代表总统监督和指导各行政部门的工作，是总统权力的延伸。其成员由总统的亲信、专家、顾问和行政人员组成，由总统任命，不经参议院的批准。例如，白宫办公厅是总统处理日常事务的办公机构，是总统个人的办事班子，也被称为

① 刘杰．当代美国政治[M]．社会科学文献出版社，2011：58.

札记

"白宫班子"，是总统办事机构中的中枢和核心单位，其高级官员由总统的竞选班底以及少数的专家和学者担任。又如，国家安全委员会由总统担任主席，法定成员有副总统、国务卿、国防部长、中央情报局局长、参谋长联席会议主席等，以及总统指定并经参议院同意的其他行政部、军种部部长与副部长组成，其职能是向总统提供与国家安全有关的内政、外交、军事方面的信息和总体政策构想，能够在国防和外交事务的最高决策方面发挥重要作用。

3. 独立机构

美国联邦政府的行政机构除了上文提及的总统及其办事机构和联邦政府各部之外，还有独立机构。

独立机构又称独立管制机构（Independent Agency of the United States），是依照国会相关立法而成立，独立于政府内阁部之外。其负责人由总统任命，但任期大多长于总统，总统不能随意任免独立机构负责人。独立机构较少受到政党的影响，法律规定一个政党在同一独立机构中的人数必须受到限制，以保证其超党派性。故而独立机构又常常被称为立法、行政、司法之外的"第四部门"。①

独立机构是适应政府干预和管理社会经济事务增多的需要而建立起来的。最早建立的独立机构是 1883 年的文官委员会，随后于 1887 年建立起迄今仍具有重大权力的州际商务委员会。20 世纪 30 年代以后，随着联邦政府权力的扩大，独立机构日趋增多。1946 年通过的《联邦行政程序法》曾试图对独立机构的膨胀进行抑制，后来又经过多次行政改革，但收效不大。

独立机构的管理职能是多方面的。根据法律规定，各独立机构在其管辖范围内有权制定、修改或废除具有法律效力的规章、规则和细则，并在执行这些规章、规则和细则时，依法享有委托司法权；有权受理和裁决一般的行政纠纷案件。纠纷案件必须先经独立机构的裁判，方可向法院提起诉讼。独立机构的行政受理权更为广泛，可以发布行政命令（包括对某一具体事项处理的最后决定），核发各种许可证，实行处罚等；有权规定价格、运费、服务标准；有权检查、监督各项法律在本机关内部以及本机关所管辖的工商企业的执行情况。如州际商务委员会要

① 刘杰．当代美国政治[M]．社会科学文献出版社，2011：83.

札记

管理铁路、公共汽车和公共运输；联邦贸易委员会全面监督商业活动，干预不公平交易并采取限制性措施，控制广告宣传和商品商标等。

各个独立机构的规模大小不等，其中最大的如环境保护署、联邦劳工关系管理局等，各有1万多名工作人员，比较小的如联邦海事委员会、核管制委员会，一般也有300多名工作人员。每个独立机构设有作为领导机关的执行委员会。委员会委员平均有5人，由总统任命，任期由法律规定，5年或7年不等，在任期内总统无正当理由不得撤换。

（三）美国政府的文官制度

文官是指在政府部门中任职的除了选举产生的非军职人员。1883年《彭德尔顿法》的颁布，意味着"政党分肥制"①的结束和现代文官制度的建立。

进入垄断资本主义阶段后，美国社会经济基础发生了深刻变化，对文官制度提出新要求，因而1920年出台了《文官退休法》，1923年和1949年的两个《职位类法》，加强了对文官的管理，建立了系统的分类考绩制度；1939年《防止不当政治行为法》（又称《哈奇法》）确立不准参与政治活动、不准用封官许愿拉选票的原则；1950年实行《考绩法》，1958年颁布了《培训法》，1962年通过了《联邦工资改革法》等法令，美国逐渐形成了以考绩制为核心的比较完善的文官制度。但总体来说，《彭德尔顿法》实施的将近100年里，基本没有大的变化。

二战后，美国政府的规模、职能和工作的复杂性，使得《彭德尔顿法》已无法适应社会、经济发展的新情况，1978年根据卡特总统提出的文官制度改革计划，美国国会通过了《文官制度改革法》。② 该法令总结了美国实行了95年的文官制度，着重完善了文官制度的奖励机制，规定：其一，撤销原来的文官委员会，将其职能转移至两个新的机构：人事管理办公室负责联邦政府机构的人事管理，包括招聘、面试、推荐录

---

① 即竞争获胜的政党，将行政职位分配给本党主要骨干的做法。该做法任人唯亲，不问其是否胜任，其官员随所属政党的胜败而进退，因此造成用人不当，行政效率低下，政府浪费严重，官吏贪污舞弊，党派倾轧，政争激烈。每一次选举后便发生一次人事大变更，使行政管理混乱，政治不稳定。

② 郑易平，牛霞飞．美国文官制度的建立与改革对其政治制度稳定性的影响[J]．国际观察，2016(2)．

札记

用和考核政府工作人员，制定有关文官的制度和规定；功绩制保护委员会负责保障联邦“功绩制”的完整和职业文官的合法权益，该委员会还开展“功绩制”的研究，接受工作人员对政府机构的申诉、听取和处理各种失职和违法行为、命令有关机构和人员进行整改。其二，扩大了总统对职业文官的控制，把原来职业文官最高三个级别约七千个职位，改为高级行政文官，由总统直接任命、免职和调动，调动时保留行政级别和待遇，这些人在政治上仍需保持中立。其三，强化管理文官的措施，人事管理办公室重新制定了一套文官评估制度，扩大各行政部门首长解除文官职务的权力，简化免职和降职程序等。

这些改革使美国文官制度在当时已处于西方国家文官制度的领先地位，其最主要的特征就是立法完备。此外，美国还出台了一些相关立法，包括1970年的《职业安全与健康法》，1989年的《检举者保护法》和1996年的《国会审核法》等，不断为文官制度的发展注入新活力。此外，国会还可要求审计总署调查某机构的行政行为，国会预算办公室还可进行监督性调研。国会也经常根据这两个机构的调查结果举行听证会，各机构官员非常重视调查和听证中提出的意见，并以其为依据来改进工作。总之，美国已然形成了一套比较完善的高效的文官制度。

二、国会与立法制度

(一)国会的结构、组成及机构

1. 两院制结构

1787年宪法规定美国最高立法机关为国会，国会实行两院制——参议院(Senate)和众议院(House)。采用两院制是因为：其一，美国是联邦制国家，两院制是制宪会议上大州和小州之间利益协调和妥协的结果；第二，这是开国先贤们为了防止“多数人的暴政”而采用的制度设计，即使是立法权，也要设置两个院彼此制衡。

参议院和众议院的地位和权力相对平衡，只是存在分工的不同。主要体现在：立法权由两院共同行使，任何一院通过的法案必须送交另一院通过，任何一院对另一院通过的法案都拥有绝对的否决权。两院通过的文本如发生分歧，只能通过协商。协商的方式是由两院同等数量的议员组成协商委员会提出妥协方案，再经两院通过。但两院在某些方面有所分工：众议院有提出财政议案的优先权，参议院有权批准总统与外国缔结的条约、同意总统提名的高级官员；当发生弹劾案时，由众议院提出弹劾、由参议院进行审判。如果总统选举中没有候选人获得选举人团多数，由众议院选举总统，参议院选举副总统。

2. 议员

从两院议员的数量来看，众议院规模较大，而参议院规模较小。两院议员都是各州选民选举产生，宪法规定众议院名额按各州人口比例进行分配，每三万人选出不超过一名众议员，随着美国国土的扩张和人口的增长，众议员数量亦不断增加。第一届国会召开时，众议员仅 65 名，到 1913 年众议员增至 435 人。议员过多不利于讨论和研究国事，议员太少则又不利于代表和表达民意。1929 年，胡佛总统召开特别国会，要求制定全国的议席分配法，国会通过了这一提案，将众议员席位固定为 435 名，以后不得增加，同时规定根据联邦统计局每十年人口普查的数据，不断调整各州的议席分配。现如今，每个众议员代表 50 多万居民，人口不足的州至少有一名众议员。参议院议员则是每州 2 名，共 100 名。

众议员要求年满 25 岁，而参议员则必须年满 30 岁；众议员必须加入美利坚合众国国籍满 7 年，而参议员必须入籍满 9 年；众议员任期 2 年，到期全部改选，可连选连任；参议员任期 6 年，每两年改选其中的 1/3，亦可连选连任。① 总体而言，参议员对各类问题的看法更倾向于保守持重，参议院更迭较小，比较稳定，比较有连续性；而众议院里新面孔较多，带来的新见解、新观念也较多。

议员享有比较丰厚的薪金和特权待遇。2003 年时，一般议员的年薪达到 15 万美元，2011 年达到 17. 4 万美元，相当于现职副部长；可享有一些廉价或免费的服务、旅行津贴和特殊的税收等待遇；同时，议员还有专业工作人员协助其开展工作，在华盛顿和家乡选区，每名议员可雇佣最多达 18 名全职助理，帮助管理文秘、行政、立法和媒体事务。宪法第 1 条第 6 款规定："议员除犯叛国罪、重罪和妨害治安罪外，在一切情况下均享有在出席各自议院的会议期间和往返于各自议院途中不受逮捕的特权，他们不得因在各自议院发表的演说或辩论而在其他地方受到质问。"即议员享有在会议期间不受逮捕和在国会会议上的发言免受

---

① 刘杰．当代美国政治［M］．社会科学文献出版社，2011：159.

札记

追诉的权利。

3. 国会的组织和机构

其一，两院议长和议会党团领袖。

美国国会两院均设有议长(Speaker)，众议院议长由多数党议会党团在本党议员中提名，经由本院议员选举产生，他是众议院的主持人，和其他议员一样参加辩论和表决。当总统和副总统的职位都空缺时，他是继任总统职位的第一人，但应先辞去议员和众议院议长职务。众议院议长的主要职责和权力是主持众议院会议，他有权认可议员的发言，决定会议的程序、决定讨论问题的日程，他还有权指派非常设的特别委员会和协商委员会成员。有了这些权力，他就可以运用裁量权和政治手腕影响议案的通过，他可以在立法程序的几乎任何阶段拒绝一个议案。在表决中，如果赞成和反对票相等，议长可投下关键性的一票。19 世纪末，众议院议长权力达到顶点。

参议院议长由副总统兼任，主要职能是充当国会与政府之间的联络人。他主持会议，但不参加讨论，只有当参议院表决出现赞成票和反对票相等时，他才有一票的表决权。这一票在关键时刻具有一票裁决的作用，例如 1993 年 8 月 6 日，参议院在投票表决克林顿政府所要求“增税节支预算案”时，结果为 50 对 50 票，于是由副总统戈尔投了决定性的一票，法案获得通过。

参议院临时议长。由于副总统实际上并不经常参与参议院的立法活动，参议院另选一名临时议长，在副总统缺席或者继位履行总统职务时主持参议院的工作。和众议院议长一样，参议院临时议长形式上由全院大会选举，实际上是多数党提名的，但他的权力却远远不及众议院议长。他在副总统缺席时主持参议院，但他所发挥的作用比较消极，这主要是因为参议院的多数党领袖比他更有权威。主持参议院的会议也被认为是“沉闷乏味”、“吃力不讨好”的差事，无论是副总统还是参议院临时议长，都不大乐意干这件事，因此通常是由资历较浅的议员轮流干。参议院的真正领导权掌握在多数党领袖和少数党领袖手里。

参议院多数党领袖。相对而言，参议院的多数党领袖比众议院的多数党领袖的权力要大，通常是参议院最有影响力的人物，他的主要任务就是确定参议院的议事日程，但通常需要征询少数党领袖的意见。在参议院的任何辩论中，多数党领袖都有权利被允许第一个发言。他在分派多数党议员参加参议院各个常设委员会方面拥有很大发言权。那些经验丰富、个性鲜明、善于在政治上讨价还价的多数党领袖，就会发挥更大的作用。

其二，国会中的委员会。

大致来说，国会两院中设立的委员会有三种类型：

第一，常设委员会。这是国会委员会中最重要的机构，其设立由法律决定，不得任意增加或撤销。常设委员会不受国会换届的影响而长期存在，由国会两院根据立法职能的需要决定数量的多少，拥有对法案的第二级审议权和法案的监督执行权。1911 年以前，委员会成员都由议长指派，后来经历了选举产生的方式后，最终改为由两党各自任命，两党在常设委员会中的成员比例按照两党在国会中议员的比例来分配，例如共和党议员在全院中席位占 2/3，则该党在各常设委员会中的成员应占比 2/3。国会中影响力和权力较大的常设委员会有：众议院中的规则委员会、拨款委员会、军事委员会、司法委员会、外交委员会等；参议院中的外交委员会、武装力量委员会、财政委员会等。

第二，特别委员会。特别委员会是为某项特别的议案或进行某项特别的工作所设立的临时性或专门性机构，任务一旦完成或国会规定的期限结束，该委员会就予以撤销，起到对常设委员会拾遗补缺的作用。与常设委员会相比，其存在的时间较短，被赋予的权力也较有限，多数情况下只有向全院大会提交报告的权力，没有法案的审理权，监督执行权也需全院大会专案专授。两党参加特别委员会的成员比例与两党在国会中议员的比例相当。

第三，联合委员会。参、众两院根据法律和两院的联合决议来设立联合委员会，其主要目的是管理一些同时为两院提供服务的国会机构，或者就两院共同关心的重大问题开展研究，作出与两院都有关的决定。联合委员会一般由两院各派一半代表组成，委员会主席则由两院代表轮流担任。行使的大多是行政管理职能和立法咨询建议，而非从事直接的立法工作，所管辖的是一些事务性或研究咨询性的机构。联合委员会中较为特殊的是两院协商委员会，其职责是消除两院在通过某个议案时文本中存在的差异，拟定一个能为两院接受的议案文本，当两院达成一致后，协商委员会即完成使命而不复存在。

札记

(二)国会的权力

其一，国会的基本权力——立法权。宪法第 1 条赋予国会“一切立法权”，但“以本宪法所赋予的为限”。这里实际上有两层含义，一是国会的立法权是有范围的，在联邦制的构架里，国会只是在宪法赋予联邦的权力范围内有权立法。二是作为分立的三大权力部门之一，立法权专属于国会。

其二，国会的重要权力——钱袋权。在美国，政府的预算是以法律的形式通过并依法执行的，宪法第 1 条规定，国会有权为“提供合众国共同防务和公共福利”而征税和开支，但“除非经法律规定拨款，不得从国库提取款项”。按照 1921 年《预算与会计法》，总统每年必须向国会提交下一个财政年度的预算方案，总统由此掌握提出预算方案的权力，而国会掌握批准预算的权力。1974 年国会通过了《预算和截留拨款控制法》，规定国会成立一个由专家组成的国会预算局、参众两院各成立一个预算委员会，专门研究、分析、审查总统提出的预算方案，要求任何全权预算支出必须通过相应的年度政府算出预算案的支持才能有效。在算出预算案因故延迟的情况下，政府可通过持续决议案对预算进行授权。若两者皆未能按时颁布，即出现资金缺口，这时联邦政府会关闭受影响的机构与服务，出现“美国政府关门危机”①。自美国国会预算程序于 1976 年正式执行以来，美国联邦政府一共停摆 19 次，最近一次是在 2018 年 12 月底，美国两党因美墨边境墙经费协商未果，导致了政府关门，直至 2019 年 1 月 12 日关门危机才结束，特朗普政府创下美国联邦政府史上最长关门时间的纪录。

其三，引而不发的权力——弹劾权。所谓弹劾，是国会对高级官员的“叛国、贿赂或其他重罪和轻罪”和严重失职行为进行控告和制裁。它与英国式倒阁的区别在于：美国国会不能因为不同意总统的政策和施政方针而要求总统辞职，但有权对有犯罪或严重失职行为的包括总统、

① 美国联邦政府关门并非全关，根据《反预算过度法》，“在紧急情况下，如果某个部门不履行职责，会造成对人民生命和财产的直接危害”，则这些部门要保持运转，大多是涉及国家安全和社会保障的部门。但国家博物馆、动物园、植物园等都会关闭。除了联邦政府会发生关门危机，各州政府、地方政府也会因州议会、地方议会不批准预算而停摆。

札记

联邦法官、政府部长在内的联邦文职官员进行弹劾，也就是说弹劾所追究的是法律责任而不是政府的政治责任；弹劾的程序也不同于一般的立法程序，而是司法性质的，即由众议院提起弹劾，由参议院审理，参议院在表决弹劾案时需要2/3多数通过才能对被弹劾的官员定罪；弹劾的对象是官员个人而不是整个政府，当某个官员受到弹劾时，其他政府成员并不因此负连带责任，如果官员经弹劾被定罪，他个人将被罢免，即只限于“免职和剥夺担任和享有在合众国属下获得荣誉、负有责任或领取报酬的任何职务的资格”，但免职后，仍可依法对其提出起诉，并由法院审判和判刑。弹劾权在美国历史上用得并不多，数十位高级官员被国会弹劾过，其中有四名总统：一是安德鲁·约翰逊，他在1868年因违反《官员任期法案》被弹劾，但在参议院以一票之差涉险过关；二是尼克松，他在1974年因“水门事件”被弹劾调查，但他赶在众议院投票之前辞职了；三是克林顿，他在1998年因“莱温斯基事件”被弹劾，但弹劾案在参议院未被通过；四是特朗普，他在2019年因“滥用职权”和“妨碍国会调查”被弹劾，弹劾案同样在参议院被否决。

其四，调查权。美国国会的调查权是指美国国会为了某项特别立法或补救性立法而查明事实真相，或对政府政策和行为进行监督，或让公众了解政府运作，或为解决选举程序或议员身份方面出现的问题，组织专门机构(通常为国会常设委员会或小组委员会)，通过检查有关记录、传唤证人、召开听证会等方式和手段进行调查的权力。国会行使调查权主要依靠下列方法：传唤证人；以藐视国会罪对拒绝作证者予以惩处；要求证人宣誓作证；对证人准予免于刑事起诉；对作伪证与作假证者予以刑事起诉。

其五，参议院特有的权力——批准任命权。总统挑选的政府高级官员，包括行政部门首长、大使、最高法院大法官与联邦法院法官等，要逐个地而不是一揽子地交给参议院进行严格审查，经过参议院同意后才能任命。

(三)国会的立法程序

国会的立法一般须经下列步骤：第一，立法动议，即提出议案；第二，委员会审议；第三，一院的全院大会进行辩论和表决；第四，另一院辩论和表决，如果两院意见相左，对送交的法案有较大的修改，就需

札记

要组成“协商委员会”进行协商、修改，直到两院意见统一；第五，交由总统签署、发布。

众参两院均可提出法案，但宪法第1条第7款规定，凡增加税收的法案须由众议院提出。众参两院议员提交法案或决议案的方式有所不同。众议员，包括常驻特派员和代表，都可以于国会开会时的任一时间提交法案，只须简单地将法案放入一个专用箱子内就行，或直接交给众议院书记。禁止议员自己介绍法案或在提交法案时作说明。工作人员办公室提供印制好的空白表格用于打印原始法案。为防止冒名提交，法案上须有提交者的签名。参议员提交法案或决议案则须先取得参议院主席的同意，然后将其交给旁边的工作人员，也可直接从议员席上站起来正式宣布提交。提交时参议员可对自己的法案作一说明，然后去“国会记录处”印制他的法案及说明。但是，如果有任何其他参议员反对，他的提交便推迟到第二天方能进行。如果没有人反对，就宣读法案的标题，并交给相应的委员会。法案或决议案也可由多名参议员联名提交。

接下来的程序是委员会审议，这是立法中十分重要的一环。各委员会有权根据法案分类来处理相关法案。众参两院各自都规定了约200个不同的法案分类，将其归属不同的委员会。因此，法案一经提出就被交给相关的委员会进行审议。未经委员会审议的法案不得提交议院审议。由于一些委员会的职责交叉，一些法案会被提交给两个以上的委员会审议。法案一经被提交到委员会，就被视为“一读”。委员会接到大量法案后，将其列入委员会日程，从中仅选出一小部分进行审议。如果法案得不到委员会审议，法案就等于被废弃。如果想从委员会撤销法案，唯一的办法是提出撤销审议申请，但这申请在众议院须经半数以上的议员签名认可方有效，在参议院则需通过一项特殊决议来批准。实践中撤销审议少有成功。委员会或小组委员会审议的程序大体分4个步骤：(1)将法案送交相关的行政部门和审计署，要求他们就法案成为法律的必要性和可能性提供正式的评定报告，但报告对委员会审议不具有支配性。(2)举行立法听证会，目的是听取委员会之外的有关个人，如其他议员、政府官员、院外集团代表、公民等对法案的意见，以获取立法证据。众议院听证会的法定人数最少为2名众议员，参议院听证会法定人数最少为1名参议员。听证会可以公开，也可不公开，也可二者兼有。(3)举行委员会全体会议。小组委员会先向委员会提交审议报告，然后由委员会对报告进行讨论并提出修正案。是否向议院呈报法案须经委员

札记

会法定人数中的多数人投票表决同意。(4)向议院呈报法案。委员会向议院呈报的法案一般都附有修正案。如果法案被全部修正，委员会也可搁置原法案，而采用修正案作为新的文本呈报给议院。同时，委员会须向议院呈报一份报告，阐明法案的内容、目的以及委员会的修正意见，说明呈报和通过的理由。委员会报告对立法极为重要，它往往成为后来法律解释的依据。

委员会向议院呈报法案后，法案就被列入议院的审议日程，由议员进行辩论、审议。在众议院，审议之前先由规则委员会制定特殊决议，以规定审议方式、辩论时间等。特殊决议经众议院同意决定某法案由全体委员会审议。议长指定一名议员担任全体委员会主席主持会议。全体委员会对法案及修正案进行辩论和审议，然后再将其交众议院最后表决。在参议院，审议方式则由“全体通过协定”来确定。由于参议院更重视参议员个人意旨，故凡事包括审议与否、提交修正案、辩论时间等均须得到大多数参议员的同意。辩论既是议院审议程序中的一个重要环节也是议员的一项重要权利。辩论在程序上的主要问题是辩论时间的长短和具体规定，两院对此差异甚大。在众议院，辩论时间的长短由规则委员会所作的特殊决议来确定，如果没有特殊决议规定，则按“一小时规则”辩论。从理论上说每位议员可有1小时的辩论时间，但实践中为提高效率，将此规则视为全体议员对某项法案的辩论时间总数不得超过1小时。另外，对修正案的辩论按“5分钟规则”进行，即修正案辩论双方的时间各被限定为5分钟。众议院全体委员会可通过表决来中止辩论。在参议院，辩论的时间基本没有限制。参议员只要得到参议院主席的发言许可，就可以无限制发言。只要有人发言，法案或修正案就不应付诸表决。这种无限制发言被称为“冗长发言”(filibuster)①，常常被参

① 2013年9月24日14点41分开始，参议员克鲁兹开始发表冗长演说，表达对奥巴马医改法案的反对，他誓言要讲到“自己没力气站着为止”，在演讲中多次痛斥奥巴马医改法案劳民伤财，伤害国家经济，并指责国会没有采取有效措施来废止这部法律。长时间不吃饭、不上厕所、保持站立的“折磨”显然让克鲁兹很难受，但他还是熬过了一整夜。为打发时间，他的演讲一度变得俏皮，对着几乎空荡荡的议员席和镜头，他给自己的女儿讲睡前故事，朗读美国著名儿童读物《绿鸡蛋和火腿》里面的对话，不时念出社交网站上粉丝支持自己的言论，甚至提起自己喜欢吃的汉堡。克鲁兹的演讲持续到25日中午才结束，全长21小时19分钟。这个时长可以在美国“史上最长演说排行榜”上排名第四，也刷新了半个世纪来美国参议员演说时间最长纪录。

札记

议员们用来拖延时间以阻止某种法案的通过。

冗长发言的目的，是通过不停的演说阻止参议院对审议的议案进行表决。因为参议院规定只有在所有议员发言完毕后才能进行表决，同时没有规定议员发言的内容和时间，因而冗长发言成为参议院少数党用来拖死议案的手段。为了对付冗长发言，提高立法效率，参议院确定了“限时结束辩论”的规定：1917 年规定，达到 2/3 多数票(67 票)的支持即可进入“限时结束辩论”正规程序，1975 年改为只需参议员中 60 票的支持即可阻止冗长发言；但是，参议院多数党的参议员数量往往达不到 60 人，因此很难启动程序。在奥巴马的第一个任期里，他遭到了史无前例的 27 起冗长辩论，第二任期的头一年里，又增添了 18 起。从移民政策改革到枪支管控再到医改，他的每一项重大举措在参议院都裹足不前。为此，以奥巴马为首的民主党人推动了参议院的相关改革。按照 2013 年 11 月 21 日的新规定，涉及总统提名的司法和行政官员候选人的表决，如果出现“冗长发言”，只需要简单多数同意就可以启动“限时结束辩论”程序。另外，新规对总统提名的候选人的辩论时间也予以压缩。

协商会议是为协调两院立法矛盾和冲突而召开的会议，是议院各自审议后相互沟通的一个必经环节。法案在一院通过后就被送到另一院审议，另一院或通过、或修改、或否决。如果通过或修改不大，法案就依程序送交给总统批准。如果另一院对送交给它的法案作出重大修改，而这一修改又被另一院否决时，就将法案提交两院协商会议来处理彼此的矛盾。最先提出法案的议院有权要求召开协商会议，另一院须对此同意。如果另一院不同意，法案就被废止。协商会议达成一致，就形成一个报告，分别提交给两院批准。要求召开协商会议的一院须让另一院优先投票表决。协商会议也可能达不成一致，这样就使法案被废止。

最后是批准程序。当法案在众参两院通过后，法案的始发议院将其正式印制并登记在册，然后将其送交众议院议长和参议院主席签名，签名的顺序是谁提出法案谁先签名。随后将法案送交总统批准。如果总统批准法案，他就签上名，标明日期，并在文件上写上“批准”一词，法案就变成了法律。如果总统在 10 日内(周末除外)不签名，而国会又处在休会期间，那么法案就不能成为法律。这个程序被称为“搁置否决”，又称“口袋否决”。如果国会是在开会期间，总统超过 10 天不签字，法案就自动成为法律而无须总统签名。总统也可在 10 天期限之前，将法案发还国会并说明其理由。总统意见被送到法案的始发议院，如果该院对其不反对，法案就等于被废止。但是，两院可对总统的否决进行表决，表决之前可以辩论，也可延期表决。两院全体议员2/3的赞成票可推翻总统的否决，法案就成为法律。否则，法案就被废止。法案批准后，就被冠以法律序号予以公布。

三、最高法院与司法制度

(一)美国的法院体系

由于美国是联邦制国家，因此其司法体系也深深体现了这一制度特色，美国司法体系存在两大系统：联邦法院系统和州法院系统。那么联邦法院与州法院之间的权力是如何分割的？其地位关系如何？

1. 联邦法院(the federal courts)和州法院(the state courts)

联邦法院是联邦政府的一个部门，州法院是州政府的司法部门。这两套法院系统之间不是上下级关系，但在司法管辖的范围上有所分工。绝大多数的案件，既可向州法院起诉，也可以向联邦法院起诉。但州法院审判案件时，在适用法律方面，不仅要受州宪法和州法律的限制，也要受联邦宪法和法律以及联邦所签订条约的约束。

联邦法院的管辖权受联邦宪法和法律的限制，只能行使由联邦宪法赋予和由国会立法规定的联邦司法权力。根据宪法第3条第2款的规定，合众国司法权适用于以下范围的案件：其一，合众国作为诉讼的一方的案件；其二，涉及州的案件，具体包括两个或两个以上的州之间的诉讼案件、一个州与另一个州的公民之间的争执案件、不同州的公民之间的诉讼；同一个州的公民之间关于不同州的土地的所有权的诉讼；其三，涉及大使、公使和领事的一切案件；一州或其公民与外国或外国公民或居民之间的诉讼；其四，所有涉及到联邦宪法、国会通过的法律和根据联邦权力缔结的条约的一切案件、以及关于通航水域的一切案件。

2. 联邦法院系统与州法院系统的设置

现行联邦法院体制在建国之初就已确立，《1789年司法条例》规定，按当时的13个州将全国分为13个地区，每个地区设立一个联邦地区法院，地区法院之上设立巡回法院，巡回法院之上则是最高法院。该条例

札记

还明确了联邦最高法院对州法院判决的复审权。迄今为止，地区法院——上诉法院(巡回法院)——最高法院的司法体制仍是美国联邦司法体制的基本脉络。

地区法院是联邦法院系统中的初审法院，审理联邦司法权管辖范围内的民事、刑事案件，其数目由法院根据需要而定，至少每州设一家，目前全美共 89 家。上诉法院是联邦法院系统第二级法院，创立于 1891 年，其目的是为减轻最高法院的审判负担，其管辖的地区称为“巡回区”，最初全国仅设有 3 个巡回区，现已增加到 11 个司法巡回区，加上哥伦比亚特区，全美共 12 个上诉法院，负责受理本巡回区内的上诉案件。最高法院是美国最高司法机关，是法院系统中唯一由宪法专门设立而不能由任何立法加以废立的机构，也是联邦法院中的最后上诉法院。联邦最高法院于 1790 年根据《1789 年司法条例》成立，其组成人数几经增减，l869 年国会通过法令规定最高法院由 1 名首席法官和 8 名大法官组成。联邦最高法院对各种提交的案件，一般由 9 位大法官以简单多数票的表决方法来决定。最高法院大法官由总统提名，参议院同意任命。首席法官，是美国政治制度中最重要的角色之一，所谓首席，意味着他的角色仅仅是充当“同事中居首位者”。他的权力和影响主要是“劝说”而不是命令。大法官的薪水不能被裁减，除了去世、辞职或者自己要求退休外，大法官唯一非自愿的去职是被国会罢免。

按照管辖权限，联邦法院可分为一般法院和专门法院。一般法院就是上文所述由最高法院、上诉法院和地区法院组成的法院系统；专门法院则指根据案件的特殊性质而设立的法院。主要的专门法院有：联邦索赔法院、税收法院、联邦巡回区上诉法院、联邦军事上诉法院、国际贸易法院、退伍军人上诉法院等。

根据联邦与州分权的原则，各州都有自己的司法系统和体制，由于各州情况不同，因此在法院体制设置上呈现很大不同，各州各级法院的名称和管辖权限都有所差别，但大多数州立法院系统由有限和特别法权法院、原始和一般法权法院、中级上诉法院和州最高法院组成。第一级是有限和特别法权法院，这类法院在农村被称为治安法院，在城市被称为都市法院，主要负责处理一般民事案件和不重要的刑事案件，同时对严重的刑事控诉进行初步审问；第二级是原始和一般法权法院，又称为县法院和上级法院，主要负责对大多数重大刑事案件和重要的民事诉讼案件进行初审，也可接受针对第一级法院审判结果的上诉；第三级是中级上诉法院，这类法院一般只在人口较多的州设立，主要是为减轻州最高法院的审判负担，除特殊情况外，中级上诉法院不接收初审案件，只受理来自原始和一般法权法院的上诉案件；第四级是州最高法院，这是州的最高司法机关。

一个具体的案件从基层到联邦最高法院，大致会有两种选择：如果归属联邦地方法院管辖范围的，可以选择在联邦地方法院提出，如对判决结果不服，可以上诉到联邦上诉法院，最后联邦最高法院终审。如果不归属联邦法院管辖，可在州基层法院提出，如有不服可以上诉到州上诉法院、州最高法院，如此时对结果不服可以直接上诉到联邦最高法院或者经由联邦上诉法院最后到联邦最高法院。

（二）司法原则和诉讼程序

美国的司法原则主要有三个方面：其一，司法独立原则。司法独立要求法官做出裁决，只服从宪法和法律，独立进行审判；司法独立还指法院独立于行政机关，行政机关不得因法官的判决不符合其意愿而将法官撤职；司法独立还强调法院独立于立法机关。为了保证司法独立，法官如无过失可终身任职，同时给予法官高薪，退休后也可享有优厚的养老金；而且，在法官身份上采用不相容原则，也就是一旦担任法官必须辞去行政机关或立法机关的职务。其二，遵守先例原则。美国是判例法国家，所谓判例法，不是由立法机关制定的法律，而是产生于法官的判决，即可以从法官判决中推导出来的法律原则，因而以往的判例会对后面的案例具有法律效力。其三，法官的“政治中立”原则。由于联邦法院的法官由总统提名经参议院同意后任命，两党主要是通过影响对法官的任命来影响司法过程，但法官理应保持政治中立。

根据案件性质的不同，诉讼程序可分为民事诉讼程序和刑事诉讼程序。关于民事诉讼：凡属于国民身体或财产的合法权益蒙受侵害，或行使公民权时受到拒绝或不法损害，被害人均可向法院起诉，要求保障其权益、消除不法行为。其诉讼程序为：呈送诉讼状，传唤证人，遴选陪审员，开庭审理，发布执行状。庭审中采用辩论制，部分诉讼，特别是侵权诉讼等，由陪审团裁断、法官判决。关于刑事诉讼：第一步是由警方拘捕嫌疑犯，将所获证据提交检察官，由检察官提起公诉；重大刑事

札记

案件必须组织大陪审团，由大陪审团审查证据，向法院提交正式的起诉书，方能进行审判。如被告没有律师，法院可以指定公设律师为其辩护。其他程序与民事案件大体相同。刑事案件中，不得强迫任何人作被告的证人，被告人的罪行如有“合理的可疑之处”，陪审员和法院应宣布其无罪。

（三）司法审查制度

司法审查制度体现的是对立法机构立法权的限制。

建国后，面对立法权的扩张，当时美国领导者们持有一种倾向：应对立法权加以限制，使立法者们对基本法负责。美国是如何解决其对立法机构立法权的限制的呢？

美国的最高法院是在审判有关案件的实践中获得违宪审查权的，联邦法院系统建立起来后，就开始作为宪法解释者运用权力。1792 年，联邦巡回法院判决罗得岛州的一项立法违反了关于不得损害契约义务的宪法条款，因而无效，但这只是联邦法院对州法律的审查，体现的是联邦宪法和法律为全国最高法的原则。1795 年，曾经在制宪会议上提出新泽西法案、当时是最高法院法官的威廉·佩特森，在宾夕法尼亚巡回法院审理“范霍思的承租人诉多伦斯案”时明确地指出，宪法规定了政府形式，是国家的最高法律，是“政治体系的太阳，所有立法、行政和司法机关都应围绕着它转”，“如果立法机关通过的一项法律违反了某项宪法原则，……法院的职责就是恪守联邦宪法，并宣布该项法律无效”。次年，在“希尔顿诉合众国案”①中，最高法院裁决国会征收运费税是一种间接税，因而符合宪法，这实际上意味着最高法院有权对国会的立法是否符合宪法做出裁决。到 1800 年，多数联邦法官以及大多数律师都接受了这样的原则：最高法院可以宣布国会通过的法律违宪。

---

① 1796 年，希尔顿诉合众国一案（*Hylton v. United States*）中，最高法院首席大法官埃尔斯沃思和大法官佩森特（两位都是制宪会议成员）对一项有关运输税的议会立法的合宪性进行了审查。在该案中，上诉人的代理人主张运输税是一种直接税，不按人口在各州分配该税种，违反了联邦宪法，因而是无效的。联邦最高法院判决运输税是一种消费税而非直接税，因此并没有违宪。这一判决表明最高法院应对国会的法令是否符合宪法做出裁决，此后，不少人认可“将宪法制订者所早已熟悉的这种司法复审权授予司法机构，完全是意在使之得到执行的”。

札记

但，司法审查制度正式确立，是经由1803年的"马伯里诉麦迪逊案"①的判决实现的。

联邦最高法院进行司法审查的对象包括：议会通过的一切法律、法令和行政部门的一切行政法规、行政命令和规章，可以撤销违反宪法的任何法律、法令和命令，最高法院的判决具有最后的法律效力，除非被宪法修正案和它自己的判决所推翻。

四、选举制度

（一）美国选举制度发展史

在建国后相当长时间里，美国各州都保留了殖民地时期对公民选举权的种种歧视性限制，如规定获得投票权的财产或纳税额资格，拒绝和限制妇女的投票权，剥夺黑人等少数民族的选举资格，规定文化测验标准等，此外各州还要求选民登记时必须在所登记的选区居住满一定期限，有半年、一年、两年不等。经过了长期的斗争美国才逐步取消或降低了这些不合理的限制，实现了普遍的投票权。普选权的实现，历经了

① 该案件起源于1800年大选，当时联邦党的亚当斯总统败给了民主共和党候选人杰斐逊，权力交接之际，亚当斯星夜任命42位本党派人士出任治安法官，抢占司法权力领域。按照规定，治安法官的委任状应由国务院盖印之后才能正式生效。结果，国务卿马歇尔因疏忽和忙乱使十七份委任令没能及时发送出去，马伯里恰好身列其中。新任国务卿麦迪逊扣押了这批委任状，并将它们如同垃圾一样处理掉。马伯里把国务卿麦迪逊告到了最高法院，要求最高法院下达执行令，命令麦迪逊按法律程序交出委任状，以便自己上任。他起诉的根据是《1789年司法条例》第13款d条：联邦最高法院有权向任何在合众国的权威下被任命的法庭或公职官员下达执行令状。马歇尔大法官以最高法院的名义致函国务卿麦迪逊，要求他解释扣押委任状的原因。然而，麦迪逊对此不予理睬。这使马歇尔陷入了一种左右为难的困境，如果他正式签发一项执行令，结果很可能是麦迪逊继续置若罔闻，这无疑会削弱司法权威；如果他拒绝马伯里合理的诉讼要求，则等于主动认输，使整个司法系统颜面扫地。反复思量之后，1803年2月24日，马歇尔作出了十分智慧的判决，他引证宪法第3条第2款："涉及大使、其他使节和领事以及以州为一方当事人的一切案件，最高法院具有原始管辖权。对上述以外的所有其他案件，最高法院具有上诉管辖权。"也就是说此案件应该从地方法院逐级上诉到最高法院，而不是一开始就递到最高法院。并且他判定《1789年司法条例》第13款d条违宪，理由是它扩大了宪法明文规定的最高法院司法管辖权限。这一案件的判决使最高法院不仅拥有了司法审查权，还促进了司法审查制度的建立、完善。

札记

以下关键步骤：

其一，从杰克逊总统时期到19世纪中叶，所有的州逐步取消了将财产和纳税额作为选举权资格的规定，承认了白人男子的普选权。1856年北卡罗来纳州最后一个废除了投票权的财产限制。

其二，女权运动和废奴运动争取取消了对妇女和黑人的政治歧视。19世纪后期，随着妇女就业人数的大量增加，职业妇女要求实现与男子的平等权利。在女权运动的推动下，国会1919年最终通过了宪法第19条修正案，次年8月经各州批准生效，该修正案规定：公民的选举权不得因性别而被任何一州加以拒绝和限制，从而实现了男女平等的投票权。黑人投票权的实现则经历了更加曲折的过程。南北战争后，美国废除了奴隶制。1870年生效的宪法第15条修正案规定，联邦或州都不得以"种族、肤色或以前受奴役的身份"而剥夺或限制一个公民的选举权。然而在现实的政治生活中黑人的选举权未能顺利落地，各州，尤其是南方的州，掌权者通过各种手段限制黑人参与选举，发生了1873年的屠宰场案①、1876年"合众国诉里斯案"②，这两个案件的判决无疑是在变相剥夺宪法已经赋予了黑人的投票权。直到1915年"吉恩诉合众国案"③，黑人的选举权才算是看到了一点曙光。

从二战期间开始，特别是战后50、60年代，美国兴起了以黑人为主体的民权运动，以1954年最高法院布朗案的判决为契机，迅速发展

---

① 该案件中，最高法院在判决中认定，每个公民都有两种身份，既是整个国家的联邦公民，又是所在州的州公民。联邦只能保护属于联邦公民所享有的十分有限的权利，而各州却拥有管理州公民所享有的及其广泛的权利，其中就包括选举权。联邦不得侵犯各州的权力。这就是著名的"双重公民身份"原则。这一原则对黑人选举权而言，意味着最高法院将管理黑人选举权的权力认定给了各州。联邦如果对黑人的选举权作出明确直接的规定，便侵犯了州权。

② 美国最高法院在该案裁决中宣称，第15条修正案并不必然"赋予任何人普选权"，只是确认各州不得明显地以种族、肤色为理由而拒绝给予公民选举权。在最高法院的此项判决及一系列判决的鼓励下，南方各州制定了各种限制黑人选举措施，如文化测验，人头税条款，祖父条款(1867年1月1日有选举权者及其后代才有选举权)等。

③ 该案中吉恩向最高法院控告俄克拉何马州，因为该州的法律中的"祖父条款"限制黑人选举权，违反了第15条宪法修正案。最后吉恩胜诉。最高法院指出，1867年以前该州的广大黑人因为奴隶制的存在，而被剥夺了选举权。该州立法机构明知这一事实，却仍设置明确的时间界限造成公民的选举权利的不平等，显然是蓄意剥夺了该州的黑人的选举权。这与宪法第15条修正案相违背，因而无效，应被废除。

札记

成为一场消除种族隔离、反对种族歧视、要求包括选举权在内的各项公民权利的政治运动，促使美国政府采取了一系列承认和保证黑人投票权的措施。

1965 年，《选举权法》终于颁布，长达一个多世纪的限制黑人投票权的历史方才走向终结。该法规定任何州和地方实行的识字能力测试将自动停止，政府有权任命联邦选举监察官监视地方选举，禁止使用人头税来剥夺选民选举权。

(二)国会议员的选举

美国国会由参议院和众议院两院组成，宪法分别对两院议员的选举制度进行了规范。

宪法第 1 条第 2 款对众议员的选举制度进行了规范，规定众议院席位以各州人口数为基础，以每十年举行一次的人口普查为依据，但各州至少要有 1 名代表，现国会众议员法定人数为 435 名。众议院选举每两年一次，在偶数年份举行，选举日定于 11 月的第一个星期一之后的第一个星期二。一般而言，共和党与民主党在大选前数月举行党内初选，选出其候选人，独立人士与其他政党的选举人产生办法各州不同。选举中，几乎所有的州都使用简单多数(first-past-the-post)的计票方法，唯一例外是路易斯安那州，它使用复选式排序投票。每个众议员所代表的不是各州，而是各个选区的选民，即众议员均由国会选区选出。众议员的选举采用小选区制，即一个选区选举产生一名议员。宪法还规定了众议员的资格：年龄在 25 岁以上、成为合众国公民的时间在七年以上、当选时是该州的居民。20 世纪 50 年代之前，某些政党为了竞选结果而在州进行划分选区时，有不正当行为。以前美国最高法院一直以选区划分属“政治问题”为由拒绝插手干预。到 50 年代重新分配选区时，由于农村人口大量向城市转移，这个问题就变得尖锐起来。在这种情况下，最高法院于 1962 年首先在“贝克诉卡尔案”中裁定，选民有权对重新分配议员名额问题提起诉讼，联邦法院应该受理这类问题并行使裁决权，表明司法部门开始介入这一问题。随后，在 1964 年的“韦斯伯里诉桑德斯案”中裁决应平等划分选区，保证人口—代表比例趋于平等，宣布了著名的“一人一票”原则。众议院召开会议的地方在华盛顿特区的国会山庄，宪法规定院内议员出席过半为法定有效人数。

札记

宪法第1条第3款规定了参议员的选举方法，与众议员的选举不同，参议院由每州的州议会选举出两名参议员组成。但1787年宪法有关参议员的选举办法遭到了人民的质疑。1913年美国通过的宪法第17条修正案，将参议员的选举改为各州选民直接选举产生。第17条宪法修正案的批准，是当时进步运动改革的重要成果之一，使得参议员能像众议员一样直接向选民负责，也弱化了1787年制定宪法时所确立的参议员是各州的代表的观念。虽然国会参议院里仍然各州代表人数相等，意味着参议院仍主要是协调各州利益的机构，但由于国会参议员改为直接选举，参议员所代表的已不再是各州的政府，而是各州的选民，每个参议员在议会中均有一票表决权。参议员任期6年，每两年改选三分之一。有的州在选举参议员时，一州为一个选区，共同选举出两名参议员；有的州则实行小选区制，将整个州划分为两个选区，分别选出一名参议员。

(三)总统选举

1. 总统大选的程序

美国总统选举的过程漫长而复杂，主要包括预选、总统候选人提名、竞选运动、全国选举、选举人团投票表决以及当选总统就职仪式。

预选：两党在大选之前会各自进行预选，其目的并不是确定总统候选人，而是各州推选出代表本党参加党的全国代表大会的人选。美国总统选举的预选制度只是意味着选区的普通成员在进行选民登记时声明他过去投某个政党的票，或打算将来投某个政党的票，这并不要求他在即将到来的大选中承担支持该党的义务，也不意味着这个普通成员持有党证、缴纳党费。也就是说，一名普通选民将票投给哪一个党的候选人就意味着他是哪个党的党员。预选阶段通常于大选年2月份的第3个星期二在新罕布什尔州拉开帷幕，到6月份结束。此后，美国民主、共和两大政党将分别在全国大多数州选出参加本党全国代表大会的代表。在少数不举行预选的州，则由两党的州委员会或代表大会选拔代表。因新罕布什尔州率先进行预选，其选举结果对其他各州影响很大。

总统候选人提名：美国两大政党的全国代表大会通常在7月和8月分别举行。届时，参加代表大会的各州代表将投票选出本党总统候选人，然后通过由总统候选人提名的副总统候选人，并正式提出竞选纲领。大会往往长达数天，投票上百次。至此步，总统大选的竞争还主要集中在两党的内部，然而这种"内讧"的激烈程度也是不容小觑，例如，2016年大选，民主党内部的竞争主要在希拉里和桑德斯之间展开，共和党内部的竞争主要在特朗普和泰德·科鲁兹之间展开，为了成为本党总统候选人，他们在台前幕后进行了充分的准备，参加了大大小小的辩论和活动。一旦总统候选人得以确认，则全党的竞选委员会集中力量为候选人接下来的全国竞选活动提供支持、出谋划策。

竞选活动：两党全国代表大会结束后，被确定的总统候选人随即开始漫长而又疲惫的全国范围内的竞选过程。这一过程长达8—9周，其中包括到各州作竞选旅行、广泛会见选民、发表电视演说、进行电视辩论等。

全国选举：大选在选举日，即11月第一个星期一后的第一个星期二达到高潮，全国人民进行投票，并在投票结束几小时后，选举结果就尽人皆知，但实际上这一天的大选是选举代表选民的选举人团。

选举人团投票表决：选举人团投票其实是在大选日后的一个月，即12月第二个星期三之后的第一个星期一。选举人团并不是一个全国性机构，而是在各州的首府集会，每个选举人对总统和副总统候选人各投一票，各州将本州投票结果挂号邮寄给参议院议长。最后，国会两院全体议员于次年的1月6日在众议院集会，在参议院议长的主持下开票计票，正式确认获得过半数(即270张票)选举人票者当选总统和副总统。如果无候选人获得过半数选举人票，总统选举就要转移到国会，由众议院从得票最多的3名总统候选人中选举总统，但以州为单位投票，每州只有一票表决权，获过半数州赞成者当选。副总统由参议院从得票最多的两名候选人中选举，获参议员总数的过半数者当选。

最后是总统就职仪式。按照传统，每一位当选总统的任期始于大选翌年1月20日正午，如果这天赶上星期日，则顺延一天到星期一。就职典礼中，当选总统需手按《圣经》宣读誓言，这是第一任总统华盛顿开启的先河，且迄今为止美国历任总统都是基督徒，所以手按《圣经》宣誓成为约定俗成的"规定"。因此，美国总统就职宣誓可以说是集法律、道德、宗教三种含义于一身。总统们一般都会选取历史意义重大或对自己意义特殊的《圣经》用于宣誓。2017年1月20日，特朗普在首席大法官约翰·罗伯茨面前手按《圣经》宣誓，在这一环节中，他使用两

札记

本圣经，其中一本是特朗普的母亲在他小学毕业时送与的，还有一本是林肯总统 1861 年第一次就职宣誓时使用的。林肯使用过的这本《圣经》目前是美国国会图书馆藏品的一部分，奥巴马在 2009 年和 2013 年的就职典礼上也使用它进行就职宣誓，奥巴马在第二个总统任期的宣誓时，还使用了民权运动先驱马丁·路德·金的《圣经》。

2. 总统选举方法

其一，选举人团制度。

在上述总统选举的程序中，出现了"选举人""选举人团"等概念，其实这是美国总统大选特有的一种制度和方式，美国总统不是由国会选举，也不是由选民直接选举，而是由选民选派的选举人选举。这还得追溯到 1787 年制宪会议的情形，当时，由于代表们既担心国会控制总统又担心总统控制国会，因而没有接受总统由国会选举的意见，同时代表们对州议会也不太信任，没有接受总统由州议会选举产生的意见。最后代表们设计出"选举人团(electoral college)"制度。宪法第 2 条第 1 款规定："每州应依照该议会所定方式选派选举人若干人，其数目同该州在国会应有的参议员和众议员总人数相等。"由各州选派的选举人组成选举人团(electoral college)，每州选举人团统一投票，如得票数超过选举人总数的一半即当选为总统。

关于选举人资格，宪法对其作出了"消极界定"，只规定了什么样的人不能当选举人，没有说明什么样的人有资格当选："参议员或众议员，或在合众国属下担任有责任或有薪金职务的人，不得被选派为选举人"。宪法将选举人资格、产生方式交由各州州议会自行决定。将确定选举人的时间、各州数目、选举人投票日期交由国会统一决定。关于选举人团的人数，宪法规定：各州"数目同该州在国会应有的参议员和众议员总人数相等"，联邦政府所在地哥伦比亚特区在国会没有代表，但 1961 年生效的宪法第 23 条修正案给予该特区 3 个选举人名额，因而全国一共有 435(众议员数目)+100(参议员数目)+3=538 名选举人。

众所周知，美国众议院的席位依据各州人口所占比例来分配，而这须以每十年一次的全国人口普查为依据。2020 年的全美人口普查结果于 2021 年 4 月 26 日公布，每州人口数量的变化，直接影响了该州在国会众议院席位数量的变化，也决定了该州的选举人票数。此次人口普查

札记

结果显示，有13个州的众议院席位发生变化，其中得克萨斯州增加两席，北卡罗来纳、佛罗里达、科罗拉多、蒙大拿、俄勒冈各增加一席；加利福尼亚、伊利诺伊、密歇根、俄亥俄、西弗吉尼亚、宾夕法尼亚、纽约各减少一席(如下图所示)。

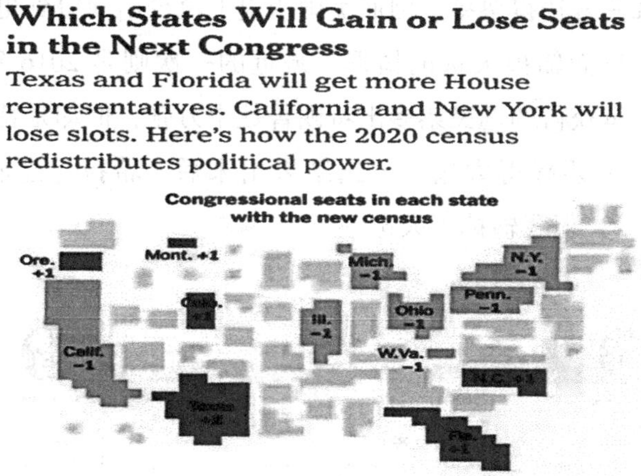

各州选举人名单是由两党提出的，一般由两党的州代表大会、州委员会或预选提出。到了大选日，各党将自己总统、副总统候选人的名字都列在选票上，选民来进行投票。多数州的选票上仅仅列了各党总统、副总统候选人名单，只有个别州会将支持总统候选人的选举人团名单也列上，因此普通选民在大选日投票貌似是在直接选总统，实际上他们是在选举该州的选举人。由于选举人由两党提出，并保证投票支持各自政党提名的总统和副总统候选人，因此选民在形式上是对选举人名单投票，实际上是对两党的总统候选人投票，可见大选日的投票形式上是间接选举，实际上又具有直接选举的效果。选举人团只是执行“选举总统的有限选举职能”，选举人不过是担当“荣誉性的角色”。

其二，赢者通吃规则。

根据惯例，对选举人票的计算采用“赢者通吃”的规则①，即以州为单位，一州全部的选举人团选票都属于在本州普选中获得最多票数的政

① 目前有两个州例外：缅因州(4票)和内布拉斯加州(5票)的选举人票按比例分配，而不是按照“赢者通吃”原则，因此两党总统候选人可能同时在这两个州拿到选举人票。

札记

党的总统候选人，因而在大选年我们可看到的总统候选人所得票数有两种，一为选民票(popular votes)，一为选举人票(electoral votes)，两种得票率往往并不相等。

由于宪法规定总统候选人应获得至少过半数的选举人票，即 270 票，方能赢得大选成为总统，即大选的结果以选举人票的得票率为准，而不是依据选民普选得票率。因而美国历史上没少出现得到更多选民票数的候选人，反而输掉大选的情形，最近的一次则是 2016 年的大选，据统计，希拉里获得的选民票多出特朗普数十万张，但却是特朗普拿到过半数的选举人票赢得大选。大选结果出来后，希拉里悲壮地表示："我赢得了选举，但我输掉了大选。"

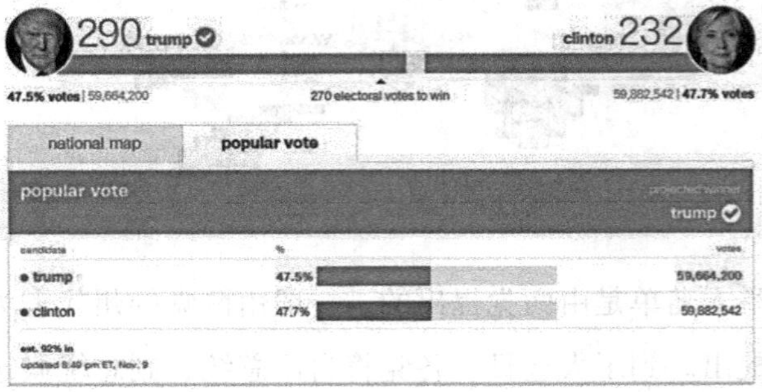

五、政党制度

政党的发展与选举权的扩展密切相关，由于 19 世纪初选民必须有一定财产的规定被取消，在选民人数巨增的情况下需要一种动员广大选民的手段，政党为完成此项至关重要的任务而不断制度化。到了 19 世纪 30 年代，政党已经牢牢植根于政治领域。19 世纪 80 年代，共和党与民主党轮流执政的格局形成，延续至今。

两党在维护、改进和发展资本主义的大方向上是一致的，但是在如何具体施政上存在保守主义和自由主义两种政策倾向，因而两党之间也会有摩擦，在出现重大社会转变时两党之间甚至会出现严重分歧。但两党都一直遵守这样一项规则：在两党制下，双方都必须在美国宪政制度的框架下行动，避免在政策上走极端，需要变革时也是温和地、逐步地推进。美国两大政党轮流上台执政的历史实际上是美国统治阶级有意识地顺应形势、调整政策，以巩固统治的历史。

札记

（一）美国两党的内部结构及特征

1. 重现实轻主义

美国政党意识形态色彩淡薄，具有美国式的实用主义特征，重视如何应付现实问题而不是以高超的理想主义来号召选民，因为选民是现实的，他们不喜欢空谈，不爱听抽象的理论，谁能提出解决他们现实问题的方案，他们就支持谁。另一方面，人民加入或支持某一政党，选民投某政党的票，也甚少基于信仰什么主义，而大多数是基于家庭政治关系的传统，地方派系的关联，或同社会团体甚至宗教信仰的关系。

2. 组织松散、权力分散

两党更加类似于松散的政治联盟，出于选举的需要设立了一些常设的或临时的组织机构。但从基层、地方、州到联邦的各级政党组织机构都具有很大的独立性，下级组织的活动并不对上级组织负责，上级组织既无权干预下级组织的日常活动，也不能任命或撤换下级组织的政党官员，各级党组织根据本地利益需求行事。

全国代表大会是政党的最高权力机构，共和党的全国代表大会每 4 年召开一次，民主党从 1974 年开始，每两年举行一次，即国会中期选举时也会召开一次全国代表会议来讨论竞选问题。大选前夕召开的全国代表大会主要是为了通过本党总统和副总统候选人的提名以及确定竞选纲领，同时还会选举出全国委员会名单。出席大会的代表主要根据各州在国会的议员总数以及近年来支持本党候选人的成绩来定，一般而言，能成为代表的是国会议员、总统任命的高级官员、老资格政客、州长、党魁、地方党组织领袖等。全国代表大会的常设机构是全国委员会，主要负责总统竞选的事务性工作，如确定全国代表大会举行的时间、地点，分配各州的代表名额，决定代表产生的办法，募集本党竞选经费，协调本党在全国各地的竞选活动等。全国委员会设专职主席负责处理日常工作，相当于党内的秘书长角色。党内重大事项决策机构是执行委员会，竞选方针和竞选纲领大多是由执行委员会秘密确定，在全国委员会上通过，由全国代表大会批准的。同时，执行委员会委员一般还兼任各小组委员会的负责人或重要成员，使他们能在更多事务中影响政党的决策。

札记

全国组织之下是政党的州和地方组织。州的党代表大会是政党在各州的名义上的最高权力机构，一般每两年召开一次，主要任务是通过本党的纲领。其常设机构是州委员会，主要职责是指导和协调包括州长、参议员等重要的全州性选举的竞选活动，在一些小州里，州委员会还负责本党众议员的选举，募集本党在州内的活动经费。大多数州委员会与全国委员会一样，还设有执行委员会负责本党在州里的日常事务。地方委员会是两党的基层组织，包括县委员会、市委员会、选区委员会等，这些委员会大小不一、规模不等，县、市委员会的机构设置大致与州和全国委员会相似，基层的选区组织通常由10—60人组成，代表的选民从数十人到数千人，在目前美国大约1.2万个选区中，大约1万个选区有明确的两党基层组织在活动。基层选区的主要工作是制定本地的党的规章，物色和提出地方的公职候选人，协调当地的竞选活动，动员本选区的选民投本党候选人的票，将得到的公职职位等活动报酬分配给为本党效忠的人们。为扩大本党的影响，它们还常常动员和帮助选民参加选民登记，分发竞选的宣传品，安排候选人与选民见面，甚至要求政府安装信号灯、修桥补路、改善治安等为选民谋利的服务型工作。

3. 纪律松懈

党内纪律的松懈尤其体现在国会的投票中。政党的领袖不能给国会中的本党组织下命令，一院之内，党组织及其领袖也不能约束本院议员按党的立场投票，议员享有较大的独立性，常按照自己的判断、自己选区选民的意愿投票。这点跟英国两党存在很大的不同，英国的保守党、工党各自设置有“党鞭”(whip)一职，专门监督国会中本党议员的政治立场和投票情况。然而在美国国会，“议员不听党的话”这种现象时有发生。

2019年3月14日，共和党领导的参议院以59∶41“压倒性地”投票，推翻了来自共和党的总统特朗普的国家紧急状态法令，意味着参议院有12名共和党人在此次投票中“反水”，加入了民主党阵营。对此特朗普愤怒地在推特上写下了四个字母：“VETO”(否决)。

美国的两大党实际上是由追求政府公职者、政党领袖和政党忠诚分子、利益集团和政策热衷者组成的松散联盟。这些特点是与美国既有的政治体制相关的，“只要州的主权，联邦制，本地习惯，立法机关自主

札记

和区域自治以及分权等既定原则普遍地保持着，强有力的、高度集中的政党组织就难以在美国建立起来”①。此外，多元化的社会结构和利益不同的众多集团的存在，传统的个人主义政治文化等因素的作用，也极大地影响了全国的政党组织。

从政党与总统的关系来看，在美国的政府内部实际上没有党的组织，而且总统“在政党组织中没有正式的职务”，总统领导政府的活动所依靠的不是政府成员对党的忠诚，而是对他个人的忠诚。总统在政策上也不对政党组织负责，因此美国政党对政府政策的制定和实施的控制或影响，远不及英国的两大党那么直接而明显。

（二）美国两党制的特点

两党制在美国已运转一百多年，总体呈现以下特点：

第一，两党制主要通过总统选举来实现。通常把总统所属的政党称作执政党，执政党地位的改变是总统选举的结果而不是国会选举的结果。执政党的标志不是在国会中占有多数席位，执政党不一定是国会中的多数党。总统选举和国会选举是分开进行的，行政权力不从国会中产生，因此国会两院中的多数党和少数党的关系不是执政党和反对党的关系。在美国政党制度下，一个政党取得了总统大选的胜利，却有可能在国会议员选举中失利，二者是分裂的，而且参众两院的议长是由国会中的多数党领袖担任，所以当总统所属政党不是国会多数党时，两党的对抗就可能发展成为国会和政府之间的对抗，这种对抗最直观的表现就是美国时常出现的因为政府预算不被国会通过导致的

① 戴昌桥．美国政党特征探析[J]．湖南大学学报(社会科学版)，2011(4)．

札记

“政府关门事件”。

第二，美国两大政党之间政治分界不很明显，两党的政策无大的差别。恩格斯就说过：“两个大党中的任何一个党的内部，人们都因地区的不同而代表着完全不同的集团和利益，而是几乎有产阶级的每个阶层在两党内部都有自己的代表。”选举中两党党员常常跨党投票，即某党党员投另一个党的候选人的票。你投哪个党的票就表示是哪个党的党员，所以美国两大党的党员人数只能是个估计数，当然其中两大政党的骨干履行比较严格的出入党手续，是比较稳定的。由于两党的派别与一定的经济区域相联系，所以美国两党在政治上的界限不是取决于阶级利益，而是取决于地区利益。

第三，美国的两党制比较稳定。一百多年来，美国政治舞台上一直保持着民主党和共和党轮流执政的格局。虽然也总出现第三党运动，但对两党并未造成长期的威协。第二次世界大战以后，影响最大的第三党是以华莱士为首的政治派别。1968 年，华莱士以独立党候选人的身份参加竞选，获得全国选票的 13. 5%，而当时民主党和共和党候选人的选票在全国选票总数中，分别占 42. 7% 和 43. 4%，因此，他无法取代两党之中任何一党的地位。可以说，美国的政党制度不鼓励第三党的产生：在社会矛盾激化时，由于在具体政策上的分歧，一部分人会分裂出去组织第三党，两大政党除了在竞选中击败他们以外，还常把他们的新思想新观念和改革计划吸纳、接收为自己的纲领，使得小党失去单独存在的基础，迫使分裂出去的人又重回两党的队伍中来。

尽管美国早期有许多人，尤其是开国先贤们担心政党、厌恶政党，但是经过两百年来的发展，政党毫无疑问已成为美国政治生活的重要组成部分。由于两党挑选候选人、帮助组织政府、总统充当政党领袖、国会议员按政党组织磋商，这样，“政党就在一定程度上成为沟通分立的权力的桥梁，并防止宪法上的制衡把政府弄得支离破碎”。另一方面，任何候选人要获得党内的提名，首先就得在党内吸引各方面、各派别的支持，成为一个党的总统候选人后，又要在全国范围内尽可能迎合更为广泛的、各不相同的集团的利益，这就得在敌对的主张之间寻找一种中间立场。这个过程的结果，通常有助于把好走极端的集团排挤出去，从而保证美国政治行驶在审慎、平稳的轨道内。

札记

第四节 21世纪以来美国政治新变化

新世纪以来，美国政治经济生活领域发生了一系列重要事件，推动了当代美国政治的新变化，比较典型的是2001年爆发的“9·11”事件、2008年爆发的金融危机和当今美国的“政治极化”趋势。

一、“9·11”事件对美国政治的影响

2001年9月11日，美国纽约和华盛顿的主要建筑接连遭到恐怖分子劫持的飞机撞击而引发大爆炸，罹难人数达3113人。这是美国建国以来最严重的恐怖袭击事件，也是非战争状态下平民伤亡最惨重的事件，对美国的影响远不止于外交政策和全球战略的重大改变，美国国内的政治生活也相应发生了深刻变化。

在立法方面，“9·11”事件后，国会加强了应对恐怖主义的立法活动，先后通过了授权使用武力的两院联合决议、2001年《应急补充拨款法》、2001年《反恐怖法》和2002年《国土安全法》等重要法案。其中对美国政治生活影响最为深刻的是2001年《反恐怖法》，这部被称为“爱国者法案”的立法规定了一系列限制公民自由和侵犯公民隐私权的内容，包括赋予联邦执法机关一系列前所未有的侦查权，以对付恐怖组织利用电子和数字技术进行恐怖活动的新形势；对恐怖案件，法官可发布对嫌疑人全部财产皆适用的授权令；准许执法人员对嫌疑人进行跟踪窃听；允许政府依据法院的一次性授权在全国范围内调查恐怖分子的活动；允许政府借助搜查令截取录音电话，借助传票调查嫌疑人的信用卡资料；允许政府调查人员为反情报活动或为对外情报工作的需要而与政府官员分享秘密大陪审团资料或窃听所获材料；允许司法部长对其认定系危害美国国家安全的外国人采取拘押措施，但拘押不得超过七日，七日后政府须对被拘押者起诉或予以遣返，若无法遣返而只能继续拘押者，司法部长须每六个月证明一次被拘押者仍危害美国国家安全，等等。

在政府机构设置方面，为更加有效应对恐怖袭击、确保美国本土安全，2002年6月美国专门设立了国土安全部来统一负责反恐事务。新设立的国土安全部合并了“9·11”后设立的22个肩负各方面反恐职责的联邦行政机构，成为仅次于国防部的第二大部门，人员达17万名，第

札记

一年财政预算就高达375亿美元。

公民日常生活方面，公民自由和公民权利在反恐的名义下受到前所未有的限制。2001年起，国家安全局开始安装专门的窃听设备，监听电话、传真和电子邮件，收集国内的通信信息。这一举措起初是针对阿拉伯裔美国人，但后来逐渐扩大到其他普通公民。《反恐怖法》规定，警察有权搜索电话、电子邮件通信、医疗、财务和其他种类的信息记录；加强了警察和移民管理单位拘留、驱逐被怀疑与恐怖主义有关的外籍人士的权力。联邦调查局在2002年至2006年间，通过邮件、短信和电话等渠道窃取了数千份美国公民的通信记录。2008年7月，美国国会通过新版窃听法案，给予参与窃听项目的电信公司法律豁免权，并允许美国政府以反恐为由在未经法院批准情况下对国际通信进行窃听。2009年9月，专门设立了负责互联网安全的监管部门，公民的私人网络空间面临政府以维护互联网安全为由进行的干涉和监管。

二、2008年金融危机对美国政治的影响

改变美国政治的另一典型事件是2008年爆发的金融危机。当时，房地产领域爆发的次贷危机很快波及金融领域，引发大批投行和金融机构相继破产，金融领域的危机进而投射到实体经济领域，造成大量企业倒闭和破产，失业率不断攀升。尽管奥巴马政府采取了大规模的救援措施和行动，但仍然无法阻止美国经济陷入衰退局面，一些长期存在的经济、社会问题也充分凸显出来。这些问题照样投射到政治领域，对美国的政治体制和政治运行产生了不小的影响。

其一，危机使得“变革”成为近年来美国选民最为关注的词汇。例如2008年大选中，各位总统候选人不约而同地打出变革的旗号，尤其是民主党候选人奥巴马将变革口号贯彻始终，成功吸引了选民支持，顺利当选。其实，作为拥有黑人血统的总统，奥巴马的胜选本身就体现了美国社会对于变革的渴求和支持，《波士顿全球新闻报》认为“奥巴马的历史性胜利给美国带来了政治和代际性的变化”，“它宣告了美国深刻的政治和社会重组时代的到来”①。变革成为新世纪以来美国政治的重

---

① Scott Helman, Michael Kranish. Obama Elected National First African American President in a Romp. *Boston Global News*, Nov. 5, 2008.

札记

要取向。

其二，行政部门的权力扩张再度成为令人关注的话题。奥巴马上任以来，尽管美国公民对政府权力的扩张持有怀疑态度，但贫富差距拉大、中产阶层收入下降、没有医疗保险的人数不断增加等紧迫的现实问题使得越来越多的人支持政府适度扩大权力，要求联邦政府加强对经济的干预及在医保等问题上发挥更大的作用。

其三，维护社会公平正义成为美国政治发展中难以摆脱的重大难题。金融危机爆发后，美国失业率创下新高，破产企业和个人数量不断上升。按照美国劳工部公布的数据，2009 年 10 月失业率达 10.2%，约 1600 万人没有工作，其中失业超过半年的有 560 万人。2009 年破产率达 0.4%，是 2006 年的两倍。受失业和破产的影响，美国 2008 年底贫困人口达 3980 万人，比 2007 年增加 260 万人，占美国人口的 13.2%。同时，2008 年美国有 4630 万人无法获得医疗保险，占总人口的 15.4%，比 2007 年增加了约 60 万人。这些问题不仅直接关系到美国的人权状况，更对社会和政治稳定带来了严重的隐患。

三、当今美国的“政治极化”趋势

2017 年 8 月中旬，弗吉尼亚州的夏洛茨维尔市爆发了美国近十年来最大的“白人至上主义”游行，并演化为暴力骚乱。2018 年 12 月 22 日至 2019 年 1 月 25 日，因白宫与国会无法就“美墨边境墙”拨款达成一致，联邦政府大规模停摆，历时 35 天，创下美国政府停摆时间最长的历史记录。这些事件引发了人们对美国不断加剧的“政治极化”(political polarization)现象的关注。在公共政治生活领域，政治极化指较为严重的政治分歧甚至是政治摩擦，指“人们在政治生活中的政治态度和政治偏好趋于政治光谱的两极，并且两级的政治态度和政治偏好分歧较大、对立严重”①。近年来在控枪、移民、医保、气候变化等议题上，人们都可以清晰地辨识到美国政治舞台上大量政治分歧的存在，“通常的判断是美国社会正日益变得极化”②。

① 徐理响．竞争型政治：美国政治极化的呈现与思考[J]．社会科学研究，2019(6)．

② Aaron Bramson. Understanding Polarization: Measures, and Model Evaluation. *Philosophy of Science*, 2017(1).

札记

美国政治史上，政治极化现象并非晚近才出现，早在制宪会议期间，麦迪逊就意识到党争的危险，华盛顿在1796年告别演讲中说："政党获得影响力的一种权宜之计是针对对手歪曲观点，政党的精神激起了仇恨，煽动社会充满无确实根据的残疾和错误的警报。"1797年杰斐逊抱怨："因为政党极化，原本有着亲密无间关系的人绕过街道以避免见面。"当前美国政治极化现象突出体现在政党极化上，"即使大多数美国政治的偶然观察者也无法不注意到最近的数十年间美国党派冲突越来越尖锐、不依不饶和更为意识形态化"①。所谓政党极化，"意为每个政党都变得更为内部一致，政党的信徒们在议题上与他们的政党更加保持一致，两党彼此分离而非趋同，意识形态和政策变得更加分野"②。在1969年的尼克松时代和1976年的福特时代，在参议院和众议院，共和党人按政党原则投票的比例大约是65%，民主党也大致相当。在2001年和2004年的乔治·布什时期，共和党人按政党原则投票的比例达到90%，民主党是85%。

政治极化对当今美国政治造成的影响体现在以下几个方面：

其一，造成国会的分化。在国会"两院制"的制度设置下，政党极化使得国会分裂现象难以避免且呈现出愈演愈烈趋势。例如，2018年中期选举后，民主党控制了众议院，共和党则控制了参议院，使得国会的政治产出变得十分困难。即使不存在国会的分裂，政党的议席分立也导致国会存在不同程度的分化，造成一系列政治僵局和政策震荡的出现。有关对国会提名任命展开的研究表明，"国会里的极化水平现在正处于自内战结束以来最高的时候并且无迹象表明它会减轻"，"随着政党之间的撕裂，国会中的温和派在过去四十年间几乎消失了"③。

其二，造成公共政策产出的低效和不确定性。近年来，围绕医保改革、枪支管控、非法移民等重要公共政策都产生了明显的政治分歧。例如，奥巴马两个总统任期内的一项主要政绩就是其医改政策，在国会审

① Christopher Hare, Keith T. Poole. The Polarization of Contemporary American Politics. *Polity*, Vol. 46, 2014, (3).

② Claude S. Fischer, Greggor Mattson. Is America Fragmenting. *Annual Review of Sociology*, Vol. 35 (August) 2009.

③ Christopher Hare, Keith T. Poole. The Polarization of Contemporary American Politics. *Polity*, Vol. 46, No. 3 (July) 2014 .

议投票阶段就受到了共和党议员的多次“阻挠议事”，最终艰难通过。但其继任者、来自共和党的特朗普一上台就推翻了奥巴马的医保政策。这些分歧强化了业已不断扩大的两党在经济管制和重新分配方面的分歧，进而妨碍了政治体系处理诸如金融管理、联邦预算平衡和收入不平等等问题的能力。

其三，引发意识形态和社会价值观的分裂。有研究表明，过去20年间坚持保守或自由意识形态的美国人的比例翻了一番，大多数的政党积极分子视其竞争党派的政策为误导的和威胁国家幸福的。在政策偏好上，政党积极分子对于对手同样持续表达出反感和偏见。“当代美国政治看起来不仅是存在非常激烈的竞争，并且其争论议题领域也非常宽泛——从政府介入经济的尺度和范围的传统争论到有关诸如堕胎、节育、同性婚姻、宗教自由、移民、控枪等社会文化争论”，呈现出“冲突扩展”的状态。

虽说一定程度的政治极化有利于竞争性民主政治的运转，但严重的政治极化对于政治整合和社会稳定都具有颇为消极的影响。当今美国政治极化的趋势会如何发展下去，历史终将给予我们答案。

新世纪以来的这些变化刷新了美国的政治生态，带来许多新的、尚待解决的政治问题，传统的或“左”或“右”，或保守主义或自由主义的政治主张都无法妥善地加以解决，推动当代美国政治呈现出一些新的制度性特征：

其一，联邦政府权力继续扩张，州和地方政府权力进一步萎缩。早在上个世纪，这种现象就引发了关注，许多人呼吁要把更多的管理事务归还州和地方政府，但在现实的惯性和联邦的强势下，联邦权力的扩张趋势未能改变。尤其是“9・11”事件之后，联邦政府侵蚀州权的现象更加普遍、深刻。如2002年《国土安全法》不仅授予国土安全部广泛的权力，而且还剥夺了各州控制公共卫生安全法律方面的权力；2005年的《真实身份法》则要求各州达到最低安全标准，使各州核发的驾照和身份证得到联邦政府的承认，从而蚕食了核发驾照这一历来为州政府独有的权力；2007年的《国家防务授权法》更剥夺了州对国民警卫队的控制权，授权联邦政府在自然灾害、传染病疫情或其他严重公共紧急状态期间可以越过州长直接调动国民警卫队。

其二，选举政治的金钱化取向愈加严重。金钱对于各项选举的影响

札记

越来越大，以2006年国会中期选举为例，每一位赢得众议员职位的候选人平均花费125万美元，参议员则是960万美元，即便是没能拿下议员席位的，众议员竞选者每人也平均花费62万美元，参议员竞选者则是平均740万美元。举世关注的总统大选耗资更为惊人，1789年美国第一任总统华盛顿乘火车在全国进行巡回竞选，花费仅数百美元；2000年小布什竞选总统花费1亿美元，2004年竞选实现连任花费3.67亿美元；2008年奥巴马竞选总统募集到7.45亿美元竞选经费，花掉7.3亿美元，其竞争对手麦凯恩募集到3.68亿美元，花费3.33亿美元，2012年为谋得连任，奥巴马阵营则花费超过10亿美元；而2016年特朗普与希拉里之争，大选花费再次创下历史新高。

其三，利益集团的政治影响增强，院外活动愈发引起关注。克林顿政府期间，对利益集团的活动制定了一些准则，如禁止高级官员在离职五年内到其曾任职的部门进行游说，官员终身不得为外国政府政党进行游说等，但实际操作中这些准则发挥的作用甚微。2001年小布什上任后，美国传统基金会向布什提交了一分名单，公开要求其任命600名保守派人士担任重要职位，以确保保守派对新政府的控制。在外交领域，代表以色列、台湾当局利益的院外集团更被认为很大地影响了美国对这些国家和地区的外交政策。

其四，媒体对政治的影响进一步上升。原本大众传播媒介就被视为美国的“第四权”，到新世纪，每一位政治家都必须“进入政治绞肉机，让美国新闻界任意碾压”。媒体不仅在总统、议员等重要竞选中发挥着重要作用，而且对政府的决策过程、政策实施等各方面都加以监督，特别是互联网技术的发展，使得新闻的传播速度和广度大为提高，使得新兴媒体对政治领域的影响越来越大。

名词与术语

五月花号公约 《独立宣言》 邦联 联邦制 制宪会议 1787年宪法 总统制 选举人团 《权利法案》 司法审查制度 南北战争 两党制 罗比议员 压力集团 政党分肥制 彭德尔顿法 口袋否决 弹劾

思考题

1. 联邦制是美国的创举，该制度是在什么样的历史背景下确立的？

该制度下联邦政府与州政府之间的关系是怎样的？

札记

2. 美国国会议员的职责有哪些？

3. 中国的人大代表实行兼任制，美国议员实行专任制，请分别说明其理由。

4. 美国国会和英国国会都实行两院制，但二者的两院制有何不同？

5. 美国总统拥有哪些权力？

6. 你如何看待美国总统大选花销巨大且呈现不断增长的趋势？

7. 美国的违宪审查制度是如何确立的？世界上还存在哪些违宪审查机制？

8. 美国政治制度中权力的分立与制衡体现在哪些方面？

9. 与英国两党相比，美国两党具有哪些特点？美国的两党制因何显现出强大的稳定性？

10. 你如何看待美国总统大选中的选举人团制度和赢者通吃的计票规则？

延伸阅读

1. 汉密尔顿、杰伊、麦迪逊：《联邦党人文集》，程逢如、在汉、舒逊译，商务印书馆，2015 年。

2. 托克维尔：《论美国的民主》，商务印书馆，1989 年。

3. 托马斯·戴伊、哈蒙·齐格勒、路易斯·舒伯特：《民主的反讽：美国精英政治是如何运作的》，林朝晖译，新华出版社，2016 年。

4. 王希：《原则与妥协：美国宪法的精神与实践》，北京大学出版社，2014 年。

5. 孙存良：《选举民主与美国政治极化研究》，世界知识出版社，2020 年。

后　记

尽管相较于其他方面，政治制度的变迁相对缓慢，但近十年西方主要国家的政治制度都相应有些改革，这些"新情况、新内容"都无法在现有的教材中体现出来，由此我们便萌发了要将这些年西方主要国家政治制度的"新情况、新内容"展现出来的想法，并试图编著成教材，为政治与行政学、思想政治教育等相关专业学生修习这门课程提供可能最新的参考。

教材在编著过程中，我们尝试从以下几个方面进行更新：首先，内容更新。我们努力将西方主要国家政治制度的最新改革情况纳入。其次，增强政治制度发展的线索感。我们努力按照政治制度类型梳理相关国家政治制度发展的脉络，从而区别于国别史，增强读者阅读的线索感，提升教材的专业性与学术性。最后，补充最新的资料。我们努力将学界最经典的和最新的研究成果纳入其中，并尽可能将专有名词的英文表达在文中列出，有助于学生学习，并加深对内容理解。

教材编写得益于团队精诚合作，本教材编写分工如下：李艳丽负责绪论、第一章、第二章、第三章以及第四章，张紫菁、蒋方怡、熊晓宇、戴敬梓、孔晓晓、王嫣然、张祎珂等同学参与收集资料并勘误。陈鹏负责第五章、第七章，何文成、李雨欣、杨舒心、张亦弛、杨本桂等同学参与勘误。罗干负责第六章、第八章。

教材在编著过程中得到武汉理工大学规划教材出版基金支持，并得到武汉大学出版社大力支持，在此对本教材责任编辑黄金涛老师及其团队表示衷心地感谢。

本教材得以出版还得到武汉大学谭君久教授的鼓励与大力支持，并吸取了学界同仁的相关经典成果，在此不一一列举表示感谢。教材难免有错疏，文责自负。

李艳丽

2022 年 8 月于武汉